ÉLIZABETH LEFORT

Canada's Artist in Wool

L'artiste canadianne de la laine

DANIEL DOUCET

Cape Breton University Press
Sydney, Nova Scotia

Cape Breton University Press recognizes the support of Canada Council for the Arts and of the Province of Nova Scotia, through the Department of Tourism, Culture and Heritage. We are pleased to work in partnership with these bodies to develop and promote our cultural resources.

Canada Council for the Arts Conseil des Arts du Canada

NOVA SCOTIA
Tourism, Culture and Heritage

Library and Archives Canada Cataloguing in Publication

Doucet, Daniel, 1941-
Elizabeth LeFort : Canada's artist in wool / Daniel Doucet.

Text in English and French.
ISBN 978-1-897009-36-9

1. LeFort, Elizabeth, 1914-2005. 2. Rugs, Hooked--Nova Scotia--Chéticamp. 3. Chéticamp (N.S.)--Biography. 4. Artists--Nova Scotia--Biography. 5. Acadians--Nova Scotia--Biography. I. Title.

NK2898.L44D69 2009 746.7'4092 C2009-904510-9E

--

Catalogage avant publication de Bibliothèque et Archives Canada

Doucet, Daniel, 1941-
Elizabeth LeFort : Canada's artist in wool / Daniel Doucet.

Texte en anglais et en français.
ISBN 978-1-897009-36-9

1. LeFort, Elizabeth, 1914-2005. 2. Tapis au crochet-- Nouvelle-Écosse--Chéticamp. 3. Chéticamp (N.-É.)--Biographies. 4. Artistes--Nouvelle-Écosse--Biographies. 5. Acadiens--Nouvelle-Écosse--Biographies. I. Titre.

NK2898.L44D69 2009 746.7'4092 C2009-904510-9F

Cape Breton University Press
P.O. Box 5300
Sydney, Nova Scotia B1P 6L2
Canada

Printed in Canada

ÉLIZABETH LEFORT

Canada's Artist in Wool

L'artiste canadienne de la laine

DANIEL DOUCET

CONTENTS

CONTENU

Dedicated to the staff and volunteers at Les Trois Pignons cultural centre, Chéticamp, who joyfully preserve Acadian culture and nurture its development.

Acknowledgements

I wish to thank Fred White,
Colin McGregor, Kevin O'Neil,
Juliette Moroze
and all those who shared memories of Elizabeth LeFort.

Special thanks to Charles D. Roach and Ryan Poirier for their collaboration.

Dédié au personnel et aux bénévoles du centre culturel Les Trois Pignons, à Chéticamp, qui prennent plaisir à préserver la culture acadienne, et à promouvoir son épanouissement.

Remerciements

Je désire remercier Fred White,
Colin McGregor, Kevin O'Neil,
Juliette Moroze
et toutes les personnes qui ont partagé leurs souvenirs d'Élizabeth LeFort.

Des remerciements tout spéciaux s'adressent à Charles D. Roach et à Ryan J. Poirier, pour leur collaboration.

INTRODUCTION

"This is not working," Élizabeth LeFort muttered as she pulled a skein of wool out of a pot of dye on the stove.

It was July of 1957 and I was sixteen years old, working my first summer as a clerk at the Paul Pix Gift Shop in Margaree Harbour in Cape Breton.

"What is not working?" I asked. I was interested in the curious alchemy taking place over the stove.

"I'm dyeing this wool grey, but it has to give off a pink reflection," Élizabeth answered, looking at the dripping skein with distaste.

"Grey? Reflecting pink?" I queried as I wrinkled my nose.

"Yes, look at that slide," she pointed to a portable slide viewer. Élizabeth was forty-three years of age, and although she had left school at the age of twelve she had all the qualities of a good schoolteacher. "Do you see the side of that cliff?"

I picked up the viewer and looked at the very popular picture of the Rigwash Valley outside Chéticamp on the Cabot Trail.

"Yes, I see it," I answered.

"That's grey slate, you see," she said, depositing her skein of wool on the counter next to

INTRODUCTION

«Ça ne va pas», marmonna Élizabeth LeFort en retirant un écheveau de laine du pot de teinture sur le poêle.

C'était au mois de juillet en 1957 et j'avais 16 ans, à mon premier été dans mon emploi de commis à la boutique Paul Pix, au Havre de *Magré*, sur l'île du Cap-Breton.

«Qu'est-ce qui ne va pas?» je lui demandai. Cette curieuse alchimie qui se produisait sur le poêle avait captivé mon intérêt.

«Je suis en train de teindre cette laine grise, mais il faut qu'elle réflète une teinte de rose», répliqua Élizabeth alors qu'elle regardait avec répugnance son écheveau gouttant.

«Gris? Qui réflète le rose?» Je remettais le tout en question en me fronçant le nez.

«Oui, regarde cette diapositive», me dit-elle en me pointant une visionneuse. Élizabeth avait 43 ans, et même si elle avait laissé l'école à l'âge de 12 ans, elle était douée de toutes les qualités d'une bonne institutrice. «Vois-tu le côté de la falaise?»

J'avais pris la visionneuse et je regardais la fameuse photo de la vallée de la *Rigouèche*, juste à l'extérieur de Chéticamp, sur le Cabot Trail.

«Oui, je le vois», je lui répliquai.

the stove as she continued to eye the sodden clump with disdain. "It's grey, but it's got just a hint of a pink reflection. That's what I have to come up with."

"But that's impossible!" I exclaimed. "Wool doesn't reflect. It's too dull. It absorbs light." I shifted my eyes back and forth from the viewer to the tangle of wool on the counter. It looked particularly dull and flat, a dark ugly grey in its wetness. "You can't do it!" I pronounced my verdict with the self-assurance of any sixteen-year-old.

"I have to," she said quietly, ignoring my scholarly opinion as she pondered the skein, her frown gradually metamorphosing into a reflective gaze.

A month later the large tapestry was completed. There it was, the grey slate of the hillside emanating the faintest pinkish reflection, so subtle that it would have to be pointed out to anyone not looking for it. But it made all the difference in the world.

Élizabeth was not at all triumphant. She could have been, because I was turning summersaults of amazement.

"It just had to be done, you have to do it like it is," was all she said.

Case closed. I was never to learn the secret. And it is only now, more than fifty years later, that I realize that I could have seen it done by simply staying behind and watching her add ingredients to the pot. But I was young then,

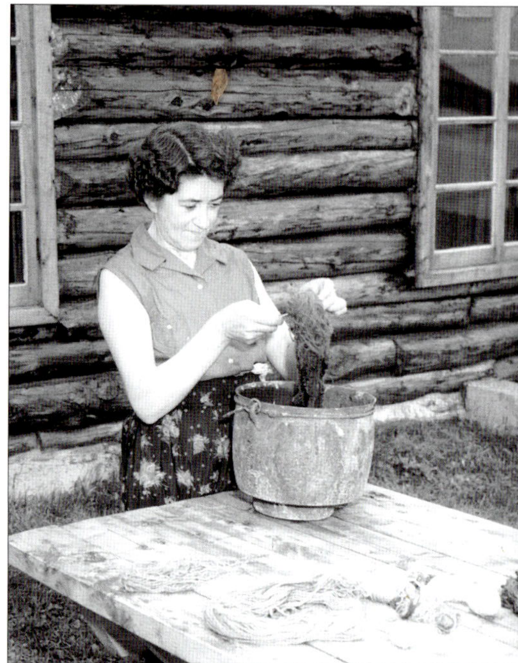

«C'est de l'ardoise grise, tu vois», dit-elle, alors qu'elle déposa son écheveau de laine sur le comptoir à côté du poêle, portant toujours un regard dégouté vers ce massif trempé. «Elle est grise, mais elle a une nuance de reflet rose. Voilà ce que je dois reproduire.»

«Mais c'est impossible!» je m'écriai. «La laine ne réflète pas la lumière. Elle est bien trop terne. Elle absorbe la lumière.» Je déplaçais mon regard en allant et venant entre la visionneuse et l'enchevêtrement de laine sur le comptoir. Il avait une allure des plus ternes et mates, d'un gris foncé et laid dans son étât trempé. «Tu ne peux pas y arriver!» je prononçai mon verdict avec l'assurance absolue de n'importe quel jeune de 16 ans.

«Il faut que j'y arrive», dit-elle tout bas, ignorant mon opinion de savant alors qu'elle continuait d'examiner l'écheveau, son froncement se métamorphosant graduellement en un regard de réflexion.

Un mois plus tard, la grande tapisserie était achevée. On y voyait bien l'ardoise grise de la

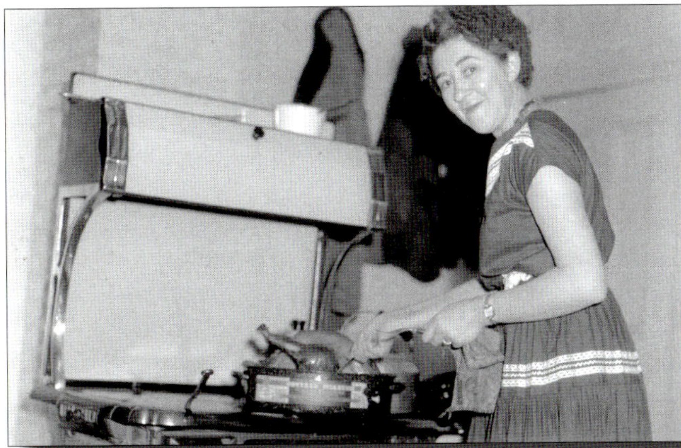

and my job was to go back to the shop and sell souvenirs.

I had met Élizabeth before I worked at the Paul Pix Shop. She was now in her third summer demonstrating her art there, some eight hours a day. And each year she boarded with our friendly neighbours, Georgie and Marie Deveau. Our family had been invited to the Deveaus on July 17 along with other neighbours to celebrate Élizabeth's birthday. This was a friendly neighbourhood, and Mary and Georgie were among its most amicable denizens. Ken Hansford, the owner of the Paul Pix Shop, had been invited along to show slides: some were of the Margarees and of Chéticamp; others, more exotic, were of the Grand Canyon and the deserts of Arizona, where he spent his winters, complete with close-ups of cactuses and rare desert flowers. And there was singing, of course, with the exuberant Marie Deveau providing accompaniment by strumming a baking pan.

Élizabeth enjoyed the evening immensely, but in her quiet way, taking centre stage only to blow out the candles on the cake and to then utter a smiling thank you.

I worked two summers at the Paul Pix Shop and did not see Élizabeth very often until in later life, although I followed her career with much interest. It was only when my mother reached her late eighties that I began taking her out to visit Élizabeth several times a year.

falaise dont émanait une toute petite nuance de réflexion rosâtre, si subtile qu'il aurait fallu la faire remarquer à quiconque ne la recherchait pas. Mais, elle faisait toute la différence au monde.

Élizabeth ne fut pas du tout triomphante. Elle aurait pourtant eu droit de l'être, car moi j'en étais bouleversé d'émerveillement.

«Il fallait le faire, il faut représenter la réalité telle qu'elle est», fut sa seule remarque.

Fin de discussion. Je ne saurais jamais son secret. Ce n'est qu'à présent, au-delà de 50 ans plus tard, que je me rends compte que j'aurais pu voir comment elle avait réussi le coup si seulement j'étais resté là pour observer quels ingrédients elle avait ajoutés au pot. Mais j'étais jeune, et mon travail était de retourner à la boutique pour y vendre des souvenirs.

J'avais fait la connaissance d'Élizabeth avant d'obtenir un emploi à la boutique Paul Pix. Elle en était maintenant à son troisième été à y démontrer son art, environ huit heures par jour. Et chaque année, elle pensionnait chez nos aimables voisins, Georgie et Marie Deveau. Notre famille, comme tous les autres voisins, avait reçu l'invitation des Deveau, le 17 juillet, de venir fêter l'anniversaire de naissance d'Élizabeth. Notre voisinage était bien amical, et Marie et Georgie figuraient parmi ses habitants les

They were both widows now, both old, and both entertaining. Good for one another.

Then, in October of 2004 I was approached by Fred White of East Bay, whose father Con was Élizabeth's first cousin. Fred thought her story should be "written up," and that I should do it. I was reluctant at first, knowing that Élizabeth was a very private person and had become increasingly reclusive after the death of her promoter husband. Élizabeth was reluctant. But Fred persisted and an exploratory interview was arranged.

It is strange how years melt away between friends. I was like a sixteen-year-old again, although not nearly so precocious and less in a hurry. Élizabeth was as matter-of-fact as she had been standing over the stove at the age of 43, only more reflective. As the interviews continued our enthusiasm in the project grew.

This book is the result of those interviews, along with materials shared by Élizabeth and the memories of others.

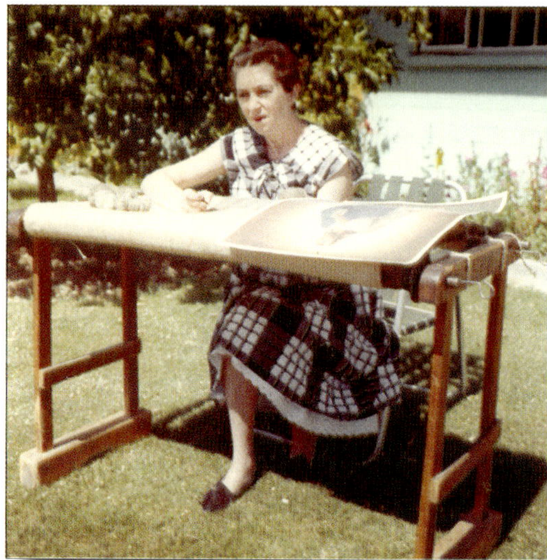

plus gentils. Ken Hansford, le propriétaire de la boutique Paul Pix, avait lui aussi été invité pour y présenter un montage de diapositives: les unes des régions de *Magré* et de Chéticamp; les autres, plus exotiques, du Grand Canyon et des déserts de l'Arizona, où il passait les hivers, avec de gros plans de cactus et de rares fleurs du désert. Et bien sûr, il y avait du chant, avec l'exubérante Marie Deveau qui accompagnait en frappant sur un chaudron.

Élizabeth avait bien apprécié la soirée, mais de sa nature tranquille, n'attirant l'attention qu'au moment d'éteindre les chandelles sur le gâteau et de remercier les gens avec un beau sourire.

Je travaillai deux étés à la boutique Paul Pix et j'eus rarement l'occasion de revoir Élizabeth par la suite, même si j'ai toujours suivi sa carrière avec beaucoup d'intérêt. Ce n'est que lorsque ma mère est devenue octagénaire que j'ai pris l'habitude de l'amener visiter Élizabeth plusieurs fois par année. Elles étaient maintenant toutes deux veuves, d'un certain âge et divertissantes. Elles étaient précieuses l'une pour l'autre.

Et voilà qu'au mois d'octobre en 2004, je recevais une proposition de Fred White de

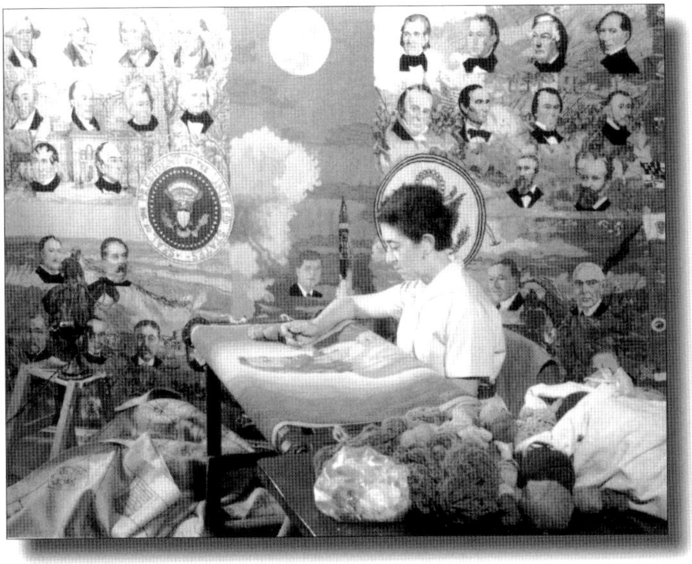

East Bay, dont le père, Con, est le cousin germain d'Élizabeth. Fred pensait que son histoire méritait d'être mise par écrit, et que je devrais m'en occuper. Au début, j'eus une certaine réticence, sachant qu'Élizabeth avait toujours été une personne très privée et qu'elle l'était devenue davantage suite au décès de son mari promoteur. Élizabeth était elle aussi réticente. Mais Fred persista et une première rencontre eut lieu.

Qu'il est étrange comme les années s'effondrent entre amis. Je me sentais de nouveau comme un jeune de 16 ans, quoique beaucoup moins précoce et moins pressé. Élizabeth, elle, était tout aussi simple qu'elle l'avait été devant son poêle à l'âge de 43 ans, mais plus réfléchie. Avec les entrevues subséquentes, notre enthousiasme pour le projet ne cessa de grandir.

Ce livre est le résultat de toutes ces entrevues, appuyées de matériaux fournis par Élizabeth et d'autres gens.

CHAPTER ONE

A feature article about Élizabeth LeFort in an Arizona newspaper, published sometime around 1960, described life in Chéticamp, on "the far end of Cape Breton Island," in the following terms:

"Farm women knit and weave the winter away in barren country, sometimes huddled around open fireplaces in homes buried under twenty feet (six m) of snow."

The people of Chéticamp would call this a bit of an exaggeration – certainly for 1960 – even for 1914, the year in which Élizabeth LeFort was born.

Perhaps the journalist's view was based on the American poet Henry Wadsworth Longfellow's epic work "Evangeline," the background for which is the Deportation of the Acadians in 1755. The poem begins with the line "This is the forest primeval," and goes on to construct a picture of Acadia with all the colour of 19th-century romanticism.

The poem did make the Acadians known throughout North America; despite its fictitious reconstruction of history "Evangeline" captured some of the psychology as well as the physical beauty and ruggedness of 18th-century Acadia. Evangeline, the heroine, separated from her

CHAPITRE UN

Un article de fond au sujet d'Élizabeth LeFort, paru dans un journal de l'Arizona quelque temps vers les 1960, décrivait la vie à Chéticamp, «à l'extrémité de l'île du Cap-Breton», dans les termes suivants:

«Les femmes paysannes tricotent et tissent pour faire passer l'hiver dans un pays aride, parfois blotties auprès de la cheminée dans leur foyer enfoui sous vingt pieds [6 m] de neige.»

Les gens de Chéticamp trouveraient cette description un peu exagérée, certainement pour 1960 et même pour 1914, l'année de la naissance d'Élizabeth.

Peut-être que l'opinion de ce journaliste fut basée sur l'épopée du poète américain Henry Wadsworth Longfellow, «Évangéline», inspirée de la Déportation des Acadiens en 1755. Le poème débute avec le vers, «C'est l'antique forêt!...», et poursuit à la description de l'Acadie en toutes couleurs du romantisme du 19e siècle.

Le poème a bien fait connaître les Acadiens à travers l'Amérique du Nord; et même qu'il s'il ne s'agit que d'une reconstruction fictive de l'histoire, «Évangéline» représente bien la psychologie ainsi que la beauté physique et la rudesse de l'Acadie du 18e siècle. Évangéline,

lover, came to symbolize the virtues of strength, courage, fidelity and faith that enabled Acadian women to survive until today.

Thanks again to Longfellow, the name Évangéline became a common one in the late 19th and early 20th centuries. Mothers christening their daughters might not have known who Longfellow was, but his poem "Evangeline" had eventually made it into the elementary school curriculum. Given the practice of teaching poetry by rote, even mothers living under those 6-m (20-foot) snow banks in Chéticamp described by Arizona newspapers were moved by this rendition of their history into endowing their offspring with the heroine's epic qualities.

Évangéline LeBlanc, Élizabeth LeFort's mother, may or may not have been named after Longfellow's heroine when she was born in 1871. Yet there is something about her, in the little information given by Élizabeth, that suggests Longfellow's heroine as a fitting choice of patron for her. Mother of nine children, Évangéline LeBlanc comes across as a no-nonsense woman of faith, courageously loyal to her commitments as both wife and mother.

In a similar way Placide LeFort, Élizabeth's father, whose name is an adjective as well as a noun, appeared to live out the reality of his name. A fisherman farmer, he seems to have spent much time in placid reflection of the colours of land and sea.

l'héroïne séparée de son amoureux, est devenue le symbole des vertus de force, de courage, de fidélité et d'espérance qui ont permis aux femmes acadiennes de survivre jusqu'à présent.

C'est encore grâce à Longfellow que le prénom «Évangéline» est devenu très commun vers la fin du 19e siècle et au début du 20e. Les mamans qui faisaient alors baptiser leurs petites filles ne connaissaient peut-être pas Longfellow, mais il n'en demeure pas moins que le poème «Évangéline» avait su trouver sa place dans le curriculum des écoles élémentaires. Comme on avait alors l'habitude de faire mémoriser des poèmes par les élèves, même les mamans de Chéticamp enfouies sous ces bancs de neige de 6 m [20 pieds], décrits par les journaux de l'Arizona, étaient émues par ce touchant récit de leur histoire, jusqu'au point de vouloir attribuer à leurs filles les traits épiques de cette héroïne.

Évangéline LeBlanc, la mère d'Élizabeth LeFort, lorsqu'elle est née en 1871, fut peut-être nommée d'après l'héroïne de Longfellow, ou peut-être pas. Quoi qu'il en soit, selon le peu de renseignements fournis par Élizabeth, il y avait quelque chose dans la nature de sa mère qui laisse entendre que l'héroïne de Longfellow était une patronne bien choisie pour elle. Mère de neuf enfants, on a l'impression qu'Évangéline LeBlanc fut une femme directe et droite, une femme de foi, courageusement fidèle à ses engagements d'épouse et de mère.

So it was that Placide and Évangéline's youngest child, Élizabeth, should grow up to be somewhat of a distillation of the qualities suggested by both her parents' names, placidly reflecting on the colour of land and sea, yet with the faith and courage to grow this colour into a new art form.

There is no recorded indication of Élizabeth's future potential showing any signs of manifesting itself during her childhood. She attended the local one-room school in Plateau, known as the "LeFort School" (she and her eight brothers and sisters would have made up a significant percentage of the school population) until the age of twelve. Her teacher, Anselme à Charles Boudreau, at age 97, remembered her as an intelligent but ordinary child. The curriculum was very basic: reading, writing and arithmetic. No art or crafts, possibly some basic drawing and design.

In her 13th year she left school because she was needed at home to help with the housework and farming and to supplement the small family income by hooking mats to sell like her sisters before her. Her future seemed as set and predictable as it was for most girls in the community. Eventually she would be hired out to do housework as well, working at the parish rectory or "glebe house" and at the Acadian Inn in downtown Chéticamp.

At one point, Élizabeth also hired out hooking on large mats for Marie-Hélène à Edmond à Henri Poirier in Chéticamp, where

De . même, Placide LeFort, le père d'Élizabeth, dont le prénom signifie doux et calme, semble avoir vécu la réalité de son prénom. À la fois pêcheur et fermier, il paraît qu'il prenait souvent le temps de réfléchir paisiblement sur les couleurs de la terre et de la mer.

Voilà qui explique que la toute dernière dans la famille de Placide et d'Évangéline, Élizabeth, a grandi pour devenir une espèce de rafinement des qualités suggérées par les prénoms de ses deux parents, une personne qui méditait souvent sur les beautés de la terre et de la mer et qui avait la foi et le courage de faire ressortir ces couleurs à travers un nouvel art.

Nous ne trouvons aucune documentation pour attester qu'Élizabeth, durant son enfance, faisait preuve de talents qui annonçaient son futur potentiel comme artiste. Elle fréquenta la petite école de Plateau, connue comme «l'école LeFort» (elle et ses huit frères et sœurs devaient constituer un bon pourcentage de la population de l'école), jusqu'à l'âge de 12 ans. Son enseignant, Anselme à Charles Boudreau, rendu à ses 97 ans, se rappelait d'elle comme une élève intelligente mais plutôt ordinaire. Le curriculum s'en tenait à l'essentiel: la lecture, l'écriture et l'arithmétique. Point d'art ni d'artisanat, sauf peut-être pour quelques leçons rudimentaires en dessin.

À l'âge de 12 ans, elle laissa l'école parce qu'on avait besoin d'elle à la maison pour aider avec le ménage et les travaux de la ferme, et pour

(Left) Polycarpe LeFort, Élizabeth's brother, with whom she resided until she was discovered by Kenneth Hansford. (Right) Gracieuse (LeFort) Deveaux, Élizabeth's sister. Gracieuse resided with Élizabeth and Kenneth for several years, when she was no longer capable of living alone in her old age.

(À gauche) Polycarpe LeFort, frère d'Élizabeth, avec qui elle demeura jusqu'à ce que Kenneth Hansford la découvre. (À droite) Gracieuse (LeFort) Deveaux, sœur d'Élizabeth. Gracieuse demeura plusieurs années avec Élizabeth et Kenneth, durant sa vieillesse, ne pouvant plus subvenir à ses propres besoins.

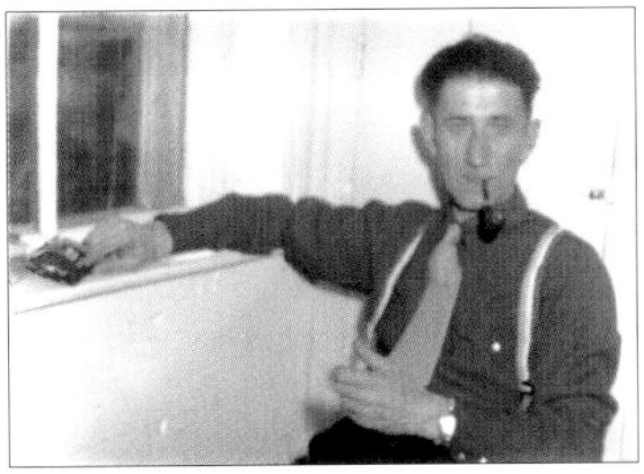

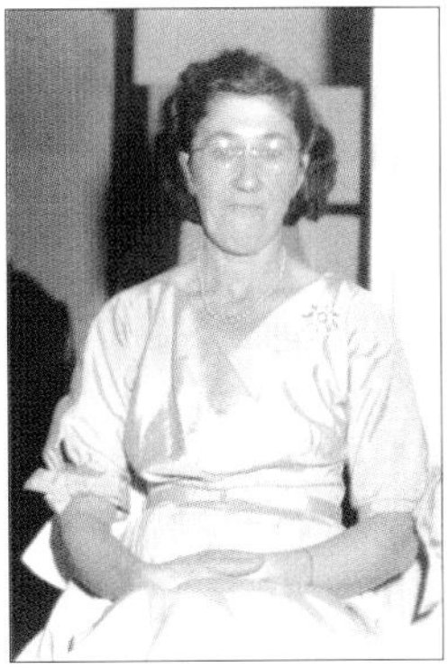

a group of women would work together on the same mat, each assigned their own section. This type of hooking has been described in the authoritative book on Chéticamp hooking, *The History of Chéticamp Hooked Rugs and Their Artisans* by Anselme Chiasson and Annie-Rose Deveau. It is also described by Marie Deveau in Ronald Caplan's *Acadian Lives in Cape Breton Island.* These books underscore the level of perfection that Chéticamp hooking had reached at this point in time. A number of women could work on the same piece with a uniformity of style that did not betray different sections as having been done by different persons.

So life went fairly predictably for Élizabeth, who stayed at home with her parents as most of her older brothers and sisters moved on. One of her brothers, Polycarpe, would eventually inherit the homestead. Élizabeth would live with him and his wife, Victoire, after her parents died. In the meantime she hooked mats at home and sold them to Marie à Résine LeLièvre, a local woman who ran a small gift shop in her home.

Then came, unexpected and unheralded, the turning point of her life. In 1940 her family received a Christmas card from England. Her brother, Joseph, a soldier, had married Gwennie, an Englishwoman, and the card was from Gwennie's mother. The picture on the card was

ajouter au revenu familial en confectionnant des tapis «hookés», tout comme ses sœurs l'avaient fait auparavant. Son avenir semblait bien défini et prévisible, comme il l'était pour la plupart des filles de la communauté. Elle finit par s'engager comme domestique, travaillant au presbytère de la paroisse ainsi qu'à l'Acadian Inn, à Chéticamp.

À un moment donné, Élizabeth s'était engagée pour travailler à la confection de grands tapis pour Marie-Hélène à Edmond à Henri Poirier, de Chéticamp; un groupe de femmes travaillaient ensemble sur le même tapis, chacune sur sa propre section. Ce genre de travail est décrit dans le livre qui fait autorité au sujet de cet art unique de Chéticamp, *L'histoire des tapis «hookés» de Chéticamp et de leurs artisans*, du père Anselme Chiasson et d'Annie-Rose Deveau. Il est également décrit par Marie Deveau dans le livre de Ronald Caplan, *Acadian Lives in Cape Breton Island.* Ce travail en groupe démontre bien le niveau de perfection qu'avaient alors atteint les tapis «hookés» de Chéticamp. Plusieurs dames pouvaient travailler sur la même pièce avec une uniformité de style qui ne permettait pas de discerner que différentes sections avaient été créées par différentes artistes.

Ainsi la vie continua pour Élizabeth, qui était demeurée chez ses parents alors que la plupart de ses plus vieux frères et de ses plus

of a stereotypical English scene – a thatched roof cottage, sheep, a brook with ducks – the whole vista depicted in many shades of brown.

The card struck Élizabeth's fancy. She decided that she could produce the same scene in wool and, in that moment, her art was born. She was very clear about this when she described the moment, as clear at age 90 as if she were living the moment for the first time. She drew the landscape to scale on a canvas freehand, set out to dye her wool 28 shades of brown, and then proceeded to the hooking itself.

Moving from the mats normally done in several bright colours to incorporating 28 shades of the same colour into a design was a quantum leap for her. Did she get help? No, she did not. She dyed all the colours herself, and was very clear about that.

How did she do it? Once again she was clear and matter-of-fact: "It was my beginning. It was at this point that God took charge of me. I knew exactly what to do. I was born with it (the talent). It was easy enough to do."

The words flowed easily from her mouth. The recollection of the moment was strong. The conviction was obvious. This was the moment when she was revealed to herself. The angel of the Annunciation had spoken to her. The child which was her giftedness was conceived within her. And, with all the simplicity and matter-of-factness of the Virgin Mary before her, she

vieilles sœurs étaient partis. Un de ses frères, Polycarpe, finira par hériter du bien paternel. Élizabeth demeurera avec lui et son épouse, Victoire, suite au décès de ses parents. Au fil des jours, elle confectionna des tapis qu'elle vendait à Marie à Résine LeLièvre, une femme de la région qui opérait une petite boutique dans son foyer.

Un beau jour, voilà que se présente le point tournant de sa vie. En 1940, sa famille reçut une carte de Noël de l'Angleterre. Son frère Joseph, qui était soldat, avait épousé Gwennie, une femme de l'Angleterre, et la carte provenait de la mère de Gwennie. La photo sur la carte était d'une scène typique de ce pays – une petite maison à toit de chaume, des moutons, un ruisseau avec des canards, tout ce panorama représenté en une multitude de nuances de brun.

Élizabeth avait pris goût à cette carte. Elle eut la pensée qu'elle pourrait reproduire cette scène en laine; et c'est précisément à ce moment-là que son art vit le jour. Rendue à l'âge de 90 ans, tout était encore bien clair dans son esprit lorsqu'elle décrivait ce moment, comme si elle était en train de le vivre pour la première fois. Elle dessina la scène à l'échelle, à main levée, sur une toile de jute, pour ensuite entreprendre de teindre sa laine en 28 nuances de brun, et enfin elle procéda à la confection même du tapis.

Passer de tapis ordinaires, avec toutes leurs vives couleurs, à une pièce dans laquelle il fallait

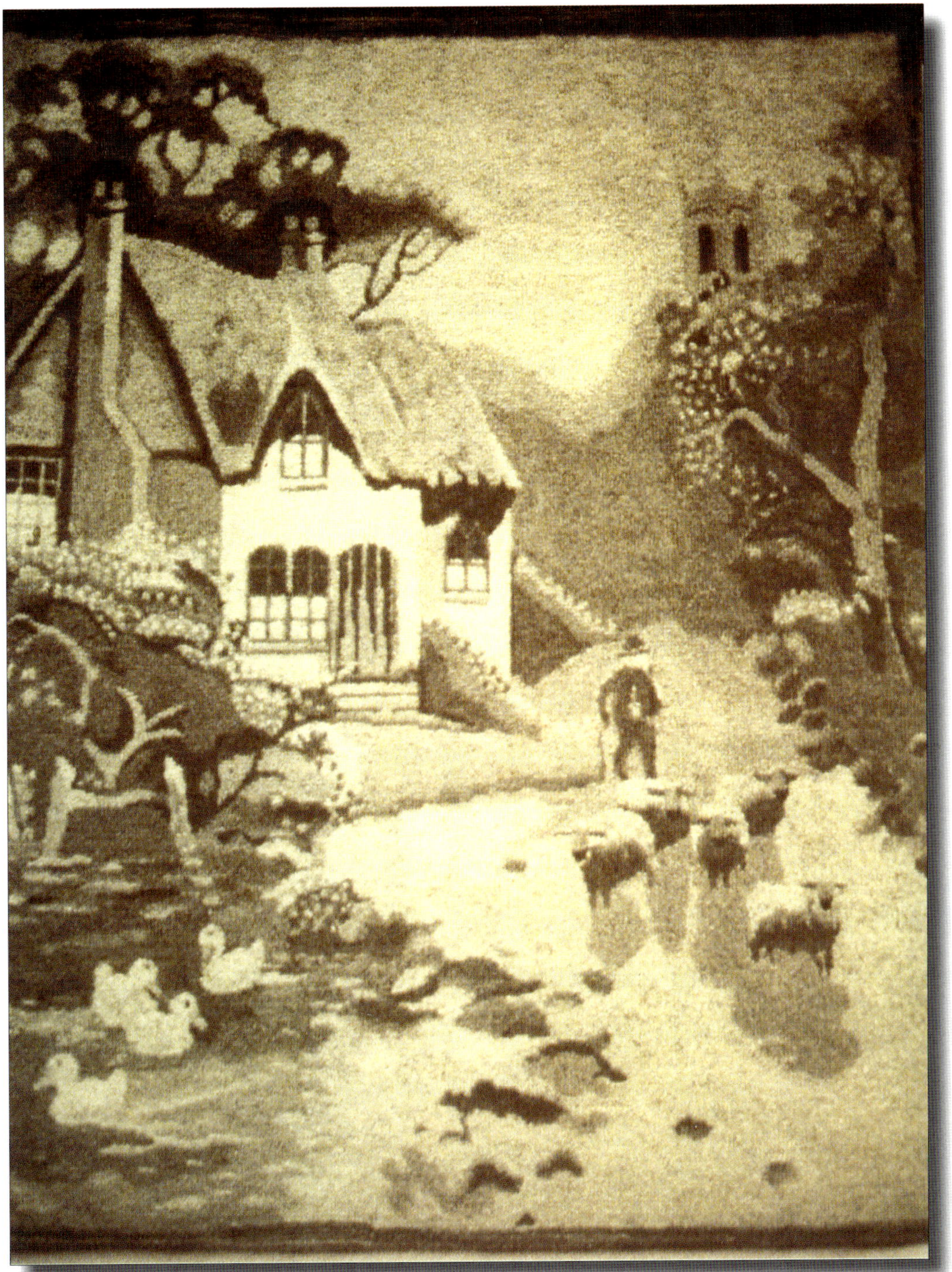

The piece that started it all. Made, using 28 shades of brown, in 1940 from a Christmas card.

La tapisserie qui commença le tout. Confection-née en 1940, en 28 nuances de brun, à partir d'une carte de Noël.

answered, in her own way, "Be it done unto me according to your word."

Her first tapestry completed, Élizabeth was pleased with the results and made plans to sell it to Marie LeLièvre for the gift shop. She confidently announced to her parents that she would ask for $25 instead of the normal price of $10 for a mat of equal size. Her father expressed some skepticism. He did not think Marie LeLièvre would pay that much. Élizabeth stuck to her guns. "There is no shame in asking," she said. "She can only say no." Marie LeLièvre must have been impressed. She paid the $25 without objection.

Affirmed by herself and by Marie LeLièvre, Élizabeth was then further affirmed by her father with a gesture that still moved her at age ninety. She remembered returning home with her $25. Her father was making fence. He asked her, "Did you get the $25?" So pleased was he with her response that he travelled to Chéticamp a few days later and returned with a small pair of scissors he had purchased for his daughter. Sixty-four years later she still had the scissors. She smiled warmly as she remembered this touching moment in her life,

Marie LeLièvre sold the English cottage tapestry for $50 and Élizabeth was so pleased that she hooked six more of the same scene. One of the tapestries resurfaced many years later when its owner, a Dr. MacDonald of Baddeck, donated it to the Élizabeth LeFort

incorporer 28 nuances d'une seule couleur, voilà tout un défi. Avait-elle obtenu l'aide de quelqu'un? Absolument pas. Elle avait teint toutes ses couleurs par elle-même. Elle était très claire là-dessus.

Comment s'y était-elle prise? Encore une fois, sa réponse fut bien claire et franche. «C'était mon début. C'est à ce moment-là que Dieu a pris charge de moi. Je savais exactement ce qu'il fallait faire. Je suis née avec cela en moi (le talent). C'était assez facile.»

Les mots émanaient facilement de sa bouche. Elle avait une forte souvenance du moment. Elle était évidemment convaincue. C'est alors qu'elle fut révélée à elle-même. L'ange de l'Annonciation lui avait parlé. L'enfant qu'était son don avait été conçu en elle. Et, avec toute la simplicité et la franchise de la réponse de la Vierge Marie, à sa propre façon, elle avait aussi répondu: «Que tout se passe pour moi comme tu l'as dit.»

Sa première tapisserie achevée, Élizabeth était satisfaite des résultats et décida de la vendre à Marie LeLièvre pour sa boutique. Pleine de confiance, elle annonça à ses parents son intention de demander 25 $ au lieu du 10 $ habituel pour un tapis de ces dimensions. Son père ne manqua pas de lui exprimer son scepticisme. Il ne pensait pas que Marie LeLièvre paierait tant que cela. Élizabeth n'en démordit pas. «Il n'y a pas de mal à demander», dit-elle. «Elle ne peut que dire non.» Marie LeLièvre avait

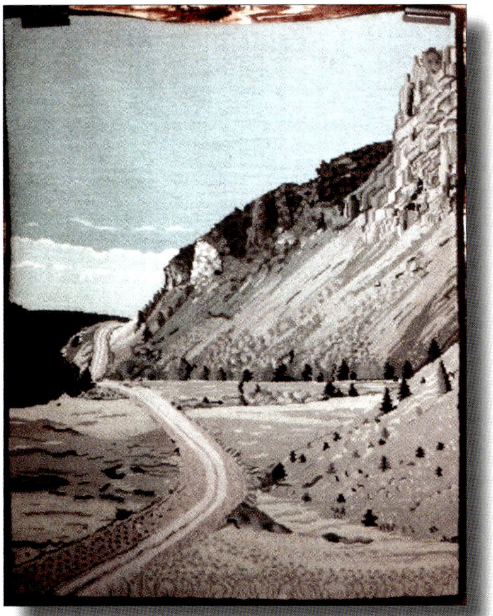

3. *Rigwash Valley.*

3. *La vallée de la* Rigouèche.

Gallery at the Centre Culturel Trois Pignons in Chéticamp where it remains today. It is testimony to Élizabeth's epiphany of 1940 and still a popular piece with many visitors to the gallery.

In the meantime she went back to hooking mats, with an occasional local scene done as a tapestry for special orders. She hooked two scenes for Dr. Doucet, a local medical doctor: one of the Rigwash Valley and one of the entrance to Cape Breton Highlands National Park. Despite of her obvious talent her art was not yet a lucrative profession. When she delivered the tapestries to Dr. Doucet in the spring he told her he could not pay her until fall; and when he did finally pay her he took a commission for acting as his own retailer.

All the while Élizabeth was perfecting her skills – her eye for colour and her skill for dyeing her wool.

It is known that the Chéticamp style of hooking, particularly of colour, was introduced to the area by Lillian Burke of New York, an art teacher and craft agent brought to Cape Breton by Marian Bell Fairchild, daughter of Alexander Graham Bell. While Élizabeth does

dû être impressionnée. Elle paya le 25 $ sans objection.

Affirmée par elle-même et par Marie LeLièvre, Élizabeth le fut davantage par un geste de son père qui l'émouvait encore à l'âge de 90 ans. Elle se rappelait encore qu'à son retour chez elle avec son 25 $, son père était en train de faire de la clôture. Il lui avait demandé, «As-tu reçu le 25 $?» Il fut tellement heureux de sa réponse qu'il se rendit au Havre de Chéticamp quelques jours plus tard et en revint avec une petite paire de ciseaux qu'il avait achetée pour sa fille. Soixante-quatre ans plus tard, elle conservait toujours ces ciseaux. Son visage rayonnait d'un chaleureux sourire alors qu'elle se rappelait ce moment touchant dans sa vie.

Marie LeLièvre vendit la tapisserie de la chaumière britannique au prix de 50 $. Élizabeth était si contente qu'elle confectionna six autres tapisseries de cette même scène. Une de celles-ci est réapparue plusieurs années plus tard quand son propriétaire, un Dr MacDonald de Baddeck, en a fait don à la galerie Élizabeth-LeFort du centre culturel Les Trois Pignons, à Chéticamp, où elle est toujours exposée. Un témoignage de l'épiphanie d'Élizabeth en 1940, elle demeure une pièce populaire auprès des nombreux visiteurs de la galerie.

En ces temps-là, elle continua de confectionner des tapis ordinaires, avec de temps en temps des tapisseries de paysages locaux sur demande spéciale. Elle en avait

not dispute the major role played by Lillian Burke in the development of rug hooking as a business and in the style of hooking, she denies being influenced directly by Miss Burke.

"Lillian Burke's gang was mostly in Belle-Marche. We had no cars when I was growing up. We were far away from everyone and did our work among ourselves."

While she had worked at one point on large mats with other women, a practice introduced as a result of Lillian Burke's orders for major pieces, her own eye had become trained. Élizabeth continued to be her own teacher.

All of this took place in the wider context of life on the farm, without cars, without electricity, without running water. There was still housework to be done, gardens to be tended, preserves to be made and cows to be milked. The designs for the mats had to be drawn and the wool dyed. And that lovely wool did not go directly from the sheep's back to the mats. It had to be washed, dried, carded, spun and skeined. There were also church functions and feasts to attend, as well as many weddings and many funerals; in between, the sick and the old were cared for.

Yet this is what makes up colour: the colours of the events that constitute human life and all other forms of life. One can merely endure these events, or one can allow them to filter through oneself, to permeate oneself, and to emerge from oneself as a new creation.

produit deux pour le Dr Doucet, un médecin de la région: une de la vallée de la *Rigouèche* et une de l'entrée au parc national des Hautes-Terres-du-Cap-Breton. En dépit de son talent évident, son art n'était pas encore devenu une profession lucrative. Lorsqu'elle livra ses tapisseries au Dr Doucet au printemps, il lui fit savoir qu'il ne pourrait les lui payer qu'à l'automne; et lorsqu'elle fut enfin rémunérée, il avait gardé une commission pour avoir agit comme son propre détaillant.

Pendant tout ce temps, Élizabeth perfectionnait son art, particulièrement son œil pour les couleurs et son talent pour la teinture de sa laine.

Il est généralement convenu que le style des tapis «hookés» de Chéticamp, surtout en ce qui concerne l'agencement des couleurs, fut introduit dans la région par Lillian Burke, de New York, une enseignante d'art et une agente d'artisanat amenée au Cap-Breton par Marian Bell Fairchild, fille d'Alexander Graham Bell. Quoiqu'Élizabeth ne questionnait guère l'importante contribution de Lillian Burke au développement du commerce des tapis «hookés» et à l'évolution de leur style actuel, elle reniait avoir été influencée directement par Mlle Burke.

«Le groupe de Lillian Burke se trouvait surtout à Belle-Marche. Nous n'avions pas d'automobile lorsque je grandissais. Isolés de tout le monde, nous nous débrouillions par nous-mêmes.»

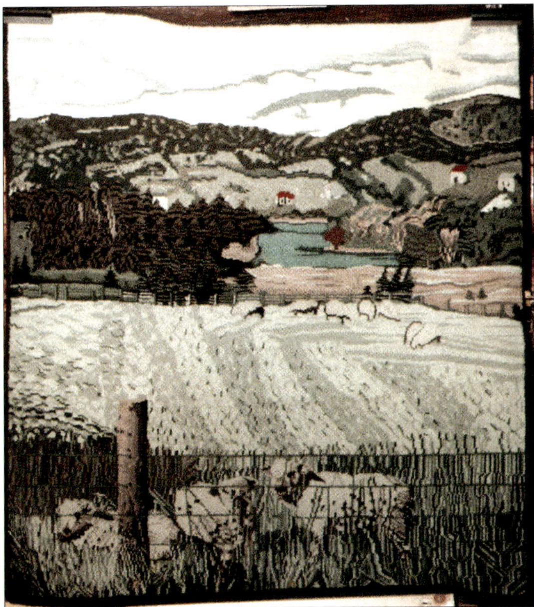

2. *Margaree Valley with Marple's Sheep.*

2. *La vallée de* Magré *avec les moutons de M. Marple.*

To such endeavours Élizabeth LeFort gave herself without asking for anything else. She was discovering herself. It would be left to someone else to discover her and share her with a wider world.

Même si, à un moment donné, elle avait travaillé avec d'autres femmes sur de grands tapis, une pratique introduite en raison des commandes de Lillian Burke pour des pièces majeures, elle avait déjà un œil entraîné à ce moment-là. Élizabeth s'était toujours instruite par elle-même.

Tout cela se passait dans le contexte bien plus large de la vie sur la ferme, sans automobile, sans électricité, sans eau courante. Il fallait toujours s'occuper du ménage, soigner les potagers, préparer les confitures et traire les vaches. Il fallait estamper les toiles à tapis et teindre la laine. Et cette belle laine ne passait point directement du dos des moutons aux tapis. Il fallait la laver, la faire sécher, la carder, la filer et la mettre en écheveaux. Il y avait en plus les services religieux et les festins auxquels on devait assister, et plusieurs noces et funérailles; à travers tout cela, il fallait aussi s'occuper des malades et des vieillards.

Mais c'est bien de toutes ces choses qu'est faite la couleur: les couleurs des événements qui constituent la vie humaine et toutes les autres formes de vie. On peut choisir de seulement subir ces événements ou bien de les filtrer et de les intégrer à l'intérieur de soi-même pour les faire ressortir comme de nouvelles créations.

À de tels efforts Élizabeth s'était consacrée sans rien demander de plus. Elle était en train de se révéler à elle-même. Il appartiendrait à quelqu'un d'autre de la découvrir et de la faire connaître au grand monde.

CHAPTER TWO

Ken Hansford ran his large hand over the hooked mat to feel the evenness of its texture. He withdrew, stepped back a few paces, and held the hand with the huge turquoise studded ring over his chin as he eyed the mat over his glasses. The scene depicted on the mat was of a horse directly facing the viewer with a Chéticamp field in the background. He nodded his head and looked over his glasses to his guide, a young man named Bertrand Chiasson who was to become a long time employee.

"How much would you want for this mat?" Bertrand asked Élizabeth LeFort.

"$45," replied Élizabeth promptly, with the same confidence she had approached Marie à Résine LeLièvre when she had sold her first scene, the English cottage. The price had gone up by $20, but it must be noted that this was fourteen years later. And perhaps the mat was larger.

Hansford nodded again. Bertrand quickly concluded the deal. Little did Hansford know when he knocked on Élizabeth's kitchen door that he was, that very day, to inaugurate a partnership that would change his life, that he was about to undertake the making of a

CHAPITRE DEUX

Ken Hansford glissa sa main géante sur le tapis «hooké» pour sentir l'uniformité de sa texture. Il retira sa main, recula de quelques pas, et se tenant le menton d'une main portant une grosse bague avec un joyau de turquoise, il regardait le tapis au-dessus de ses lunettes. La scène représentée par le tapis était d'un cheval faisant face au spectateur, avec un champ typique de Chéticamp en arrière-plan. Il fit un signe de tête en jetant un regard au-dessus de ses lunettes vers son guide, un jeune homme du nom de Bertrand Chiasson, qui allait devenir un de ses employés à long terme.

«Combien voulez-vous pour ce tapis?» Bertrand demanda à Élizabeth LeFort.

«45 $», répondit promptement Élizabeth, tout aussi confiante que lorsqu'elle avait approché Marie à Résine LeLièvre pour lui vendre sa première scène, celle de la chaumière. Le prix avait augmenté de 20 $, mais il faut dire que ceci se passait 14 ans plus tard. Et peut-être que le tapis était plus grand.

Hansford donna un autre signe de tête affirmatif. Bertrand conclut rapidement l'affaire. Hansford ne se doutait guère, lorsqu'il vint frapper à la porte de cuisine d'Élizabeth,

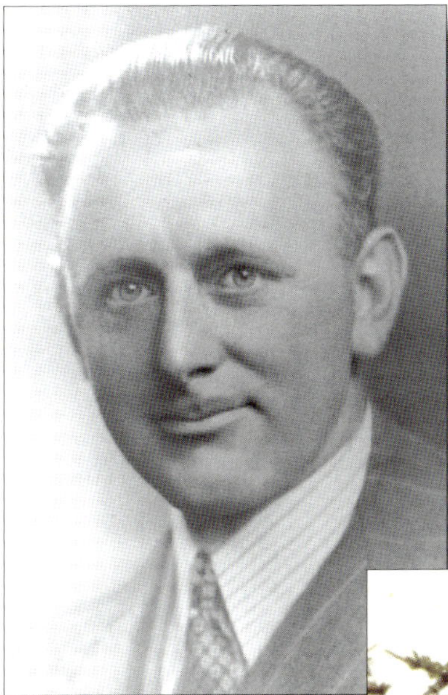

Kenneth Hansford

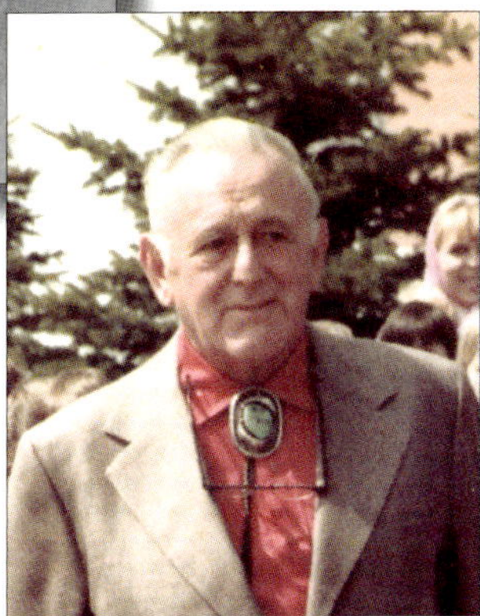

Canadian artist and that he was about to meet his future wife.

It is equally doubtful that Élizabeth, when she answered the door that day, suspected that she was about to meet a man who, by stealth of management and promotion, would get her an audience with Queen Elizabeth II, a reception at the White House, and have her tapestries displayed in Buckingham Palace, the Vatican and the White House. And it is certain that, as this very impressive man looked over his glasses at the mat for which she would risk asking $45, she had no ambition to become his wife.

Hansford was indeed an impressive man: forty-nine years old, a little better than medium height and heavy set, he exuded an air of confidence, breeding and success. His graying hair was brushed back from a tall forehead. A thin greying mustache slenderized an otherwise large face. He had very quick eyes and large but deft hands. He always wore a bright red flannel

qu'il inaugurerait dès ce jour-là un partenariat qui allait transformer sa vie; qu'il entreprendrait bientôt le développement d'une artiste canadienne; et qu'il était sur le point de rencontrer sa future épouse.

Il est aussi bien peu probable qu'Élizabeth, lorsqu'elle alla ouvrir la porte ce jour-là, se doutait qu'elle était sur le point de rencontrer l'homme qui, par une gérance et une promotion furtives, lui obtiendrait une audience avec la reine Élizabeth et une réception à la Maison-Blanche, et qu'il réussirait à faire exposer de ses tapisseries au palais de Buckingham, au Vatican et à la Maison-Blanche. Et, chose certaine, lorsque cet homme impressionnant examinait au-dessus de ses lunettes le tapis pour lequel elle oserait demander 45 $, elle n'avait aucune ambition de devenir son épouse.

Il est vrai que Hansford était un homme impressionnant: âgé de 49 ans, un peu plus grand que la moyenne et costaud, il projetait un air de confiance, de savoir-vivre et de succès. Il avait un grand front avec ses cheveux grisonnants ramenés en arrière. Une mince moustache grisonnante allégeait gracieusement la grandeur de son visage. Il avait les yeux vifs et des mains géantes qui ne manquaient tout de même pas d'adresse. Il portait toujours une chemise en flanelle d'un rouge vif avec un pantalon gris. Et il agrémentait cet habillement avec beaucoup de

shirt with grey pants. And unto this was added a ton of silver and turquoise jewellery. The real stuff. Handcrafted by the Navaho in Arizona. There was the ring, as already indicated. There was also a large silver buckle on his hand- tooled leather belt. There was a heavily filigreed silver watch bracelet, encrusted with several large chunks of turquoise and a silver-and-turquoise bolo tie.

It sounds quite overdone, of course, indeed it all would have dwarfed an ordinary man and made him look ridiculous. But Hansford was no ordinary man. He had the powerful personality to wear it gracefully.

Who was this man and what was he doing knocking on kitchen doors in Point Cross?

He was the owner and manager of a new gift shop in Margaree Harbour, the Paul Pix Shop, a 9-by-18-metre (30 by 60 feet) log cabin and the most spacious and elegant shop to ever hit the shores of Inverness County. He was about to expand his business to include a boat restaurant – the *Marion Élizabeth*, a sister ship to the original *Bluenose*, hauled into Margaree Harbour and anchored by local tradesmen next to the gift shop. But although he was to become a prominent Margaree citizen, Hansford, like Élizabeth, was basically a private person. Little became known of his personal life.

He was born in Toronto in 1905 and started work at the age of seven delivering newspapers. He continued in newspaper distribution in various capacities for twenty-three years, until

bijoux d'argent ornés de turquoises. Du vrai de vrai. Fait à la main par les Navaho de l'Arizona. Il y avait sa bague déjà mentionnée. Il y avait aussi la gigantesque boucle en argent sur sa ceinture de cuir fabriquée à la main; il y avait en plus son bracelet de montre d'argent filigrané, incrusté de plusieurs grosses turquoises, et une cravate bolo en argent et turquoise.

Cela paraît pas mal exagéré, bien sûr, et le tout aurait certainement éclipsé un homme ordinaire et lui aurait donné une allure ridicule. Mais Hansford n'était point un homme ordinaire. Il avait une personnalité assez forte pour pouvoir porter tout cela avec élégance.

Qui était cet homme et que faisait-il à frapper aux portes de cuisine à Point Cross?

Il était le propriétaire et le gérant d'une nouvelle boutique qui venait d'ouvrir au Havre de *Magré*, la boutique Paul Pix, une cabane en rondins de 30 pieds sur 60 pieds [9,14 m x 18,28 m], la plus grande et la plus élégante boutique que les côtes du comté d'Inverness aient jamais connue. Il se préparait à agrandir son commerce en y ajoutant un restaurant monté sur une goélette – le «*Marion Élizabeth*», la goélette sœur du «*Bluenose*» original – qui avait été touée dans le Havre de *Magré* et ancrée pour de bon par des ouvriers de l'endroit, juste à côté de la boutique. Mais, même s'il était pour devenir un citoyen important de *Magré*, Hansford, tout comme Élizabeth, était au fond une personne privée. On connaît très peu de sa vie personnelle.

an agent system put him out of business. With little capital he started a business consisting of producing and servicing concrete burial vaults, which was to become for him a very profitable enterprise.

After a separation from his first wife he began looking for new business opportunities. When his son Kenneth developed heart problems, his doctor advised rest at sea level for a period of time. The family had visited Cape Breton in 1936 or 1937 and so in 1938 Ken Jr. and his sister Margaret spent a summer at the Duck Cove Inn in Margaree Harbour. Hansford revisited Cape Breton a number of times and the idea of the Paul Pix Shop gradually took form. In 1951, he came from Toronto with a friend and bought a woodlot from local resident Haverstock MacLean. The woodlot was to supply logs for the building of the shop.

By all accounts Hansford was an extraordinarily gifted person. As well as being an established businessman, he was possessed of a number of artistic abilities. After a period of studying and excelling in photography at the Banff School of Fine Arts, he went about Cape Breton, particularly throughout the Margaree and Cabot Trail areas, capturing the best of land and sea with his camera. He would develop his black-and-white photographs in his own lab and then spend the winters tinting half of them in oil. He did his own framing. The walls of the shop were covered with his

Il est né à Toronto en 1905 et, dès l'âge de 7 ans, il commença à travailler à la livraison de journaux. Il continua d'œuvrer, dans diverses fonctions, dans la distribution de journaux pendant 23 ans, jusqu'à ce que le système d'agents le force à abandonner. Avec bien peu de capital, il se lança alors dans le commerce de la fabrication et du maintien de voûtes de sépulture en béton, une entreprise qui lui permit de réaliser des profits considérables.

C'est suite à sa séparation de sa première femme qu'il se mit à chercher de nouvelles possibilités de commerce. Lorsque son fils Kenneth développa des problèmes cardiaques, son médecin lui avait recommandé un repos au niveau de la mer pour un certain temps. Puisque la famille avait déjà visité le Cap-Breton en 1936 et en 1937, Ken (fils) et sa sœur Margaret vinrent, en 1938, passer l'été à la Duck Cove Inn, au Havre de *Magré*. Hansford revint visiter le Cap-Breton à plusieurs reprises et son rêve de la boutique Paul Pix se réalisait petit à petit. En 1951, il vint de Toronto avec un ami et acheta un terrain à bois d'un habitant de la région, Haverstock MacLean. Ce terrain fournirait les rondins pour la construction de la boutique.

D'après l'opinion générale, Hansford était une personne extraordinairement douée. En plus d'être un homme d'affaires accompli, il possédait plusieurs talents artistiques. Suite à des études bien réussies en photographie à la Banff School of Fine Arts, il se promenait

work, both in black-and-white and colour. A small warehouse contained hundreds of other photos so that one sold could be immediately replaced.

His winters were spent in Arizona, where he would tint photographs and make ceramic pots, vases and other souvenirs, all of which he carted back in a U-Haul trailer each spring. He also brought back exquisite copper jewellery from Arizona; from Nova Scotia, he bought the best of rug hooking from Chéticamp, amethyst jewellery from Blomidon, fine china, tartans, cast iron and wrought iron. The Paul Pix Shop also had a small section with antiques, all of which he could discuss knowledgeably with clientele.

He was a connoisseur of classical music. One winter while his log house was being built next to the shop he stayed in the area to supervise its construction and boarded at our house about a mile away. At some point he asked my mother if she liked music. Of course she liked music. She did not specify, but she knew a hundred traditional Acadian songs, and just as many Irish, western and popular songs as well. He took his record player to our house, and on a winter evening we sat in our living room on straight-backed kitchen chairs – he, my father and mother and I – and listened to the whole of Verdi's *La Traviata,* some several hours long with brief interruptions only when he got up to change the records. He hummed along with the more popular choruses while we

de-ci de-là au Cap-Breton, particulièrement dans la région de *Magré* et ailleurs sur le Cabot Trail, y capturant avec son appareil-photo les plus belles scènes de la terre et de la mer. Il développait ses photos en noir et blanc dans son propre laboratoire, et durant l'hiver il en teintait la moitié avec des peintures à l'huile. Il encadrait lui-même ses photos. Les murs de la boutique en étaient couverts, les unes en noir et blanc et les autres en couleurs. Il avait des centaines de photos emmagasinées dans un petit entrepôt, une photographie vendue pouvant ainsi être remplacée immédiatement.

Il passait les hivers en Arizona où il teintait de ses photographies et fabriquait des pots, des vases et autres souvenirs en céramique, et il rapportait le tout dans une remorque *U-haul* chaque printemps. Il rapportait également de l'Arizona des bijoux exquis en cuivre; de la Nouvelle-Écosse il achetait les meilleurs des tapis «hookés» de Chéticamp, des bijoux d'améthyste de Blomidon, de la porcelaine, des tartans et de l'artisanat en fonte et en fer forgé. La boutique Paul Pix avait aussi un petit coin réservé aux antiquités, au sujet desquelles il savait discuter avec les clients.

Il était un fin connaisseur de la musique classique. L'hiver que l'on construisait sa maison en rondins à côté de la boutique, il était demeuré dans les parages pour surveiller les travaux et il pensionnait chez nous, à une distance d'environ 1,6 km [un mille]. À un moment donné, il avait demandé à ma mère si elle aimait la musique.

5. *Dawson's Point Sunset.*

5. *Un coucher de soleil à Dawson's Point.*

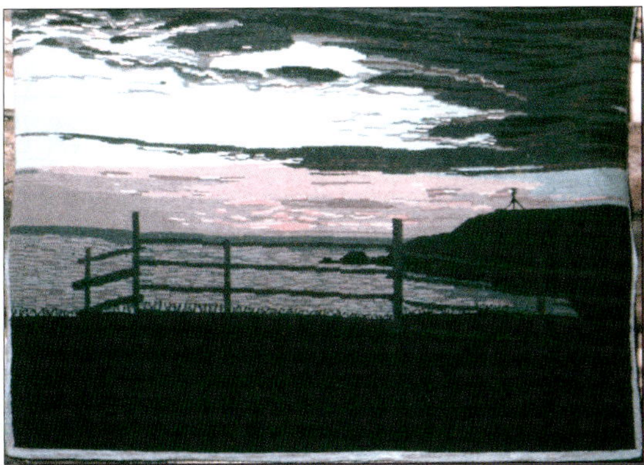

sat woodenly and stared. He must have gotten the message for he never brought the record player out again. It was my first introduction to a whole opera and one that I would not experience again for another forty years.

Such was the man who knocked on Élizabeth's door in 1954, and such was the world into which she was about to enter.

Hansford, after buying his first mat from Élizabeth, brought it home, framed it and quickly sold it to someone from Toronto for $200. He claimed to have felt guilty that he had made such a handsome profit and returned to Point Cross to explain to Élizabeth how much it had cost him to frame the work, along with his other expenses. She replied that she was glad for him and did not feel cheated, but he offered her half the profit anyway.

He bought a second piece from Élizabeth, a sunset with beautiful shades of brown absorbing the reds and golds. Before leaving

Bien sûr qu'elle aimait la musique. Elle n'avait pas spécifié quel genre, mais elle connaissait une centaine de chansons traditionnelles de l'Acadie, et autant de chansons irlandaises, western et même des chansons dites populaires. Il apporta son tourne-disque chez nous, et un soir d'hiver nous nous étions assis dans le salon sur des chaises de cuisine avec le dos bien droit, lui, mes parents et moi, pour écouter dans son entier *La Traviata* de Verdi, qui dura plusieurs heures sauf pour de courtes interruptions lorsqu'il se levait pour changer de disque. Il fredonnait les refrains les mieux connus alors que nous demeurions raides comme des piquets avec le regard bien fixe. Il avait dû saisir le message car il ne ressortit jamais son tourne-disque par la suite. Ce fut pour moi une première introduction à un opéra complet, une expérience que je ne revivrais pas au cours des 40 prochaines années.

Tel était l'homme qui était venu frapper à la porte d'Élizabeth en 1954, et tel était le monde dans lequel elle s'apprêtait à faire son entrée.

Hansford, après avoir acheté son premier tapis d'Élizabeth, l'apporta chez lui, l'encadra et le vendit en peu de temps à quelqu'un de Toronto au prix de 200 $. Il prétendait s'être senti coupable d'avoir réalisé un aussi beau profit et il retourna à Point Cross retrouver Élizabeth pour lui expliquer combien l'encadrement lui avait coûté et les autres dépenses qu'il avait encourues. Élizabeth lui répondit qu'elle était

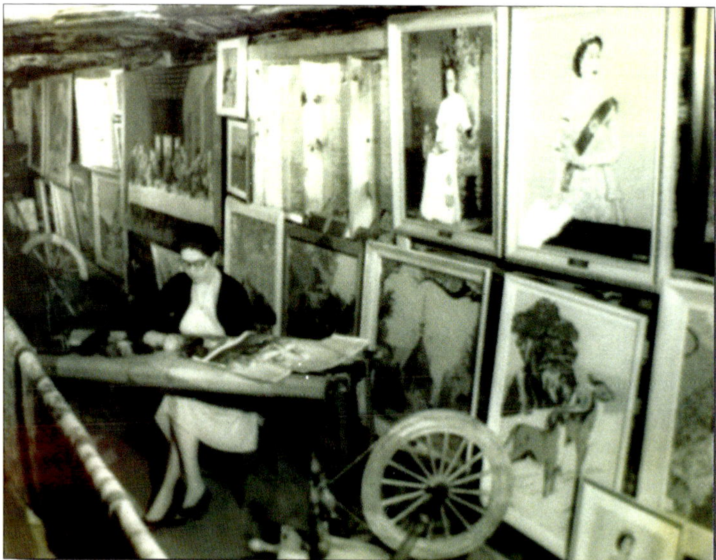

for the winter he deposited money in a bank account and authorized Bertrand, his assistant, to withdraw from the account as required for other pieces. There followed more purchases and soon he was buying all her work.

"As soon as I saw her work," he would say later, "I knew she had extraordinary talent. I have yet to hear of anyone who can hook complex subjects as beautifully, as skillfully and as swiftly as Miss LeFort can."

Soon he hired her, for the magnificent sum of $50 a week, to work for him at his shop during the summer months. Although she lived only 14 miles from the shop she had no transportation, and so she boarded with Georgie and Marie Deveau in Belle Cote and walked the mile each day to work. Several years later she moved to the home of Emerson and Theresa Ross, next door to the Paul Pix shop.

contente pour lui et qu'elle ne se sentait aucunement trichée, mais il lui avait tout de même offert la moitié du profit.

Il acheta une deuxième pièce d'Élizabeth, un coucher de soleil avec des nuances de brun absorbant les rouges et ors. Avant de quitter pour l'hiver, il avait ouvert un compte à la banque et il autorisa Bertrand, son assistant, d'en retirer des fonds au besoin pour l'achat d'autres pièces. D'autres achats suivirent et bientôt il achetait toutes ses œuvres.

«Dès que j'ai vu son travail», disait-il plus tard, «j'ai reconnu qu'elle était douée de talents extraordinaires. Je n'ai jamais entendu parler d'aucune autre personne capable de «hooker» des sujets complexes avec autant de beauté, d'habileté et de vitesse qu'Élizabeth sait le faire.»

Bientôt, il l'embaucha au magnifique salaire de 50 $ par semaine à travailler pour lui à sa boutique durant les mois d'été. Même si elle ne demeurait qu'à 22,4 km [14 milles] de la boutique, puisqu'elle n'avait pas de moyens de transport, elle pensionnait chez Georgie et Marie Deveau à Belle-Côte, d'où elle marchait 1,6 km [un mille] chaque matin pour se rendre au travail. Plusieurs années plus tard, elle déménagea chez Emerson et Theresa

It was an obvious advantage to have her on the spot where not only could she demonstrate the best of Chéticamp hooking to tourists, but where buyers of her work could meet and chat with the artist. With the assistance of Ken or Bertrand acting as translators, she explained the craft in general and elaborated on each specific piece being bought.

The next step would take more time. Hansford became haunted by the idea that Élizabeth's work was absolutely unique. He made it his personal mission to promote her genius and make her famous. He would find in her a cooperative but most unassuming partner.

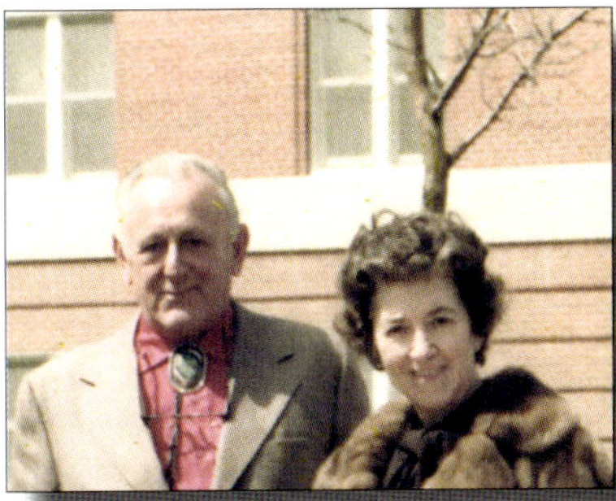

Ross, juste à côté de la boutique Paul Pix. C'était évidemment très avantageux de l'avoir sur les lieux non seulement pour démontrer aux touristes ce qu'il y avait de mieux dans les tapis «hookés» de Chéticamp, mais aussi pour permettre aux gens qui achetaient de ses œuvres de faire la connaissance de l'artiste et de jaser avec elle. Avec l'aide de Ken et de Bertrand, qui lui servaient de traducteurs, elle expliquait le métier en général et élaborait au sujet de chaque pièce qu'on achetait.

La prochaine étape prendrait plus longtemps à se réaliser. Hansford était devenu obsédé de sa conviction que l'art d'Élizabeth était absolument unique. Il se donna comme mission personnelle de promouvoir son génie et de la rendre célèbre. Il trouvera en Élizabeth une partenaire prête à coopérer mais des plus modestes.

CHAPTER THREE

CHAPITRE TROIS

The twenty-two kilometres [14 miles] that Élizabeth travelled from Point Cross to Margaree Harbour in 1954 must have been the longest fourteen miles that she was ever to travel in her life

Not that Margaree Harbour was more sophisticated than Point Cross, that the lights were brighter, the people more intelligent or wise or the culture more vibrant.

On the contrary. The church that Élizabeth worshipped in every Sunday in Chéticamp was the grandest east of Quebec, the French spoken there was probably the purest form of classical 17th-century French spoken anywhere in the world, and the co-operative form of community organization was the most advanced in Nova Scotia, probably in all of the Atlantic provinces. There was, of course, Chéticamp hooking. And, on a personal level, Élizabeth knew who she was. She was rooted deep down into the very centre of the earth. All the turquoise and silver in Arizona could not turn her head.

Still, it was a completely new world for her. She spoke very little English. At the age of forty, she had never lived on her own. She had hooked mats all her life but she had never discussed mats. She had certainly never been

Les 22 kms [14 milles] qu'Élizabeth eut à voyager de Point Cross au Havre de *Magré* en 1954 durent être les plus longs 14 milles qu'elle aurait à voyager dans toute sa vie.

Non pas parce que le Havre de *Magré* était plus sophistiqué que Point Cross, que les lumières y étaient plus brillantes, les gens plus intelligents ou plus fins, ou la culture plus vibrante.

Au contraire. L'église de Chéticamp, dans laquelle Élizabeth faisait ses dévotions tous les dimanches, était la plus grandiose à l'est du Québec, la langue française qu'on y parlait était probablement la forme la plus pure du monde entier du français classique du 17e siècle, et l'organisation coopérative de la communauté figurait parmi les plus avancées de la Nouvelle-Écosse et probablement de toutes les provinces atlantiques. Il y avait aussi, bien sûr, les tapis de Chéticamp. Et, sur le plan personnel, Élizabeth se connaissait bien. Elle était profondément enracinée dans son entourage. Toutes les turquoises et tout l'argent de l'Arizona ne pouvaient la faire s'en détourner.

Néanmoins, c'était un tout nouveau monde qui s'ouvrait à elle. Elle parlait très peu l'anglais. Rendue à l'âge de 40 ans, elle n'avait jamais

consulted about hooking or looked up to as an authority on hooking. She had almost always worked alone, with hardly a distraction but the routine of other chores to be done. She had certainly not listened to Verdi's *La Traviata*.

Employment at the Paul Pix Shop changed all that. Her hooking frame was set up in a highly visible spot in the shop. Tourists took great interest in her work. They questioned her about everything – where she had studied, the content of the dyes, the processing of the wool, the history of hooking, her personal life. They made suggestions as to the subjects she might tackle. They told her how their grandmothers made mats just like hers. Some wanted to haul up a chair, borrow her hook and take a lesson from her. A nun tried to convince her that, since she was in her forties and not married, she probably had a religious vocation. The nun offered to take her to the convent where she could hook pieces for the religious order. And, of course, everyone wanted to photograph her. When a bus tour visited, it was especially hectic. She could have forty people wanting her attention at the same time.

When business was slow at the shop, there were a few local women who liked to sit and gossip and share a bit of the limelight with the new artist in the village. And the young student clerks were fascinated both by her art and by her person.

Élizabeth handled all this with remarkable equanimity, but eventually Ken, her employer,

vécu par elle-même. Elle avait confectionné des tapis toute sa vie mais jamais elle en avait discuté avec qui que ce soit. On ne l'avait jamais consultée à propos des tapis «hookés» ou respectée comme une autorité sur le sujet. Elle avait pratiquement toujours travaillé seule, avec bien peu de distractions à part la routine des travaux du ménage dont il fallait s'occuper. Et elle n'avait certainement jamais écouté *La Traviata* de Verdi.

Son emploi à la boutique Paul Pix changea tout cela. Son cadre à tapis était monté en pleine vue. Les touristes s'intéressaient beaucoup à son travail. Ils lui posaient des questions de tous genres – où avait-elle étudié, en quoi consistaient ses teintures, comment préparait-on la laine, l'histoire des tapis, sa vie personnelle. On lui suggérait d'autres sujets qu'elle pourrait entreprendre. Certains lui racontaient que leurs grands-mères faisaient des tapis tout à fait semblables aux siens. D'autres voulaient prendre une chaise, emprunter son crochet et bénéficier d'une leçon de l'artiste. Une religieuse avait essayé de la convaincre qu'elle avait une vocation au couvent, puisqu'elle était rendue à sa quarantaine et pas encore mariée. La sœur offrait de l'amener avec elle au couvent où elle pourrait confectionner des pièces pour la congrégation. Et bien sûr, tout le monde voulait se faire prendre en photo avec elle. La situation devenait particulièrement mouvementée lorsqu'arrivait un plein autobus de touristes. Elle pouvait alors se retrouver avec

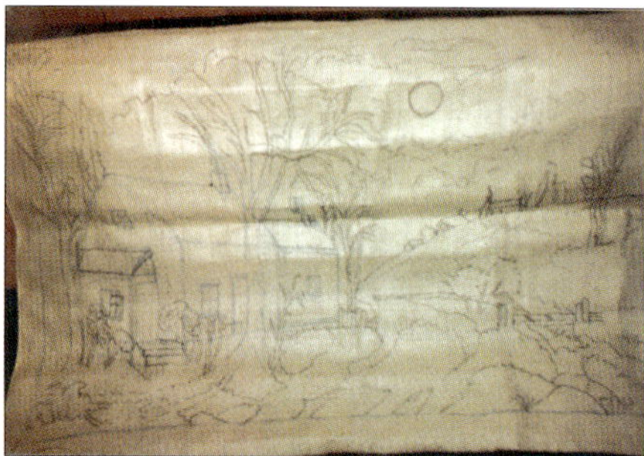

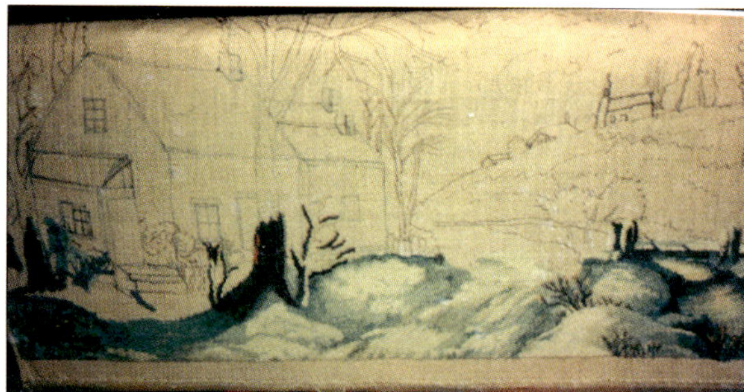

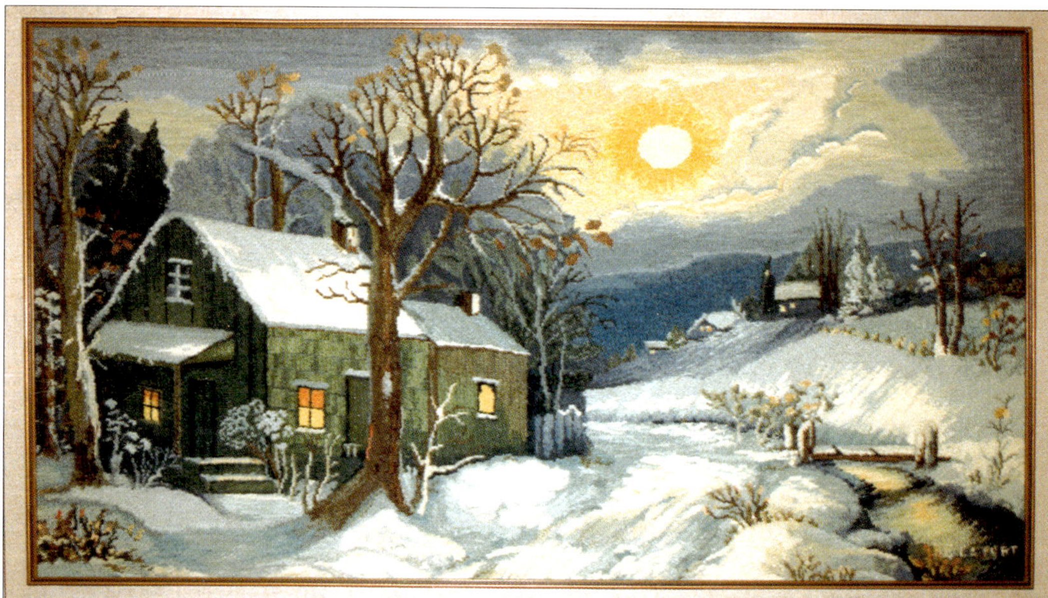

The making of a work of art.

La création d'une œuvre d'art.

329. *Cottage.*

329. *Un chalet.*

fearing for her well-being as well as her loss of productivity, took action on her behalf. He had a glass wall installed so that people could see her but not speak to or approach her. Only serious buyers, media people, or visiting personalities such as Alexander Graham Bell's daughters, the Bishop of Antigonish, or the local Member of Parliament, Allan J. MacEachen, at the time National Minister of Health and Welfare, were allowed beyond the glass. Within a year of her arrival she was being engaged in conversation by the cream of society. It never caused her anxiety. She knew her craft and she limited her part of the conversation to that craft. If her visitors wanted to share their lives or their learnings, she listened with interest and appreciation. If they wanted other information, she referred them to the manager. Always she smiled graciously.

If Élizabeth's life was made simpler by the insertion of a glass wall, there were other demands soon to be made of her. Already from the time she began working at the Paul Pix Shop, she no longer did regular floral designs, but hooked mats, now called tapestries, exclusively of scenes, birds, and animals. There were the scenes of Margaree sheep and of the Rigwash Valley, and of Presqu'île, on the Cabot Trail. Later she would produce a series of tapestries of famous horses and well known Canadian and American scenes such as Moraine Lake and Bow Valley, Mount Rundle and the Santa Barbara Mission.

But Ken Hansford had even greater plans for her. He had it in mind to move her into the area of portraiture. To have her hook portraits of famous personalities would establish her in

une quarantaine de personnes qui demandaient toutes son attention en même temps.

Dans les moments plus tranquilles, quelques dames du voisinage prenaient plaisir à venir jaser avec elle et partager la célébrité de cette nouvelle artiste du village. Et les jeunes commis étudiants étaient fascinés autant par son art que par sa personnalité.

Élizabeth venait à bout de tout cela avec une sérénité remarquable, mais un beau jour Ken, son employeur, s'inquiétant de son bien-être et de sa baisse de productivité, décida d'intervenir. Il fit installer un paroi en verre qui permettrait aux gens de l'observer au travail sans toutefois ne pouvoir l'approcher ou lui parler. Seuls les grands acheteurs, les gens des médias ou des célébrités en visite telles que les filles d'Alexander Graham Bell, l'évêque d'Antigonish ou notre député, Allan J. MacEachen, alors ministre fédéral de la Santé et du Bien-être social, étaient permis de l'autre côté de la vitre. À peine un an après son arrivée, elle entretenait des conversations avec la crème de la société. Cela ne lui causait aucune anxiété. Elle connaissait son métier et elle s'en tenait à ce sujet dans ses conversations. Si les visiteurs choisissaient de parler de leurs propres vies ou de leurs apprentissages, elle les écoutait avec intérêt et appréciation. S'ils recherchaient d'autres renseignements, elle les référait au gérant. Elle souriait toujours avec gracieuseté.

Si l'insertion du paroi en verre avait simplifié la vie d'Élizabeth, elle aurait bientôt à faire face à de nouveaux défis. Déjà depuis qu'elle travaillait à la boutique Paul Pix, elle ne faisait plus de tapis à fleurs ordinaires, mais elle confectionnait des pièces qu'on

the public eye as the really skilled artist she was and set her off in a class of her own.

He set his sights high. He did not have her practise on the county councillor or the local merchant's wife. Instead, for her first subject he chose Dwight D. Eisenhower, President of the United States. This was in 1955, her second summer working at the Paul Pix Shop. He obtained a photograph of Eisenhower from the Republican National Committee in Washington to use as a model. Quietly she set about her task, sketching the president's face on the burlap, dyeing her wool the many subtle colours of skin tone, and then hooking each stitch, 160,000 of them. Within three weeks it was completed.

She concedes, much later, that moving from scenes to portraits challenged her.

"Portraits are the most difficult. Scenes are fairly easy because they needn't be so exact. But a face must be precisely blended as to colour and finely drawn detail. The roughest one I ever did was Lord Beaverbrook's. So many moles and wrinkles, whew!"

The portrait of Eisenhower was hooked in 1955, but it would take another two years before Élizabeth was invited to present it at the White House in Washington. Presidents, like prime ministers and queens and popes, do not accept gifts from just anyone and Élizabeth had as yet moved only the 14 miles from Point Cross to Margaree Harbour. But Ken Hansford was persistent.

appelait tapisseries, exclusivement de paysages, d'oiseaux et d'animaux. Il y avait des scènes avec des moutons de *Magré*, des vues de la vallée de la *Rigouèche* et de la Presqu'île, sur le Cabot Trail. Plus tard, elle produirait une série de tapisseries de célèbres chevaux, et de plus en plus de paysages canadiens et américains bien connus tels que le lac Moraine et la vallée de la Bow, le mont Rundle et la mission de Santa Barbara.

Mais Ken Hansford mijotait de plus grands projets pour elle. Il avait à l'idée de la faire avancer à l'art du portraiture. Lui faire «hooker» des portraits de célèbres personnages la révèlerait au grand public comme l'artiste très douée qu'elle était et lui mériterait une distinction hors pair.

Il visait haut. Il ne lui donna pas la chance de se pratiquer avec un portrait du conseiller municipal ou de la femme du petit bourgeois local. Au contraire, pour son premier sujet, il avait choisi Dwight D. Eisenhower, le président des États-Unis. C'était en 1955, le deuxième été qu'elle travaillait à la boutique Paul Pix. Il avait obtenu une photo d'Eisenhower du Comité républicain national de Washington pour servir de modèle. Tranquillement elle s'appliqua à la tâche, dessina le visage du président sur une toile, teignit sa laine de toutes les nuances des couleurs de la peau et procéda à «hooker» chaque point, 160 000 au total. En trois semaines, la pièce était finie.

(Below) 9. *Dwight D. Eisenhaur, President U.S.A.*
(Right) 62. *Lord Beaverbrook.*

(Ci-dessous) 9. *Dwight D. Eisenhower, président des États-Unis.*
(À droite) 62. *Lord Beaverbrook.*

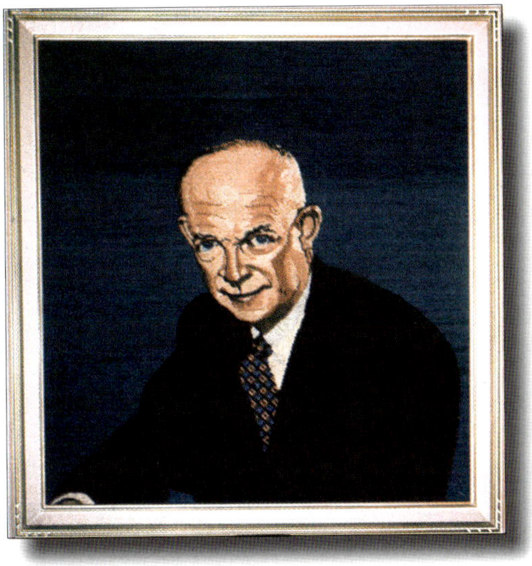

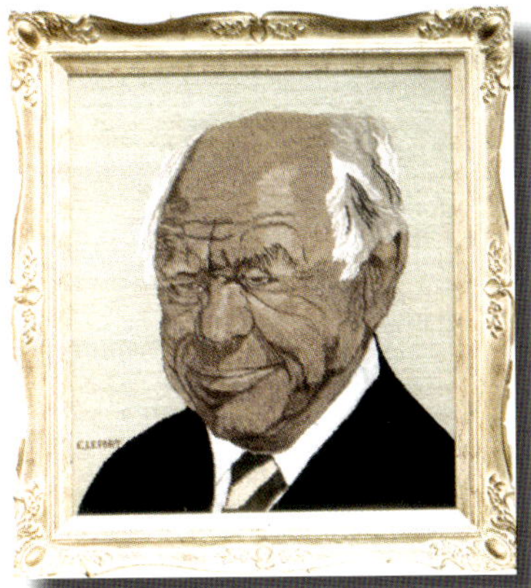

"He wrote letters and more letters," Élizabeth remembers.

Eventually the call would come and Élizabeth would journey from Cape Breton in June of 1957to be a White House guest. Her portrait of Ike was to be a passport to the rest of the world.

Elle admettait, beaucoup plus tard, que passer de paysages à des portraits avait été un défi pour elle.

«Les portraits sont les plus difficiles. Les paysages sont assez faciles car ils n'exigent pas autant d'exactitude. Un visage, par contre, demande un agencement précis de couleurs et de minutieux détails. Le plus difficile que j'aie jamais entrepris fut celui de Lord Beaverbrook. Tant de grains de beauté et de rides, ouf!»

Si le portrait d'Eisenhower fut confectionné en 1955, deux autres années s'écoulèrent avant qu'Élizabeth ne reçoive l'invitation d'en faire la présentation à la Maison-Blanche. Les présidents, tout comme les premiers ministres, les reines et les papes n'acceptent pas des cadeaux de n'importe qui, et Élizabeth n'avait voyagé que les 22,4 kms [14 milles] de Point Cross au Havre de *Magré*. Mais Ken Hansford persista.

«Il écrivit des lettres à n'en plus finir», se rappelait Élizabeth dans sa vieillesse.

Finalement, ils reçurent l'appel et Élizabeth se déplacerait du Cap-Breton au mois de juin 1957 pour devenir une invitée d'honneur à la Maison-Blanche. Son portrait d'Ike deviendrait son passeport pour le monde entier.

CHAPTER FOUR

What was it like for Élizabeth to visit the White House? Not only to visit it, but for a few moments to be the star of the White House, and to know that her work was staying on after she left?

"Oh, I didn't meet Eisenhower himself, not that it made any difference," she says, both self deprecating and self affirming at the same time. "The tapestry was accepted by an assistant to the President, Howard Pyle."

But to be in the White House, and as a special guest?

"It's just a house, like any other"

That is not quite true, but it is Élizabeth's way of saying that she had the ability to move on to her next task without distracting herself with fantasies.

Another highlight of 1957 was the presentation of a tapestry depicting the Baddeck lighthouse and a schooner, a view from the Alexander Graham Bell Museum grounds, to Nova Scotia Premier Robert Stanfield. The presentation was made to him in Halifax on September 4.

Her next task was no less daunting. It was a portrait of Pope Pius XII. Father Amable Briand, a retired priest living at the convent of

CHAPITRE QUATRE

Comment était-ce pour Élizabeth de visiter la Maison-Blanche? Non seulement d'y visiter, mais d'être pour quelques instants la vedette de la Maison-Blanche, et de savoir qu'une de ses œuvres allait y demeurer après son départ?

«Ah, je n'avais pas rencontré Eisenhower lui-même, mais ça ne faisait pas de différence», disait-elle, s'humiliant et s'affirmant en même temps. «La tapisserie fut acceptée par un assistant du président, Howard Pyle.»

Mais que dire de s'être retrouvée à la Maison-Blanche, et comme invitée d'honneur?

«C'est juste une maison, comme n'importe quelle autre.»

Bien que cela ne soit pas tout à fait vrai, c'était la façon d'Élizabeth de dire qu'elle était capable de passer à autre chose sans se livrer à des fantasmes.

Un autre événement marquant de 1957 fut la présentation au premier ministre de la Nouvelle-Écosse, Robert Stanfield, d'une tapisserie du phare de Baddeck et d'une goélette, vus des terrains du musée Alexander-Graham-Bell. Elle lui fut présentée à Halifax le 4 septembre.

Sa prochaine tâche ne fut pas moins intimidante. Il s'agissait d'un portrait du pape

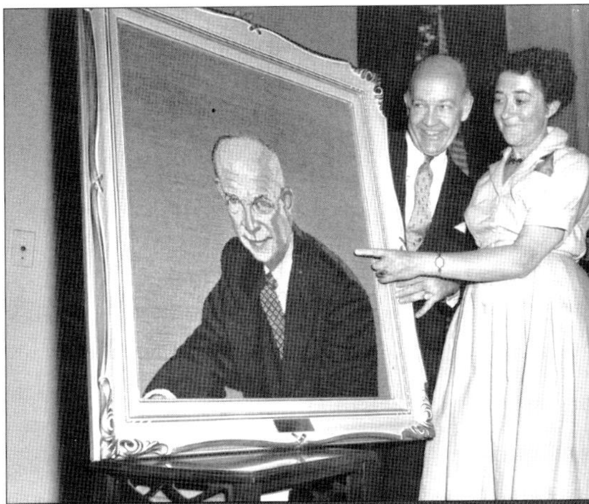

At the White House in 1957, with Howard Pyle, assistant to President Eisenhhower.

À la Maison-Blanche en 1957, avec Howard Pyle, assistant du président Eisenhower.

the Sisters of St. Martha in Margaree Forks, was by now a fan of his fellow Acadian artist. He commissioned her to do a portrait of the pope and at the same time set out to work his way through the Catholic Church bureaucracy to have the work presented to the pontiff. In 1963 he would later commission a portrait of another pope, John XXIII.

Briand, a very proud old priest, must have had it in his mind to have the Vatican trump the White House with its portrait of Eisenhower. The picture he gave Élizabeth as a model was of Pope Pius in a pure white cassock and skull cap, seated on a huge golden throne, with a hint of the ornateness of the room showing to the pontiff's left. The pope wore a jewelled cross and a sash with his insignia draped over his left knee.

Élizabeth did it justice, using fifty-five colours and a special Angora wool imported from England for the cassock in order to capture its stark whiteness. It should be noted that she also used this same wool later for Queen Elizabeth's dress, Jacqueline Kennedy's dress and the collars of the American presidents. All

Pie XII. Le père Amable Briand, un prêtre à la retraite qui demeurait au couvent des sœurs de Sainte-Marthe à Margaree Forks, était devenu un partisan de l'artiste qu'était sa compatriote acadienne. En même temps qu'il avait placé sa commande pour le portrait du pape, il s'était mis à l'œuvre pour venir à bout de la bureaucratie de l'Église catholique et obtenir le privilège que la pièce soit présentée au pontife. En 1963, il commanderait le portrait d'un autre pape, Jean XXIII.

Briand, un prêtre de la vieille école et d'une grande fierté, semble avoir été déterminé que le Vatican se devait de surpasser la Maison-Blanche avec son portrait d'Eisenhower. La photo qu'il donna à Élizabeth pour lui servir de modèle était du pape Pie portant une soutane et une calotte d'une blancheur éclatante, et assis sur un immense trône doré, avec un peu de l'ornementation de la pièce figurant en arrière-plan à la gauche du pape. Le pape portait une croix ornée de bijoux et une écharpe, avec ses insignes drapés sur son genou gauche.

Élizabeth lui avait fait justice, utilisant 55 couleurs et de la laine angora toute spéciale importée de l'Angleterre pour la soutane, afin de capturer sa blancheur éblouissante. Il est à noter qu'elle utilisera de cette même laine pour la robe de la reine Élizabeth, pour celle de Jacqueline Kennedy et pour les cols des présidents américains. Le reste de sa laine provenait de moutons locaux, en particulier ceux d'un fermier du Havre de *Magré*, Albert Taylor,

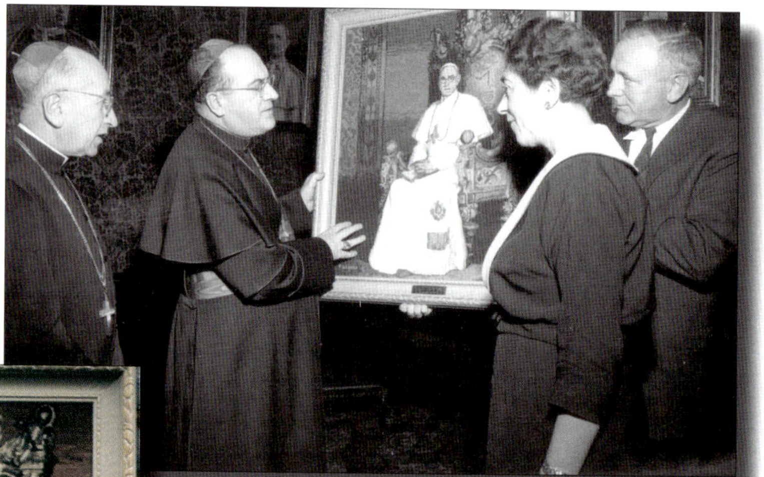

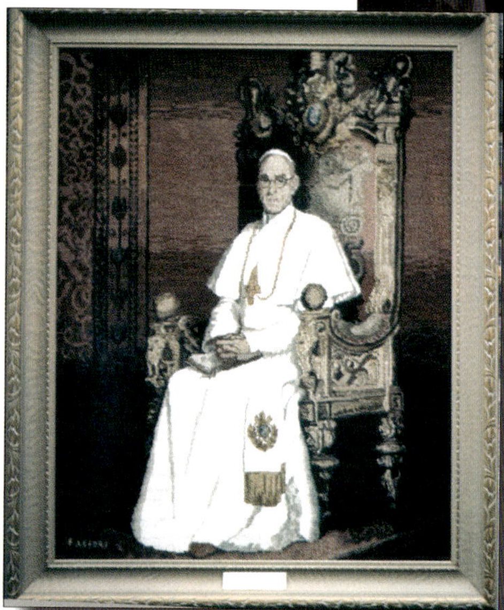

her other wool was from local sheep, mainly those of Margaree Harbour farmer Albert Taylor and Belle Cote farmer Danny Mike Chiasson. The wool, at this point in her career, was sent to a mill in Prince Edward Island to be carded and spun there, returning to the Paul Pix shop as a two ply yarn. Newspaper reports described the portrait of the pope as "a masterpiece."

A year later (1959) she got to present her masterpiece to the Apostolic Delegate of the Vatican to Canada, Archbishop Baggio, in Ottawa. It was to have been presented

et ceux d'un fermier de Belle-Côte, Danny à Mike Chiasson. Au point où elle en était rendue dans sa carrière, sa laine était expédiée à un moulin de l'Île-du-Prince-Edouard pour y être cardée et filée, et elle revenait à la boutique Paul Pix sous la forme de laine à deux brins. Les rapports dans les journaux qualifièrent le portrait du pape de «chef-d'œuvre».

Un an plus tard, en 1959, elle présenterait ce chef-d'œuvre au délégué apostolique du Vatican au Canada, l'archevêque Baggio, à Ottawa. Elle devait le présenter au pape lui-même, mais il était décédé avant que les préparatifs ne soient complétés. Elle recevrait bientôt une lettre d'appréciation du pape Jean XXIII, le successeur de Pie XII.

L'année 1958 fut une année bien réussie; en plus de compléter le portrait de Pie XII, Élizabeth avait aussi produit *La Cène*, sa première tapisserie avec de multiples personnages. Il s'agissait aussi de sa plus grande pièce jusqu'à ce jour, mesurant 8 pieds sur 2,4 m x 1,4 m [4 pieds et demi] et exigeant la teinture de 154 couleurs. Elle avait utilisé 5,6 km [trois milles et demi] de laine pour cette pièce de 800 000 points, qui avait demandé quatre mois de

(Page 38, top) (1959) Élizabeth and Ken present the portrait of Pope Pius XII to Archbishop Baggio, Apostolic Delegate to Canada, in Ottawa.

(Page 38, left) 29. *Pope Pius XII.*

Below: 21. *The Last Supper.*

(Page 38, en haut) (1959) Élizabeth et Ken présentent le portrait du pape Pie XII a l'archevêque Baggio, le délégué apostolique du Vatican au Canada, à Ottawa.

(Page 38, à gauche) 29. *Pope Pius XII.*

Ci-dessous: 21. *La Cène.*

to the pope himself, but he had died before arrangements for the presentation could be made. A letter of appreciation soon followed from Pope John XXIII, Pius XII's successor.

The year 1958 was a banner one; as well as completing the portrait of Pius XII, Élizabeth also turned out *The Last Supper*, her first tapestry to include multiple human figures. It was also her largest work to date, measuring 2.4 by 1.4 metres (8 x 4 feet) and requiring the dyeing of 154 colours. It used up 5 km (3.5 miles) of yarn and took 800,000 stitches. It took four months of hooking, apart from the time spent drawing

travail sans tenir compte du temps dépensé à dessiner les personnages sur la toile et à teindre la laine.

Dans ses moments libres, Élizabeth collaborait avec Ken à la recherche et à la conception d'encore un autre projet majeur et innovateur, *My Country, 'Tis of Thee...* [*Mon pays, que je chante...*], un ensemble des portraits de tous les présidents américains jusqu'à ce jour sur un arrière-plan de scènes de l'histoire des États-Unis.

C'est également en 1958 que s'est produit l'unique événement négatif connu dans la

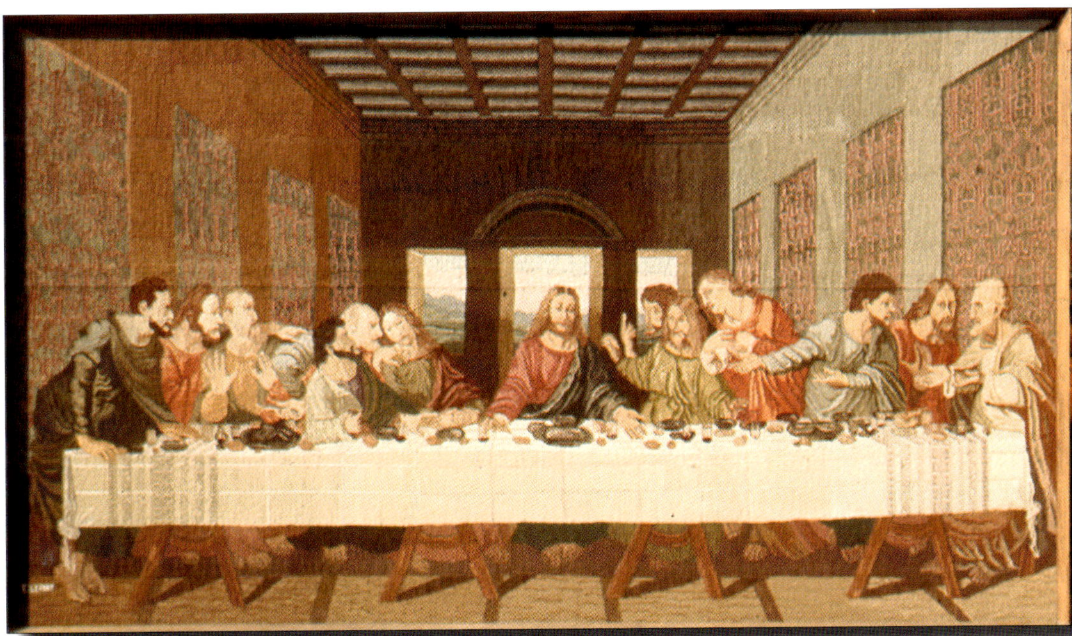

the figures onto the burlap and the dyeing of the wool.

In her spare time Élizabeth was collaborating with Ken in research and design of still another major innovative project, *My Country 'Tis of Thee*, a composite of the portraits of all the American presidents on a background of scenes from American history.

It was also in 1958 that the only sour note of Élizabeth's career is recorded. She had hooked a portrait of a friend of Ken's, Lt. John S. Martin of the U. S. Air Force. On July 16 changes were made to suit Mrs. Martin, but against both Élizabeth and Ken's advice. The black between the teeth was changed to grey, the shade line of the nose moved centreward (making his nose crooked) and the colour of the eyes changed from brown to hazel. Ken was not at all pleased and recorded "all responsibility for this tapestry is hereby disclaimed."

The next year, 1959, turned out to be another major year. In April of that year, a portrait of Arthur Godfrey and his famous horse Goldie was displayed by Godfrey on his very last television show. And, on July 31, a portrait of Queen Elizabeth II, which had been hooked in the spring, was presented to the Queen in person when Her Majesty and Prince Phillip made Sydney, Cape Breton, a part of their royal tour of Canada. In the ballroom of the Isle Royal Hotel, accompanied by two young women in Acadian costume, Élizabeth,

carrière d'Élizabeth. Elle avait «hooké» le portrait d'un ami de Ken, le lieutenant John S. Martin des forces aériennes américaines. Le 16 juillet quelques modifications y furent apportées pour plaire à Mme Martin, mais contre le gré d'Élizabeth et de Ken. Le noir entre les dents fut remplacé par du gris, l'ombrage de son nez déplacé vers le centre (ce qui faisait paraître son nez croche) et ses yeux changés de brun à la couleur noisette. Ken, tout à fait mécontent, avait inscrit: «Par ceci, nous nous désistons de toute responsabilité pour cette tapisserie.»

L'année 1959 serait aussi une année de productions majeures. Au mois d'avril, un portrait d'Arthur Godfrey avec son cheval bien connu, «Goldie», lui fut présenté durant sa toute dernière émission du matin à la télévision. Et, le 31 juillet, un portrait de la reine Élizabeth, confectionné au printemps, lui fut présenté en personne alors que Sa Majesté et le prince Philip, en visite royale au Canada, étaient passés par Sydney, au Cap-Breton. Dans la salle de bal de l'hôtel Isle Royal, accompagnée de deux jeunes filles vêtues en costumes acadiens, Élizabeth, la reine des tapis «hookés» de Chéticamp, avait eu l'occasion de s'entretenir avec Élizabeth, reine de l'Angleterre.

«Lorsque je dis à la reine que j'avais complété son portrait en onze jours, la reine répondit: "Seulement onze jours, mais sans doute le résultat d'une vie entière d'apprentissage."»

28. *Queen Elizabeth II.*
(Sydney, NS, July 31, 1959) Élizabeth LeFort stands back while Queen Elizabeth takes a closer look at her likeness.

28. *La reine Elizabeth II.*
(Sydney, N.-É., le 31 juillet 1959). Élizabeth LeFort se tient à l'écart tandis que la reine Elizabeth examine de plus pres son portrait.

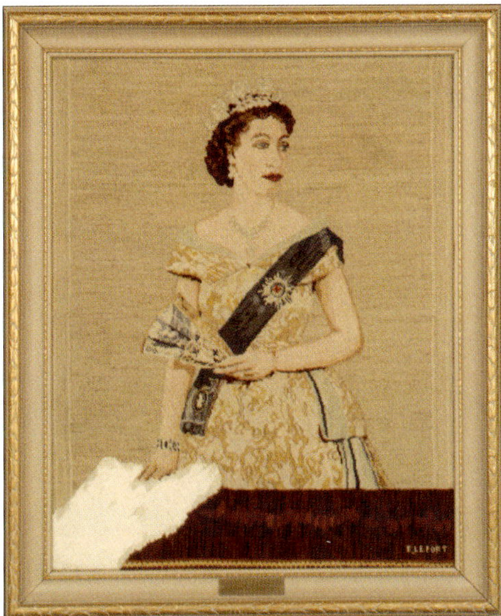

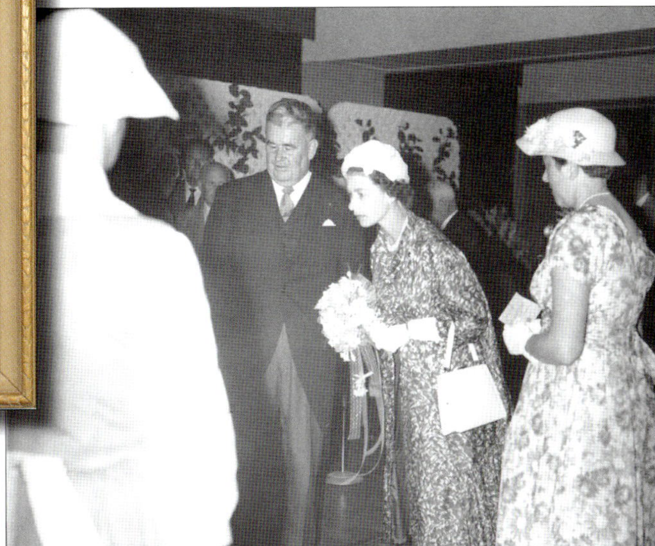

queen of Chéticamp hooking, got to chat with Elizabeth the Queen of England.

"When I told the Queen I completed the portrait in eleven days, the Queen answered 'only eleven days, but no doubt a lifetime of experience'."

It was five years now since our Élizabeth had started working at the Paul Pix Shop and already she had her work displayed at the White House, the Vatican and Buckingham Palace. Already her portrait of Eisenhower was on tour from the White House, including a five week showing at the Canadian Travel Bureau in New York. At home her scenes of Cape Breton and of Canadian National Parks were selling well. She had also begun to work on her tableau of the American presidents. It was indeed a busy year.

I asked her how she managed to accomplish so much.

"I didn't have both feet in the same shoe," she replied with a glint in her eye.

Cela faisait maintenant cinq ans qu'Élizabeth avait commencé à travailler à la boutique Paul Pix et déjà ses œuvres se retrouvaient en exposition à la Maison-Blanche, au Vatican et au palais de Buckingham. Son portrait d'Eisenhower était parti de la Maison-Blanche en tournée d'expositions, y compris une exhibition de cinq semaines à l'Agence canadienne de voyage, à New York. Localement, ses paysages du Cap-Breton et des parcs nationaux du Canada se vendaient bien. Elle avait, en plus, commencé à travailler sur son tableau des présidents américains. Ce fut une année vraiment occupée.

Je lui demandai comment elle avait pu accomplir autant de travail.

«Je n'avais pas les deux pieds dans le même soulier», répondit-elle avec un regard étincelant.

CHAPITRE FIVE

Significant in 1960, among many other tapestries, were portraits completed of Cardinal McGuigan of Toronto, Pope John XXIII and Lord Beaverbrook. That of Beaverbrook would be presented to him personally at the Beaverbrook Art Gallery in Fredericton, New Brunswick. It was one of Élizabeth's most challenging ones.

"It's difficult," she said while working on the time-worn Lord, "to get all the shades to show the lines on his face."

But the major project of 1960 was the completion of the tableau of the American presidents entitled *My Country 'Tis of Thee.* It was first displayed in 1961 in the Phoenix, Arizona, office of the Valley National Bank. Some years later it was exhibited during the ten day run of the Eastern States Exposition. At that time it was insured for $50,000 and displayed under tight security. In announcing Élizabeth's acceptance of the Exhibition's invitation to show her work, the executive vice-president of the Exposition exclaimed, "We are proud that the Eastern States Exhibition has been deemed a worthy showcase for Miss LeFort's considerable and unique talents."

CHAPITRE CINQ

L'année 1960 fut marquée de la création de plusieurs autres tapisseries, notamment des portraits du cardinal McGuigan de Toronto, du pape Jean XXIII et de Lord Beaverbrook. Celui de Beaverbrook lui serait présenté en personne à la galerie d'art Beaverbrook de Fredericton, au Nouveau-Brunswick. Cette pièce figure parmi les plus grands défis dans la carrière d'Élizabeth.

«C'est difficile», disait-elle en travaillant le portrait du lord vieilli, «de trouver toutes les nuances pour représenter les rides sur son visage.»

Cependant, le projet majeur de 1960 fut l'accomplissement du tableau des présidents américains, intitulé *My Country, 'Tis of Thee...* [*Mon pays, que je chante...*]. Il fut exposé pour la première fois en 1961 au bureau de la Valley National Bank, à Phoenix, en Arizona. Quelques années plus tard, il serait mis en exhibition durant une tournée de dix jours de la Eastern States Exposition. À cette occasion, on l'avait fait assurer pour la somme de 50 000 $ et il fut exposé sous de très étroites mesures de sécurité. En annonçant l'acceptation d'Élizabeth d'y mettre son œuvre en exhibition, le vice-président exécutif de l'exposition

54. *My Country 'Tis of Thee...* on display in the Élizabeth LeFort Gallery in Chéticamp.

54. *Mon pays, que je chante...* en exposition à la gfsalerie Élizabeth-LeFort à Chéticamp.

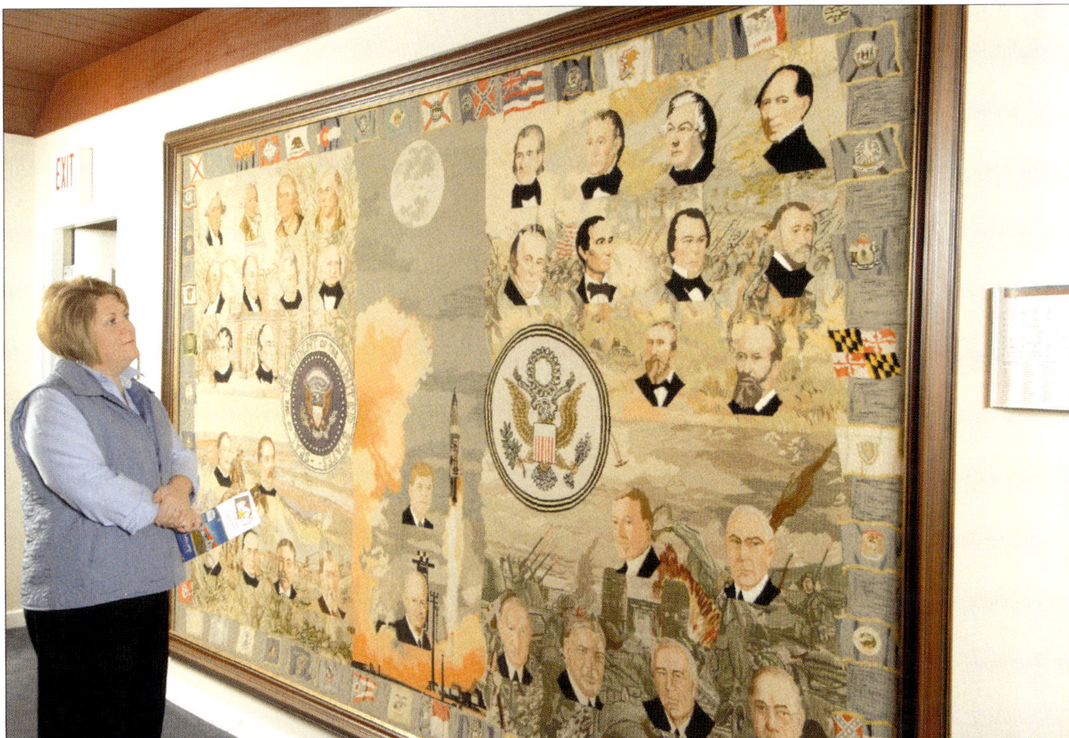

The tableau was worthy of the sentiments.

"I used 390 shades of colour for the thirty-three presidents and seven miles [11 km] of yarn," Élizabeth remembers, "and three quarter million stitches."

In the heart of the picture are the Presidential Seal and the Seal of the United States, representing the law and authority of government.

The first ten presidential portraits are super-imposed over a background scene of Independence Hall as it was when the Declaration was signed there.

The second ten presidential portraits lead into and through the Civil War Period, and are shown with a picture from the first Northern victory.

Following the Civil War comes the development of the West, with the settlers and wagon trains heading West, the forts and settlements on the riverbanks, and the six presidents of that era.

Then, into the 1900s, come the two world wars, with the presidents from Wilson to Truman. The picture shown is of the capture by General Patton's troops of the Remagen Bridge across the Rhine. The men captured this bridge intact, saving so many American lives.

The center panel represents the period since the Second World War, the period of exploration of space. The Cape Canaveral rocket is the one which broadcast President Eisenhower's voice from outer space.

s'exclama: «Nous sommes très fiers qu'on ait estimé la *Eastern States Exhibition* une vitrine digne d'exposer les grands talents uniques de Mlle LeFort.»

Le tableau méritait certainement l'expression de sentiments aussi nobles.

«J'avais utilisé 390 couleurs pour représenter les 33 présidents, et 7 milles [11 km] de laine», Élizabeth se rappelait dans sa vieillesse, «et trois-quarts d'un million de points.»

Au cœur de la pièce figurent le sceau du président et le grand sceau des États-Unis, qui représentent la loi et l'autorité du gouvernement.

Les dix premiers présidents sont superposés sur un arrière-plan d'Independence Hall tel qu'il était au moment où la signature de la Déclaration y eut lieu.

Les dix prochains présidents, qui mènent à la période juste avant et durant la guerre de Sécession, sont représentés avec une scène de la première victoire du Nord.

Suite à la guerre de Sécession vient le développement de l'Ouest, avec les pionniers et leurs caravanes de wagons qui s'y dirigeaient, les forteresses et les colonies sur les rives des rivières, et les six présidents de l'époque.

Ensuite, on arrive aux années 1900 avec les deux guerres mondiales et les présidents de Wilson à Truman. Ils sont présentés sur une scène de la prise du pont de Remagen, sur le Rhin, par les troupes du général Patton. Ces hommes avaient capturé le pont sans

The full moon in the night sky indicates faith and hope in the future, and the surrounding border of the fifty state emblems is symbolic of the unity of the Union, for, as they unite these scenes into one tapestry so do the fifty states unite the country into one nation.

How did Élizabeth remember the making of this monumental work?

"It gave me a lot of trouble. At first, I had hooked not only the faces of the Presidents, but their shoulders as well. Half way through, I realized this would take too much space, so I had to undo them all and start over. Apart from the design and dyeing of the wool, the actual hooking took me six full months. When I finished it I was exhausted."

But there was little time to be exhausted. There were other works to be done, including a series of scenes of the life of Christ, and seven portraits of the first U.S. astronaut team.

There were other portraits. In 1961 came a portrait of President John F. Kennedy, presented to him on the occasion of the Carl Hayden dinner in Phoenix, Arizona on November 17. Of that day, Michael Fidelis Mahoney, writing for the *Victoria-InvernessBulletin* in Cape Breton, wrote some few days before the event:

"Phoenix and its thousands of sun-tanned citizens and tourists will be *en fete* next Friday. Flags will be flying by the thousands throughout the Desert City and its surrounding area; at the presentation ceremony itself will be scores of newspaper and magazine reporters and

l'endommager, préservant ainsi la vie à un grand nombre d'Américains.

Le panneau du milieu représente l'époque depuis la Seconde Guerre mondiale, la période de l'exploration spatiale. On y trouve la fusée du cap Canaveral à partir de laquelle fut diffusée la voix du président Eisenhower en provenance de l'espace.

La pleine lune dans le ciel de nuit représente la foi et l'espoir pour l'avenir, et la bordure composée des emblèmes des cinquante États symbolise l'unité entre les États de l'Union, car elle réunit toutes les scènes en une seule tapisserie tout comme les 50 États unissent le pays en une seule nation.

Comment Élizabeth se rappelait-elle la confection de cette œuvre monumentale?

«Elle m'avait donné du fil à retordre. Au début, j'avais «hooké» non seulement les visages des présidents mais leurs épaules en plus. Rendue à moitié chemin, je me rendis compte que cela allait prendre bien trop de place, alors il fallut tout défaire et recommencer. Sans prendre en considération le dessin de la pièce et la teinture de la laine, j'avais travaillé six mois complets à «hooker» cette pièce. Lorsque je l'eus finie, j'étais épuisée.»

Mais il y eut bien peu de temps pour se reposer. Il y avait d'autres projets à réaliser, y compris une série de scènes de la vie du Christ, et sept portraits des membres de la première équipe d'astronautes américains.

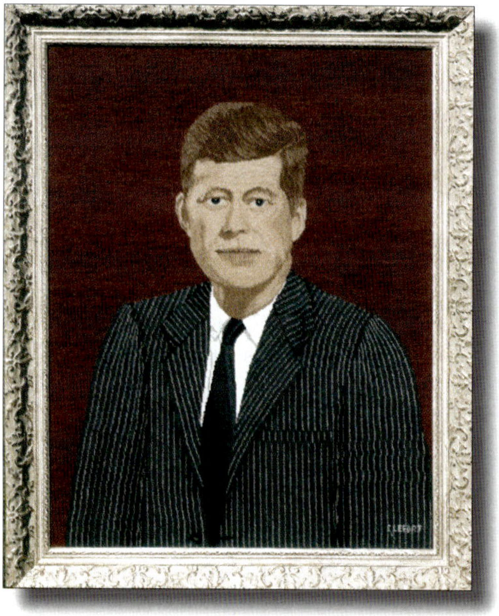

68. *President John F. Kennedy.*

68. *Le président John F. Kennedy.*

scores of photographers, and above and around our Élizabeth will be bright and painfully hot Kleig lights, and television and moving picture cameras will be recording every move and word of President Kennedy and Miss LeFort."

Her fans in Cape Breton were obviously supportive. Élizabeth remembers it more simply.

"He (Ken) would take the lead," she says with a smile. "I'd follow behind."

During the winter in Phoenix, other finished works include portraits of Mother Seton, foundress of the Sisters of Charity, Joseph Smith, founder of the Church of Jesus Christ of Latter Day Saints, Jacqueline Kennedy and Prime Minister John Diefenbaker, as well as several Canadian birds, two scenes with deer, a summer scene and a winter scene. Feature articles with Arizona newspapers, Canadian newspapers, and a movie by the National Film Board of Canada soon followed. The film was shown as a television documentary in the United States. A Phoenix newspaper also noted that Élizabeth spoke to high school students in Orangedale, Arizona.

Et il y eut encore d'autres portraits. En 1961, elle produisit le portrait du président John F. Kennedy qu'elle lui présenta le 17 novembre, à l'occasion du dîner Carl Hayden à Phoenix, en Arizona. À propos de cette journée, Michael Fidelis Mahoney érivait quelques jours auparavant dans le *Victoria-Inverness Bulletin* du Cap-Breton:

«Phoenix et ses milliers de citoyens et de touristes bronzés au soleil seront en fête vendredi prochain. C'est par milliers que flotteront les drapeaux partout dans cette ville du désert et ses environs; à la cérémonie même de la présentation se trouveront de nombreux reporters de journaux et de revues et des tas de photographes, et Élizabeth sera entourée de brillantes lumières générant une chaleur pénible, alors que les caméras de télévision et du film enregistreront chaque mouvement et chaque parole du président Kennedy et de Mlle LeFort.»

Ses partisans au Cap-Breton furent évidemment bien fiers d'elle. Élizabeth, elle, se rappelait de l'événement plus simplement.

«C'est Ken qui menait», disait-elle en souriant. «Moi, je ne faisais que de le suivre.»

Durant l'hiver, à Phoenix, furent complétées plusieurs autres pièces y compris les portraits de la mère Seton, la fondatrice des Sœurs de la Charité, Joseph Smith, le fondateur de l'Église de Jésus-Christ des saints des derniers jours, Jacqueline Kennedy et le premier ministre John Diefenbaker, en plus de plusieurs oiseaux

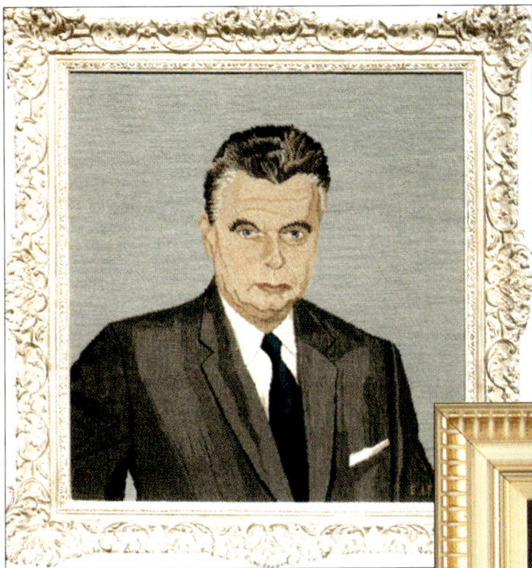

74. *John Diefenbaker.*

74. *John Diefenbaker.*

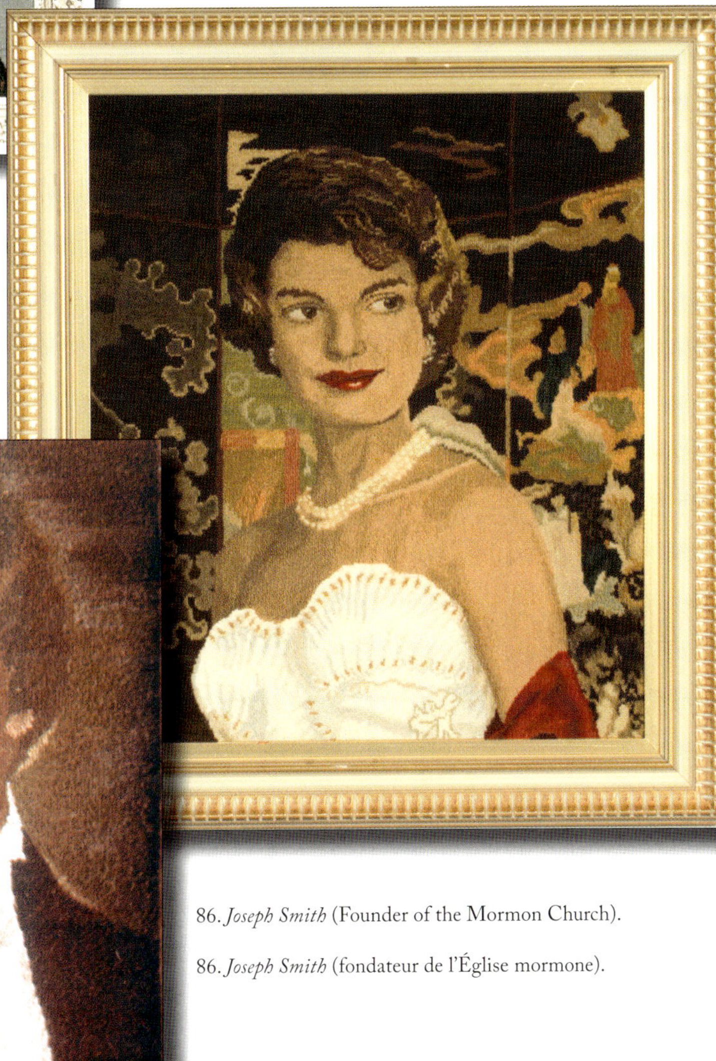

85. *Mrs. John F. Kennedy.*

85. *Mme John F. Kennedy.*

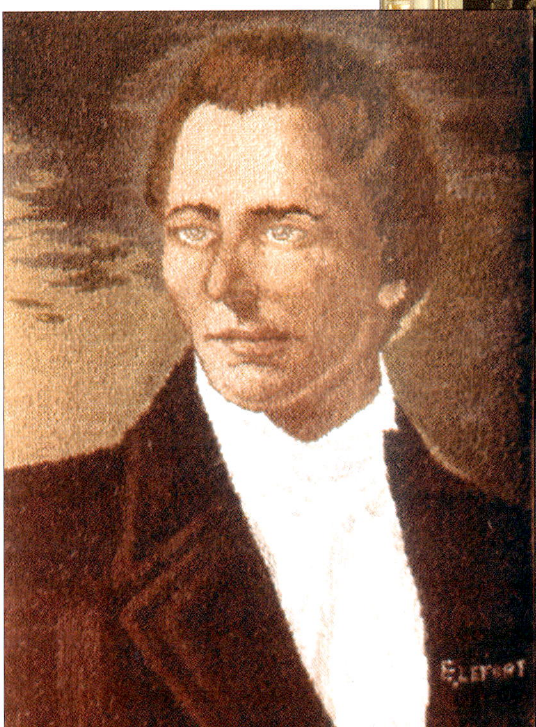

86. *Joseph Smith* (Founder of the Mormon Church).

86. *Joseph Smith* (fondateur de l'Église mormone).

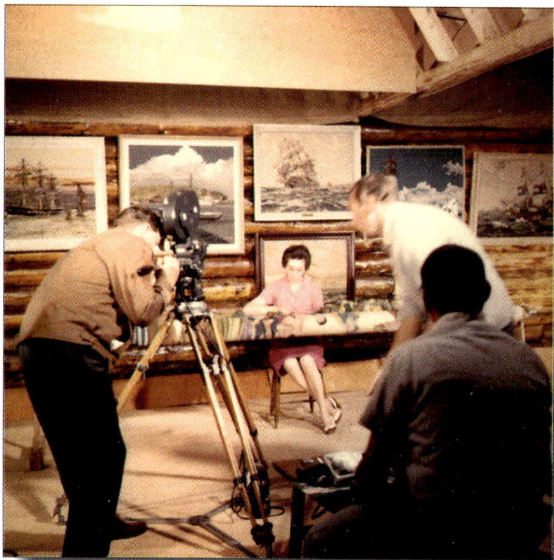

In 1962, Élizabeth's work was featured in a five-day exhibition at the 18th biennial convention of the Canadian Federation of Business and Professional Womens' Clubs at the Algonquin Hotel in St. Andrew's, new Brunswick. There she demonstrated her technique to the delegates. She also displayed a life size figure of Christ, a piece which would eventually be donated to the Sacred Heart Hospital in Chéticamp; the masterpiece is still on display in the chapel of the Sacred Heart Community Health Centre.

In the United States, the portrait of Jacqueline Kennedy was shown on television stations in Phoenix and in San Diego, and brought letters of commendation from the White House. What was probably not told at the television showing was the problem that the portrait had encountered before reaching the station. It had been put in storage where mice, like humans, were attracted to Jackie. They ate the lower part of her dress. The portrait was cut down and reframed to a smaller size. The mice had been respectful enough to not attack Mrs. Kennedy herself but only the dress.

du Canada et deux scènes avec des cerfs de Virginie, une en été et une en hiver. Il y eut bientôt des articles de fond dans les journaux de l'Arizona et du Canada, et un film de l'Office national du film du Canada. Le film fut présenté comme un documentaire par un poste de télévision américain. Un journal de Phoenix avait rapporté qu'Élizabeth s'était entretenue avec un groupe d'étudiants du secondaire à Orangedale, en Arizona.

En 1962, le talent d'Élizabeth fut mis en vedette durant une exhibition de cinq jours à l'occasion de la 18e convention biennale de la Fédération canadienne des Clubs de femmes d'affaires et professionnelles, à l'hôtel Algonquin de St. Andrews, au Nouveau-Brunswick, où elle démontra sa technique aux déléguées. Pour l'occasion, elle avait aussi en exposition une image grandeur nature du Christ, une pièce dont elle ferait don plus tard à l'hôpital Sacré-Cœur de Chéticamp. Ce chef-d'œuvre se trouve encore dans la chapelle du centre de santé communautaire Sacré-Cœur.

Aux États-Unis, le portrait de Jacqueline Kennedy fut présenté à la télévision à Phoenix et à San Diego, une présentation qui suscita une lettre de louange en provenance de la Maison-Blanche. Lors de ces présentations on avait probablement rien dit des difficultés que le portrait avait rencontrées avant de se rendre aux postes de télévision. On l'avait rangé dans un entrepôt où les souris, tout comme les humains, avaient été attirées à Jackie. Elles avaient mangé le bas de sa robe. Il fallut couper la partie inférieure du portrait et l'encadrer de nouveau sous un plus petit format. Les souris avaient tout de même été assez respectueuses pour ne pas s'attaquer à Mme Kennedy elle-même, juste à sa robe.

(Left) National Film board crew filming Élizabeth at work.

(À gauche) Une équipe de l'Office national du film en tournage dans l'atelier d'Élizabeth.

(Below) *The Last Supper* (21) and *Christ, Full Figure* (69) on the lawn of Paul Pix shop overlooking Margaree Harbour.

(Ci-dessous) *Le Céne* (21) et *Image grandeur nature du Christ* (69) sur le gazon de la boutique Paul Pix, donnant sur le havre de *Magré*.

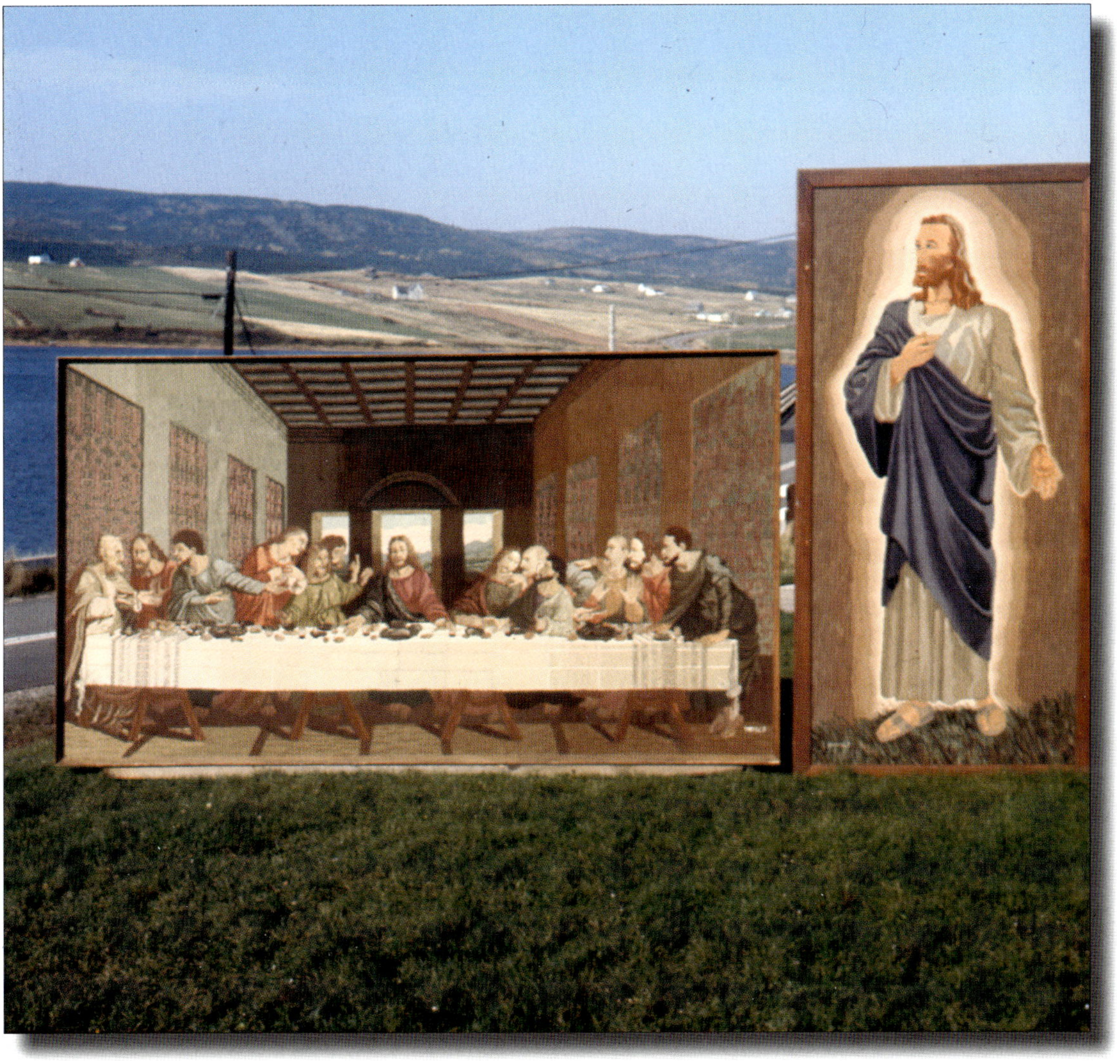

CHAPTER SIX

CHAPITRE SIX

While it was Élizabeth's portraits of famous people that, in turn, brought her the most fame, it was her religious tapestries that brought her the most pleasure and satisfaction, and so the years 1963 and 1964 were for her the most significant of her professional life. It was during these two years that Élizabeth completed most of the seven scenes depicting the life of Christ. They begin with *The Nativity* scene and continue with *The Boy Jesus*, *Jesus as a Youth*, a full length figure of the adult Jesus, *The Last Supper*, *The Crucifixion* and *The Resurrection*.

With the exception of *The Last Supper*, done in 1958, and the adult Jesus, done in 1961, the series was the major product of 1963-1964.

Two of these tapestries, *The Crucifixion* and *The Resurrection*, are epic in proportion. *The Boy Jesus*, was Élizabeth's favourite from her entire collection, religious and non-religious included. *The Resurrection* was a close second. In her old age, having disposed of all her tapestries, she kept *The Boy Jesus*, and it hung in her living room over her favourite chair, so that one could never encounter her without somehow including him.

The Crucifixion measures 1.7 by 3 metres (5.5 by 10 feet) and has more than 400 colours

Bien que la renommée d'Élizabeth soit surtout le résultat de ses portraits de célébrités, ce sont ses tapisseries sur des thèmes religieux qui lui ont apporté le plus de plaisir et de satisfaction, ce qui fait des années 1963 et 1964 les plus significatives de toute sa vie professionnelle. C'est durant ces deux années qu'Élizabeth compléta la plupart de ses sept scènes de la vie du Christ. Le tout débute avec une scène de la Nativité, suivie d'un portrait de Jésus comme enfant, un autre de Jésus adolescent, une image grandeur nature de Jésus comme adulte, la Cène, la Crucifixion et la Résurrection.

À part *La Cène*, confectionnée en 1958, et *Jésus adulte*, en 1961, la série de pièces religieuses fut la production majeure de 1963-1964.

Deux de ces tapisseries, *La Crucifixion* et *La Résurrection*, sont de proportions épiques. Une autre, celle de Jésus comme enfant, était la favorite d'Élizabeth de toute sa collection, tant religieuses que profanes, avec *La Résurrection* tout près en arrière. Dans sa vieillesse, elle s'était défaite de toutes ses tapisseries sauf celle de Jésus enfant, qui était demeurée accrochée dans son salon juste au-dessus de sa chaise préférée. Ainsi, on ne pouvait jamais

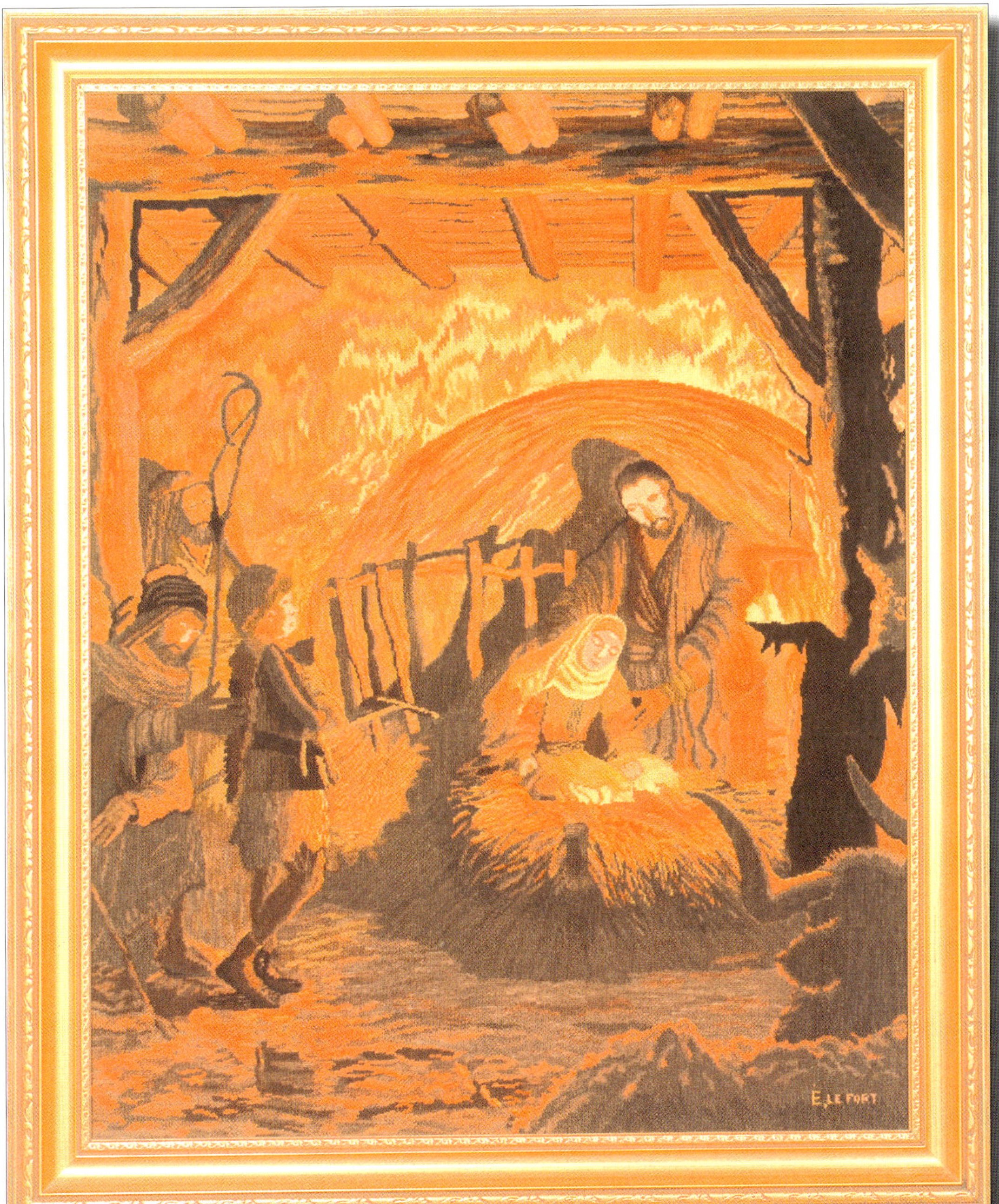

92. *Nativity.*

92. *La Nativité.*

(Page 52) 81. *The Boy Jesus.*

(Page 52) 81. *Jésus Enfant.*

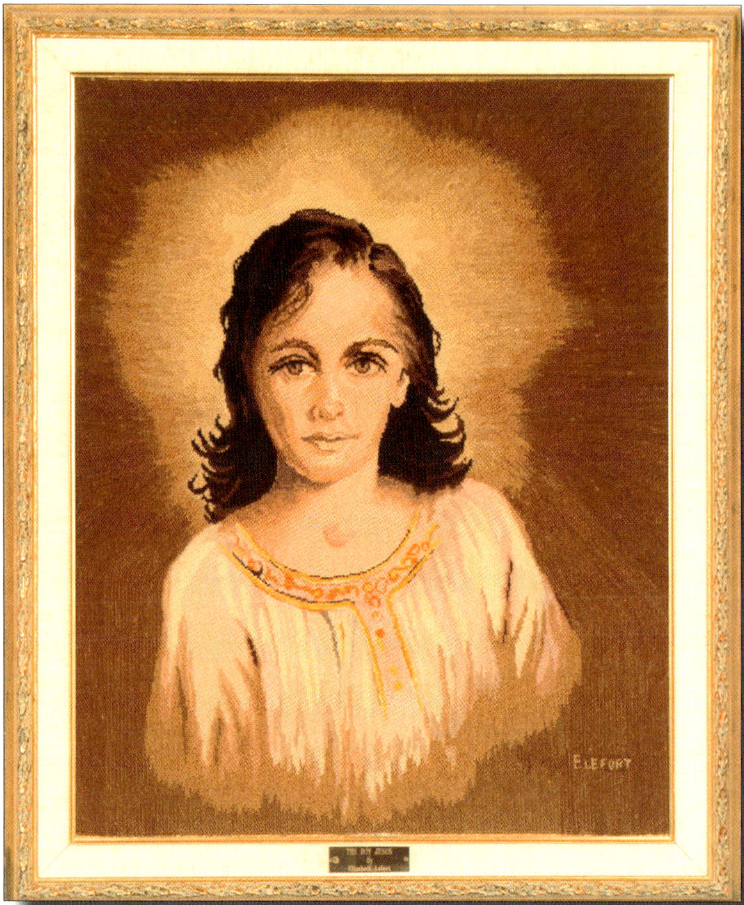

in the various figures, in addition to some 100 colours in the sky and ground, for a total of 510 colours. It required 3.2 kgs (7 lbs) of yarn, all dyed in a pot in her kitchen, and one and a half million stitches. It took six months to hook.

The Resurrection has nearly 13 kms (8 miles) of yarn and two million loops. It measures 2.4 x 3 metres (8 by 9 ft). It took 322 days to complete.

There were other tapestries with a religious motif, including another version of *Jesus the Youth*, commissioned by Father Bedford Doucette, Élizabeth's parish priest at the time, and still in his possession, and another commissioned by a Mrs. Melanson of Moncton. A third one was commissioned

rencontrer Élizabeth sans, d'une certaine façon, y rencontrer aussi Jésus.

La Crucifixion mesure cinq pieds et demi sur 1,7 m x 3,0 m [dix pieds] et compte au-delà de 400 couleurs dans les diverses figures, en plus d'une centaine de couleurs pour le ciel et le sol, pour un total de 510 couleurs. Elle a requis 3,2 kg [sept livres] de laine, toute teinte dans un pot dans sa cuisine, et un million et demi de points. Il fallut six mois pour «hooker» cette pièce.

La Résurrection contient 13 km [huit milles] de laine et deux millions de points. Elle mesure huit pieds sur neuf pieds et dix pouces [2,4 m x 3,0 m]. Il fallut 322 jours pour la compléter.

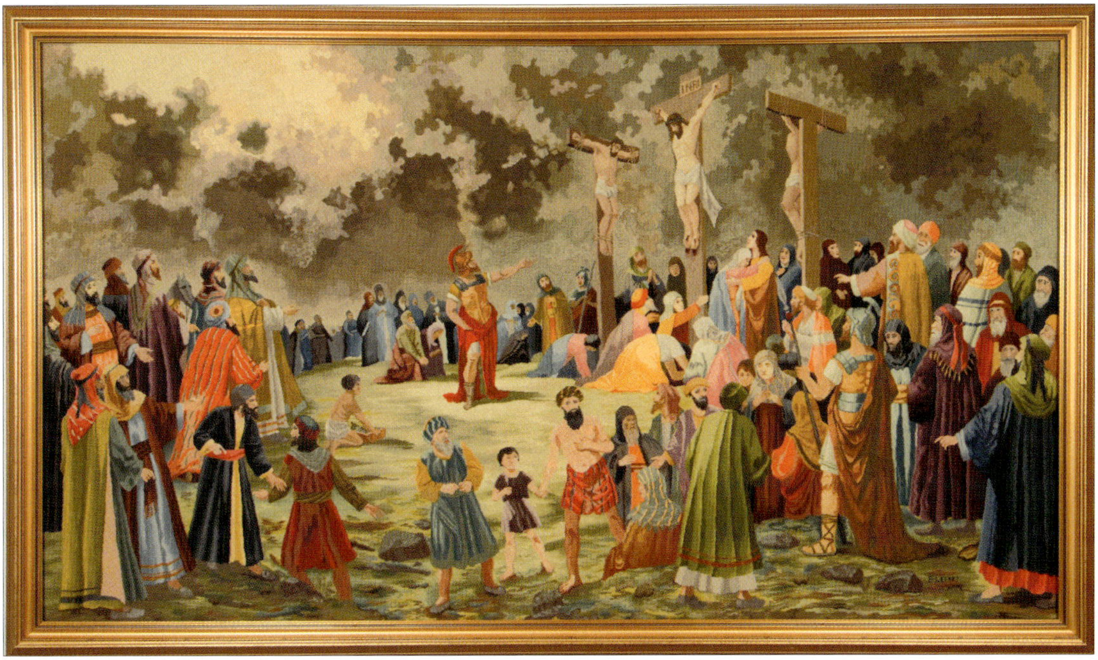

by Cardinal Flahiff's sister-in-law for her parish priest. There are several notable ones of the Virgin Mary. One was for Father John J. MacDonald, also her parish priest at the time the work was commissioned. Entitled *Our Lady of Perpetual Help* it is a particularly striking one. Done in iconic style, modelled on the most famous icon of modern times, it is itself an icon. The theological view of iconic images is that they are windows into the eternal world of revelation and that they capture, although imperfectly, the reality of the Gospel. In the Eastern tradition the painting of icons is seen as a ministry within the Church.

Another Mary, *Our Lady of Good Counsel*, is memorable in a much more mundane way. It was the first tapestry to include permanent moth-proof treatment as part of the dyeing process. From this point on all tapestries would be so treated.

Father Amable Briand, who commissioned the first portrait of Pope Pius XII and would have a portrait done later of Pope John XXIII, appears again with a commission for *Three*

Il y eut d'autres tapisseries de motifs religieux, y compris une autre version de Jésus adolescent, commandée par le père Bedford Doucette, actuellement de Sydney mais alors curé de la paroisse où habitait Élizabeth, une pièce qui demeure toujours en sa possession, et une autre commandée par une Mme Melanson de Moncton. Une troisième version fut commandée par la belle-sœur du cardinal Flahiff pour son curé. Il y eut aussi plusieurs images remarquables de la Vierge Marie. Une fut commandée par le père John J. MacDonald, alors son curé, maintenant à la retraite et demeurant à D'Escousse, au Cap-Breton. Intitulée *Notre-Dame des Perpétuels Secours*, celle-ci est particulièrement saisissante. Conçue d'un style iconique et modelée sur une des célèbres icônes de l'ère moderne, elle est en soi une icône. Les théologiens voient ces images iconiques comme des fenêtres sur la révélation de la vie éternelle qui capturent, quoique de façon imparfaite, la réalité de l'Évangile. Dans la tradition orientale, la peinture d'icônes est considérée comme un ministère de l'Église.

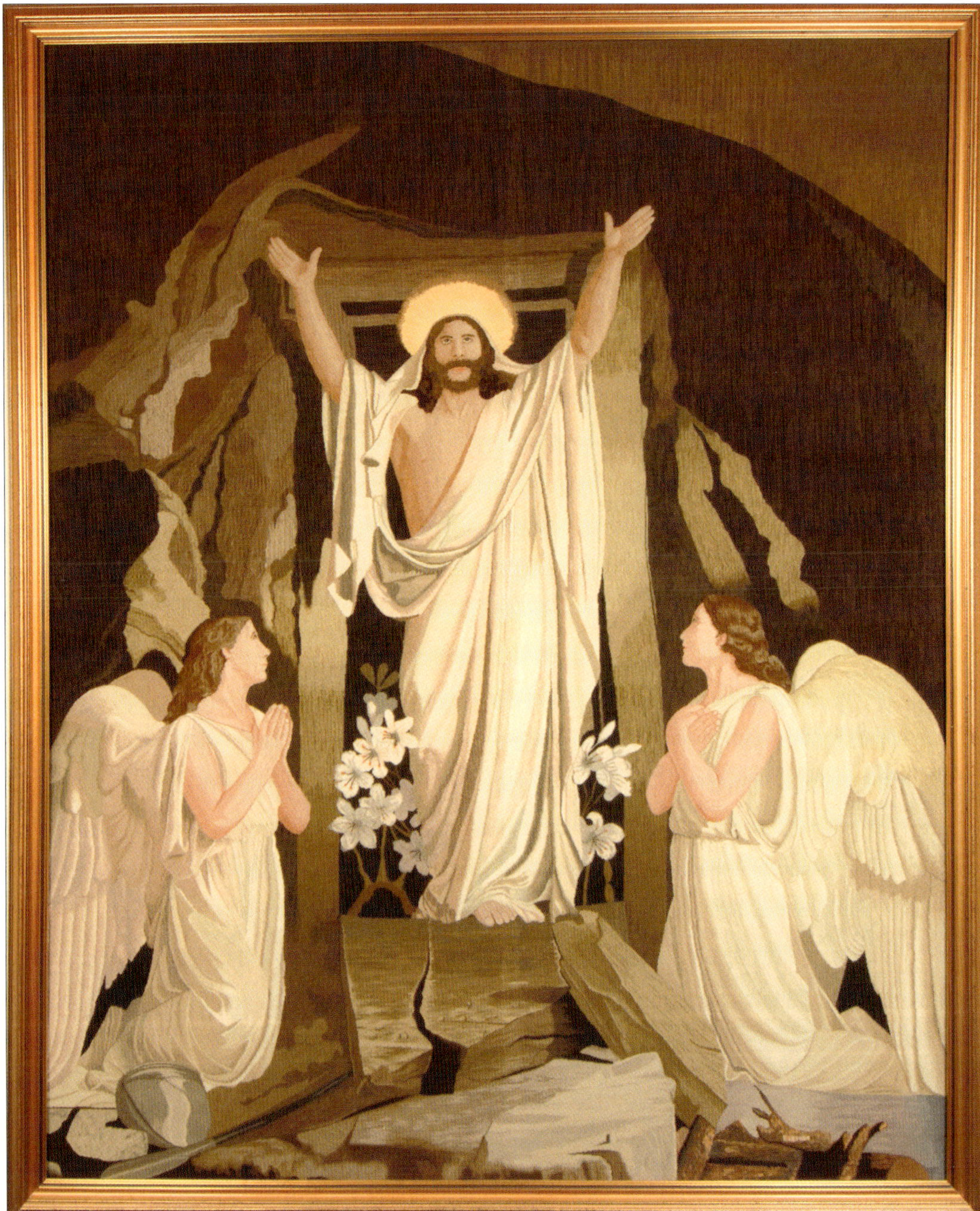

(Page 53) No. 106. *The Crucifixion.*

(Page 53) No. 106. *La Crucifixion.*

(Above) 116. *The Resurrection.*

(Ci-dessus) 116. *La Résurrection.*

Marys at the Cross. He gave it to a friend parishioner of his from Grand Etang, Leo Chiasson.

Sitting chatting with Élizabeth in the winter of 2005 (only months before her death), I sensed in her not only a reverence for her religious pieces but also a friendliness and a companionship with them.

But then, this is a woman who reads daily from the Rule of Saint Benedict, the founder of Western monasticism in the sixth century.

"There, read that," she points to me the words of Benedict in a leaflet entitled *The Rule of St Benedict (A Guide for Daily Living),* "To attribute to God, and not to self, whatever good one sees in oneself."

This was a woman who reflected on the mysteries of the life of Christ daily as she recited her rosary. The many personages in the tapestries *The Crucifixion* and *The Resurrection* are people she knew intimately. Perhaps that is why they are the most passionate in colour of all her works and why she did not report being exhausted upon their completion.

If the years 1963-1964 were taken up with works of a religious nature, there were other events as well. There was a portrait done of Anne Terry MacLellan, the famous Cape Breton radio and television personality, Élizabeth's favourite among all her portraits, and there was the sole self-portrait, her least favourite.

On se souvient d'une autre reproduction en laine d'une image de Marie, *Notre-Dame du Bon Conseil*, pour une raison beaucoup plus banale. Ce fut la première pièce pour laquelle la laine fut traitée d'une protection permanente contre les mites durant le processus de la teinture. Dès lors, toutes les tapisseries seraient ainsi traitées.

Le père Amable Briand, qui avait commandé le premier portrait du pape Pie XII et qui, plus tard, demanderait aussi celui du pape Jean XXIII, réapparaît avec une commande pour *Les trois Marie à la Croix*. Il en fit cadeau à un ami dc sa paroisse, originaire de Grand Étang, Léo Chiasson.

Lorsque je me suis assis pour jaser avec Élizabeth à l'hiver 2005 (seulement quelques mois avant son décès), j'ai ressenti chez elle non seulement une révérence pour ses pièces religieuses mais surtout un profond attachement personnel à celles-ci. Ce n'est pas étonnant, venant d'une personne qui lisait quotidiennement de la Règle de saint Benoît, le fondateur du monachisme occidental au sixième siècle.

«Tiens, lis ça», me dit-elle en pointant les paroles de Benoît dans une brochure intitulée *La Règle de saint Benoît (un guide pour la vie quotidienne)*, «Attribuer à Dieu, et non à soi-même, tout ce que l'on trouve de bien en soi.»

Voilà une femme qui réféchissait chaque jour sur les mystères de la vie du Christ alors qu'elle récitait le rosaire. Les nombreux

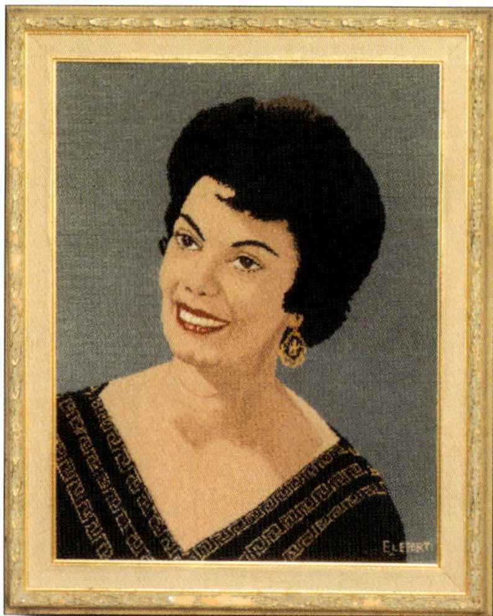

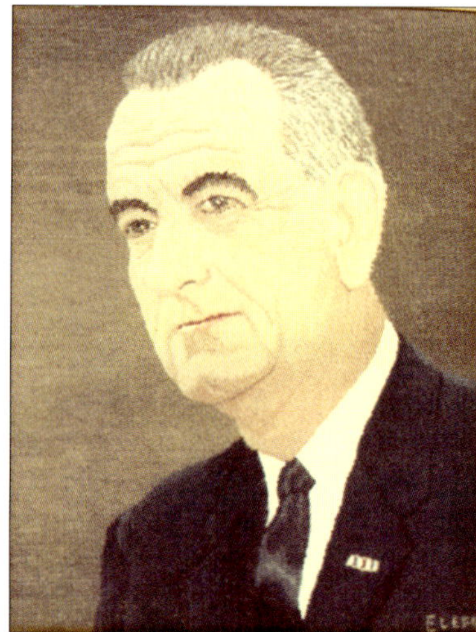

One event could be seen as somewhat of a bridge between the religious and the secular. It was almost two years to the day since Élizabeth had presented President John F. Kennedy with his portrait that he was assassinated in Dallas, Texas. Working in neighbouring Arizona at the time, she remembered being moved. She had just begun work on *Virgin and Child* from a print by Durer when news of Kennedy's assassination flashed.

"I didn't do any more work that day."

There is more to this simple statement than meets the eye. This is from a person who worked regularly on Christmas Eve and on Boxing day. Later, in 1974, when she hooked a memorial piece requiring much concentration for the RCMP in Regina, she worked through a whole week sick with a bad flu in order to get the piece done on schedule. If she took part of a day off for John F. Kennedy he could not have been more honoured.

And 1964 was the year during which Élizabeth was called to the White House again for formal presentation ceremonies. This visit was for the presentation of a portrait of President Lyndon B. Johnson, the third president of the United States to call. Johnson was reported to have been familiar with her

personnages dans les tapisseries *La Crucifixion* et *La Résurrection* sont des personnes qu'elle connaissait bien. C'est probablement pourquoi ces pièces sont les plus passionnées en couleur de toutes ses œuvres et pourquoi elle ne se disait pas épuisée après les avoir complétées.

Même si les années 1963-1964 furent consacrées principalement aux œuvres à caractère religieux, il y eut tout de même d'autres événements. Il y eut la production du portrait d'Ann Terry MacLellan, la célèbre animatrice de radio et de télévision au Cap-Breton, le favori d'Élizabeth parmi tous ses portraits, et l'unique autoportrait d'Élizabeth, celui qu'elle aimait le moins.

Un événement survint que l'on pourrait peut-être percevoir comme un lien entre le domaine religieux et le profane. C'était pratiquement deux ans au jour près après qu'Élizabeth eut rencontré le président John F. Kennedy pour lui présenter son portrait que celui-ci fut assassiné à Dallas, au Texas. Elle travaillait alors dans l'État voisin de l'Arizona et, encore dans sa vieillesse, elle se rappelait jusqu'à quel point elle avait été émue. Elle venait de commencer la pièce *La Vierge et l'Enfant*, basée sur une reproduction d'une œuvre de Durer, lorsqu'elle avait appris la nouvelle de l'assassinat de Kennedy.

(Opposite)
109. *Anne Terry.*
111. *President Lyndon B. Johnson.*

(Ci-contre)
109. *Ann Terry MacLellan.*
111. *Le président Lyndon B. Johnson.*

work, having been present as Vice-President at the gala dinner when John F. Kennedy had been presented with his portrait. The presentation to Johnson was made in the Rose Garden of the White House.

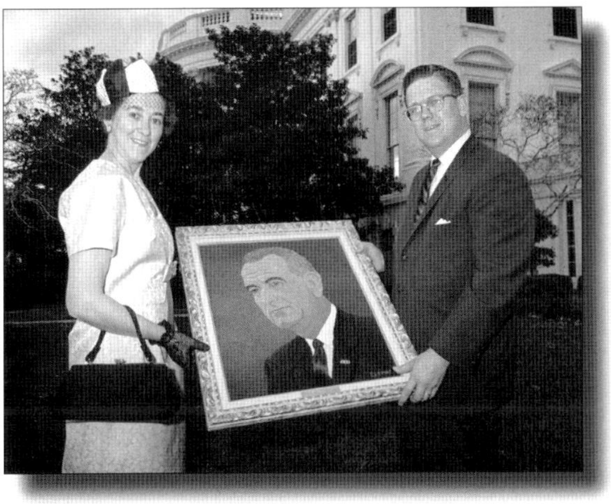

(1964) Portrait of U.S. President Lyndon B. Johnson, presented to a presidential aide in the famous Rose Garden at the White House.

(1964) Portrait du président américain Lyndon B. Johnson, présenté à un assistant du président à la célèbre roseraie de la Maison-Blanche.

«Je ne me remis pas au travail pour le reste de la journée.»

Voilà une simple déclaration qui en dit long. Il faut comprendre qu'elle venait d'une personne qui travaillait régulièrement et la veille et le lendemain de la fête de Noël. Plus tard, en 1974, alors qu'elle «hookait» pour la GRC à Regina une pièce mémoriale qui exigeait beaucoup de concentration, elle y avait travaillé une pleine semaine malgré qu'elle souffrait d'une vilaine grippe pour s'assurer que la pièce soit complétée à temps. Donc, le fait qu'elle avait pris une pause d'une demi-journée pour John F. Kennedy constituait le plus grand honneur qu'on aurait pu lui décerner.

Et c'est également en 1964 qu'Élizabeth fut invitée de nouveau à la Maison-Blanche pour y faire une autre présentation formelle. Cette fois-ci, il s'agissait du portrait du président Lyndon B. Johnson, le troisième président des États-Unis à être ainsi honoré. On dit que Johnson connaissait son art, puisqu'il avait été présent en tant que vice-président au dîner gala auquel on avait honoré John F. Kennedy en lui présentant son portrait. La présentation à Johnson eut lieu à la roseraie de la Maison-Blanche.

CHAPTER SEVEN

On the day after Canadian Thanksgiving in October of 1967, Élizabeth LeFort and Kenneth Hansford were married in a quiet ceremony at l'Église Saint Pierre in Chéticamp. The only persons in attendance were the two witnesses to the marriage, Élizabeth's sister-in-law Victoire LeFort and Bertrand Chiasson, Ken's assistant, who had introduced the couple to one another in 1954.

There is no evidence of any courtship between Élizabeth and Ken, nor would she be drawn into talking about it, even in old age. They had travelled to Arizona together each winter for ten years now, but always in the company of a chaperone. Unfortunately, all the chaperones are deceased, so we have no bird's eye view of those winters in the sun. And Élizabeth's sister

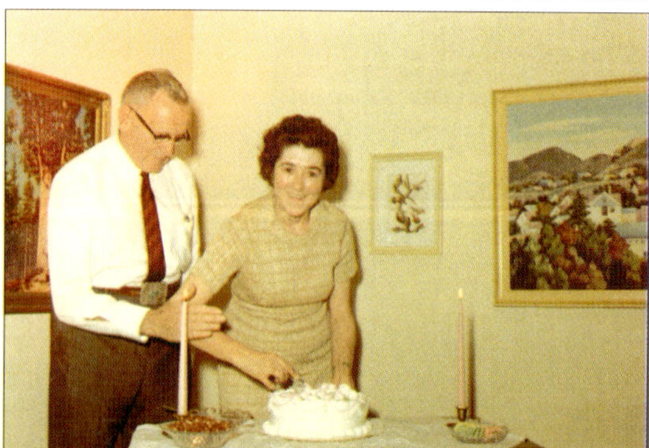

CHAPITRE SEPT

Le lendemain de la fête de l'Action de grâce en 1967, Élizabeth LeFort et Kenneth Hansford furent unis en mariage lors d'une simple cérémonie en l'église Saint-Pierre de Chéticamp. Les seules personnes qui assistèrent furent les témoins au mariage, Victoire LeFort, la belle-sœur d'Élizabeth, et Bertrand Chiasson, l'assistant de Ken, celui qui avait présenté les mariés l'un à l'autre en 1954.

Il n'existe aucune évidence pour attester que Ken aurait fait la cour à Élizabeth, et il n'était pas question qu'elle ne discute de ce sujet, pas même dans sa vieillesse. Ils avaient voyagé ensemble à Arizona chaque hiver pendant dix ans, mais toujours dans la compagnie d'une femme qui faisait office de chaperon. Malheureusement, toutes ces dames sont décédées maintenant, donc il est impossible d'avoir un aperçu de ces hivers vécus sous le soleil. Et, Gracieuse, la sœur d'Élizabeth, ne voyait certainement pas ces voyages en Arizona comme des excursions de plaisir. Élizabeth la citait s'exprimant ainsi: «Tu me fais tellement pitié de t'en aller si loin.» Le voyage était tout simplement bon pour les affaires. Il avait déjà pris l'habitude d'hiverner en Arizona avant d'avoir fait sa connaissance et, puisqu'il agissait comme son gérant, il était

Gracieuse certainly did not look upon the Arizona trips as fun and games for her sibling. Élizabeth quotes Gracieuse as saying: "I find it so pitiful, your leaving to go so far away." The trip simply made good business sense. He had been wintering in Arizona before he met her, and as her manager it was important that he be close to her during the winter to collaborate with her on projects. Besides, Arizona gave them access to the lucrative American market, which he had obviously exploited during these ten years.

If there is no evidence of a romance, it seems at least clear that the relationship by this time had developed from an exclusive business partnership to an easy friendship as well. There could have been no question of marriage for her as long as the first wife was alive, even if Ken had obtained a divorce – which he had not. And there could have been no question of romance for her as long as there was no question of marriage. But now Ken's first wife was deceased, and presumably his new found freedom emboldened him to decide that what already had the markings of a life partnership might be officially sealed as such. It is most doubtful that Élizabeth would have initiated the move. The thought may have occurred to her after the death of his wife that marriage would obviate the necessity of a chaperone and she was now comfortable enough with him to consider an offer. He was 62 years old; she was 53. No doubt the notion of having a home of

important qu'ils se retrouvent ensemble durant l'hiver pour planifier les projets. En plus, l'Arizona leur donnait accès au marché lucratif des États-Unis, qu'il avait évidemment exploité à fond durant ces dix années.

Même si on ne trouve aucune évidence d'une relation amoureuse entre eux, il est au moins évident que la relation, qui au départ fut strictement un partenariat d'affaires, avait évolué en une aisance amicale en plus. Pour Élizabeth, il ne pouvait être question de mariage aussi longtemps que la première femme de Ken serait toujours vivante, même s'il avait obtenu un divorce, ce qu'il n'avait pas fait. Et il ne pouvait être question d'une relation amoureuse à moins qu'il soit aussi question de mariage. Mais, avec le décès de sa première femme, on peut présumer que la liberté nouvellement acquise par Ken lui aurait donné le courage de songer à sceller officiellement une relation qui semblait destinée à devenir un partenariat pour la vie. Il est peu probable qu'Élizabeth aurait pris les premiers pas. Cependant, suite au décès de la première femme, elle aurait peut-être pensé que le mariage éliminerait le besoin de chaperons et elle était alors assez à l'aise avec lui pour considérer une proposition. Il avait 62 ans; elle en avait 53. Sans doute, l'idée d'avoir son propre domicile lui aurait plu. Elle pensionnait encore à l'extérieur durant les mois d'été.

Lorsque j'ai voulu m'informer auprès des gens de la région au sujet de la relation, personne n'a osé exprimer une opinion. Cela

Ken and Élizabeth greeting visitors Alan, Karen and Mrs. Sedgewick during the summer of 1978.

Ken et Élizabeth accueillant les visiteurs Alan, Karen et Mme Sedgewick à l'été 1978.

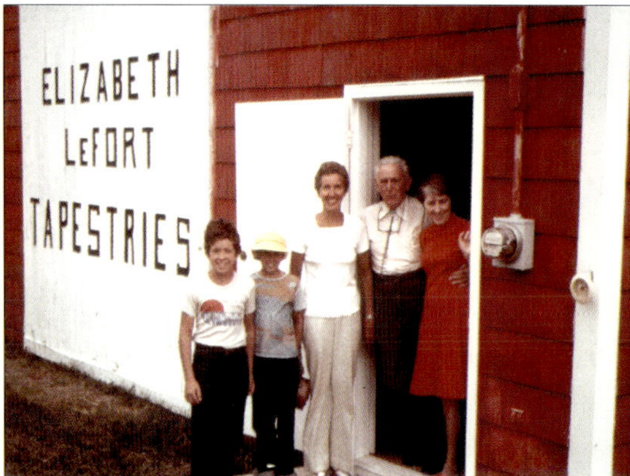

her own would have appealed to her. She was still boarding out during the summer months.

I asked local people about the relationship. No one would venture an opinion. It struck me as a sign of respect. That speaks well for the couple.

What is not related to the fact of the LeFort–Hansford marriage, but seems to coincide with that time, is that it seems to usher in a period in Élizabeth's life when the focus of her work shifts from the depiction of American and international themes to the portrayal of Canadian subjects.

There is no doubt that it was Ken who picked most of Élizabeth's themes and subjects. When she said, "he leads the way and I follow behind," she was referring to more than the protocol at special presentations. In fact, she says it clearly at one point in an interview

m'a paru comme une marque de respect. Voilà qui en dit long du couple.

Quoiqu'il n'y eut aucune corrélation entre les deux, le mariage LeFort-Hansford semble avoir coïncidé avec le moment dans la vie d'Élizabeth où le focus de sa carrière d'artiste fut déplacé de la représentation de thèmes américains et internationaux pour se pencher sur des sujets canadiens.

Il n'y a aucun doute que c'était Ken qui choisissait les thèmes et les sujets d'Élizabeth. Lorsqu'elle disait, «Il mène et je suis par derrière», elle ne parlait pas seulement du protocole pour les grandes cérémonies des présentations. En fait, elle l'exprima très clairement, à un moment donné, dans une entrevue avec Michael Fideles Mahoney du *Victoria-Inverness Bulletin*:

«M. Hansford n'a pas encore fait de choix final pour les projets sur lesquels nous travaillerons cet hiver... J'espère compléter *La Déportation* avant de nous rendre à Ottawa pour une présentation... et, à ce moment-là, M. Hansford sera peut-être arrivé à une décision quant aux tapisseries que je produirai durant l'hiver qui s'en vient.»

Ken avait commencé avec la ferme résolution de la rendre célèbre et il n'y a aucun doute qu'il avait suivi son propre plan détaillé pour atteindre son but. Élizabeth ne s'intéressait point à la politique, encore moins au programme de l'exploration spatiale, et pourtant elle avait consacré un montant considérable de temps

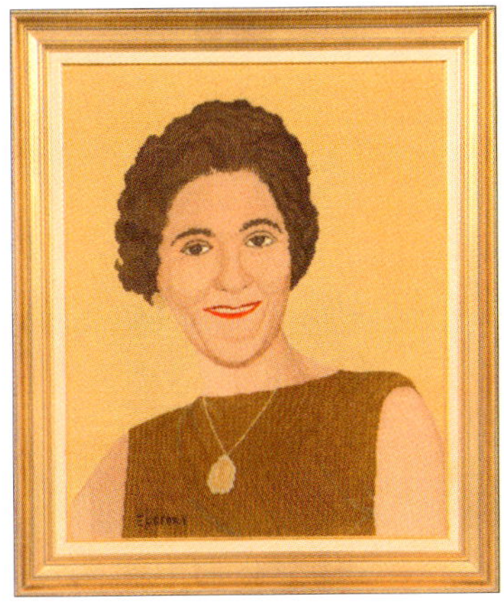

115. *Self Portrait.*

115. *Autoportrait d'Élizabeth LeFort.*

with Michael Fidelis Mahoney of the *Victoria-Inverness Bulletin*:

"Mr. Hansford is not yet sure what subject we'll take to work on this winter.... I hope to finish *The Expulsion* before leaving for an upcoming presentation in Ottrawa ... and by that time Mr. Hansford may have made up his mind as to what tapestries I'll work during this coming winter."

Ken had started off with the clear intention of making her famous and there is no doubt that he followed his own detailed plan in reaching his goal. Élizabeth had no interest in politics, far less in space programs, yet they did take up a considerable amount of her time and energy. Even the selection of religious themes reflect his Protestant background. The only Virgin Marys and saints, a strong part of her Catholic piety, that she undertook were those specifically commissioned by individuals and institutions. There are no tapestries of that famous and beautiful Chéticamp church. There is also a self-portrait, which she did not at all like, and which she did not keep for herself. Ken was a very strong manager.

Having succeeded in his plan to make her famous, Ken probably felt it was time to address Canadian subjects. An article in the *Phoenix Gazette* in 1962 states:

"A friend, Kenneth Hansford, explains she (LeFort) regretfully never has received a great deal of recognition because – and he quotes the Bible – 'a prophet is not without honour, save

et d'énergie à ces sujets. Même le choix des thèmes pour ses pièces religieuses réflète une influence protestante. Les seules images de la Vierge Marie et d'autres saints, pourtant d'une grande importance dans sa piété catholique, qu'elle avait produites furent les résultats de commandes spécifiques par des individus ou par des institutions. Il n'y eut aucune tapisserie de la fameuse et belle église de Chéticamp. Il y eut aussi son autoportrait, qu'elle n'aimait pas du tout, et qu'elle n'avait pas gardé pour elle-même. Ken fut vraiment un gérant d'une fermeté imposante.

Après qu'il eut atteint son but de rendre Élizabeth célèbre, Ken estimait probablement qu'il était temps de s'adresser à des sujets canadiens. Un article paru dans la *Phoenix Gazette* en 1962 faisait la déclaration suivante:

«Un ami, Kenneth Hansford, explique qu'elle (LeFort) n'a malheureusement jamais été bien reconnue pour son art car – et il cite les Saintes Écritures – «nul n'est prophète dans son propre pays.» Le prochain projet, cependant, sera une pièce avec le Canada comme thème.»

in his own country.' Next project, however, will be a work with Canada as its theme."

He was referring to the tapestry depicting Canadian history, but it would be another four years before that project was begun

There were two tapestries with major Canadian subjects done in the early period; they appear to be exceptions.

As early as 1955, Élizabeth had hooked a tapestry entitled *Land of Evangeline*, depicting the memorial chapel at Grand Pré, but had refused many times to part with it. It may be that she had undertaken this as a personal rather than a professional project. And a portrait of Prime Minister John Diefenbaker was hooked in 1961 but only presented to him in 1965. Could it be that Dief the Chief didn't want it until the artist was recognized in the United States? It seems unlikely. Diefenbaker was a strong monarchist and Queen Elizabeth had accepted a portrait of herself as early as 1959. That ought to have been good enough for him. So why he was not presented the portrait sooner remains somewhat of a mystery.

Ann Terry MacLellan, a Cape Breton television personality, also had a portrait of herself presented to her as a surprise on her own show in 1965. She was much loved and wildly popular in Cape Breton, but apart from guest appearances on CBC television's *Front Page Challenge* would not have been regarded as a national figure at the time. So surprised

Il faisait référence à la tapisserie qui représente l'histoire du Canada, quoique cette pièce ne fut commencée que quatre ans plus tard.

Il faut dire tout de même qu'il y avait déjà eu deux tapisseries sur des sujets majeurs du Canada aux premières années; cependant, celles-ci semblent avoir été des exceptions à la règle générale.

Déjà en 1955, Élizabeth avait «hooké» une tapisserie intitulée *Land of Evangeline* [*Pays d'Évangéline*], qui présentait l'église mémoriale de Grand-Pré, une pièce de laquelle elle avait refusé à plusieurs reprises de se départir. Il se peut qu'elle avait entrepris cette pièce comme un projet personnel plutôt que professionnel. Et, elle avait «hooké» le portrait du premier ministre John Diefenbaker en 1961, quoiqu'il ne lui fut présenté qu'en 1965. Se pourrait-il que *Dief the Chief* n'en eut pas voulu avant que l'artiste devint célèbre aux États-Unis? Cela semble bien peu probable. Diefenbaker était un mordu de la monarchie et la reine Elizabeth avait déjà accepté son propre portrait en 1959. Cela aurait dû suffir pour lui faire accepter le sien. Pourquoi la présentation du portrait n'était pas venue plus tôt demeure un peu mystérieux.

On avait aussi surpris Ann Terry MacLellan, une vedette de la télévision au Cap-Breton, en lui présentant son portrait à sa propre émission en 1965. Quoiqu'elle était bien aimée et extrêmement populaire au Cap-Breton, sauf pour des présences comme membre invitée

was she that the vivacious Terry gasped and admitted that for the first time in her life she was lost for words. Perhaps it was Élizabeth who had suggested the subject, for in the last year of her life, when asked which was her favourite portrait of all the famous people she had done, she answered without an instant of hesitation – "Ann Terry!"

In any event, it is 1967, Canada's Centennial Year, that found Élizabeth's major Canadian work emerge, one which will be followed by a number of others of national interest.

Ironically, although the tapestry was begun in Cape Breton, it was in Arizona, eight months later on February 9th, 1967, that the last of 1,750,000 tiny loops was made to complete the pageant of Canadian History. And it was Americans who saw it first. They flocked to see it where it was displayed in the Phoenix Central Methodist Church, the largest Protestant church in the Southwest United States at the time, reading about it in the local press and seeing it on NBC television. And it was in Phoenix that Élizabeth was first honoured for it, being named Woman of the Day by the *Phoenix Gazette*.

Here is what Americans were looking at and asking questions about.

First, the main scenes, left to right, top row: the landing of John and Sebastian Cabot at Cape North on Cape Breton Island in 1497 (establishing Cape Breton as a rival

du panel à l'émission *Front Page Challenge*, elle n'aurait pas, à cette époque, été considérée comme un personnage national. Terry, pourtant une femme habituellement très animée, fut surprise à en perdre le souffle et admit que pour la première fois de sa vie elle se retrouvait perplexe et sans voix. C'est peut-être Élizabeth qui avait suggéré ce sujet car durant la dernière année de sa vie, lorsque je lui demandai quel était son favori de tous les portraits de célébrités qu'elle avait confectionnés, elle me répondit sans aucune hésitation – «Ann Terry!»

Cependant, ce n'est qu'en 1967, l'année du centenaire du Canada, que l'œuvre majeure d'Élizabeth au sujet de l'histoire du pays vit le jour, une œuvre qui sera suivie de plusieurs autres projets d'intérêt national.

Chose assez ironique, même si cette tapisserie fut commencée au Cap-Breton, c'est en Arizona, huit mois plus tard, le 9 février 1967, que fut effectué le dernier de 1 750 000 petits points pour compléter cet ensemble de tableaux sur l'histoire du Canada. Et les Américains furent les premiers à le voir. Après avoir lu des articles à son sujet dans les journaux locaux et l'avoir vu à la télévision du réseau NBC, c'est en grandes foules que les gens se précipitèrent pour l'examiner de près alors qu'il fut exposé au *Phoenix Central Methodist Church*, alors la plus grande église protestante dans le sud-ouest des États-Unis. Et c'est à Phoenix qu'Élizabeth fut premièrement honorée pour cette pièce; elle

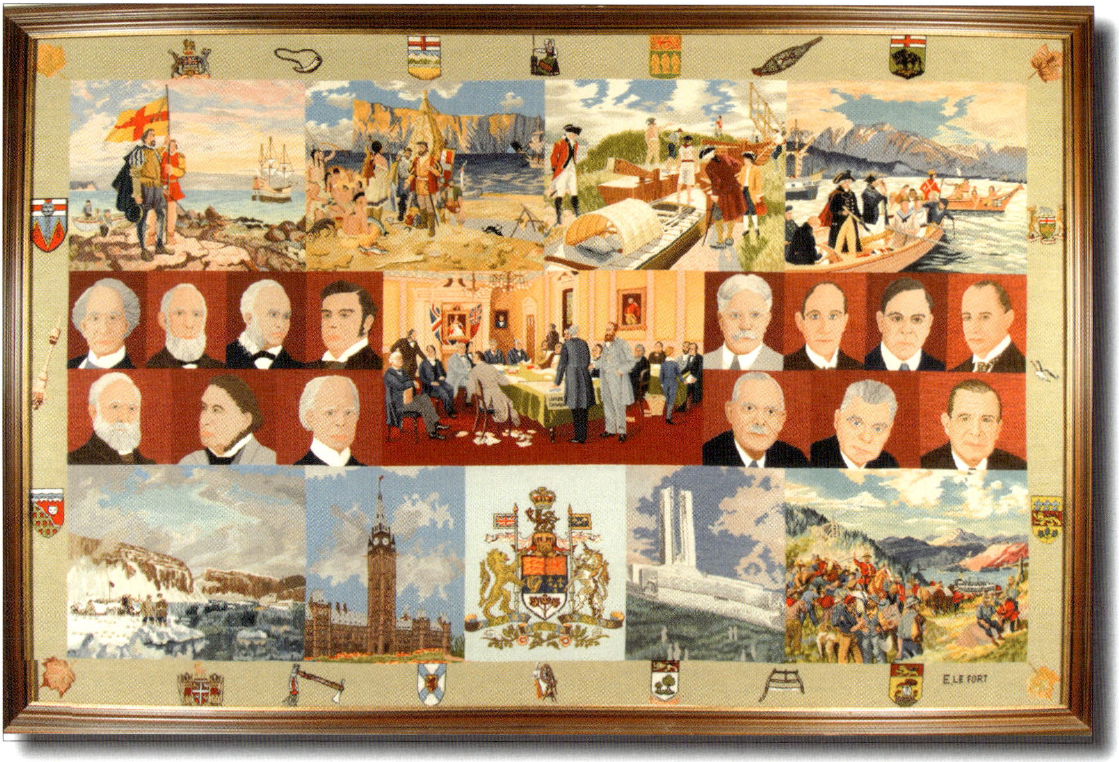

to Newfoundland regarding the question of Cabot's first contact with North America), Jacques Cartier, the French explorer meeting Native people at Percé Rock on the Gaspé Peninsula in Quebec in July, 1534; the first St. Lawrence Canal, Coteau du Lac, 1781 (it was felt the world's waterways were too comprehensive to show in later developments, so this historic earlier achievement was chosen), and Captain Vancouver discovering Burrard Inlet in English Bay, the site of present day Vancouver, in 1792.

Across the center panel is shown a scene from London on Christmas Eve of 1866, when the Fathers of Confederation were in the process of drafting the *British North America Act*. Flanking this is the entire roster of Canadian Prime Ministers from Sir John A. MacDonald to Lester B. Pearson.

The bottom row shows, in the left panel, the RCMP patrol boat St. Roch, first to complete

fut nommée «Femme du jour» par la *Phoenix Gazette*.

Voici ce que les Américains voyaient dans cette tapisserie qui suscitait beaucoup de questions de leur part.

D'abord, les scènes principales, de gauche à droite, rangée d'en haut: le débarquement de Jean et Sébastien Cabot au Cap-Nord, sur l'île du Cap-Breton en 1497 (confirmant la rivalité entre le Cap-Breton et Terre-Neuve lorsqu'il s'agit de réclamer le premier débarquement des Cabot en Amérique du Nord); l'explorateur français Jacques Cartier rencontrant les autochtones au rocher Percé, en Gaspésie, au Québec, en juillet 1534; le premier canal du Saint-Laurent, à Coteau-du-Lac, en 1781 (parce qu'on trouvait la voie internationale de navigation moderne trop complexe pour la représenter dans le tableau, on avait choisi cette réussite historique précédente); et le capitaine Vancouver à la découverte du bras de mer

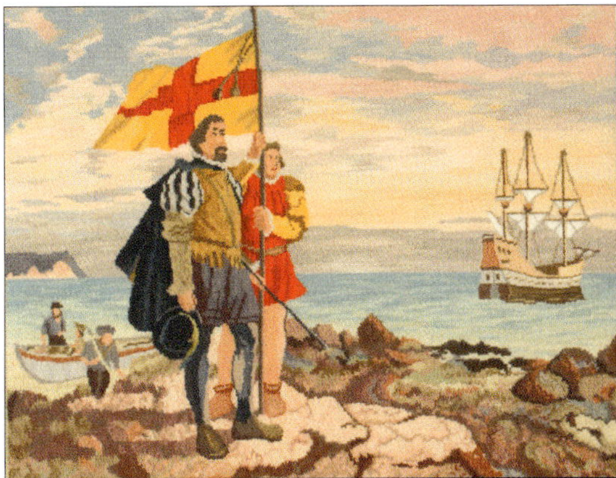

(Page 64) 143. *Canadian Centennial.*
(Pages 65, 67) Vignettes from *Canadian Centennial.*

(Page 64) 143. *Le centenaire du Canada.*
(Aux pages 65, 67) Vignettes du *Centenaire du Canada.*

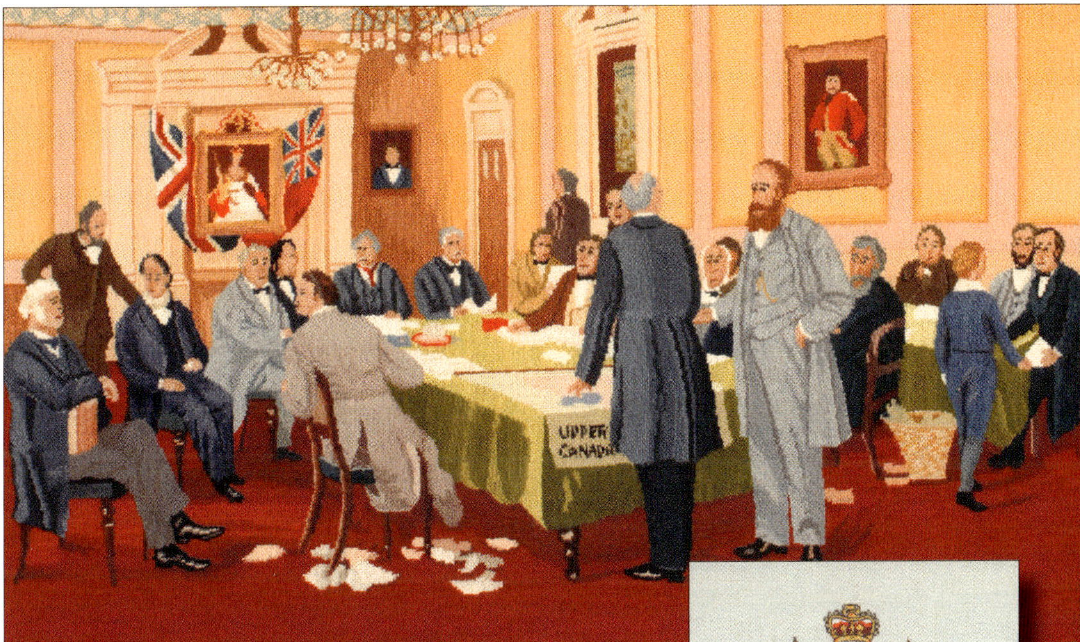

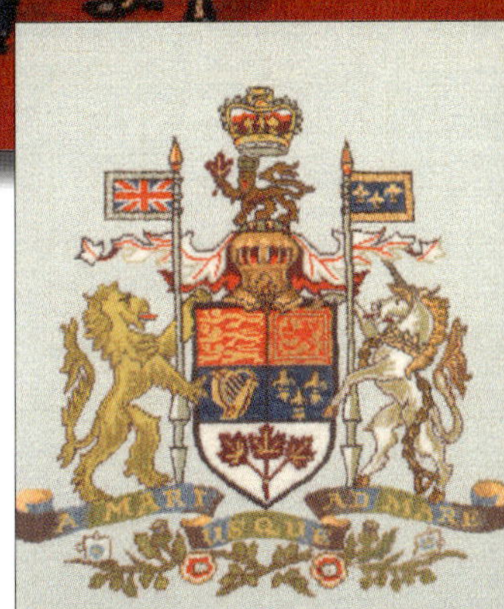

the Northwest Passage at Beechey Island in 1944.

Next, the Peace Tower and Parliament Buildings. Centered is the Canadian Coat of Arms. On the right is the Canadian Vimy Ridge Memorial in France and on the far right the Klondike gold rush of the 1890s.

Bordering the whole concept are the Coats of Arms of the Provinces of Canada, interspersed with relics of early days suitable to the areas in which they appear. There are a snow plow, a butter churn, a powder horn, a tomahawk and an Inuit mace hand carved of walrus and whale bone in the 1880s and presented to the North West Territories.

A brilliant maple leaf is depicted in each of the four corners.

The tapestry measures 2 by 3 metres (6-feet-4-inches by 10-feet-4-inches) and required 11 kms (7 miles) of two-ply yarn.

It was the month of May when Élizabeth and Ken returned to Canada, where Élizabeth appeared with the tapestry on CBC television's *Take Thirty*.

Ken noted that "Élizabeth LeFort's name is being entered in the Royal Bank's Centennial Award competition with all the hopes of the Maritimes behind her." There is no record of her winning the competition. It is noted somewhere that the Canadian Tourist Association asked for a showing in Toronto, but there is no evidence that Expo 67 in Montreal hosted Élizabeth and

Burrard, à la baie des Anglais, le site de l'actuel Vancouver, en 1792.

Au panneau du milieu se trouve une scène de Londres à la veille de Noël 1866, où les Pères de la Confédération étaient en train de préparer une ébauche de l'Acte de l'Amérique du Nord britannique. Cette scène est flanquée des portraits de tous les premiers ministres du pays, de sir John A. MacDonald jusqu'à Lester B. Pearson.

À la rangée du bas, à la gauche, figure le bateau de patrouille de la GRC, le «Saint-Roch», le premier vaisseau à compléter le passage du Nord-Ouest à l'île Beechey en 1944. Viennent ensuite la Tour de la Paix et les édifices du Parlement. Au centre de la pièce figurent les armoiries canadiennes. À la droite se trouve d'abord le Mémorial canadien de Vimy, en France, symbolique de la contribution du Canada à la cause de la Première Guerre mondiale. En dernier, c'est une image de la ruée vers l'or du Klondike aux années 1890.

La bordure de la tapisserie est composée des armoiries des provinces du Canada, en alternance avec des reliques de l'an premier typiques des diverses régions du pays. Il y a entre autres une charrue, une baratte, une corne à poudre, un tomahawk, ainsi qu'une masse inuite, fabriquée à la main aux années 1880 de divers matériaux naturels tels que des défenses de narval et des fanons de baleine, qui fut présentée aux Territoires du Nord-Ouest.

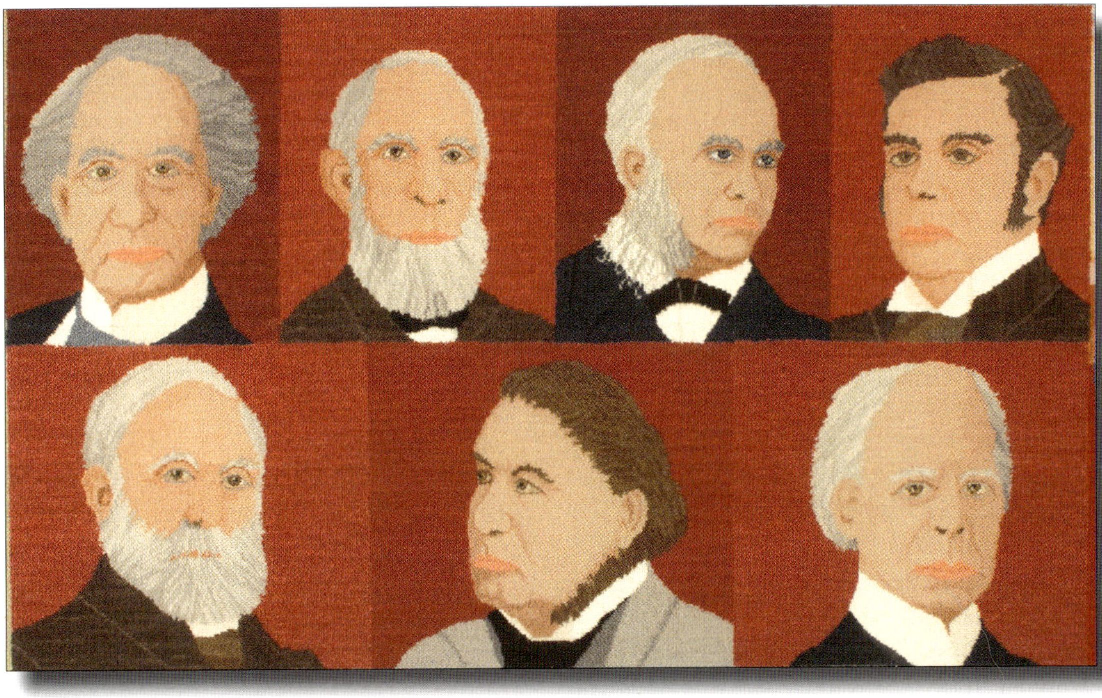

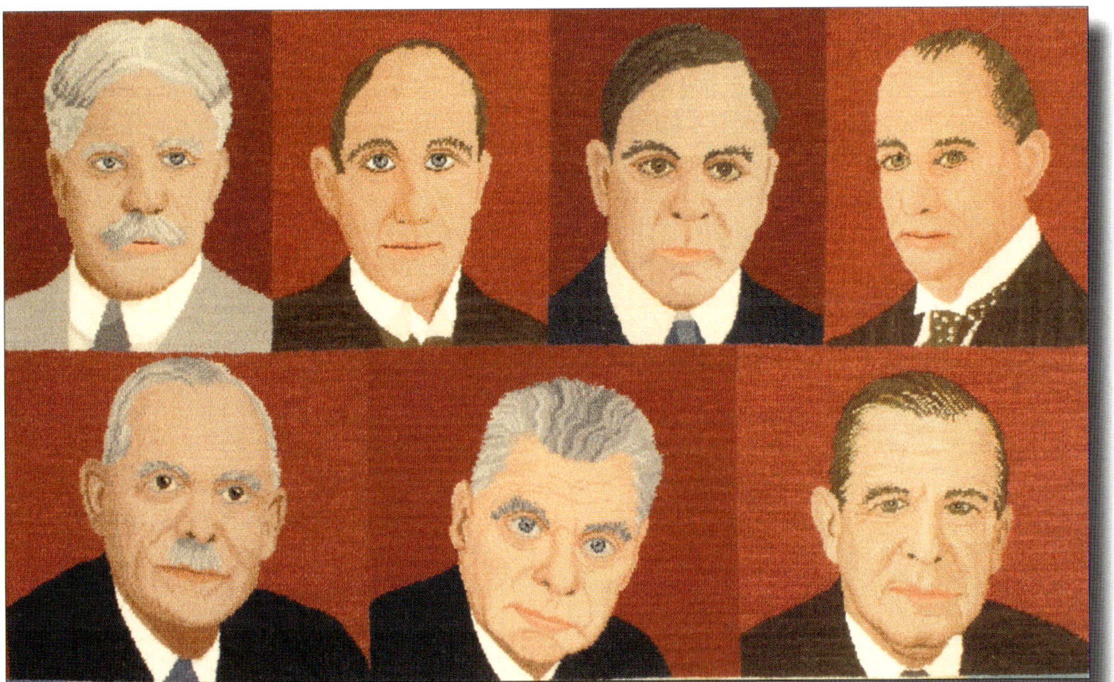

her monumental piece, something that must have vexed Ken terribly.

Still, he was not vexed enough to be thrown off his quest. It was during the summer of that same year that Prime Minister Pearson was presented with his portrait in Ottawa.

Encouragement came from another direction in 1967 when the Franco-Acadian committee of the national society of Acadians made an overture to buy *Evangeline Memorial Church.*, the one for which Élizabeth had turned down a number of private offers because it was too dear to her heart. This offer was too good to pass; the Committee wanted to present it to the President of France, General Charles de Gaulle. A deal was concluded and the tapestry was presented to de Gaulle the following year during the group's trip to France to meet French government officials.

The work depicts the memorial chapel at Grand Pré with the statue of Evangeline in the foreground. The chapel with its traditional lines reflects French Acadian architecture of the mid-18th century and commemorates the original St. Charles Church, the one to which the men and boys of Grand Pré were convoked in 1755 to be told that they and their families were to be taken away without their belongings and scattered throughout the English colonies to ensure their decimation as a people.

The church was reconstructed by the Assumption Society during the course of an eight-year period by means of donations

Chacun des quatre coins est orné d'une magnifique feuille d'érable.

La pièce de six pieds et quatre pouces sur 1,9 m x 3,1 m [dix pieds] et quatre pouces avait pris 11,2 km [sept milles] de laine à deux brins.

C'était au mois de mai qu'Élizabeth et Ken rentrèrent au Canada, où Élizabeth fut invitée à présenter sa tapisserie à l'émission de télévision *Take Thirty*, au réseau CBC.

Ken y avait fait la remarque que «le nom d'Élizabeth LeFort a été mis en candidature pour le Prix du Centenaire, parrainé par la Banque Royale, avec l'appui et l'espoir de toutes les Maritimes». Si elle avait remporté ce prix, on n'en trouve aucune mention nulle part. Il paraît que l'Association canadienne du tourisme avait demandé que la pièce soit mise en exposition à Toronto, mais on ne trouve aucune mention qu'Élizabeth avait eu l'occasion de présenter son œuvre monumentale à l'Expo 67 de Montréal, ce qui avait dû bien fâcher Ken.

Cependant, il ne fut pas contrarié au point de se laisser déranger dans sa quête. C'est à l'été de la même année qu'eut lieu la présentation du portrait du premier ministre Pearson à Ottawa.

Des encouragements arrivèrent d'une autre source en 1967 quand le Comité franco-acadien de la Société nationale des Acadiens initia des pourparlers en vue de l'achat de la pièce *Evangeline Memorial Church* [*L'église mémoriale de Grand-Pré*], celle pour laquelle

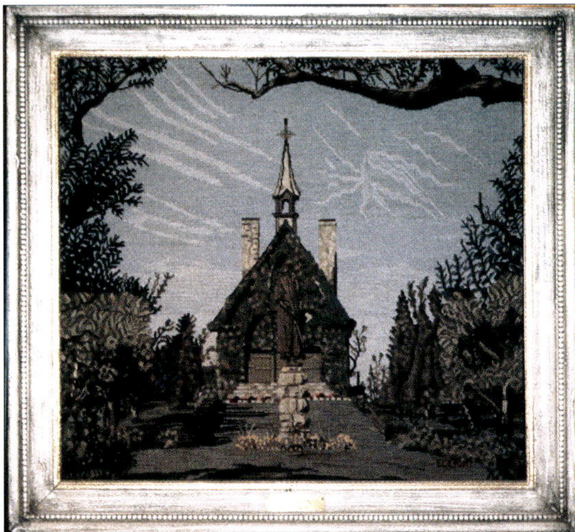

7. *Evangeline Memorial Church.*

7. *L'église mémoriale de Grand-Pré.*

gathered among Acadians. The cornerstone was laid in 1922 and the exterior of the chapel was completed in 1923.

The ground on which the church is located became a National Historic Site in 1957.

The subject would have had tremendous significance for Élizabeth as an Acadian and she could not have felt but extremely proud to have been instrumental in bringing this international spotlight on the Acadian people.

Both local and international recognition came again in 1967 when Élizabeth was commissioned to do three portraits of international officials of the United Mine Workers, for the occasion of their major celebration in Glace Bay, Cape Breton, in July. Coal mining was still the biggest industry in Cape Breton and the miners would want the best of Cape Breton culture to honour their top union people. And again in July, the Province of Nova Scotia purchased one of Élizabeth's tapestries, *Audobon Warble*r, to present to the Queen Mother on the occasion of her visit to Halifax. It was the second but not the last tapestry to enter the royal houses of England. To be recognized as the best by such diverse groups as miners' unions, a national Acadian organization, and the Province of Nova Scotia in its gifts to royalty meant that

Élizabeth avait refusé plusieurs offres privées, parce que cette pièce lui était trop chère. Mais l'offre actuelle était trop bonne pour la refuser; le comité voulait l'offrir en cadeau au président de la France, le général Charles de Gaulle.

L'affaire fut rapidement conclue et la tapisserie fut présentée à de Gaulle l'année suivante lorsque le groupe se rendit en France pour y rencontrer des représentants de l'État.

La pièce présente la chapelle mémoriale de Grand-Pré avec la statue d'Évangéline en avant. La chapelle avec ses lignes traditionnelles reflète l'architecture de l'Acadie française du milieu du 18e siècle et commémore l'église Saint-Charles originale, où les hommes et jeunes garçons de Grand-Pré avaient été convoqués pour se faire dire qu'ils allaient être déportés, ainsi que leurs familles, sans pouvoir apporter leurs biens, et qu'ils seraient dispersés à la grandeur des colonies américaines afin d'assurer leur décimation en tant que peuple.

Cette église mémoriale avait été construite par la Société l'Assomption sur une période de huit ans grâce à des dons perçus auprès des Acadiens. La pierre angulaire fut posée en 1922 et l'extérieur de la chapelle fut complété en 1923.

Le terrain sur lequel l'église est située est devenu le lieu historique national de Grand-Pré en 1957.

Le sujet de cette pièce était sans doute d'une grande signification pour Élizabeth, en tant qu'Acadienne, et elle ne pouvait faire

Élizabeth had indeed established herself in Canada. If Ken still lacked faith in his country, his faith in himself as a promoter must have been fully affirmed. Élizabeth, who had always had faith in herself, simply moved on to the next project.

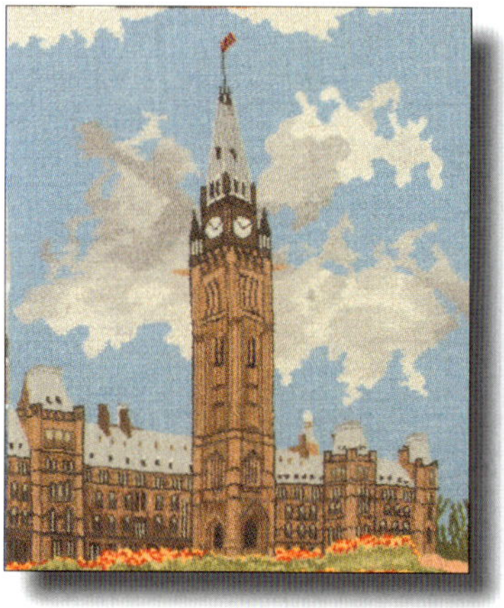

Vignette from *Canadian Centennial.*

Vignette du *Centenaire du Canada.*

autrement que d'éprouver une belle fierté d'avoir joué un rôle clé pour faire connaître le peuple acadien sur le plan international.

Élizabeth fut reconnue davantage en 1967, tant à domicile que sur la scène internationale, lorsqu'elle reçut une commande pour la production de trois portraits d'officiers de l'association *United Mine Workers* [le syndicat des mineurs], à l'occasion d'une grande célébration tenue à Glace Bay au mois de juillet. Les mines de charbon constituaient encore la plus importante industrie au Cap-Breton et les mineurs avaient voulu choisir le meilleur de la culture de l'île pour rendre hommage à la haute direction de leur syndicat. Et également au mois de juillet, la province de la Nouvelle-Écosse avait acheté une tapisserie d'Élizabeth, *Audubon Warbler* [*La paruline d'Audubon*], pour en faire la présentation à la reine mère à l'occasion de sa visite à Halifax. Il s'agissait de la deuxième, mais non de la dernière, de ses tapisseries à se retrouver dans les résidences royales de l'Angleterre. Le fait d'être reconnue comme la meilleure par des organismes aussi diversifiés qu'un syndicat de mineurs, une société nationale d'Acadiens et la province de la Nouvelle-Écosse, lorsqu'il s'agit de rendre hommage à des célébrités, démontre bien à quel point sa renommée était établie au Canada. Si Ken manquait toujours de confiance envers son pays, il devait certainement éprouver une belle satisfaction de ses moyens comme promoteur. Élizabeth, elle qui n'avait jamais douté de ses propres talents, passa tout simplement au prochain projet.

CHAPTER EIGHT

CHAPITRE HUIT

"Why is it," asks the Dutch historian Hendrick Van Loon in his book *The Arts* "that our modern world insists upon drawing such a very sharp line between the arts and the crafts?"

He recalls that when the arts were really an integral part of people's daily lives the line did not exist. Nobody was aware of a difference between the artist and the craftsman.

As a matter of fact, he claims, until about 200 years ago artists were simply craftspeople of exceptional ability – a stonecutter, for example, who could make figures in marble better than the others in his guild. Nor was there, until recently, any differentiation between the so-called major arts such as painting and sculpture, and the minor arts of jewellery, textiles and ceramics.

The year 1983 is significant in Élizabeth LeFort's career as the year in which the "guild" of Chéticamp hooking claimed her publicly as one of their own, as an artist like themselves who has excelled within the ranks. As such, it is also a significant year in the history of Chéticamp hooking. That year saw the official opening of the Élizabeth LeFort Gallery in the Centre CulturelTrois Pignons, itself a monu-

«Comment se fait-il», demande l'historien hollandais Hendrick Van Loon dans son livre *The Arts*, «que le monde moderne insiste de faire une distinction bien nette et claire entre les arts et l'artisanat?»

Il rappelle que lorsque les arts étaient réellement intégrés à la vie quotidienne des gens, cette distinction n'existait pas. Personne n'était conscient d'une différence entre l'artiste et l'artisan.

En effet, dit-il, jusqu'il y a environ 200 ans, les artistes étaient tout simplement des artisans d'habileté exceptionnelle – par exemple, un tailleur de pierre qui pouvait découper de meilleures figures dans le marbre que les autres artisans de sa guilde. Jusqu'à récemment, on ne faisait pas non plus de différence entre les prétendus arts majeurs, tels que la peinture et la sculpture, et les arts mineurs, comme la bijouterie, le textile et la céramique.

L'année 1983 fut une année importante dans la carrière d'Élizabeth car c'est alors qu'elle fut réclamée par les artisans des tapis «hookés» de Chéticamp comme une des leurs, une artiste semblable aux autres mais qui s'était distinguée des autres par l'excellence de ses œuvres. Ainsi, ce fut aussi une année importante dans

(Page 73)
(Lower left) Deputy Prime Minister Allan J. MacEachern (right) cuts the ribbon on the Élizabeth LeFort Gallery, August 7, 1983.
(Middle) Élizabeth receives an honorary doctrate from Université de Moncton.
(Upper right) 76. *Pope John XXIII.*

(Page 73)
(À la gauche inférieure) Le vice-premier ministre du Canada, l'honorable Allan J. MacEachen (à droite) coupe le ruban à l'ouverture de la Galerie Élizabeth-LeFort, le 7 août 1983.
(Au centre) Élizabeth reçoit un doctorat honorifique de l'Université de Moncton.
(À la droite supérieure) 76. *Le pape Jean XXIII.*

mental affirmation of Acadian culture and history for the Chéticamp area.

As early as November 17, 1981, seventeen of Élizabeth's works had been on permanent display at Trois Pignons. She had agreed to sell these to the Societé St. Pierre, a cultural society housed within the cultural centre as well as responsible for its construction. The centre today houses a host of community institutions, including a local radio station, a genealogical centre, a book store featuring books on local history and culture, and various community development offices.

The seventeen works acquired by the society, to which were added six other pieces, were works which Élizabeth and Ken had wisely decided should not end up in private collections. They included the pictorial histories of both Canada and the United States, *The Crucifixion* and *The Resurrection*, as well as the self-portrait.

It was a natural match for both buyer and seller. The society recognized the importance of keeping the collection in Chéticamp. Élizabeth, for her part, said, "I know the Centre well and I believe there could not be a better place …

l'histoire des tapis. Cette année-là fut marquée par l'ouverture officielle de la galerie Élizabeth-LeFort au centre culturel Les Trois Pignons, lui-même une affirmation monumentale de la culture et de l'histoire acadiennes de la région de Chéticamp.

Même avant cela, dès le 17 novembre 1981, 17 des œuvres d'Élizabeth étaient en exposition permanente aux Trois Pignons. Elle avait vendu celles-ci à la Société Saint-Pierre, la société culturelle propriétaire des Trois Pignons, un édifice construit pour lui servir de siège social. De nos jours, le centre abrite aussi plusieurs institutions communautaires, y compris un poste de radio locale, un centre de généalogie, une librairie de livres sur l'histoire et la culture locales et divers organismes de développement communautaire.

Les 17 tapisseries acquises par la société, auxquelles se sont ajoutées six autres pièces, étaient des œuvres qu'Élizabeth et Ken avaient sagement décidé de ne pas laisser passer à des intérêts privés. La collection actuelle comprend, entre autres, les histoires en images du Canada et des États-Unis, *La Crucifixion* et *La Résurrection*, ainsi que l'autoportrait d'Élizabeth.

I really prefer having them grouped together rather than having them scattered about."

But when the society acquired them, it already had plans to give them a home of their own and so preparations began immediately for the construction of a gallery to house the collection along with other local works. The plan was to promote not only Élizabeth's achievements, but Cheticamp hooking in general.

The plans were realized and on August 7, 1983, the official opening was held. Among the guests present with Élizabeth that day was the Deputy Prime Minister of Canada, the Honourable Allan J. MacEachen.

La transaction avait bien fait l'affaire de l'acheteur et du vendeur. La société attachait beaucoup d'importance à ce que la collection de tapis demeure à Chéticamp. Élizabeth, pour sa part, disait: «Je connais bien le centre et je pense qu'il ne pourrait pas y avoir une meilleure place... Je préfère vraiment qu'ils demeurent réunis plutôt que d'être éparpillés çà et là.»

Mais lorsque la société en prit possession, on avait déjà en tête l'idée de leur donner un domicile à part, et les préparatifs commencèrent immédiatement pour la construction d'une

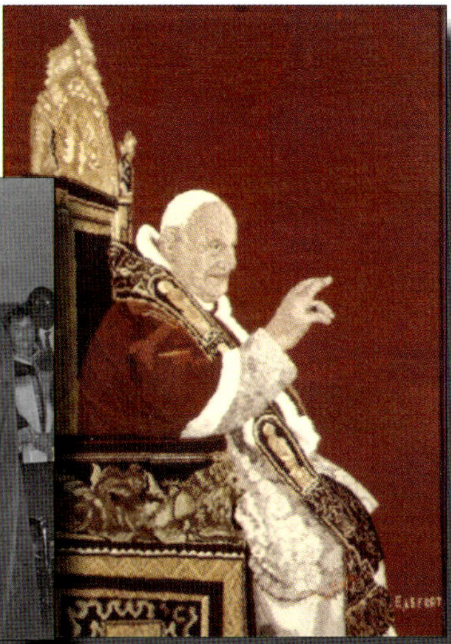

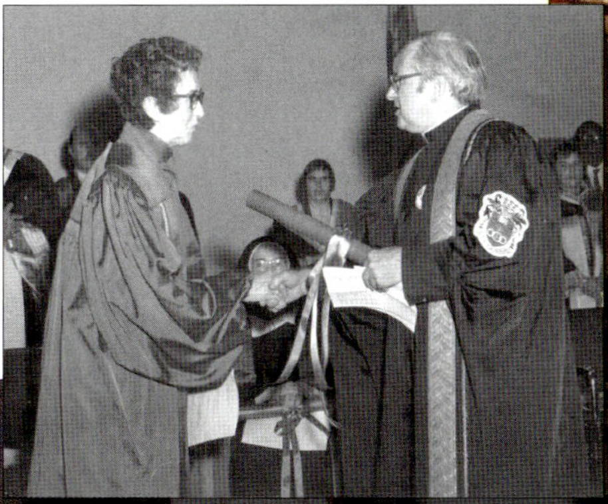

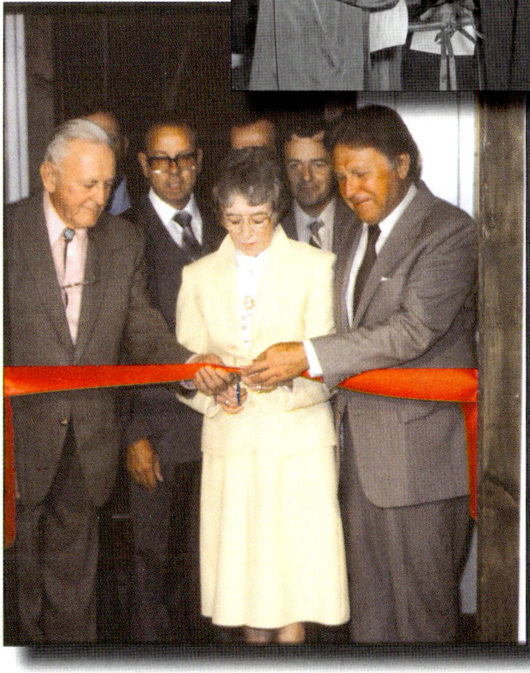

galerie où serait exposée la collection d'Élizabeth avec d'autres œuvres locales. On s'était donné comme but non seulement la promotion des exploits d'Élizabeth, mais celle des tapis «hookés» de Chéticamp en général.

Les plans furent réalisés et le 7 août 1983 Élizabeth assistait aux cérémonies de l'ouverture officielle. Parmi les invités d'honneur avec Élizabeth ce jour-là figurait le vice-premier ministre du Canada, l'honorable Allan J. MacEachen.

Entre-temps, les années entre la production de la grande tapisserie au sujet de l'histoire du Canada et l'ouverture de la galerie Élizabeth-LeFort ne furent pas des années de chômage.

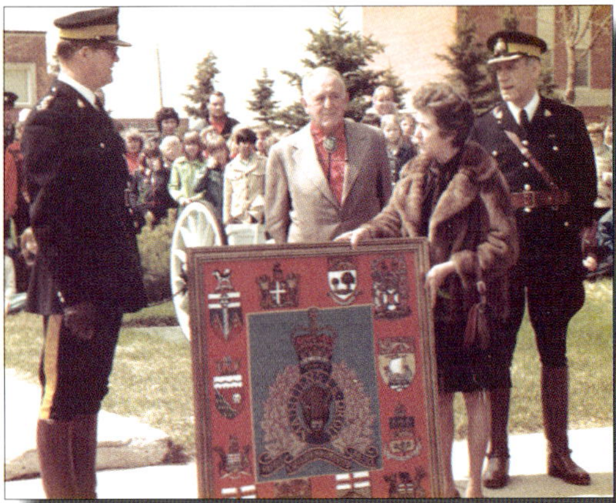

The years between her hooking of the great Canadian history tapestry and the opening of the Élizabeth LeFort Gallery had not been idle ones.

Besides the presentation to Prime Minister Pearson, there had been one to his successor, Prime Minister Pierre Elliott Trudeau. Bing Crosby had a portrait of himself and NBC had presented Dean Martin with one. The RCMP had their own centennial tapestry. Pope Pius XII now enjoyed the company of Pope John XXIII. The University of Moncton awarded Élizabeth an honourary doctorate and she rewarded the University with a tapestry of Pope Paul VI. The list is long.

À part la présentation du portrait du premier ministre Pearson, il y en eut un autre présenté à son successeur, le premier ministre Pierre Elliott Trudeau. Bing Crosby avait aussi reçu un portrait «hooké» de lui-même et le réseau NBC avait honoré Dean Martin en lui présentant son portrait en laine. On avait également présenté une tapisserie à la GRC pour souligner son centenaire. Le portrait du pape Pie XII se trouvait maintenant dans la compagnie de celui du pape Jean XXIII. L'Université de Moncton avait conféré à Élizabeth un doctorat *honoris causa* et, en guise d'appréciation, elle avait fait don à l'université d'une tapisserie du pape Paul VI. Et la liste continue.

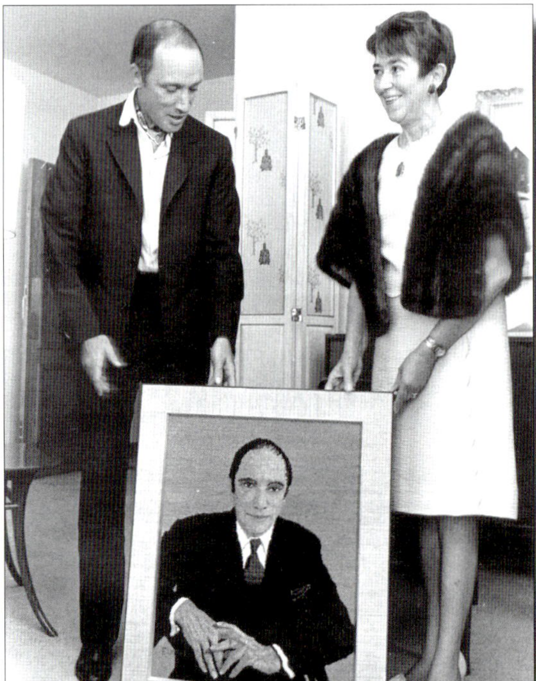

CHAPTER NINE

Élizabeth was 73 years old when she received the Order of Canada in 1987. Ken was 82. She hooked a tapestry entitled *Chinese Hanging* (as in a piece that hangs on a wall, and not an execution) for Mme Jeanne Sauvé, who was the Governor General at the time and who presided at the Order of Canada celebrations.

Although Élizabeth would continue hooking, *Chinese Hanging* is the last entry Ken made in his meticulous files, and it is made in a shaky handwriting. The last recorded portrait is of Guru Nanak in 1982 and production in general was dwindling somewhat at that point.

There is some evidence that focus had shifted from Élizabeth to Ken, and that she was devoting much of her time attending to his needs. He had taken three strokes in 1980-1981 and although he had recovered, his health would continue to be somewhat fragile.

It was two years now since she had completed her most recent tapestry and the two of them had turned their energies to a completely new project.

"This is going to be my masterpiece," Ken said in an interview with Bev Neufeld of the *Scotia Sun* on the occasion of Élizabeth's reception into the Order of Canada.

CHAPITRE NEUF

Élizabeth avait 73 ans lorsqu'elle fut reçue dans l'Ordre du Canada en 1987. Ken, lui, en avait 82. Pour l'occasion, elle avait «hooké» une tapisserie intitulée *Chinese Hanging* [*Une tapisserie chinoise*] qu'elle offra en cadeau à Mme Jeanne Sauvé, qui était alors gouverneure générale et qui avait présidé les célébrations de l'Ordre du Canada.

Même si Élizabeth allait continuer de confectionner des tapis «hookés» par la suite, *Chinese Hanging* est la dernière pièce que Ken enregistra dans ses dossiers méticuleux et l'entrée est d'une calligraphie tremblante. Le dernier portrait qu'il avait enregistré fut celui du gourou Nanak en 1982, et le taux de production en général avait déjà commencé à ralentir à partir de ce moment-là.

On constate que dorénavant le focus s'était déplacé d'Élizabeth à Ken, et qu'elle consacrait beaucoup de son temps pour subvenir à ses besoins.

D'abord, il y avait la question de sa santé. Il avait souffert trois attaques d'apoplexie en 1980-1981 et, quoiqu'il s'était rétabli, sa santé était demeurée plutôt fragile.

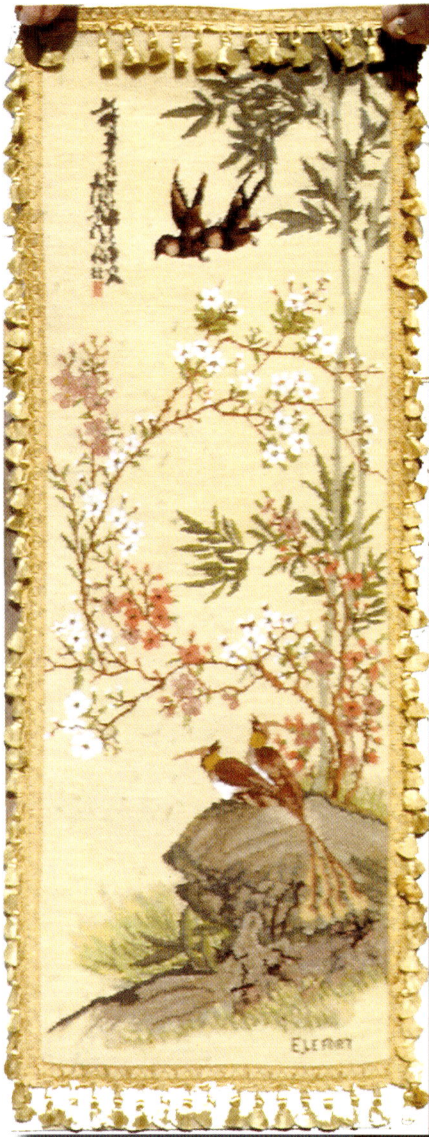

320. *Chinese Hanging*. Made for Governor General Jeanne Sauvé.

(April 29, 1987) Élizabeth LeFort is installed as a Member of the Order of Canada, by then Governor General Jeanne Sauvé.

320. *Tapisserie chinoise*. Confectionnée tout spécialement pour la gouverneure générale Jeanne Sauvé.

(Le 29 avril 1987) Élizabeth LeFort est reçue dans l'Ordre du Canada par la gouverneure générale d'alors, Jeanne Sauvé.

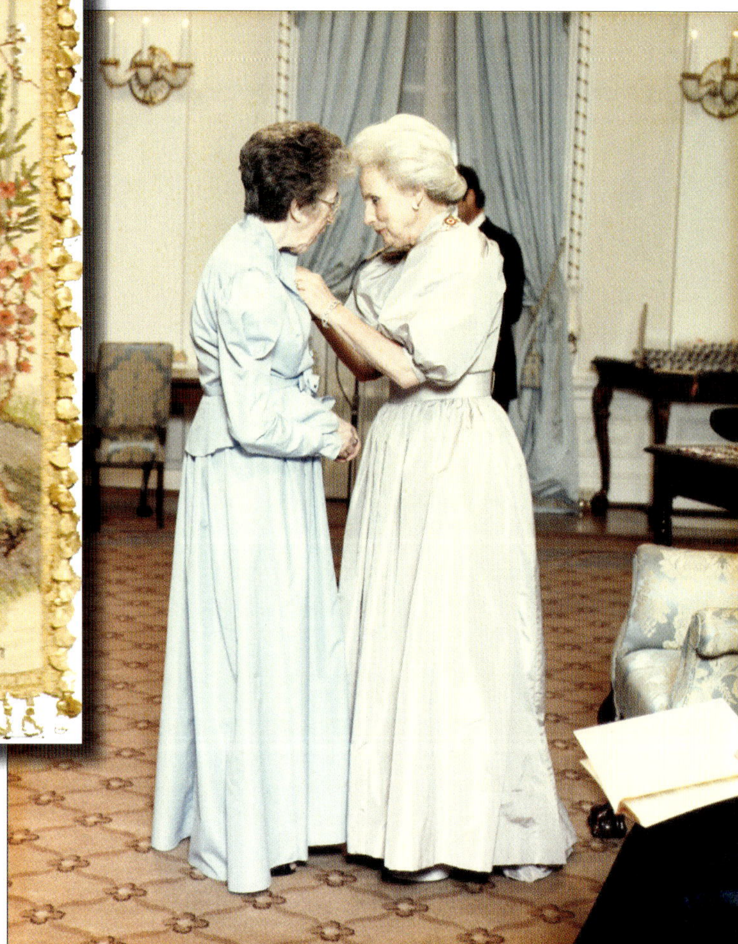

His masterpiece: a 2 by 2.5 metre (6 by 8 feet) work in needlepoint and according to him, the largest needlepoint work ever attempted.

The theme was obviously his: the first landing on the moon. The two of them had started the project on December 27, 1986, and by early February had already put 150 hours of work in it.

"I have little hope that I will see the end of it alone, so Élizabeth is spending a lot of time on it to help me get it done," he explained.

He had first come up with the idea in 1980, indicating that the shift from her to him had been underway at that time.

"Everything that could have happened, has happened – Murphy's Law," he said. "I could spend a whole week telling you what's gone wrong."

One of the biggest problems, from the start, was finding a needlepoint canvas big enough to handle the project, and one of his biggest disappointments was finding out that the canvas he finally had ordered tailor-made was missing a crucial row of threads in its weaves.

"Élizabeth tried to do some work ... 90 hours of work didn't show for anything," he said. He had examined the canvas with a magnifying glass and spotted the flaw.

"It had been made wrong," he sighed.

Although most people told him to scrap the idea, he refused to give up the project

Cela faisait alors deux ans qu'elle avait complété sa plus récente tapisserie et ils avaient tous deux détourné leur énergie envers un projet tout à fait nouveau.

«Celui-ci va être mon chef-d'œuvre», avait dit Ken lors d'une entrevue avec Bev Neufeld, du *Scotia Sun*, à l'occasion de la réception d'Élizabeth dans l'Ordre du Canada.

En quoi consistait son chef-d'œuvre? Une tapisserie de six pieds sur 1,8 m x 2,4 m [huit pieds] faite à l'aiguille qui, selon lui, était la plus grande pièce du genre jamais entreprise.

Le thème venait évidemment de lui: le premier atterrissage sur la Lune. Ils avaient commencé à travailler sur ce projet le 27 décembre 1986 et, au début février, ils y avaient déjà dépensé 150 heures.

«J'ai peu d'espoir de pouvoir l'accomplir par moi-même, donc Élizabeth y consacre beaucoup de temps pour m'aider à la compléter», expliquait-il.

Il avait commencé à songer à ce projet dès 1980, ce qui laisse entendre que le transfert de focus d'Élizabeth à lui-même était déjà commencé.

«Toutes les difficultés que nous aurions pu rencontrer se sont présentées – la loi de l'emmerdement», dit-il. «Ça me prendrait une pleine semaine pour vous raconter tout ce qui a mal tourné.»

Un des plus sérieux problèmes, dès le départ, fut de trouver une toile à tapisserie à l'aiguille suffisamment grande pour ce projet,

(Opposite) 252. *Guru Gobind Singh.*

(Ci-contre) 252. *Le gourou Gobind Singh.*

and finally found two canvasses he could sew together to get the size he needed. He then commissioned local artist Barrie Fraser to copy the original image, painted on the first canvas by his grand daughter, and had his handyman, Simon Arsenault, construct the frame to work it on.

With Élizabeth helping him, he hoped to finish the project in two years.

The other, and perhaps more significant, event which suggests that the focus of attention was shifting from her to him was Ken's conversion to Eastern spirituality.

As early as 1971, Élizabeth had hooked a portrait of Guru Gobind Singh Ji for Ken. In 1975 she had hooked a portrait of a guru for John Leeming, a friend of Ken's. A number of other portraits of gurus had followed.

I wondered about her connection with gurus and asked her about them during my interviews.

She told me that Ken had become interested in Eastern spiritualities over a period of time and had taken up a formal practice in 1979. He also took the spiritual practice very seriously indeed. He had become a complete vegetarian and taken up meditation, rising each morning at four o'clock to sit for two hours.

She was tolerant but skeptical. "He was too old, at the age of 74, to undertake that," she said, with furrowed brow. "He lost a lot of weight and I don't think it was good for him." Since it was less than two years into his new

et une de ses plus grandes déceptions fut de constater que le tissage de la toile qu'il avait fini par commander faite sur mesure manquait un rang de fil essentiel.

«Élizabeth avait essayé d'y travailler... 90 heures de travail n'avaient abouti à rien», dit-il. Ce n'est qu'après une examination à la loupe de la toile qu'il s'était rendu compte du défaut. «La toile avait été mal fabriquée», gémit-il.

Quoique la plupart des gens lui conseillaient de laisser tomber cette idée, il refusa d'abandonner son projet et il finit par trouver deux toiles qu'il pouvait coudre ensemble pour en créer une aux dimensions nécessaires. Il confia à un artiste de la région, Barrie Fraser, la tâche de copier sur cette nouvelle toile l'image originale que la petite-fille de Ken avait peinte sur la première, et il se fit construire un cadre de travail par son homme à tout faire, Simon Arsenault.

Avec l'aide d'Élizabeth, il espérait pouvoir compléter le projet en deux ans.

Un autre indice, et celui-ci peut-être encore plus significatif, que l'attention était en train de se déplacer d'Élizabeth vers Ken, fut la conversion de Ken vers une spiritualité orientale.

Dès 1971, Élizabeth avait «hooké» le portrait du gourou Gobind Singh Ji pour Ken. En 1975, elle avait «hooké» un portrait d'un gourou pour un ami de Ken, John Leeming. Ceux-ci furent suivis de plusieurs autres portraits de gourous.

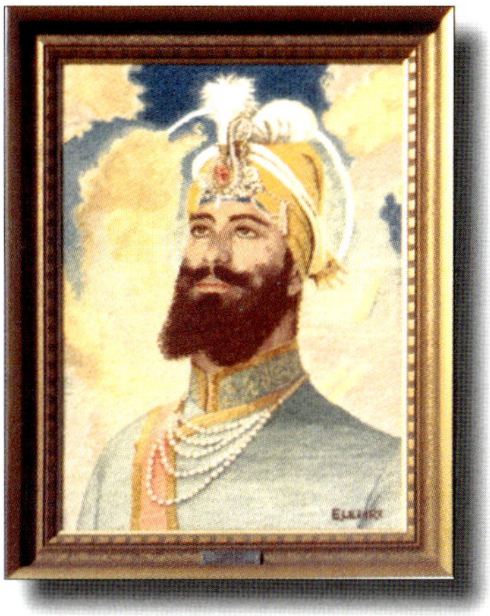

discipline that he took his first stroke, it seems understandable that she would link his decline in health to the radical change in lifestyle.

If it was another indication of differences between them, they seemed to take it all in stride. She told the story of how, when her older sister, Gracieuse, came to live with them, she cooked separate meals regularly, one for Gracieuse and herself, the other for him. On one occasion she had to leave Gracieuse in charge for the day. Gracieuse was in terror, not able to conceive of how she might cook a main meal without meat or fish, even after watching Élizabeth do it every day. But it turned out that Ken was gracious about her cooking and the day was deemed a success by everyone.

I talked to Bertrand Chiasson, Ken's assistant, about Ken's spiritual practice. Bertrand told me that as early as 1969, he and Ken had gone to Scotland to buy tartans for the Paul Pix Shop and from there had gone to England to attend three or four sessions of an international assembly of Sikhs. He also remembered two gatherings of Sikhs at the Lefort-Hansford home as well as a gathering attended in Antigonish.

I also talked to Mrs. Avtar Khalsa of Glace Bay, who grew up in the Punjab region of India and who migrated to Cape Breton in 1969 with her husband, Dr. Khalsa, who opened a medical

Ces rapports avec les gourous m'intriguaient, alors j'abordai le sujet dans mes entrevues avec elle.

Elle me raconta que Ken avait progressivement développé un intérêt pour les spiritualités orientales depuis un certain temps et qu'il en avait adopté formellement la pratique en 1979. Il prenait cela vraiment au sérieux. Il était devenu complètement végétarien et il avait pris l'habitude de la méditation, au point de se lever chaque matin à 4 h pour s'asseoir en réflexion pendant deux heures.

Elle tolérait tout cela malgré son scepticisme. «Il était trop vieux, à l'âge de 74 ans, pour se lancer dans cela», dit-elle, en se replissant le front. «Il avait perdu du poids et je ne crois pas que ce fût bon pour lui.» Puisqu'il y avait moins de deux ans qu'il était entré dans cette nouvelle discipline lorsqu'il fut saisi de sa première apoplexie, il est compréhensible qu'elle aurait fait un rapport entre le déclin de sa santé et le changement radical dans son style de vie.

S'il s'agissait d'un autre indice des grandes différences qui les caractérisaient, ils semblaient savoir continuer sans se laisser démonter. Elle racontait qu'à partir du moment où sa plus vieille sœur, Gracieuse, était venue demeurer avec eux, elle préparait régulièrement des repas séparés, un pour Gracieuse et elle-même et un autre pour Ken. Un jour qu'Élizabeth avait dû s'absenter, elle avait confié la charge de cuisiner à Gracieuse. Celle-ci était épouvantée, ne pouvant concevoir comment elle allait préparer un repas principal sans viande ni poisson, même si elle avait observé Élizabeth en faire autant sur une base quotidienne. Mais, en fin de compte, Ken s'était montré bienveillant envers son art culinaire et tous jugèrent la journée bien réussie.

J'ai aussi discuté avec Bertrand Chiasson, l'assistant de Ken, à propos de la pratique spirituelle de son patron. Bertrand m'a appris

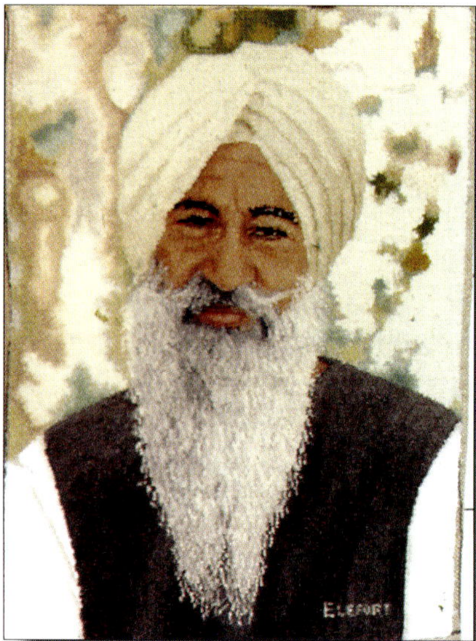

321. *Guru Nanak.*

321. *Le gourou Nanak.*

practice in Glace Bay. She and Dr. Khalsa had become good friends of Élizabeth and Ken throughout the years. The movement that Ken was part of, she told me, is somewhat broader than Seikism. It is called Radha (soul) Swami (master) and encompasses the teachings of all the great saints of India and Pakistan. One can belong to the movement while being a member of an organized religion, whether Eastern or Western. Ken, through his practice, had become a member of the inner group of Radha Swami. He often talked to Dr. and Mrs. Khalsa about his desire to visit the Sacred Place of the movement in India but was unable to realize his wish because of ill health.

In any event, the practice took on an increasing importance to him towards the end of his life. At the same time, it served to manifest Élizabeth's openness to a world far beyond Chéticamp and Margaree Harbour, while at the same time keeping herself well grounded in the practicalities of life as she lived it day to day.

que dès 1969, Ken et lui s'étaient rendus en Écosse pour y acheter des tartans pour la boutique Paul Pix, et de là ils étaient passés en Angleterre pour assister à trois ou quatre sessions d'un rassemblement international de sikhs. Il se rappelait aussi de deux rencontres de sikhs au domicile LeFort-Hansford et d'une autre rencontre à Antigonish.

J'en ai aussi parlé avec Mme Avtar Khalsa de Glace Bay, qui a grandi dans la région du Punjab, en Inde, et qui a immigré au Cap-Breton en 1969 avec son mari, le Dr Khalsa, qui avait ouvert un cabinet médical à Glace Bay. Le Dr Khalsa et son épouse, au cours des années, étaient devenus de grands amis d'Élizabeth et de Ken. Le mouvement auquel appartenait Ken, selon Mme Khalsa, était de plus grande envergure que le sikhisme. Il se nomme Radha [l'âme] Swani [le maître] et comprend les enseignements de tous les grands saints de l'Inde et du Pakistan. On peut appartenir au mouvement tout en étant membre d'une religion organisée, tant orientale qu'occidentale. Ken, dans sa pratique, était devenu membre d'un groupe fermé à l'intérieur du Radha Swani. Il avait souvent exprimé à Dr et Mme Khalsa son désir d'aller visiter le lieu sacré du mouvement en Inde, un souhait qu'il ne put jamais réaliser à cause de son faible état de santé.

Malgré tout, la pratique devint de plus en plus importante pour lui vers la fin de sa vie. En même temps, elle manifestait l'ouverture d'esprit d'Élizabeth envers un monde bien au-delà de Chéticamp et du Havre de *Magré*, tout en demeurant bien enracinée dans son sens pratique pour la vie de tous les jours.

CHAPTER TEN

In 1985 Ken suffered a major stroke. He was hospitalized, first in Chéticamp, then in Glace Bay, then again in Chéticamp, from where he was transferred to a rehabilitation centre in Halifax. He was there for five months, during which time Élizabeth made twenty-seven trips to be with him, driving with her chauffeur, Simon Arsenault, each Saturday and returning on Sunday.

She went in good weather and in bad, ignoring weather warnings. On one particular trip they were only starting off when the car went off the road in Strathlorne, just outside the town of Inverness. The car suffered no damage but Élizabeth suffered a broken wrist. She refused to go back the short distance to the hospital in Inverness to have the fracture tended to but eventually was forced to stop at St. Martha's Hospital in Antigonish to be fitted with a cast. On they went to Halifax. When quizzed by Ken in Halifax, she told him she had fallen on the ice. He was never to know that she had been in a car accident.

Ken's treatment in Halifax was successful enough to eventually get him on his feet again. In fact, he was so pleased with the work a particular nurse did with him that he left her

CHAPITRE DIX

En 1985, Ken subit une apoplexie majeure. Il fut hospitalisé d'abord à Chéticamp, puis à Glace Bay, et de nouveau à Chéticamp, d'où il fut transféré à un centre de kinésithérapie à Halifax. Il y demeura cinq mois, une période pendant laquelle Élizabeth se déplaça à 27 reprises pour se retrouver à ses côtés, voyageant avec son chauffeur, Simon Arsenault, chaque samedi pour revenir le dimanche.

Elle voyageait dans le beau temps comme dans le mauvais, ignorant les avertissements de tempêtes. À l'occasion d'un voyage en particulier, ils s'étaient à peine mis en route que la voiture laissa la chaussée à Stratlorne, juste en sortant de la ville d'Inverness. La voiture ne fut pas endommagée mais Élizabeth subit une fracture au poignet. Elle refusa de revenir à l'hôpital d'Inverness, pourtant tout proche, pour faire soigner la fracture, mais finalement elle dut s'arrêter à l'hôpital Sainte-Marthe, à Antigonish, pour se faire mettre un plâtre. Et, ils poursuivirent leur chemin vers Halifax. Interrogée par Ken à Halifax, elle lui dit qu'elle était tombée sur la glace. Il ne saurait jamais qu'elle avait été impliquée dans un accident de la route.

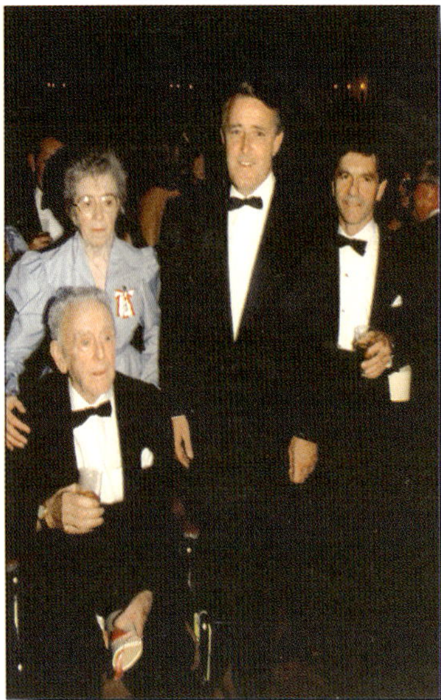

Élizabeth and Ken Hansford, who is confined to a wheelchair, meet then Prime Minister Brian Mulroney at the 1987 Order of Canada investiture.

Élizabeth et Ken Hansford, en fauteuil roulant, rencontrent le premier ministre Brian Mulroney, à le cérémonie d'investiture de l'Ordre du Canada en 1987.

$10,000 in his will, claiming that he never would have walked again without her help.

At home, Élizabeth had taken on the additional burden of caring for her elder sister, Gracieuse. It was to have been a temporary situation while Gracieuse was waiting for placement in the local nursing home, but when the opening eventually came, Gracieuse was graciously settled in and preferred to stay on. Élizabeth could not bring herself to force her to leave and so she stayed. By the time of Ken's death she had been a house guest for some three to four years. And in the last year of his life Ken required his own bedroom and so Élizabeth gave up her bed to Gracieuse and slept on the living room couch for the whole year.

Meanwhile Ken had started working on his legacy needlepoint tapestry, with all the related problems. Élizabeth was drafted to assist. In view of his medical condition, there was some urgency with the project.

In 1987, two years after Ken's major stroke, Élizabeth was awarded the Order of Canada. Ken's doctor advised against his attending the ceremonies in Ottawa but Ken insisted on being present and so he was transported there

Les traitements que Ken reçut à Halifax avaient suffisamment réussi pour le remettre sur ses pieds. En effet, il était tellement ravi des soins qu'il avait reçus d'une garde-malade en particulier qu'il lui légua la somme de 10 000 $ dans son testament, convaincu qu'il n'aurait jamais marché de nouveau sans son assistance.

À la maison, Élizabeth venait de s'imposer le fardeau additionnel de prendre soin de sa sœur aînée, Gracieuse. C'était censé être à court terme en attendant que Gracieuse soit admise au foyer local pour vieillards. Mais lorsqu'il y eut une ouverture, Gracieuse était gracieusement installée et elle préféra rester sur place. Élizabeth n'eut pas le courage de la forcer à partir et alors elle demeura. Lorsque Ken est décédé, cela faisait environ trois ou quatre ans qu'elle vivait là. Durant la dernière année de sa vie, Ken avait besoin d'une chambre à lui seul. Donc, Élizabeth avait donné son lit à Gracieuse et elle coucha toute l'année sur le divan du salon.

Entre-temps, Ken avait commencé à travailler sur sa tapisserie faite à l'aiguille, faisant face à plusieurs difficultés. Élizabeth avait été appelée à lui venir en aide. Étant donné son état de santé, le projet pressait.

En 1987, deux ans après l'apoplexie majeure subie par Ken, Élizabeth fut reçue dans l'Ordre du Canada. Le médecin de Ken était d'avis qu'il ne devrait pas assister aux cérémonies à Ottawa mais Ken insista pour être présent et il y fut transporté avec son fauteuil roulant.

in a wheelchair. Simon Arsenault, the chauffeur and handyman, accompanied the couple. The ceremonies were long and exhausting for Ken and they had to skip the gala dinner and return to their hotel, where they went without any dinner at all. Simon suggested a toddy as an energy pickup, but Ken was a teetotaler. It was a difficult end to a triumphant day.

Ken died later that same year. A service was held at the Chéticamp Funeral Home, attended by fellow spiritual colleagues from various places. Kirpal Sachdev, a sister of Mrs. Khalsa of Glace Bay, spoke for half-an-hour of Ken's devotion to the Saint Marajh Charan Singh. Although not an initiate herself, she was from the same area of India where the Saint lived.

From Chéticamp, Simon accompanied the remains to Sydney for cremation. Élizabeth did not accompany him. She was physically exhausted and close to collapse.

Simon took the ashes back to Margaree Harbour and sometime later he consigned them to the waters of the Margaree River, as requested by Ken. He performed Ken's last wish alone; Élizabeth did not participate. Perhaps she was uncomfortable with the process of cremation itself, seeing the deceased as belonging in a cemetery. In any event, she had said her goodbye to him at the funeral home.

Simon describes the consignment of the ashes. "I went to the Margaree Harbour bridge on a clear moonlit night. I dropped the ashes

Simon Arsenault, son chauffeur et homme à tout faire, les accompagna. Les cérémonies furent de longue durée et fatigantes pour Ken et ils furent obligés de sauter le dîner d'honneur et de retourner à l'hôtel, où ils se passèrent complètement de dîner. Simon fit la suggestion d'un grog pour lui donner un regain d'énergie mais Ken ne consommait pas d'alcool. Ce fut une fin difficile à une journée de triomphe.

Ken est décédé plus tard cette même année. Son service funéraire fut célébré au salon funéraire de Chéticamp en présence de plusieurs collègues et camarades spirituels venus d'un peu partout. Kirpal Sachdev, une sœur de Mme Khalsa de Glace Bay, s'adressa aux gens réunis, pendant une demi-heure, au sujet de la dévotion de Ken envers le saint Marajh Charan Singh. Quoiqu'elle ne fut pas elle-même membre du mouvement, elle était originaire de la même région en Inde où ce saint avait vécu.

Simon accompagna la dépouille mortelle de Chéticamp à Sydney pour l'incinération. Élizabeth ne fit pas le voyage. Elle était physiquement épuisée et prête à s'écrouler.

Simon revint au Havre de *Magré* avec les cendres et plus tard il les confia aux eaux de la rivière de *Magré*, comme Ken l'avait demandé. Il exécuta cette dernière volonté de Ken tout seul, sans la participation d'Élizabeth. Peut-être qu'elle n'était pas tout à fait à l'aise avec le processus même de l'incinération et qu'elle voyait le cimetière comme l'endroit approprié

over the bridge into the water. The ashes formed a big circle on the water, then floated down the river to disappear into the darkness."

Thus Ken, who had once made his living encasing the dead in concrete vaults, himself sailed freely down the Margaree River past his Paul Pix shop and into the Gulf of St. Lawrence, his work accomplished.

If Élizabeth was not there to watch him, she was not unacknowledging of what he had done for her. The last years, and particularly the last months, had been a terrible strain for her. She had given him at least as much as he had given her. It was, after all, his dream and not hers that had been realized. That accomplished, she was now free to put the finishing touches to her most important tapestry, that of her own life.

où déposer les corps des défunts. De toute façon, elle lui avait fait ses adieux au salon funéraire.

Simon décrivait l'envoi des cendres dans les termes suivants: «Je me rendis au pont du Havre de *Magré* par un beau clair de lune. Je laissai tomber les cendres par-dessus la rambarde du pont dans l'eau. Elles prirent la forme d'un grand cercle sur la surface de l'eau et flottèrent en aval disparaissant dans le noir.»

Ainsi, Ken, qui avait autrefois gagné sa vie en enfermant les défunts dans des voûtes de béton, était lui-même parti librement dans les eaux de la rivière de *Magré*, passant devant sa boutique Paul Pix pour aboutir dans le golfe Saint-Laurent, son travail accompli.

Même si Élizabeth n'était pas là pour assister à son départ, elle n'en était pas moins reconnaissante pour tout ce qu'il avait fait pour elle. Les dernières années, et plus particulièrement les derniers mois, avaient été terriblement difficiles pour elle. Elle lui avait donné au moins dans la même mesure qu'elle avait reçu de lui. C'était, après tout, le rêve de Ken et non le sien qui s'était réalisé. Cela accompli, elle se retrouvait maintenant libre pour apporter les touches finales à sa plus importante tapisserie, celle de sa propre vie.

CHAPTER ELEVEN

Élizabeth lived for eighteen years after Ken's death. She continued hooking throughout those years although she did not continue Ken's practice of cataloguing her work, so there is no record of the hundreds of pieces done during that last period of her life. There are many local people in possession of tapestries done during this period; this demonstrates that she had lost neither her interest nor her talent. But eventually she gave up hooking complex scenes and returned to simple floral designs. She continued to draw the designs on the burlap herself but at some point discontinued the dyeing process and gave in to using pre-dyed wool. While this may not have been as satisfying to her, she was able to exercise her eye for colour by selecting only those colours that came close to what she would have produced herself; only a very trained eye, if any, would be able to detect a difference. Hooking became a pastime, a hobby, or perhaps more accurately, a meditation.

With a hobby instead of a job, she was able to devote herself with greater passion to a gift she had always enjoyed but had little time to indulge, that of gracious hostess.

CHAPITRE ONZE

Élizabeth survécut à Ken de 18 ans. Pendant toutes ces années elle continua à «hooker» même si elle ne poursuivit pas la pratique de Ken de garder un catalogue de toutes les pièces qu'elle produisait. Par conséquent, il n'existe pas de registre pour les centaines de morceaux confectionnés durant ces années. Plusieurs gens de la région possèdent des tapisseries faites durant cette période; cela démontre qu'elle n'avait perdu ni son intérêt pour les tapis ni son talent pour les confectionner. Cependant, depuis un certain temps, elle avait cessé de «hooker» des scènes complexes et était revenue aux simples dessins de fleurs. Elle dessinait toujours elle-même les motifs sur le jute mais, à un moment donné, elle cessa de teindre sa laine et se résigna à se procurer de la laine teinte à l'avance. Quoique cela ne lui fut pas aussi satisfaisant, elle exerçait toujours son œil pour la couleur en ne choisissant que les teintes qui s'approchaient le plus de celles qu'elle aurait produites elle-même; seul un œil bien entraîné aurait reconnu une différence, et peut-être même pas un tel œil. La confection des tapis devint pour elle un passe-temps, un hobby, ou peut-être plus précisément, une méditation.

If the rich and famous were coming less often to her door, friends and relatives came in increasing numbers. They no longer felt they were encroaching on her time now and she, in turn, had some catch-up to do in terms of the ordinary conviviality with which she had grown up. Now was the time to talk about goings on in the community; it was the time for storytelling with friends and relatives who all had so many stories to tell. It was a time for sharing food, and she is always remembered for her hospitality by people who travelled distances to visit her.

The wife of Dr. Khalsa of Glace Bay, whose sister from India had spoken at Ken's funeral service, remembers visiting often and having a cup of tea every time; she always returned to Glace Bay with gifts of jellies, jams and biscuits. She remembers Élizabeth not only as most gracious, but also as impeccably dressed and with beautiful shoes. Kevin O'Neil of Mulgrave, who still owns a collection of LeFort tapestries, took his aged parents to visit Élizabeth many times; they always enjoyed a meal with her. And, of course, locals dropped by regularly. There were also the curious, travellers who wanted to meet the icon, and individuals who wanted her to teach them how to hook like her. The latter she sent off to Cheticamp. "There are many women there who can teach you," she would tell them. To the curious she was polite but not encouraging. And with most journalists she was dismissive. "I don't do that

Avec son boulot devenu un passe-temps, elle était maintenant en mesure de se dévouer plus passionnément à l'exercice d'un autre don duquel elle avait toujours joui mais pour lequel elle avait manqué de temps, celui de recevoir les gens avec gracieuseté.

Si les gens riches et célèbres se présentaient moins souvent à sa porte, les amis et la parenté y venaient toujours en plus grand nombre. Ils ne sentaient plus qu'ils empiétaient sur son temps et elle, pour sa part, avait bien du rattrapage à faire pour revenir à l'esprit de convivialité normal dans lequel elle avait grandi. C'était enfin le temps de parler de ce qui se passait dans la communauté; c'était le temps d'échanger avec les amis et parents qui avaient tous une abondance d'anecdotes à raconter. C'était le temps pour partager des repas, et les gens qui venaient de loin pour la visiter se rappellent toujours de son hospitalité.

L'épouse du Dr Khalsa, de Glace Bay, dont la sœur de l'Inde avait adressé la parole au service funéraire de Ken, se rappelle avoir visité Élizabeth à plusieurs reprises et avoir pris une tasse de thé à chaque occasion. Elle retournait toujours à Glace Bay avec des cadeaux de gelées, de confitures et de biscuits à la poudre levante. Elle se rappelle qu'Élizabeth était non seulement bien aimable mais toujours vêtue impeccablement et avec de jolies chaussures. Kevin O'Neil, de Mulgrave, qui possède toujours une collection de tapisseries LeFort, amenait souvent ses parents âgés visiter Élizabeth; ils

work anymore," she would tell them. Privately she said "they are too nosey!"

Meanwhile, her sister Gracieuse lived on. Hard of hearing, she mainly sat and smiled on a world she largely ignored, content to be introduced to visitors and to look out the living room window onto the Margaree River and the mountains behind it. She lived for more than twenty years from the time she had moved in temporarily and died peacefully at the age of ninety seven. Élizabeth was given a lot of time to reconnect with her roots.

Eventually Élizabeth availed herself of a home care program to supplement the help of friends and neighbours and later the services of a full time care giver. Zabine LeBlanc, recently widowed, moved in as housekeeper and companion. When the daily housework was done, Zabine worked busily at her quilting frame set up in the living room. Now there were two artists working side by side.

In October 2004 I began interviewing Élizabeth. When she realized that the interviews were focusing mostly on her work and not on her personal life she quickly warmed to the idea. At first I told no one about the project, afraid that if word go back to her the interviews might be terminated. But soon I learned that she was discussing it excitedly with many people. "So and so told me they will surely buy the book," she looked forward to telling me. In her humility, she knew the measure of her worth. It was, after all God's

dégustaient toujours un bon repas avec elle. Et, bien sûr, les voisins s'arrêtaient régulièrement pour la saluer. Il y avait aussi les curieux, les touristes qui souhaitaient faire la connaissance de l'artiste, et d'aucuns qui voulaient qu'elle leur enseigne à «hooker» comme elle. Ces derniers, elle les envoyait à Chéticamp. «Vous y trouverez plusieurs femmes capables de vous enseigner», leur disait-elle. Aux curieux, elle se montrait polie mais pas trop enthousiaste. Quant aux journalistes, pour la plupart, elle les rejetait. «Je ne fais plus ce genre d'ouvrage», leur disait-elle. En privé, elle disait: «Ils sont bien trop effrontés!»

Pendant tout ce temps, sa sœur Gracieuse survivait toujours. Malentendante, elle demeurait généralement assise et souriait sur un monde dont elle était peu consciente, se contentant d'être présentée aux visiteurs et d'observer de la fenêtre du salon la rivière de *Magré* et les montagnes en arrière-plan. Elle vécut au-delà de vingt ans à partir du jour de son emménagement temporaire et s'éteignit paisiblement à l'âge de 97 ans. Élizabeth eut par la suite beaucoup de temps pour redécouvrir ses racines.

Avec le temps, Élizabeth se procura le service de soins à domicile pour ajouter à l'attention qu'elle recevait déjà de ses amis et voisins, puis finalement, elle reçut l'appui d'une gardienne à plein temps. Zabine LeBlanc, récemment devenue veuve, vint demeurer avec elle pour lui servir de ménagère et de compagne.

gift, she did not tire of repeating, and, if it were to be told in that fashion, she did not at all mind being a cooperative partner. She was never overly talkative but enjoyed sharing her understanding of herself as blessed.

In the spring of 2005 she suffered a major stroke. She was not expected to recover, to the point that she was taken off life support systems. But she rallied and by late summer I was interviewing her in her home again. She was, however, very frail and when further medical problems manifested themselves in the fall of the same year, she was unable to resist them. She entered Sacred Heart Health Centre in Chéticamp, where a tapestry of hers hung graciously: a full length portrait of the adult Jesus. She died there on October 10 – she was ninety one years old. She had left in her own home the only tapestry she had kept for herself, that of *The Child Jesus*. It still hung, as it had for many years, over her favourite chair.

At her funeral in the magnificent Église Saint-Pierre in Chéticamp, her self portrait was displayed at the entrance to the sanctuary. In my mind I can hear her saying "I never cared much for that one. But wasn't the choir wonderful!"

Lorsque le ménage du jour était achevé, elle travaillait avec beaucoup de zèle à son cadre à couvertures piquées, monté au salon. Il s'y trouvait maintenant deux artistes à l'œuvre, l'une à côté de l'autre.

C'est au mois d'octobre 2004 que je commençai à interviewer Élizabeth. Lorsqu'elle comprit que le focus des entrevues porterait sur son œuvre plutôt que sur sa vie personnelle, elle devint très enthousiasmée par le projet. Au départ, je n'en avais parlé à personne, de crainte qu'elle mette fin aux entrevues si elle en recevait des échos. Mais en peu de temps, j'appris qu'elle en discutait passionnément avec plusieurs gens. «Un tel m'a dit qu'il achèterait certainement le livre», elle avait hâte de m'annoncer. Malgré sa grande humilité, elle savait reconnaître la valeur de son talent. Il s'agissait, après tout, d'un don de Dieu, elle ne se lassait jamais de répéter, et pourvu que son histoire soit racontée comme telle, elle n'était aucunement gênée de collaborer au projet. Elle n'avait jamais été une personne bien bavarde, mais elle prenait plaisir à partager sa perception d'elle-même comme étant bénie.

Au printemps 2005 elle subit une apoplexie majeure. On ne pensait pas qu'elle s'en sortirait, alors on lui avait enlevé l'assistance respiratoire. Mais elle s'était rétablie et à la fin de l'été, j'étais de retour chez elle pour poursuivre les entrevues. Cependant, elle était demeurée bien fragile et lorsque d'autres problèmes médicaux survinrent à l'automne de la même année, elle

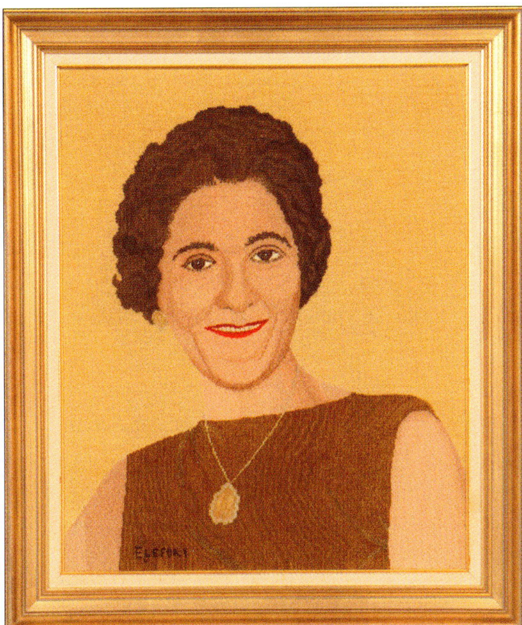

ne put y résister. Elle fut admise au centre de santé communautaire de Chéticamp, où se trouvait une de ses tapisseries, une image grandeur nature de Jésus adulte. Elle y est décédée le 10 octobre à l'âge de 91 ans. Elle avait laissé dans son domicile la seule pièce qu'elle avait conservée pour elle-même, celle de Jésus enfant. Elle demeurait accrochée au mur, comme elle l'avait été pendant bien des années, juste au-dessus de sa chaise préférée. Cette pièce fut remise plus tard à la Société Saint-Pierre pour être réunie avec les autres œuvres d'Élizabeth, comme elle l'avait stipulé dans son testament.

À l'occasion de ses funérailles, qui furent célébrées dans la magnifique église Saint-Pierre de Chéticamp, on avait placé son autoportrait à l'entrée du sanctuaire. En moi-même, je pouvais l'entendre dire: «Je n'ai jamais trop aimé celui-là. Mais le chœur de chant n'était-il pas merveilleux!»

AFTERWORD

As you approach Chéticamp, along the western leg of Cape Breton's renowned Cabot Trail, you are greeted by a large sign with the message "Welcome to Chéticamp, Rug Hooking Capital of the World."

This is no idle boast. For decades the community has taken great pride in the production of fine hooked mats prized far beyond their modest Acadian origins.

Our use of the term "rugs" is a bit of a misnomer for the artful hooked mats, runners, coasters and wall-hangings made and sold in great numbers up and down this coast in our time. But, while they are a far cry from the earlier floor coverings used in the community, that is indeed the origin of this beautiful and intricate work.

Like many such creative traditions, the hooked rug was a folk art – colourful embellishments of everyday necessities. The earliest fell into five categories:

> Rugs made with *défaisures*: strips of old woolen clothes were frayed and sewn in close rows on a jute canvas, creating velvety-textured, colourful bedside rugs.

POSTFACE

Lorsqu'on approche Chéticamp, le long de la section ouest du fameux Cabot Trail, sur l'île du Cap-Breton, on est faccueilli par un grand enseigne sur lequel on peut lire : «Bienvenue à Chéticamp, la capitale mondiale du tapis "hooké"».

Il ne s'agit pas que de la simple vantardise. Depuis des décennies, la communauté s'est enorgueillie de la production de magnifiques tapis «hookés» dont la qualité dépasse de loin leurs humbles origines acadiennes.

Notre utilisation du mot «tapis» est une terminologie qui ne convient pas pour décrire les très artistiques tapisseries, napperons, dessous-de-verres et pièces murales présentement confectionnés et vendus en grand nombre dans ce coin de pays. Mais, même que ceux-ci surclassent de beaucoup les couvre-planchers qu'on utilisait autrefois dans le village, c'est bel et bien là l'origine de ce bel art rafiné.

Comme plusieurs de telles traditions créatives, le tapis «hooké», au départ, était de l'art folklorique – des embellissements de nécessités de la vie de tous les jours. Les plus anciens se divisaient en cinq catégories:

> Les tapis de *défaisures* : des bandes de tissu de vieux vêtements de laine étaient effilochées et cousues en rangs serrés sur une toile de jute,

Braided rugs: long strips of used fabrics were cut approximately one inch wide and braided; the resulting braid was sewn to form a rug of the desired size.

Catalognes: woven on a loom using narrower strips of the same material as braided rugs. These were more often used as bedspreads.

Rosette rugs: circles cut from worn fabrics were sewn next to each other on a jute base. Other circles of diminishing size were superimposed upon the first, creating rosettes of various colours.

Breillon rugs: used fabrics other than wool were cut into long strips and hooked onto burlap bags. This is the basic technique of rug hooking which is so popular today, whether in the Chéticamp tradition of using fine wool yarn on burlap or the more widely used practice of using cut fabric or a variety of materials on burlap, linen, cotton or synthetic backing.

Recycling, we can see, was practical and necessary, long before it became fashionable.

The type of Chéticamp hooked rug with which we are so familiar today was introduced to the area in the late 1800s by Mrs. Marie (Forest) Fiset, wife of the local doctor, Napoléon Fiset. An Acadian from Isle Madame, she had studied with the Sisters of Notre Dame from Quebec. They taught her how to hook rugs using wool yarn and jute canvas. Because of this influence, many early Chéticamp patterns resembled those of Quebec artists. Mrs. Fiset was an accomplished artisan and one of her fine surviving pieces is a floral design combining raised hooked flowers, a needlepoint background and beaded leaves. Later, Lillian Burke, an art teacher and craft agent from New York brought to Cape Breton by Marian Bell Fairchild, daughter of Alexander Graham Bell, was also a great influence on local traditions, though we read in Élizabeth's biography that Burke was not really involved in the development of her art. Developing her

pour créer des tapis colorés et veloutés que l'on plaçait sur le plancher, à côté des lits.

Les tapis tressés : on découpait de longues bandelettes de 2,54 cm [un pouce] de largeur, à même de tissus usagés, pour en faire des tresses; ces tresses étaient ensuite cousues ensemble en rondeur pour en faire un tapis de la grandeur désirée.

Les catalognes : ces tapis étaient tissés au métier à partir de bandelettes du même genre que celles utilisées pour les tapis tressés, mais un peu plus étroites. Ces catalognes étaient surtout utilisées comme couvertures de lit.

Les tapis à rosettes : des rondelles, découpées à même des tissus usagés, étaient cousues de façon contiguë sur un fond de jute. D'autres rondelles de grandeur décroissante étaient superposées sur les premières, pour former des rosettes de différentes couleurs.

Les tapis de *breillons* : on découpait des vêtements usagés, de tissus autres que la laine, en longues lanières que l'on fixait moyennant un petit crochet sur des toiles faites avec des sacs de jute. C'est cette technique qui est à la base des tapis «hookés» si populaires de nos jours, qu'il s'agisse de la tradition chéticantaine d'utiliser de la laine fine sur un fond de jute, ou de la pratique plus répandue de se servir de bandelettes découpées de divers tissus sur un fond de jute, de lin, de coton ou de matériel synthétique.

On peut constater que le recyclage était à la fois pratique et nécessaire longtemps avant qu'il ne devienne à la mode.

Le genre de tapis «hooké» de Chéticamp, si bien connu de nos jours, fut introduit dans la région vers la fin des années 1800 par Mme Marie (Forest) Fiset, l'épouse du médecin local, Napoléon Fiset. Une Acadienne native d'Isle-Madame, elle avait fréquenté l'école du couvent des sœurs de Notre-Dame, du Québec. Ces religieuses lui avait enseigné la confection de tapis «hookés» faits avec de la laine filée sur

own technique among rug hookers who used traditional patterns, Élizabeth LeFort soon carved her own path by interpreting subject matter of her choosing.

It is no accident that LeFort and her work arose to great acclaim; it was the result of her consummate artistry combined with the business acumen and brazen promotion of Kenneth Hansford.

One of her earliest departures from the local tradition was the 1940 interpretation of a monochromatic English cottage scene. For this, she dyed twenty-eight shades of brown. Any fibre artist can attest to the challenge of dying such subtle gradations, keeping track of them and then using them to such striking effect. "Seagull" (277) from a painting by DeGarthe, done in 1976, and "Nativity" (92) – with seventy-one colours – are stunning examples of her extraordinary eye for colour. The patience and determination she commanded contributed to her remarkable works.

Élizabeth LeFort excelled at an astonishing variety of subject matter. After she began her association with Kenneth Hansford and the Paul Pix Shop, she moved from her exquisite florals toward subjects of his choosing.

Birds and animals probably represent the broadest interpretation and greatest numbers. These range from stately horses, *Larks Golden Eagle* (12) and *Arthur Godfrey and Goldie* (31), to fluffy kittens (196, 197) and deer (27, 251, 315). The most complex and challenging animal piece may be *Four Seasons, Thirty-four Horses* (40). This is taken from *Foster Book of Drawing*. Using 101 colours, more than a 1.5 km (1 mile) of yarn and 256,000 loops, it was completed in less than a month. Although renowned for the speed of her work, we are not left with the impression that any piece was rushed.

Birds are generally smaller works, many from Fenwick Lansdowne prints. An exception is the interpretation of Chinese hangings from

un fond de toile de jute. En raison de cette influence, plusieurs des motifs des vieux tapis de Chéticamp ressemblent beaucoup à ceux d'artistes québécois. Mme Fiset était une artisane de grand talent, dont une magnifique pièce existe encore, un arrangement de fleurs en laine faites au crochet et en relief, avec des feuilles en perles, sur un fond en petits points.

Plus tard, Lillian Burke, une enseignante d'arts plastiques et agente d'artisanat de New York amenée au Cap-Breton par Marion (Bell) Fairchild, la fille d'Alexander Graham Bell, transforma la tradition locale des tapis «hookés»; cependant, comme on peut le lire dans la biographie d'Élizabeth LeFort, Mlle Burke eut peu d'influence sur son art. Élizabeth avait déjà commencé, par elle-même, à se distinguer des autres gens qui fabriquaient des tapis «hookés» de motifs traditionnels, préférant de représenter de nouveaux sujets de son propre choix.

Ce n'est pas par accident que Mme LeFort et son œuvre ont été élevés à de grandes acclamations; ce fut le résultat de la combinaison de son art consommé avec le sens aigu des affaires et de la promotion sans gêne de Kenneth Hansford.

Une de ses premières distinctions de la tradition locale fut sa représentation, en 1940, d'une scène monochrome d'une chaumière britannique. Pour celle-ci, elle avait teint 28 nuances de brun. N'importe quel artiste qui travaille avec des fibres peut attester du défi que représente la teinture de telles nuances subtiles, de savoir en tenir compte et s'en servir pour produire un effet visuel aussi frappant. *Un goéland* (277), produite en 1976 à partir d'une peinture de de Garthe, et *La Nativité* (92) – avec ses 71 couleurs – sont des exemples stupéfiants de son œil extraordinaire pour les couleurs. La patience et la détermination dont elle disposait assurait la qualité remarquable de ses œuvres.

an art book (320 and 331). One of these was presented to Governor General Jeanne Sauvé in 1987, on the occasion of Élizabeth's induction into the Order of Canada.

Other significant works of a theme are historical and commemorative and a great deal of thought went into the design of these before the artistry of the execution. *My Country 'Tis of Thee...* (54) depicts U.S. Presidential history up to the moon landing (1969). Filled with motion, all flags are flying and significant events are subtly depicted behind each President's likeness. Viewers are surprised to find Abraham Lincoln without a beard.

Canadian Centennial (143) (1967) commemorates the 100th anniversary of Canadian Confederation. It is a more formal composition than its U.S. predecessor, depicting the history of Canada through a series of vignettes, portraits of the Prime Ministers and the Canadian coat-of-arms. Provincial and cultural icons are represented in the border. I think Élizabeth's spirit shines through with the depiction of a lady in Acadian dress seated at her spinning wheel, placed on the very center of the bottom border.

Evangeline Memorial Church (7) and *Expulsion of the Acadians* (77) are poignant reminders of the tragedy of Acadian history and an insight into how deeply rooted Élizabeth was in her community's ethos. That the Acadians have survived as a vibrant, living culture is testament to their courage, determination and faith. *Nos Pionniers* (293), inspired in part by a photograph in a leaflet, celebrates the opening of Les Trois Pignons.

Landscapes were also a prominent theme throughout the years. Some were originals, some composites, many from Ken Hansford's photographs, and some, in the days before copyright, were from other media, such as calendars and notecards. Difficult imagery, like water, sky and rocks, was interpreted with a

Élizabeth LeFort excellait dans une étonnante variété de sujets. À partir du moment où elle s'associa avec Kenneth Hansford et la boutique Paul Pix, elle passa de ses tapis exquis d'arrangements de fleurs à des sujets plus complexes qu'il choisissait pour elle.

Les images d'oiseaux et d'autres animaux sont probablement les sujets qu'elle a le plus souvent reproduits en tapisserie et qui se sont le plus répandus, à partir de chevaux majestueux, *Lark's Golden Eagle* (12) et *Arthur Godfrey et son cheval, Goldie* (31), en passant par des chatons au pelage duveteux (196, 197) et des chevreuils (27, 251, 315). *Quatre saisons (34 chevaux)* (40) est peut-être la plus complexe et la plus difficile de ses pièces représentant des animaux. Celle-ci est basée sur une image dans le *Foster Book of Drawing*. Exigeant 101 couleurs, plus de 1,5 km [une mille] de laine et 256 000 points, elle l'avait complétée en moins d'un mois. Quoiqu'elle fut reconnue pour sa vitesse au travail, en aucun cas a-t-on l'impression qu'une œuvre fut complétée trop à la hâte.

Les images d'oiseaux étaient généralement des pièces de petites dimensions, dont plusieurs inspirées de reproductions de peintures de Fenwick Lansdowne. Une exception à cette règle générale fut sa reproduction de tapisseries chinoises tirées d'un livre d'art (320 et 321). Une de celles-ci fut présentée en cadeau à la gouverneure générale Jeanne Sauvé, en 1987, à l'occasion de la réception d'Élizabeth dans l'Ordre du Canada.

Il y eut des œuvres majeures sur des thèmes historiques, lesquels avaient exigé beaucoup de réflexion et de planification avant de passer à l'exécution artistique. *My Country, 'Tis Of Thee... [Mon pays que je chante...]* (54) présente avec fierté les faits saillants de l'histoire américaine en arrière-plan des portraits des présidents qui se sont succédé jusqu'à l'atterrissage sur la Lune en 1969. On est surpris d'y trouver Abraham Lincoln sans sa barbe.

sure hand. She drew a minimal sketch on her canvas – it is hard to imagine how she was able to dye the range of colours necessary for her striking results.

Élizabeth LeFort is very well known for her portraits. Many of these are of famous people and were personally received by them. According to many reports, she was often singularly unimpressed by the individuals, often meeting them in their own surroundings. Her portraits are included in collections throughout the world, far from their unpretentious origins. Some likenesses are more successful than others, but all are recognizable. It is interesting that her least favourite is her own self-portrait.

Three of the least familiar, but most striking of the portraits are those of Maharaj Charan Singh Ji (190, 1971), Maharaj Charan Singh (241, 1976) and Guru Nanah (321, 1982). These were done pursuant to Kenneth Hansford's interest in Eastern spirituality, and demonstrate her deference to his interests.

Élizabeth's Christian works seem to bring out her more painterly talents. The colour-blending is amazing and depiction of light extraordinary. This "light" is especially evocative in the halos of *The Resurrection* (116), *Jesus as a Boy* (301) and *The Youth Jesus* (102). Some images are borrowed from classical paintings, but some seem to be of her own devising. She was not intimidated by size and scale of the work, nor was she averse to experimentation, as exemplified by the stylized sky in *The Crucifixion* (106). The depiction of the rocks and drapery in *The Resurrection* is especially effective.

Les Trois Pignons, Chéticamp's Acadian Cultural Centre, houses the Élizabeth LeFort Gallery and the Marguerite Gallant Collection in the Museum of the Hooked Rug and Home Life. It also provides a Genealogy Centre, Visitor Information Centre and Public Access Site.

Le centenaire du Canada (143), en 1967, commémorait le 100e anniversaire de la Confédération canadienne. La pièce est d'une composition plus formelle que son prédécesseur américain, représentant l'histoire du Canada moyennant une série de vignettes, des portraits des premiers ministres et les armoiries canadiennes. Des symboles culturels des différentes provinces ornent la bordure. Je pense que l'âme véritable d'Élizabeth rayonne à travers sa représentation d'une femme en costume acadien de l'époque assise à son rouet, laquelle figure en plein centre de la bordure inférieure.

L'église mémoriale de Grand-Pré (7) et *La Déportation des Acadiens* (77) rappellent d'une manière poignante la tragédie de l'histoire acadienne et laissent comprendre jusqu'à quel point Élizabeth était enracinée dans le génie de sa communauté. Que le peuple acadien ait survécu avec une culture aussi vibrante fait preuve de son courage, de sa détermination et de sa foi. *Nos pionniers* (293), inspirée en partie d'une photo parue dans un journal, célébrait l'ouverture du centre culturel Les Trois Pignons.

La représentation de paysages fut un autre thème important au cours des années. Les unes étaient de composition originale, d'autres des combinaisons de plusieurs images, souvent inspirées des photos de Ken Hansford, tandis que certaines, avant l'époque des droits d'auteurs, étaient empruntées à d'autres médias, tels que les calendriers et les cartes de vœux. Les représentations les plus difficiles, comme celles de l'eau, du ciel et des rochers, étaient des créations d'une main d'artiste. Le croquis qu'elle dessinait sur sa toile avait bien peu de détails – il est difficile de comprendre comment elle arrivait à teindre et à agencer toutes les nuances de couleurs nécessaires pour produire des résultats visuels aussi impressionnants.

Even visitors who are unfamiliar with LeFort's artistic achievements, such as her portraits of world leaders, are impressed by the artistry and scope of her work. The museum and gallery provide a unique opportunity to view her work in the context of the history of the community and the work of some of her contemporaries. One of the most striking contrasts is the work of Catherine Poirier, who is well known for her exuberant work with a folk-art flavour (*Catherine Poirier's Going Home Song*, by Dorothy Harley Eber, Nimbus, 1994).

Kenneth Hansford was a photographer, businessman and entrepreneur with a knack for promotion. It was he who guided Elizabeth's career, obtained commissions and brought her fame. One wonders what themes she would have developed if left to her own devices. We do know that she did not catalogue her work after his death, so it seems safe to say that we would never have known the number of colours, miles of yarn or number of loops that went into each piece – that was not her way before Hansford "discovered" her, and it was not her way after he was no longer in the picture.

Élizabeth LeFort was true to herself to the end. A modest and retiring person, she was nevertheless secure and confident in her talent, which she considered a Gift from God.

Patricia Pollett McClelland

References

Chiasson, Anselme and Annie-Rose Deveau, eds. 2006. *The Story of the Hooked Rugs of Chéticamp and Their Artisans*. Trans. Marcel LeBlanc. Wreck Cove, NS: Breton Books.

Eber, Dorothy Harley. 1994. *Catherine Poirier's Going Home Song*. Halifax, NS: Nimbus.

Élizabeth LeFort jouit d'une grande renommée sutout en raison de ses portraits. Plusieurs d'entre eux sont de personnages célèbres à qui ils furent présentés en personne. Selon plusieurs sources, elle ne se laissait aucunement intimider par ces gens que, dans bien des cas, elle alla rencontrer dans leurs propres milieux. Ses portraits font maintenant partie de collections d'art à travers le monde, bien loin de leurs origines sans prétention. La ressemblance aux individus représentés est mieux réussie dans certains portraits que dans d'autres, mais tous sont reconnaissables. Il est intéressant que le portrait qu'elle aimait le moins est celui d'elle-même.

Trois des moins connus de ses portraits, mais des mieux réussis, sont celui du maharajah Charan Singh Ji (190), fait en 1971, celui du maharajah Charon Singh (241), fait en 1976, et celui du gourou Nanak (321), fait en 1982. Ceux-ci ont vu le jour en raison de l'intérêt de Kenneth Hansford pour la spiritualité orientale et font preuve de la déférence d'Élizabeth pour les croyances de son mari.

Ce sont les pièces chrétiennes d'Élizabeth qui semblent faire ressortir davantage son grand talent pour composer avec les couleurs. Son agencement des nuances des couleurs est stupéfiant et sa représentation de la lumière extraordinaire. Cette «lumière» est particulièrement évocatrice dans les auréoles de *La Résurrection* (116), de *Jésus dans son enfance* (301) et de *Jésus adolescent* (102). Il y a de ces images qui sont empruntées à des peintures classiques, mais d'autres qui semblent être de sa propre créativité. Elle était aucunement intimidée par la grandeur ou par l'ampleur de certaines de ces pièces, et elle n'hésita pas à se lancer dans des expériences artistiques, comme en témoigne le ciel stylisé dans *La Crucifixion* (106). La représentation des rochers et de la draperie dans *La Résurrection* est particulièrement bien réussie.

Les Trois Pignons, le centre culturel acadien de Chéticamp, abrite la galerie Élizabeth-LeFort et la collection d'antiquités de Marguerite Gallant dans son Musée du tapis «hooké» et de la vie chez nous. On y touve également un centre de généalogie, un centre d'accueil et d'information pour les visiteurs et un site du Programme d'accès communautaire.

Même les visiteurs qui ne sont pas familiers avec les exploits artistiques d'Élizabeth LeFort, tels que ses portraits de leaders du monde, sont impressionnés par son grand talent et par l'ampleur de son œuvre. Le musée et la galerie permettent aux visiteurs d'apprécier son œuvre comme partie intégrale de l'histoire de la communauté, et ce, à côté d'œuvres de quelques-uns de ses contemporains. Un exemple frappant d'un genre complètement différent est l'œuvre de Catherine Poirier, reconnue pour son travail exubérant d'art folklorique (*Catherine Poirier's Going Home*, de Dorothy Harley Eber).

Kenneth Hansford était un photographe, un homme d'affaires et un entrepreneur qui savait faire de la promotion. C'est lui qui dirigeait la carrière d'Élizabeth, qui lui obtenait des commandes et qui la rendit célèbre. On peut se demander quels chemins elle aurait suivis si elle avait été laissée à elle-même. Nous savons qu'elle n'avait pas continué le registre de son œuvre après le décès de son mari. On peut donc supposer que nous n'aurions jamais su le nombre de couleurs, de kilomètres (milles) de laine ou de points impliqués dans chacune de ses pièces – ce n'était pas sa façon de faire les choses avant qu'elle ne s'associe avec Hansford et ce ne fut pas sa façon après son départ.

Élizabeth LeFort fut fidèle à elle-même jusqu'à la fin. Toujours d'une belle simplicité et très réservée, elle demeurait néanmoins très consciente de son talent, qu'elle considérait comme un don de la providence divine.

Patricia Pollett McClelland

References

Chiasson, Anselme and Annie-Rose Deveau, rédacteurs. 2004. *L'Histoire des tapis hookés de Chéticamp et de leurs artisans*. Wreck Cove, NS: Breton Books.

Eber, Dorothy Harley. 1994. *Catherine Poirier's Going Home Song*. Halifax, NS: Nimbus.

CONTRIBUTORS

DANIEL DOUCET grew up in Belle Cote, 24 kms [15 miles] south of Chéticamp in Cape Breton. During highschool he worked as a clerk at the Paul Pix shop in Margaree Harbour – alongside Élizabeth LeFort.

He served the Acadian churches of Isle Madame as priest for many years and now serves the Acadians of the Sydney area.

He has written several books, including a novel set in an Acadian fishing community (*Codfish and Angels*) and a collection of Acadian folk stories (*Rory's Rooster*). He is currently working on a collection of traditional Acadian songs that his mother, Lucy Jane Doucet, sang during her lifetime.

CHARLES D. ROACH was born and raised in Chéticamp, Nova Scotia. He attended Saint Francis Xavier University, Antigonish, NS, graduating with a BSc and a BEd. He taught Mathematics and Physics in Chéticamp schools from 1969 to 2000. Since his retirement, he has developed a passion for the local history and culture of Chéticamp and the genealogy of its people. He now works as a volunteer researcher and interpreter in those fields, at Centre de

COLLABORATEURS

DANIEL DOUCET a grandi à Belle-Côte, à 24 km [15 milles] au sud de Chéticamp, au Cap-Breton. Alors qu'il était à l'école secondaire, il travailla en tant que commis à la boutique Paul Pix – aux côtés d'Élizabeth LeFort.

Plus tard dans la vie, il desservit les paroisses acadiennes d'Isle-Madame comme prêtre, et ce, pendant plusieurs années. Aujourd'hui, il se met au service des Acadiens de la région de Sydney.

Il a écrit plusieurs livres, y compris un roman situé dans une communauté de pêche acadienne (*Codfish and Angels*) et un recueil de contes populaires (*Le Coq à Rory*). Il travaille maintenant sur une collection de chansons traditionnelles acadiennes que sa mère regrettée, Lucy Jane Doucet, chantait autrefois.

CHARLES D. ROACH est né à Chéticamp, en Nouvelle-Écosse. Il fit ses études universitaires à l'Université Saint Francis Xavier, à Antigonish, N.-É., de laquelle institution il obtint un Baccalauréat ès Sciences et un Baccalauréat en Éducation. De retour à Chéticamp, il enseigna les mathématiques et la physique de 1969 jusqu'en l'an 2000. Depuis sa retraite, il est devenu un passionné de l'histoire locale et de

généalogie Père Charles Aucoin, located in the culture and information centre, Les Trois Pignons, Chéticamp.

PATRICIA POLLETT MCCLELLAND is a weaver and rug hooker who formerly taught at the Nova Scotia College of Art and Design and is former Executive Director of the Cape Breton Centre of Craft and Design. She has exhibited nationally and internationally, and has taught workshops across Canada and in the U.S. Her works are in many private and corporate collections and she has received numerous awards, both for her work and her contributions to arts and culture.

Patricia is former president of the Nova Scotia Designer Crafts Council, Canadian Crafts Council and vice-president of the World Crafts Council.

She lives, weaves and hooks rugs in Dartmouth, Nova Scotia.

la culture de sa communauté, et un mordu de la généalogie des Chéticantains. Présentement, il œuvre comme bénévole à titre de rechercheur et d'interprète au Centre de généalogie Père Charles Aucoin, situé au bureau d'information et centre culturel, Les Trois Pignons, à Chéticamp.

PATRICIA POLLETT MCCLELLAND, tisserande et «hookeuse» de tapis, était autrefois enseignante au Nova Scotia College of Art and Design et a déjà occupé le poste de directrice exécutive du Cape Breton Centre of Craft and Design. Ses œuvres ont été mises en exposition sur les scènes nationale et internationale, et elle a dirigé des ateliers à la grandeur du Canada et aux États-Unis. Ses pièces font partie de plusieurs collections privées et commerciales et elle a reçu de nombreux prix en reconnaissance de son œuvre artistique ainsi que de sa promotion des arts et de la culture.

Patricia est ancienne présidente du Nova Scotia Designer Crafts Council et du Conseil canadien de l'artisanat, ainsi qu'ancienne vice-présidente du Conseil mondial de l'artisanat.

Elle demeure actuellement à Dartmouth, N.-É., où elle continue à tisser et à «hooker» des tapis.

A NOTE FROM THE EDITORS

ABOUT THE APPENDIX LISTING THE TAPESTRIES OF ÉLIZABETH LEFORT AND DECISIONS REGARDING IMAGES

This is the first time a chronology of Élizabeth's works has appeared in print. CBU Press was pleased to be able to consolidate and, where necessary, revise Ken Hansford's records and to create the pictorial index at the end of this book. This index will serve as an updated record for the Élizabeth LeFort Gallery. The new chronology would not have been possible without the dedication of Charles D. Roach of the Société Saint Pierre.

Readers know that this record is not complete. In her modesty, Élizabeth did not maintain the same kind of records after her husband's death. This is therefore as definitive an index of her work as is likely to be published.

A great many images recording her works were made in less than ideal circumstances. Mr. Hansford's files included transparencies, negatives and snapshots – many of very poor quality. In a great many photos, Élizabeth is holding a finished piece against the house, or a

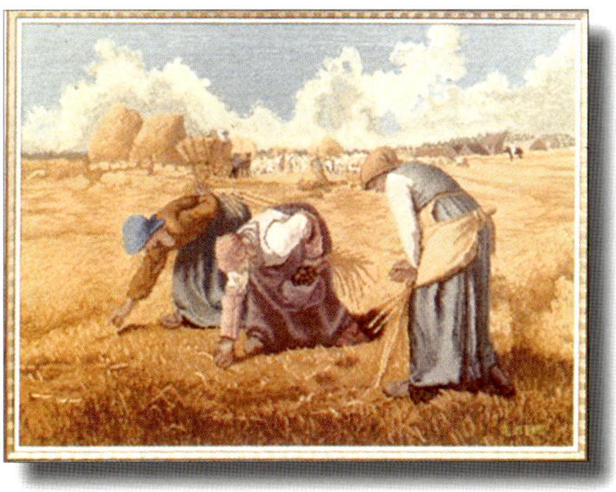

285. *The Gleaners*

285. *Les glaneuses*

UNE NOTE DE LA RÉDACTION

À PROPOS DE L'APPENDICE PRÉSENTANT LA LISTE DES TAPISSERIES D'ÉLIZABETH LEFORT ET DES DÉCISIONS QU'IL A FALLU PRENDRE AU SUJET DES IMAGES

Cette liste des œuvres d'Élizabeth en ordre chronologique est la première du genre à paraître sous forme imprimée. La CBU Press est fière d'avoir arrivé à consolider, et au besoin à réviser, le registre qu'avait préparé Ken Hansford et d'avoir créé l'appendice d'images des tapisseries présenté à la fin de ce livre. Cet appendice servira d'un registre mis à jour pour la galerie Élizabeth-LeFort. Cette nouvelle liste chronologique n'aurait pu être réalisée sans le travail acharné de Charles D. Roach, de la Société Saint-Pierre.

Les lecteurs se rendront compte que cette liste n'est pas complète. Dans son humilité, Élizabeth n'avait pas continué le maintien d'un tel registre après le décès de son mari. Par conséquent, le présent appendice de son œuvre est probablement le plus définitif qui ne sera jamais publié.

Un très grand nombre des images de son œuvre furent produites dans des circonstances qu'on ne peut dire idéales. Les fichiers de M. Hansford comprenaient des transparents, des images négatives et des photos d'amateurs – dont plusieurs de bien pauvre qualité. Pour beaucoup de ces photos, Élizabeth tenait un de ses tableaux achevés contre la maison, ou contre une clôture; dans d'autres cas, la tapisserie avait été clouée au porche. Si cette façon de faire les choses répondait assez bien aux besoins du moment, elle était malheureusement inadéquate pour produire des images de la haute qualité que nous aurions souhaité pouvoir reproduire. Les photos aux dimensions réduites présentées dans la liste chronologique sont de la meilleure

fence; in others the *tapis* has been nailed to the porch. While these settings served the purpose of the time, they were, regrettably, inadequate for the kind of high quality reproduction we would have liked to provide. The thumbnails in the chronology are the best that we could do under the circumstances.

Decisions on which images to choose for inclusion elsewhere in the book were, therefore, limited to those of superior quality. Further, decisions had to be made on just how much we could or should intervene in images in the interests of meaningful reproduction. We were torn between our desire to present Élizabeth's work in the best possible light, and the desire to improve and preserve the archive (the record of her work as kept originally by Mr. Hansford).

In this light, we opted to make only minimal adjustments to compensate for distortions caused by photo perspective and for discolouration of old and faded snapshots. We also cropped out many poorly lit frames. Readers will also note the occasional intrusion of fingers, fences, grass and furniture used to prop up the pieces when photographed. Again, in the interest of minimizing our intervention, we have avoided re-touching such intrusions and ask the reader's indulgence in the interest of purity of presentation.

INSPIRATION

At the heart of it, publishing is about stories, whether fiction or non-fiction, biographical or historical, colourful or dull. Publishers are motivated by stories and pictures, motivated to turn them into books that can be enjoyed by all. Sometimes, we are also moved by those stories.

To say that the work and life of Élizabeth LeFort is interesting would be an understatement and a disservice. When we first heard of Daniel Doucet's project we were quick

qualité que nous avons pu réaliser dans ces circonstances.

Notre choix d'images pour inclure ailleurs dans le livre fut donc limité à celles de qualité supérieure.

Il nous a fallu décider, en plus, jusqu'à quel point nous pouvions ou devions manipuler les images pour en faire une meilleure reproduction. Nous étions tiraillés entre notre désir de faire la meilleure présentation possible de l'œuvre d'Élizabeth et notre désir d'améliorer et de préserver le registre de son œuvre tel que conservé dans les archives originales de M. Hansford.

Dans cette optique, nous avons décidé de nous limiter à des ajustements mineurs pour corriger la distortion des images causée par la perpective des photos et restaurer la coloration des photos vieillies. Nous avons aussi éliminé plusieurs cadres mal éclairés. Les lecteurs observeront quelques intrusions de doigts, de clôtures, de gazon et de meubles utilisés pour soutenir les tableaux durant la prise de photo. Encore là, pour minimiser notre manipulation, nous avons évité l'élimination de ces intrusions et nous comptons sur l'indulgence des lecteurs dans l'intérêt d'une présentation plus authentique.

L'INSPIRATION

Publication de livres, par son essence, est à propos de récits, de fiction ou de non-fiction, biographiques ou historiques, colorés ou ternes. Motivés par ces récits et par les images, les rédacteurs sont inspirés à en produire des livres pour le plaisir du grand public. Mais, parfois, il nous arrive par surcroît d'être réellement émus par ces récits.

Dire que l'œuvre et la vie d'Élizabeth sont intéressants serait vraiment peu dire et lui rendrait un mauvais service. Lorsque nous avons entendu parler du projet de Daniel Doucet, nous n'avons pas perdu de temps

to express our interest – after all, Élizabeth is a famous Cape Breton person and the story of her life has not been fully told. When we started working on the book, and working with the material, we were motivated as a publisher. The further the project progressed, however, the more we were moved by the magnitude of her talent. So much so, that we constantly revised our plan for the book, even to the extent of delaying its publication by a year.

Working with some of the better and more prominent images was humbling. Like being in an ornate or ancient cathedral, one is awestruck by the detail in her *tapis* and by the apparent emotional connection she had for some of her subject matter. Her devotional works are stunning and inspiring, as are many others.

EDITORIAL ACKNOWLEDGEMENTS

Finally, we wish to acknowledge the generous support of a number of people who helped this project move along, especially Charles D. Roach, who is responsible for a meticulous re-examination of the archive of Élizabeth's works as well as the French translations. Thanks as well to Lisette Bourgeois, Ida LeLièvre and Ryan Poirier, all of Les Trois Pignons and the Élizabeth LeFort Gallery, and to Patricia Pollett McClelland for her insights. Congratulations to Daniel Doucet for his interest in sharing Élizabeth's story with the rest of us.

The Editors

pour lui faire connaître notre intérêt – après tout, Élizabeth était un personnage célèbre du Cap-Breton et le récit de sa vie n'avais jamais été raconté dans son entier. Lorsque nous avons commencé à travailler sur ce livre et la matière qu'il concernait, notre motivation était donc tout simplement celle d'un rédacteur. Cependant, au fur et à mesure que le projet se concrétisait, nous sommes devenus de plus en plus passionnés par l'ampleur de son talent. À tel point que nous avons continuellement révisé notre plan pour le livre, jusqu'à en retarder la publication d'un an.

Ce fut une expérience humiliante que de travailler avec les plus belles et les plus impressionnantes des images. Un peu comme lorsqu'on se retrouve dans une ancienne cathédrale très ornée, on est stupéfait par les détails de ces tapisseries et l'attachement émotionnel entre l'artiste et ses sujets que l'on peut facilement ressentir. Ses œuvres à caractère religieux suscitent un grand étonnement et une profonde inspiration, comme le font également plusieurs autres de ses pièces.

REMERCIEMENTS

En terminant, nous voulons exprimer notre reconnaissance pour l'appui généreux que nous avons reçu de plusieurs gens dans la réalisation de ce projet, notamment à Charles D. Roach, qui a réexaminé méticuleusement les archives originales du registre des œuvres d'Élizabeth et qui s'est occupé de la traduction de l'anglais au français du manuscrit. Nous remercions également Lisette Bourgeois, Ida LeLièvre et Ryan Poirier, tous du centre culturel Les Trois Pignons, où se trouve la galerie Élizabeth-LeFort, ainsi que Patricia Pollett McClelland pour ses remarques perspicaces. Félicitations à Daniel Doucet pour son intérêt à vouloir partager l'histoire d'Élizabeth avec nous tous.

La rédaction

AN ÉLIZABETH LEFORT SAMPLER
ÉCHANTILLON DES ŒUVRES D'ÉLIZABETH LEFORT

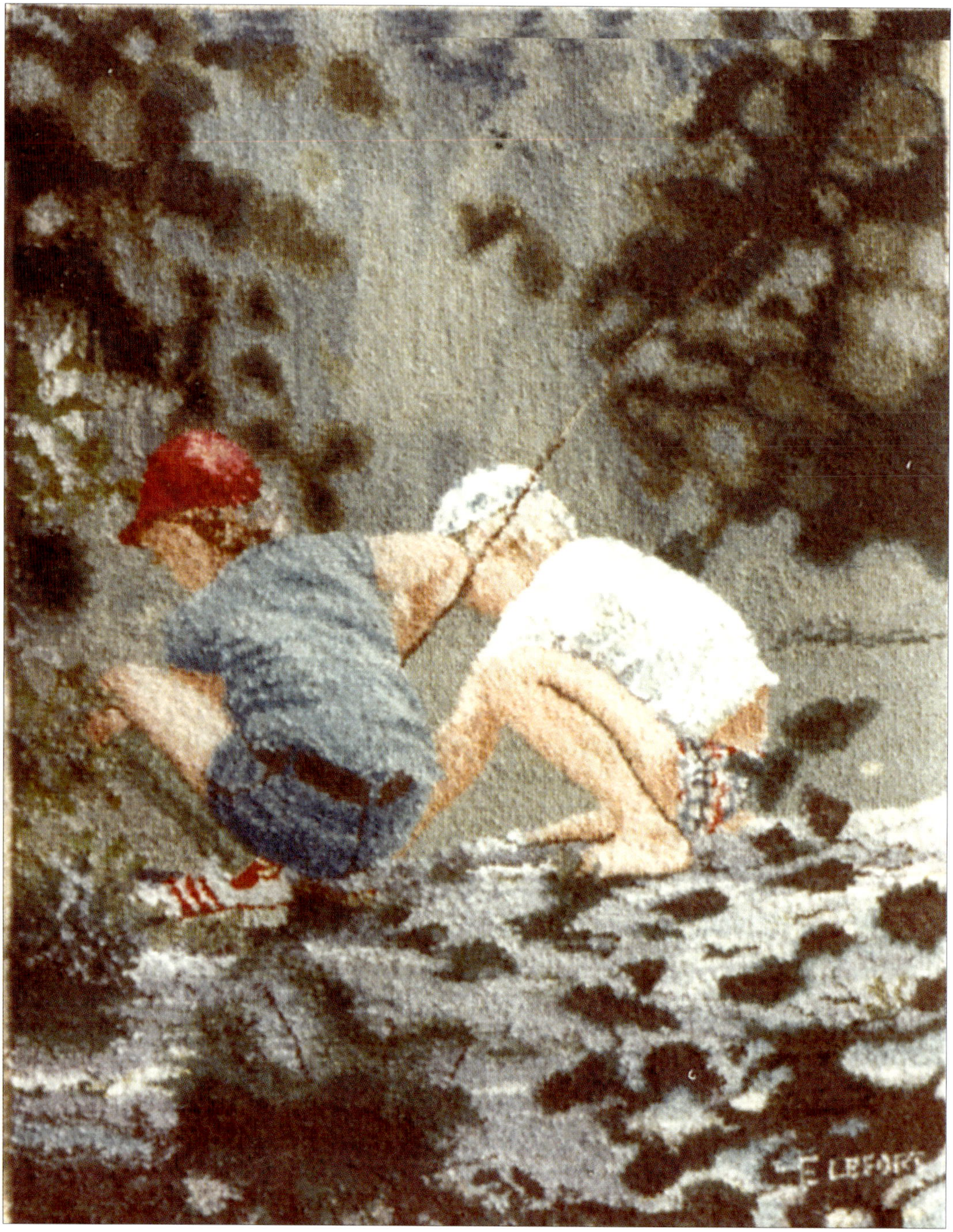

PEOPLE
PERSONNAGES

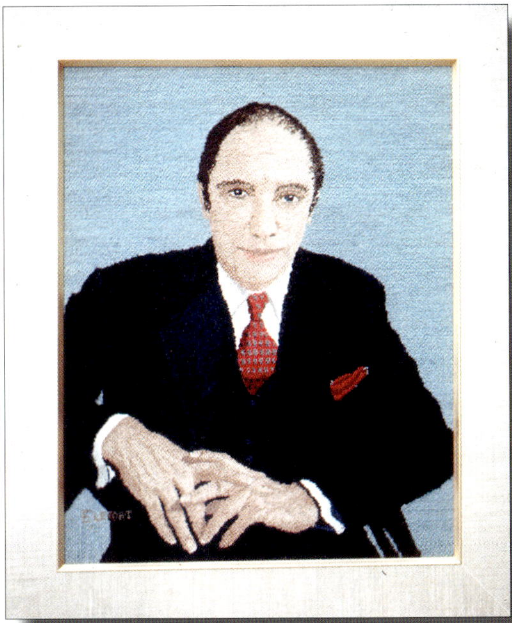

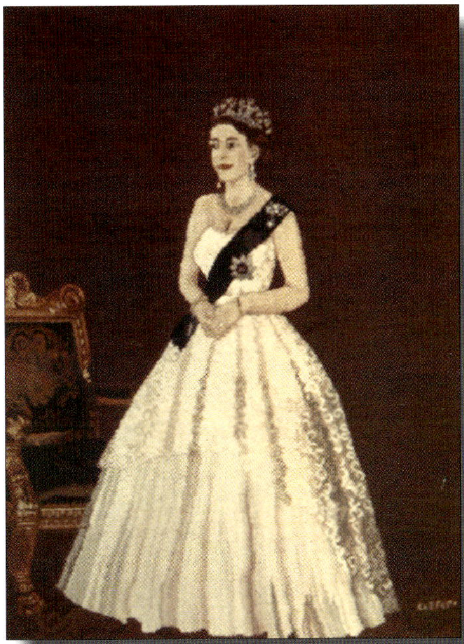

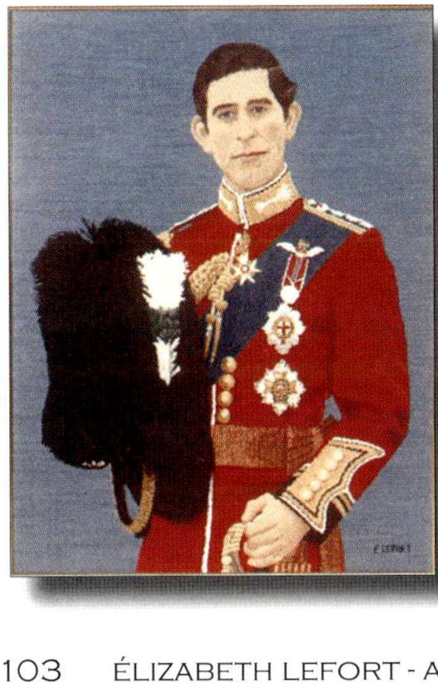

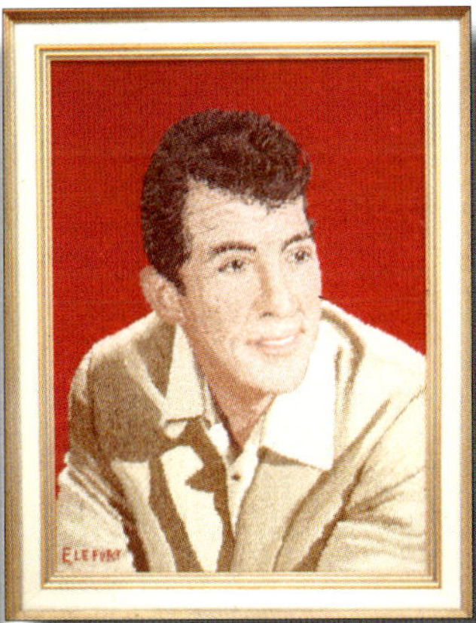

(Opposite) 298. *Two Boys.*

170. *Prime Minister Pierre Elliott Trudeau.*
42. *Queen Elizabeth II.*
286. *HRH The Prince of Wales.*
157. *Dean Martin.*

(Ci-contre) 298. *Deux garçonets à la pêche.*

170. *Pierre Elliott Trudeau, premier ministre du Canada.*
42. *La reine Elizabeth II.*
286. *S.A.R. le prince de Galles.*
157. *Dean Martin.*

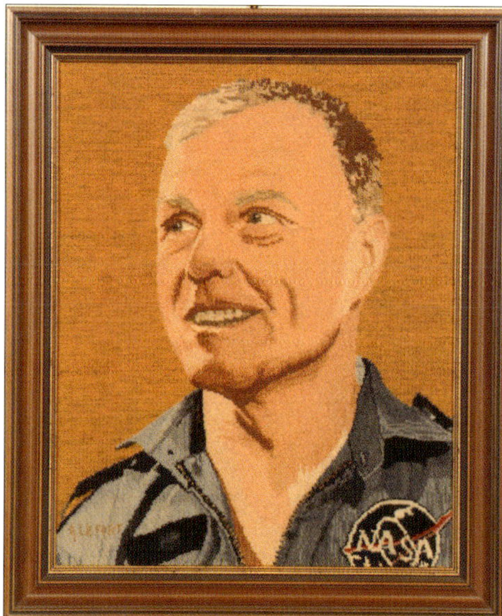

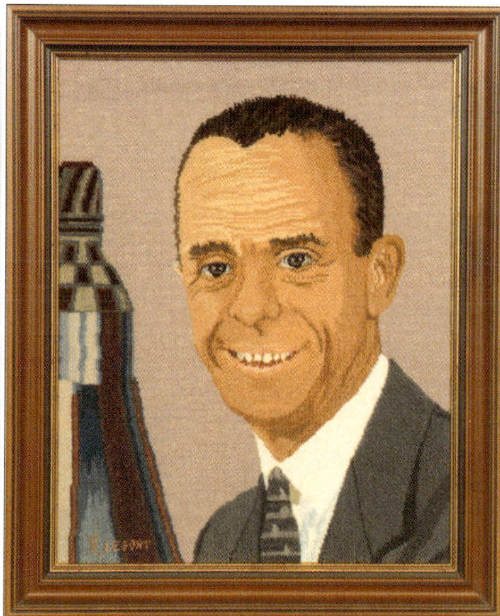

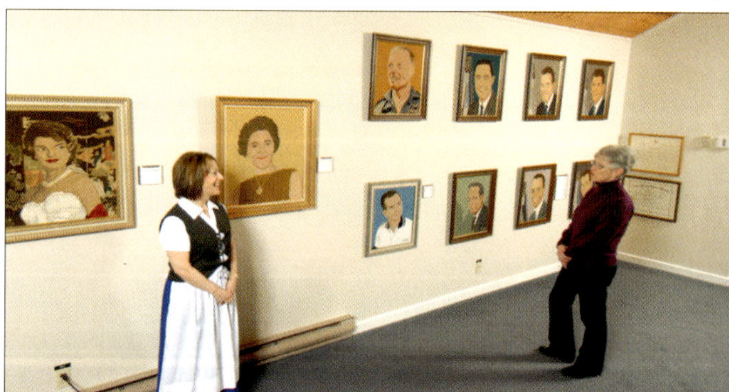

90. *Lt. Col. John H. Glenn Jr.*
96. *Alan B. Sheppard.*
One section of the Élizabeth LeFort Gallery.

90. *Le Lieutenant-colonel John H. Glenn (fils).*
96. *Alan B. Sheppard.*
Une section de la galerie Élizabeth-LeFort.

AMERICANA
HÉRITAGE CULTUREL AMÉRICAIN

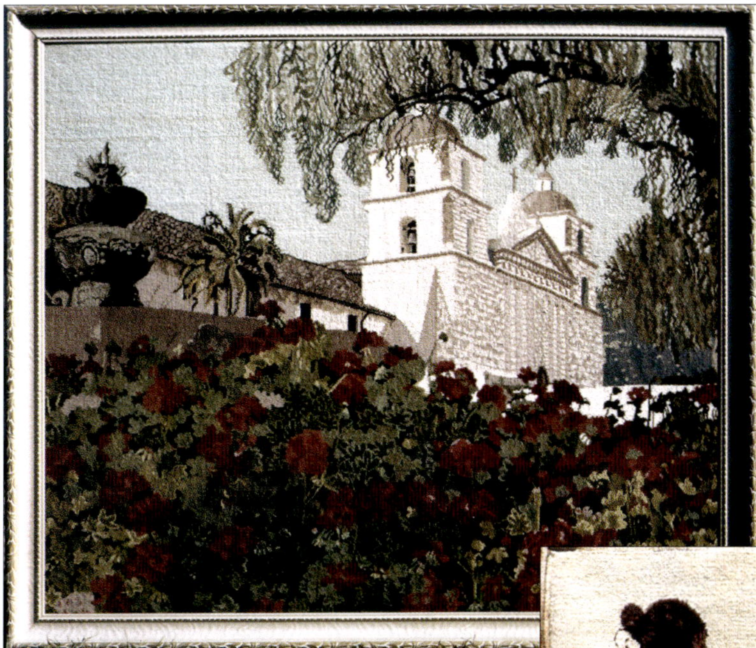

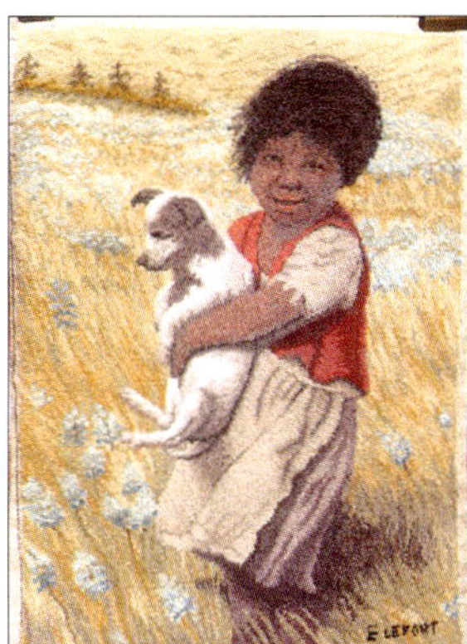

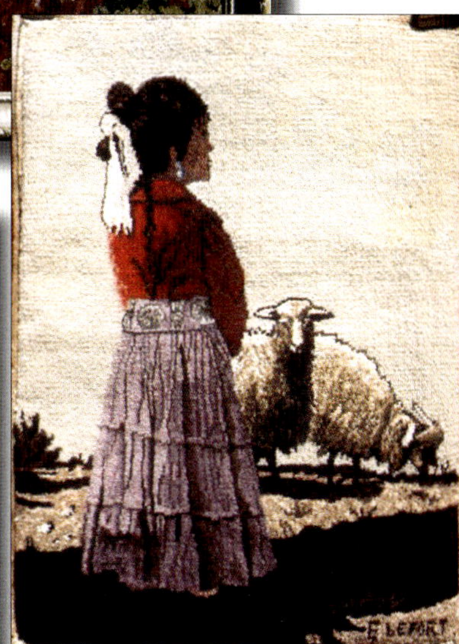

19. *Santa Barbara Mission – California.*
243. *Companionship.*
245. *The Shepherd.*

19. *La mission de Santa Barbara, en Californie.*
243. *La compagnie.*
245. *Une bergère.*

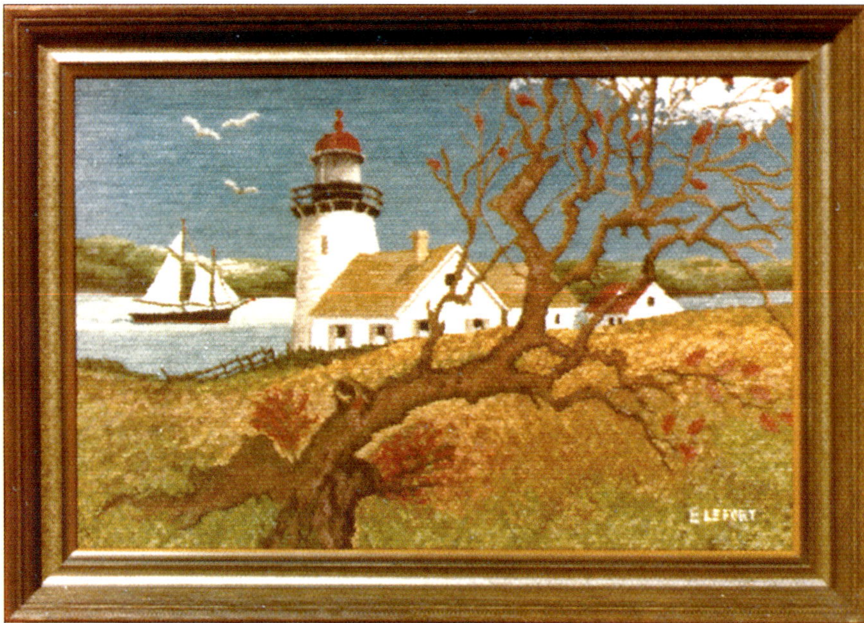

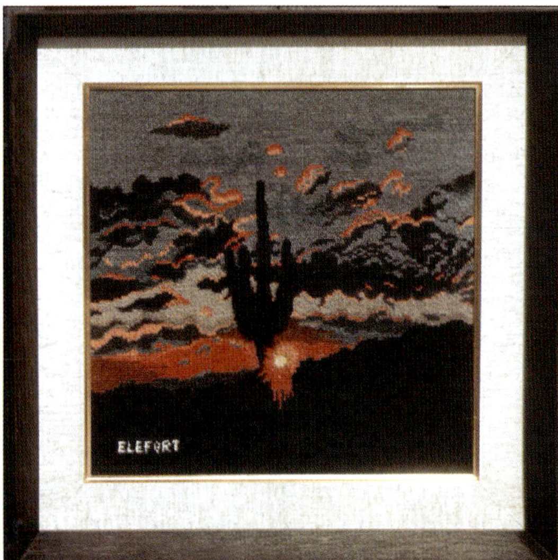

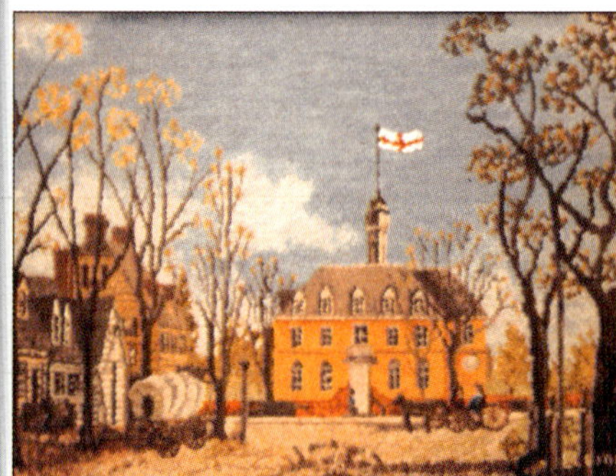

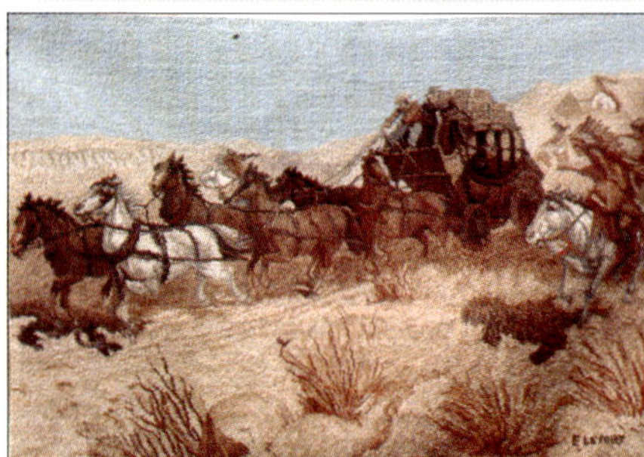

255. *Light for all Seasons.*
35. *Arizona Sunset.*
291. *Williamsburg, VA.*
222. *Effort for Survival.*

255. *Un phare pour toutes saisons.*
35. *Un coucher de soleil en Arizona.*
291. *Une scène de Williamsburg, VA.*
222. *À la course pour la survie.*

CANADIANA
HÉRITAGE CULTUREL CANADIEN

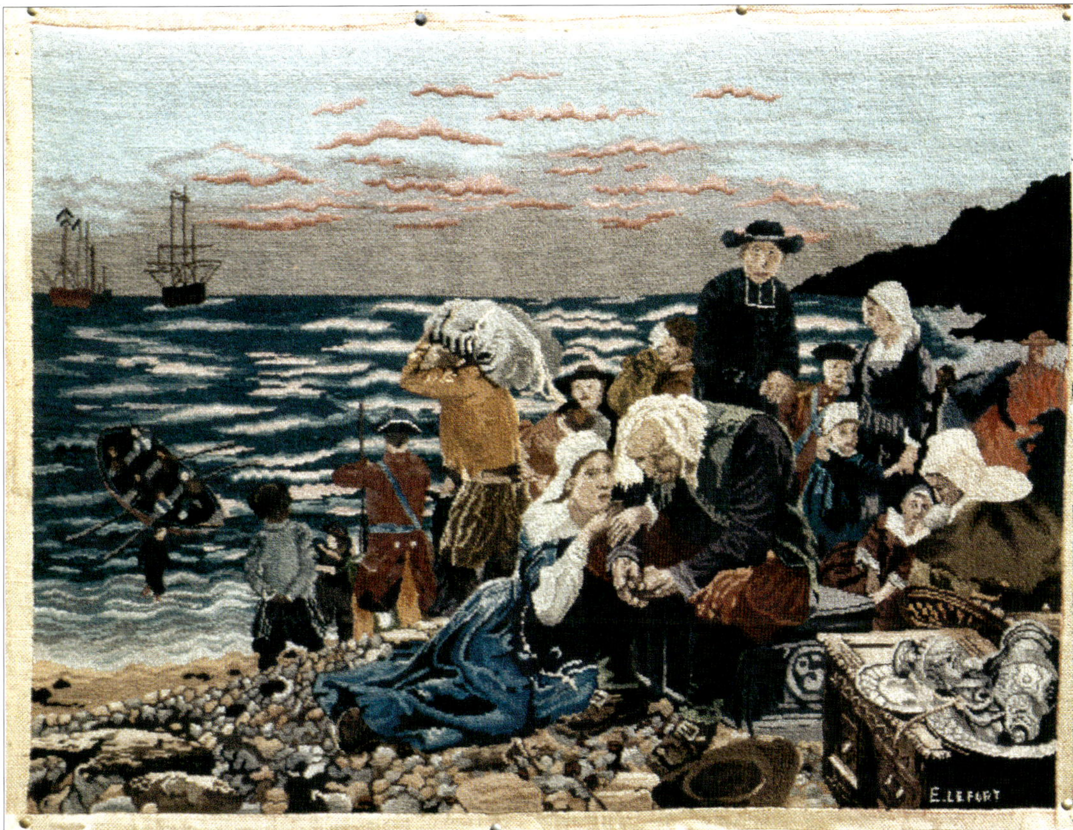

77. *Expulsion of the Acadians.*

77. *La Déportation des Acadiens.*

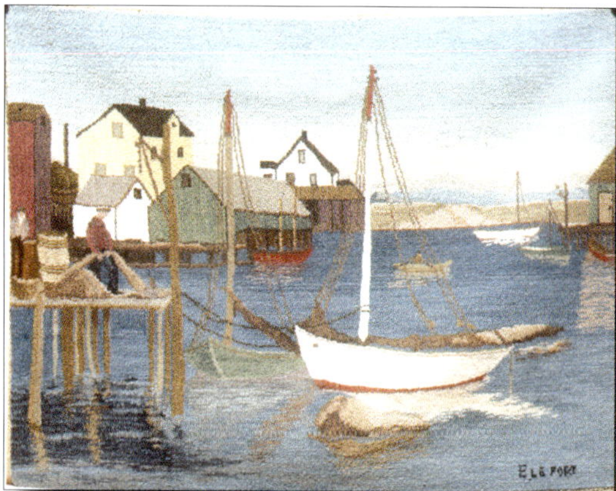

226. *Peggy's Cove Morning.*

226. *Un matin à Peggy's Cove.*

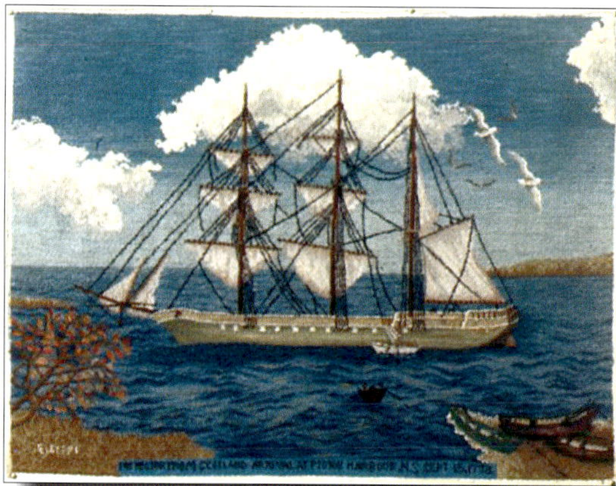

237. *Schooner Haven.*

237. *La goélette Haven.*

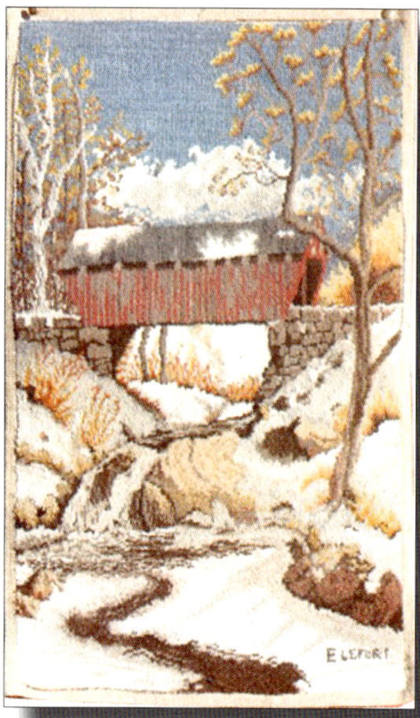

273. *Early Winter.*

273. *Tôt en hiver.*

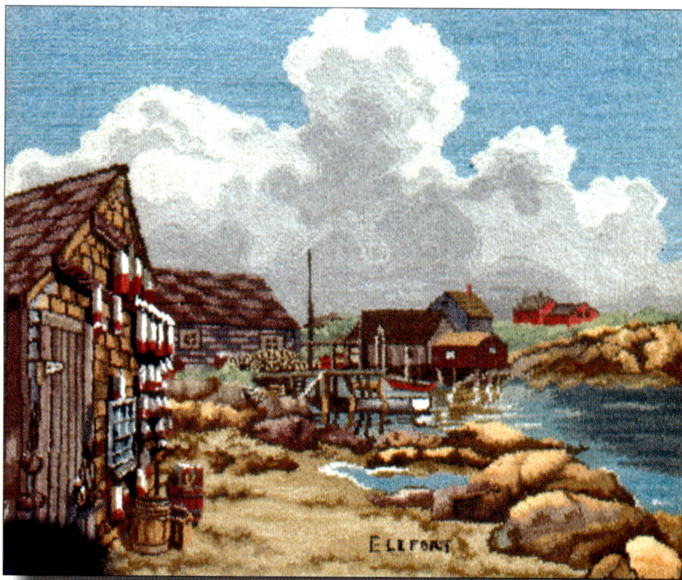

173. *Fishing Harbour.*

173. *Un havre de pêche.*

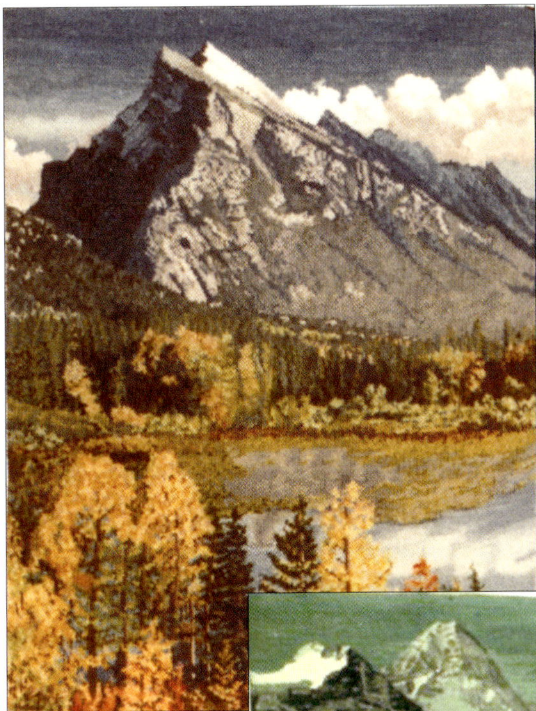

299. *Rundle Mountain.*

299. *Le mont Rundle.*

290. *Canadian Rockies - Mt. Assiniboine.*

290. *Les Rocheuses canadiennes - le mont Assiniboine.*

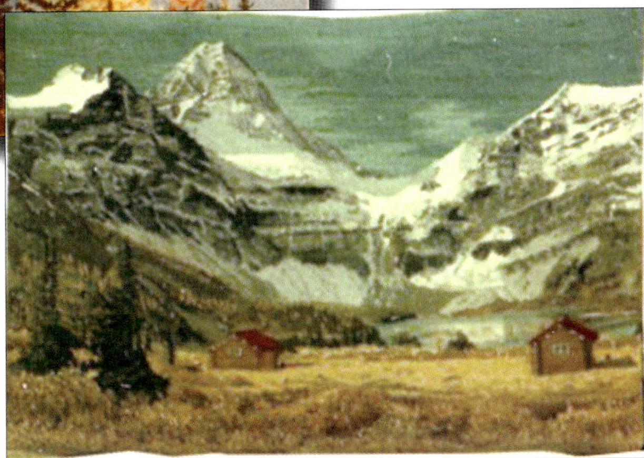

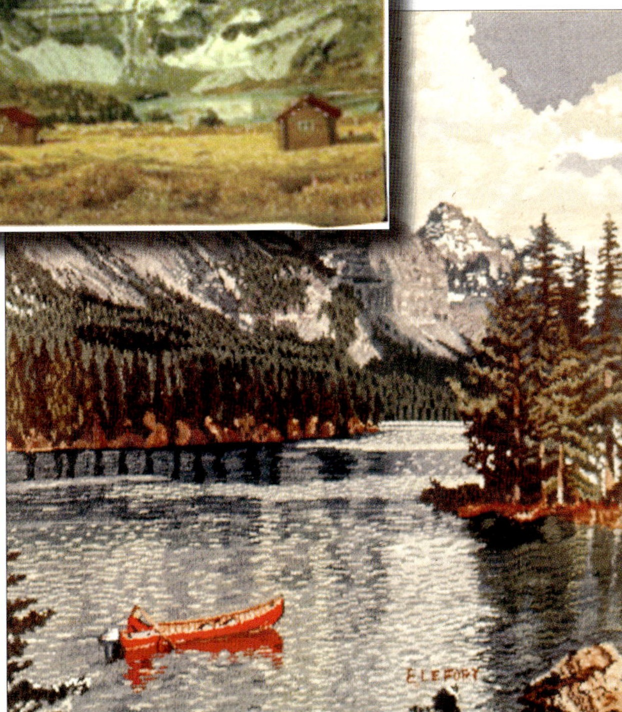

123. *Maligne Lake.*

123. *Le lac Maligne.*

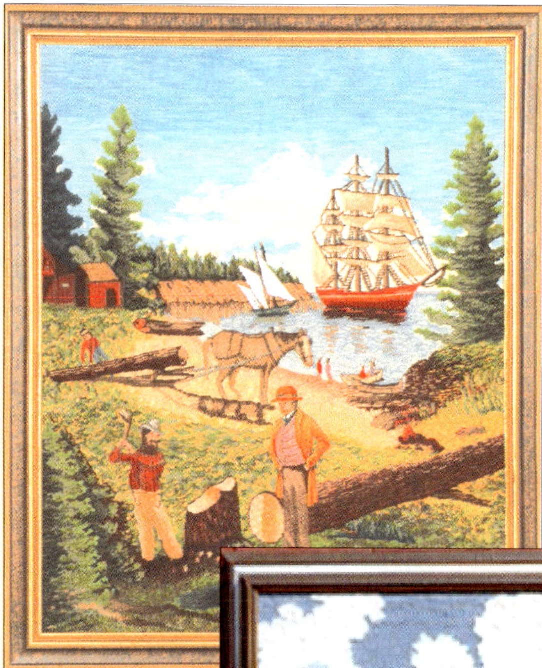

293. *Nos pionniers.*

293. *Nos pionniers.*

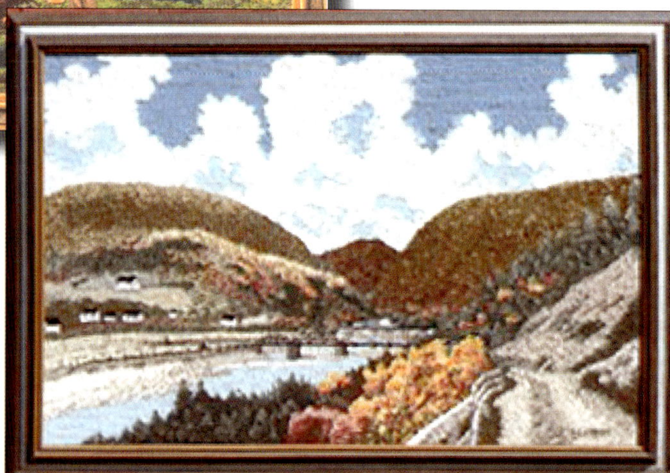

296. *Cheticamp River Crossing in 1920s.*

296. *Le vieux pont de la Rigouèche, aux années 1920.*

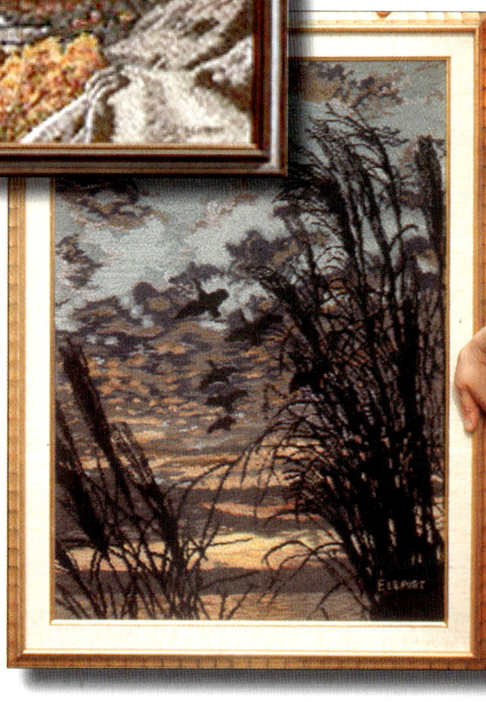

164. *Changing Seasons.*

164. *L'arrivée d'une nouvelle saison.*

BIRDS
OISEAUX

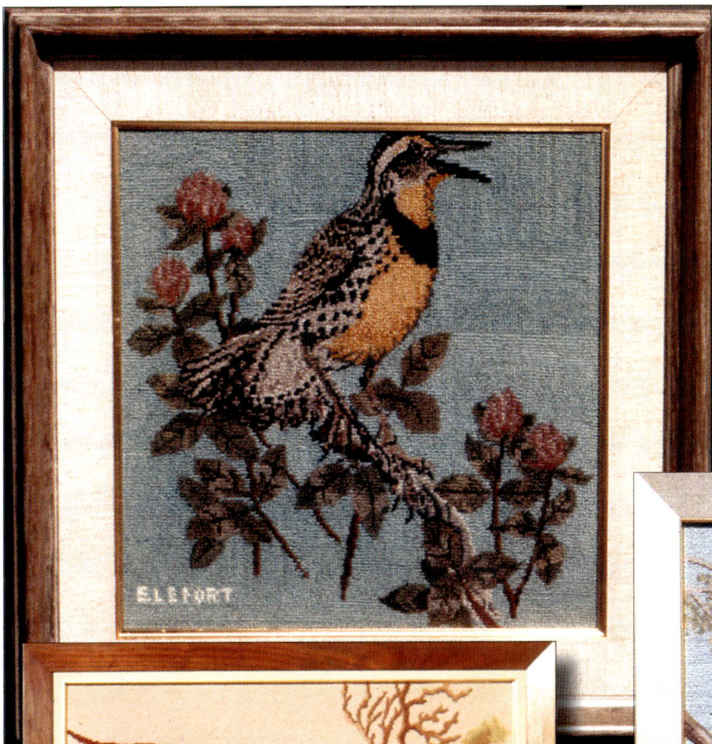

32. *Western Meadowlark.*

32. *La sturnelle de l'Ouest.*

152. *Wagler's Oropendola.*

152. *Le cassique à tête brune.*

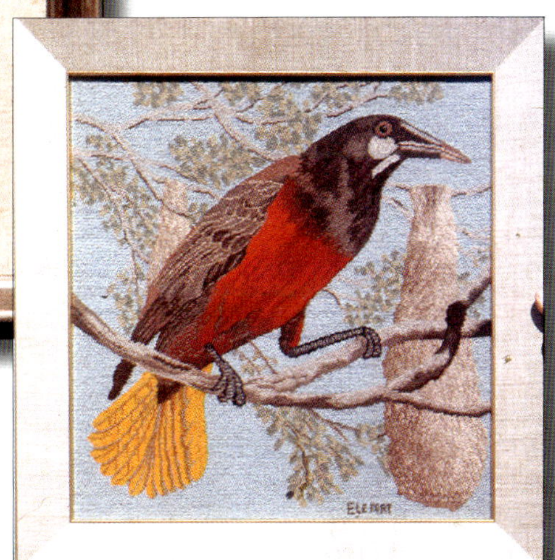

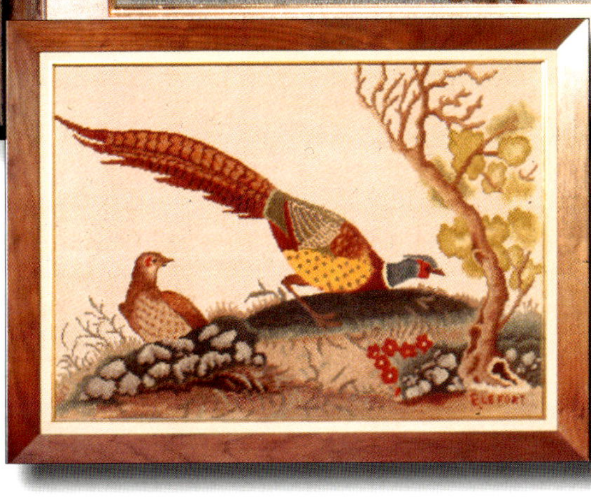

119. *Pheasants.*

119. *Des faisans.*

277. *Seagull.*

277. *Un goéland.*

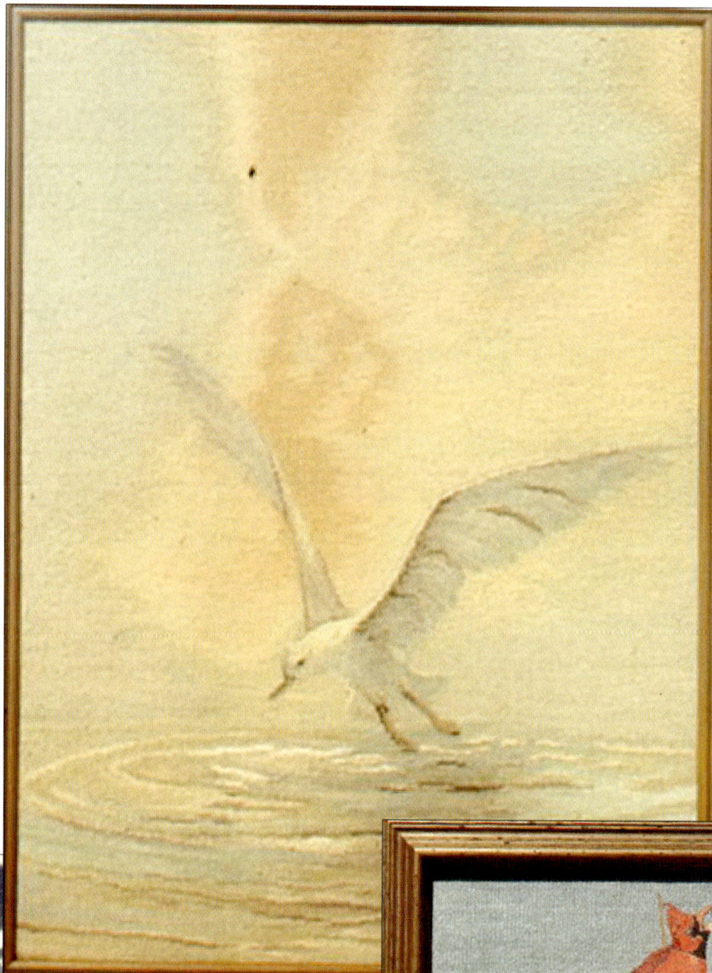

303. *Seagull.*

303. *Un goéland.*

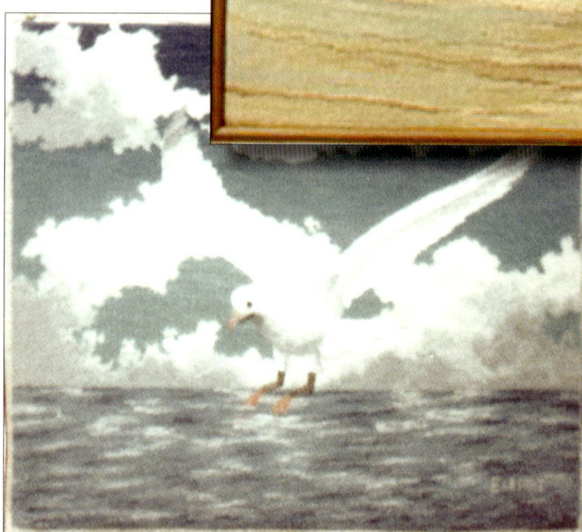

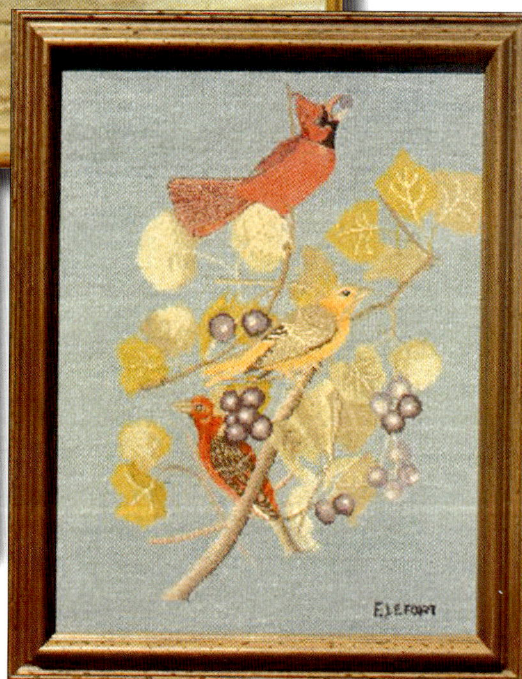

282. *Bird Convention.*

282. *Rencontre d'oiseaux.*

ANIMALS
ANIMAUX

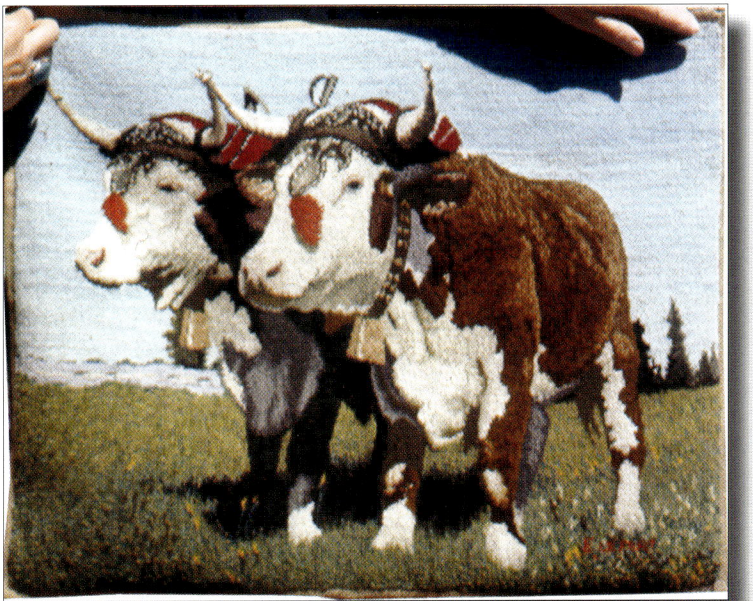

233. *Patience.*

233. *La patience.*

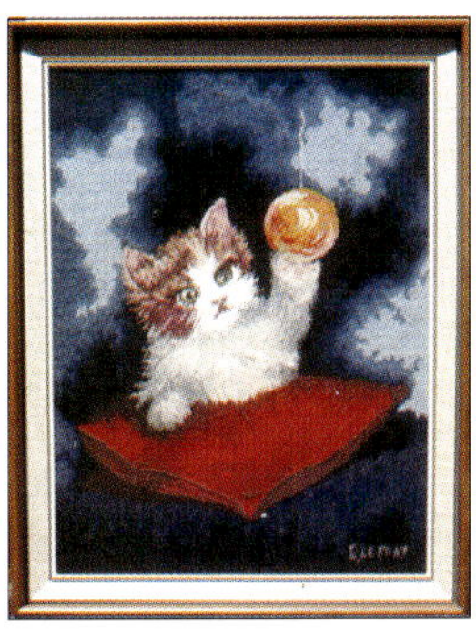

218. *Kitten on Red Cushion.*

218. *Un chaton sur un coussin rouge.*

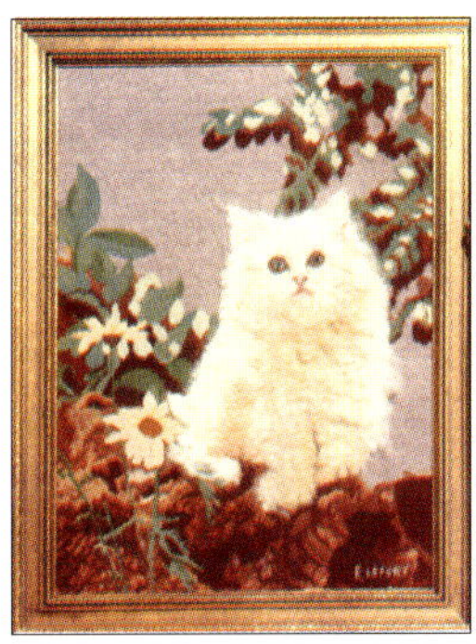

219. *Kitten with Daisies.*

219. *Un chaton avec des marguerites en arrière-plan.*

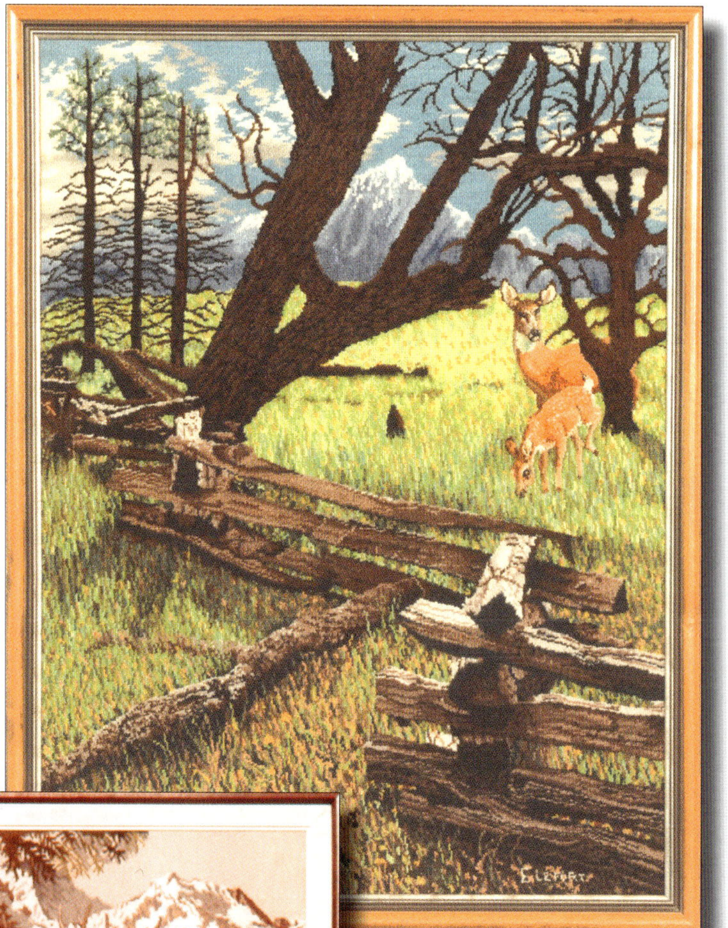

315. *Woods with Deer.*

315. *Chevreuils dans les bois.*

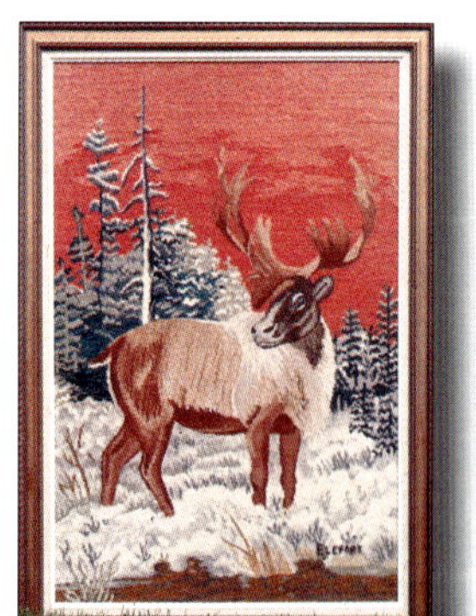

135. *Caribou.*

135. *Un caribou.*

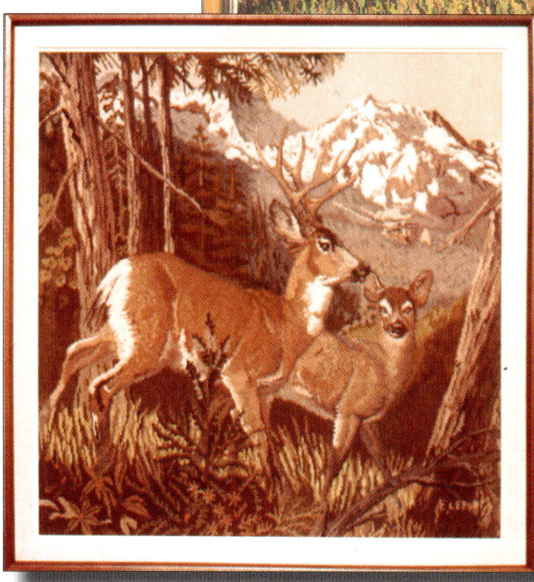

88. *Nature's Togetherness.*

88. *Ensemble dans la nature.*

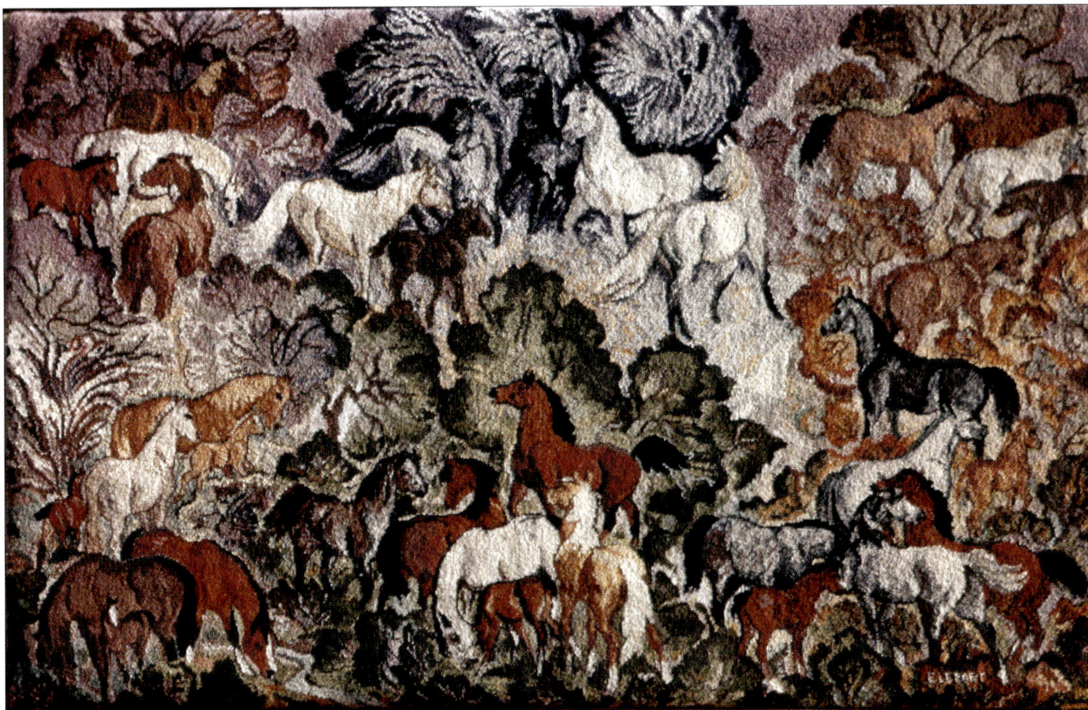

40. *Four Seasons, Thirty-four Horses.*

40. *Quatre saisons (trente-quatre chevaux).*

DEVOTIONAL
RELIGIEUSES

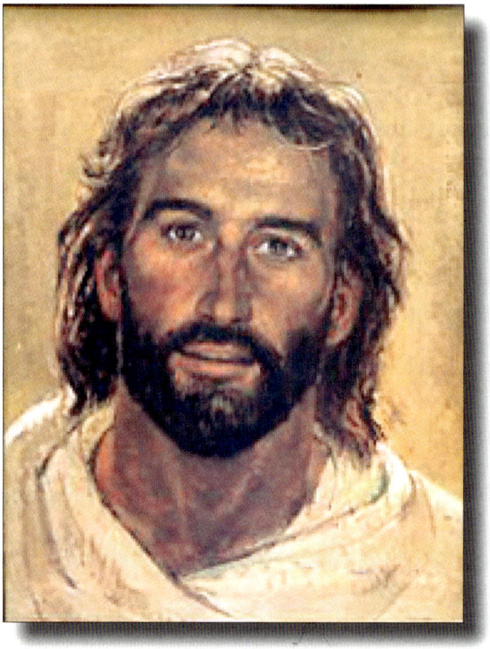

312. *Head of Christ.*

312. *Le buste du Christ.*

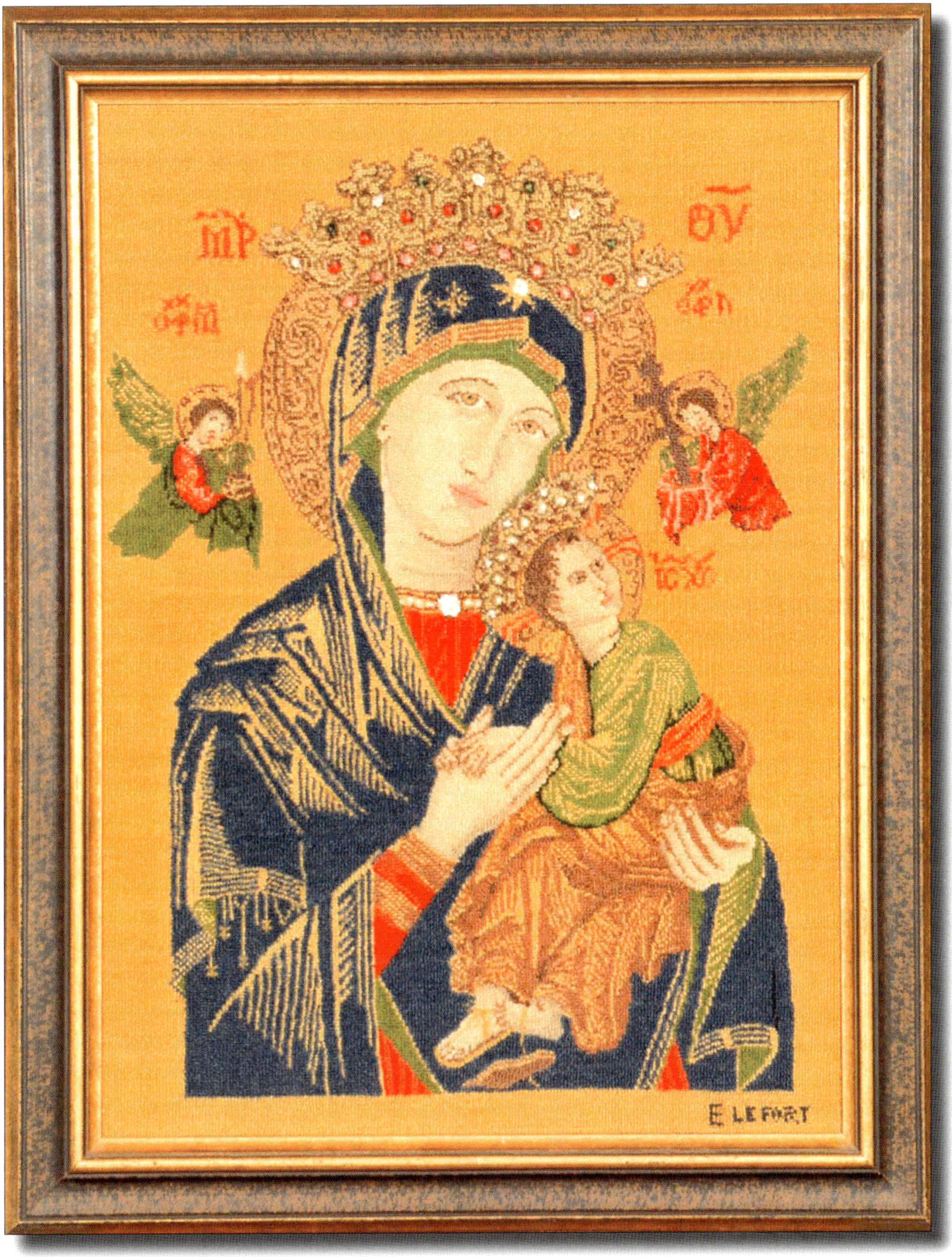

268. *Our Lady of Perpetual Help.*

268. *Notre-Dame du Perpétuel Secours.*

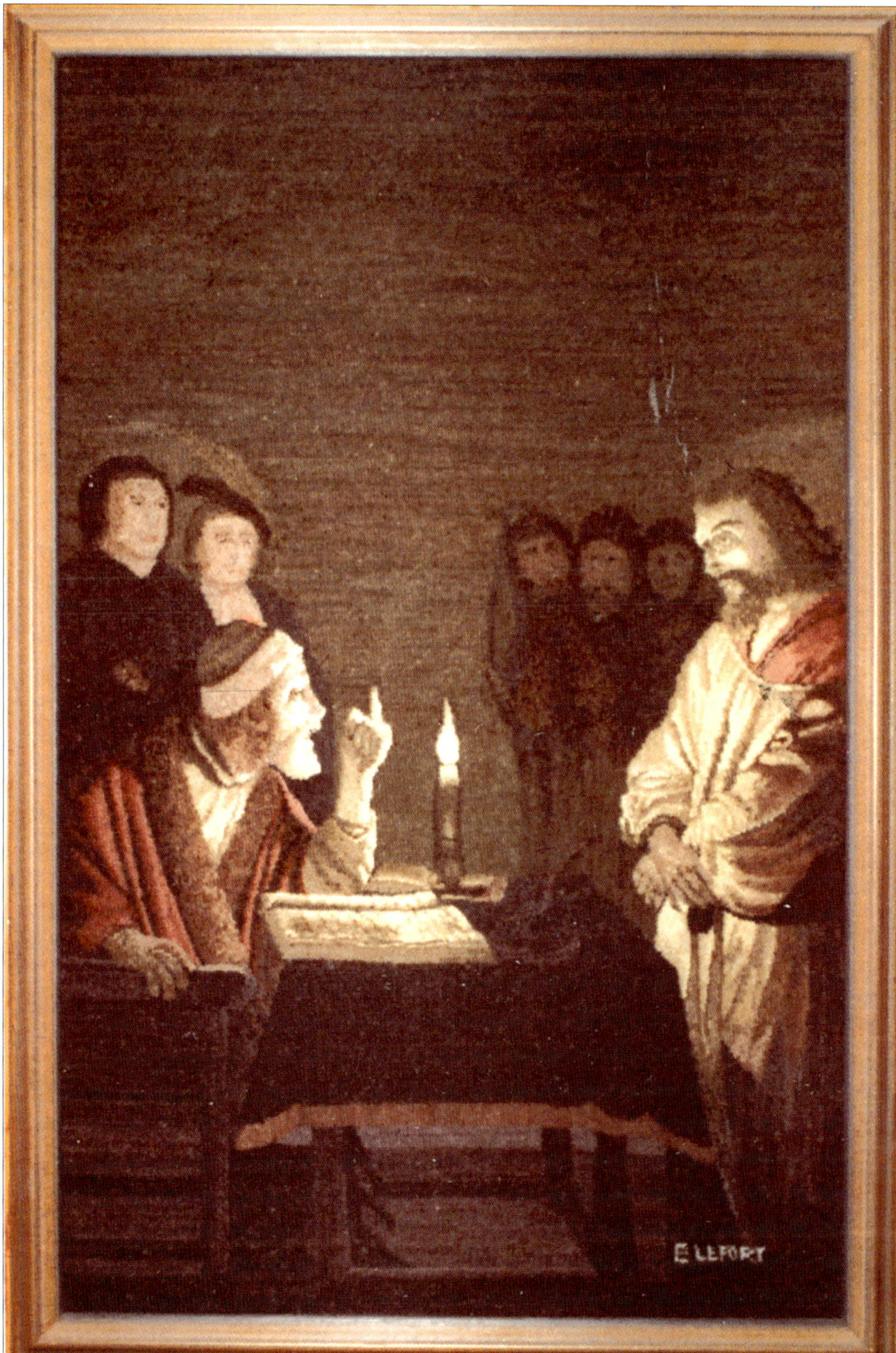

304. *Christ Before the High Priest.*

304. *Le Christ devant le grand prêtre.*

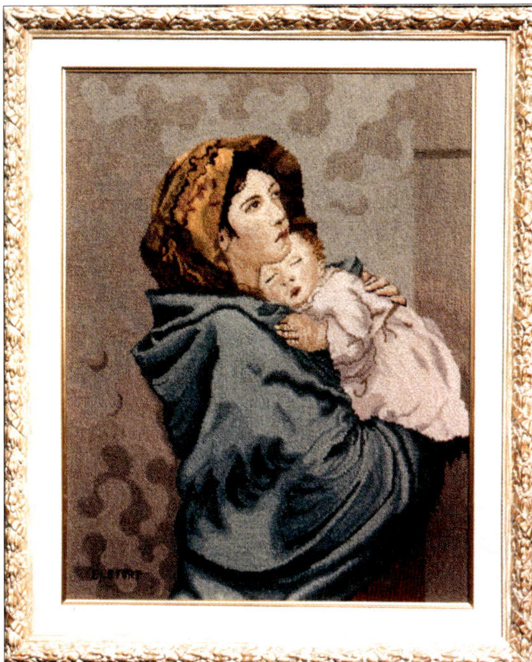

66. *Madonna of the Streets.*

66. *La madone des rues.*

108. *Virgin and Child.*

108. *La Vierge et l'Enfant.*

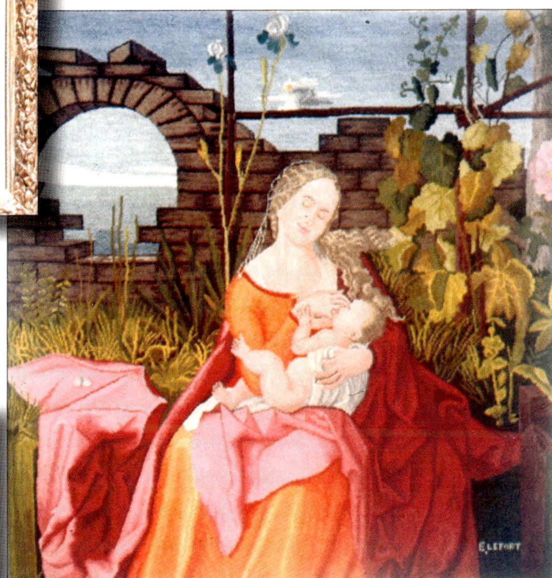

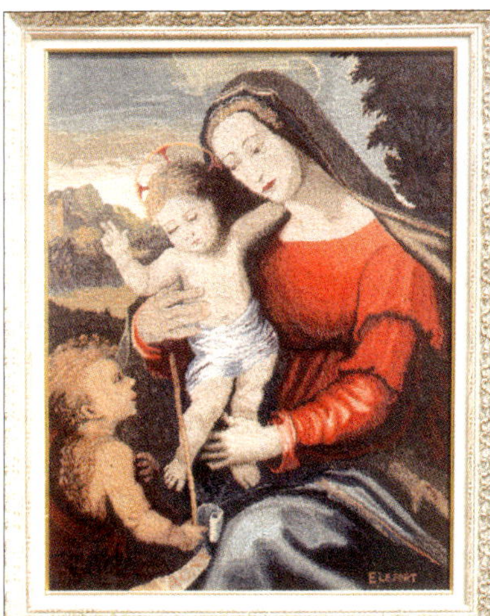

140. *Madonna and Child (with St. John).*

140. *La Madone et l'Enfant (avec saint Jean).*

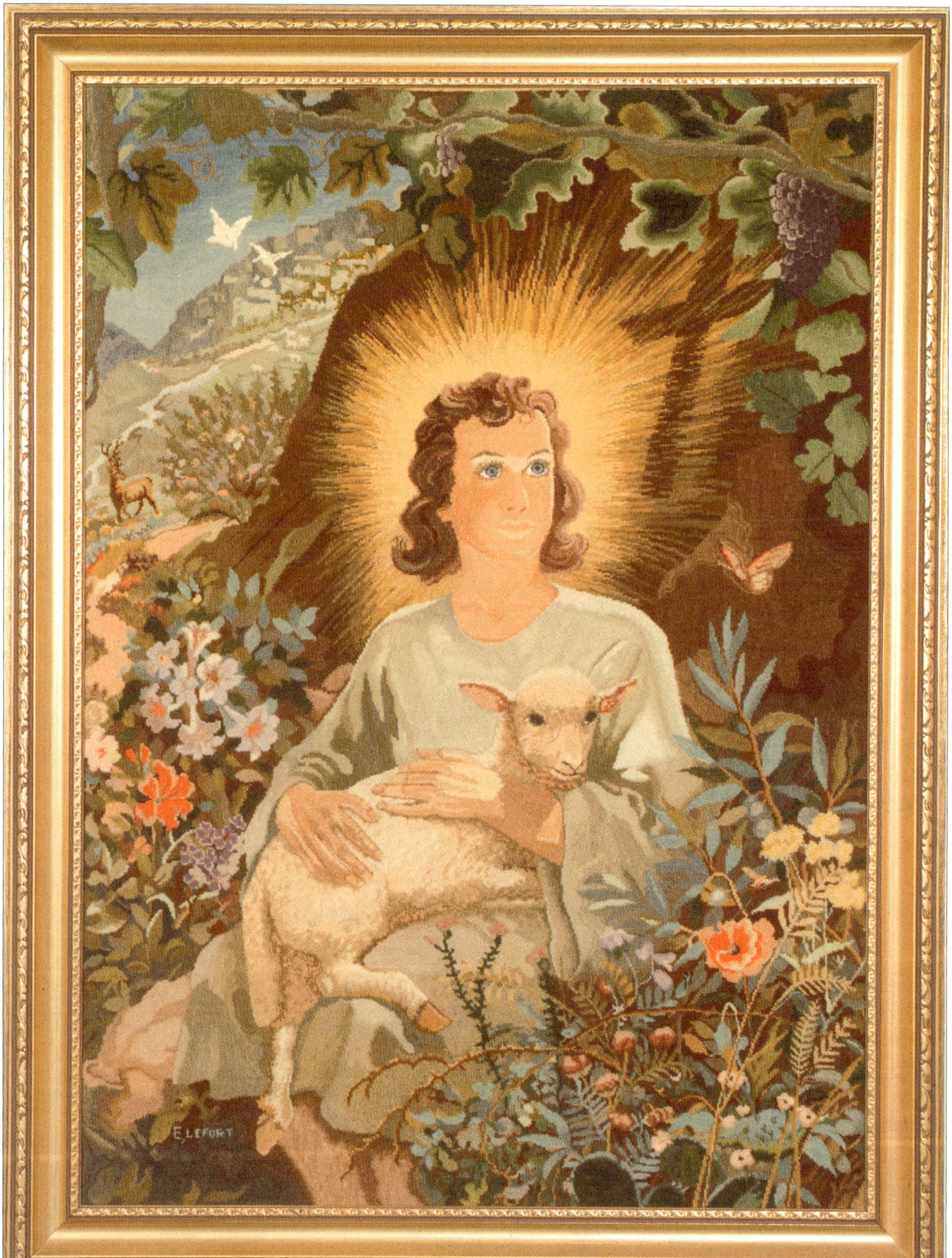

102. *The Youth Jesus.*

102. *Jésus adolescent.*

APPENDIX
LIST OF TAPESTRIES (1954-1987)
BY ÉLIZABETH LEFORT
IN CHRONOLOGICAL ORDER

APPENDICE
LISTE DES TAPISSERIES (1954 - 1987)
D'ÉLIZABETH LEFORT
EN ORDRE CHRONOLOGIQUE

1.

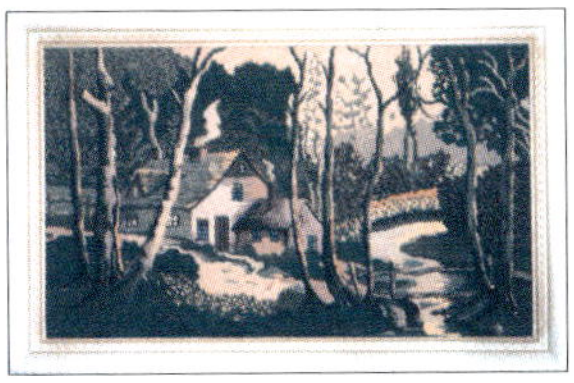

Home in the Woods
81.3 cm x 48.3 cm (32" x 19")
An original composition
Made in 1954
Shipped in July 1957

Refuge dans les bois
81,3 cm x 48,3 cm [32" x 19"]
De composition originale et faite en 1954
Vendue en juillet 1957

2.

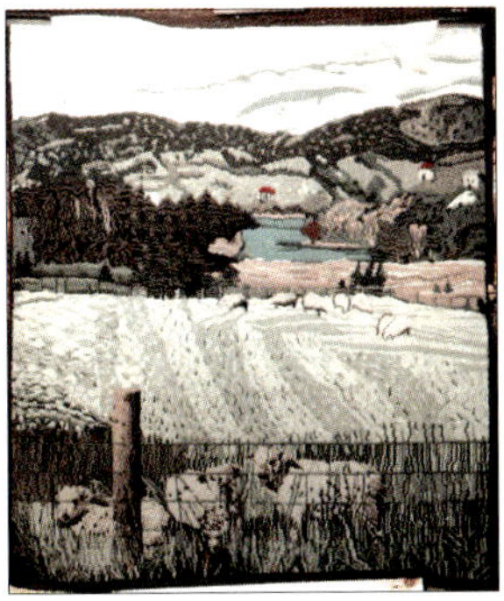

Margaree Valley w/Marple's Sheep
Made in 1954 from Paul Pix photo

La vallée de Magré *avec les moutons de M. Marple*
Faite en 1954 à partir d'une photo Paul Pix

3.

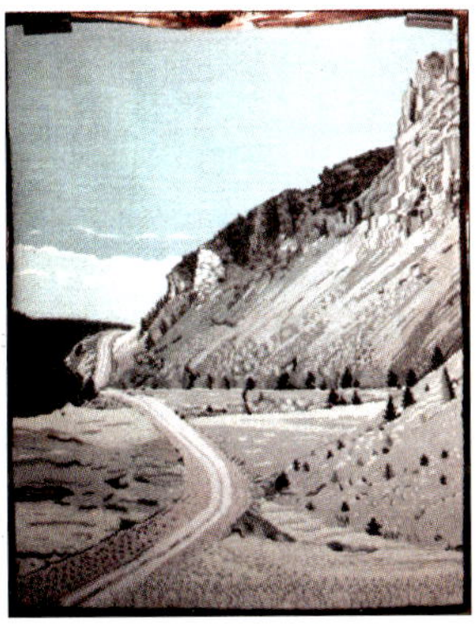

Rigwash Valley
Made in 1954 from CB highways folder
Sold in 1956

La vallée de la Rigouèche
Faite en 1954 à partir d'un dépliant sur les routes au Cap-Breton
Vendue en 1956

4.

Old Presqu'ile Dock at Cape Rouge
85.1 cm x 66.0 cm (33½" x 26")
Made in 1954
Sold on July 18, 1961

Le vieux quai de la Bloque, au Cap-Rouge
85,1 cm x 66,0 cm [33½" x 26"]
Faite en 1954
Vendue le 18 juillet 1961

5.

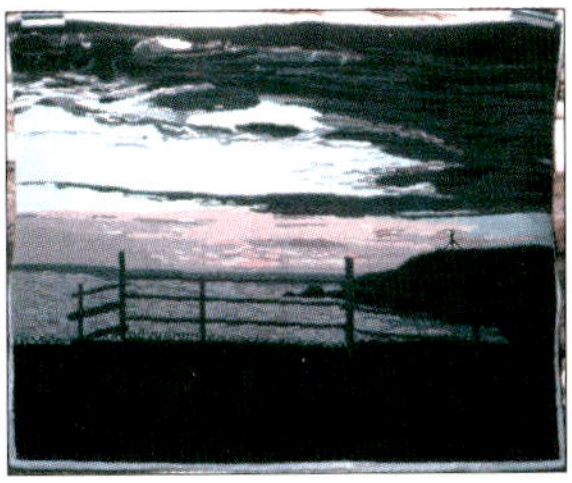

Dawson's Point Sunset
83.8 cm x 68.6 cm (33" x 27")
Made in 1955 from Paul Pix photo
Sold July 1, 1974

Un coucher de soleil à Dawson's Point
83,8 cm x 68,6 cm [33" x 27"]
Faite en 1955 à partir d'une photo Paul Pix
Vendue le 1er juillet 1974

6.

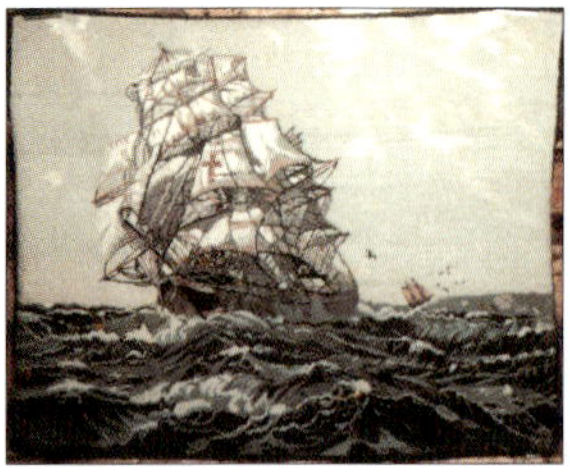

The Crusader (Ship in full sail)
134.6 cm x 66.0 cm (53" x 26")
Made in 1955 from picture on puzzle box
Gift to Duck Cove Inn, July 1975

Le navire Crusader *toutes voiles dehors*
134,6 cm x 66,0 cm [53" x 26"], encadrée
Faite en 1955 à partir d'une photo sur la boîte d'un puzzle
Donnée en cadeau à la Duck Cove Inn en juillet 1975

7.

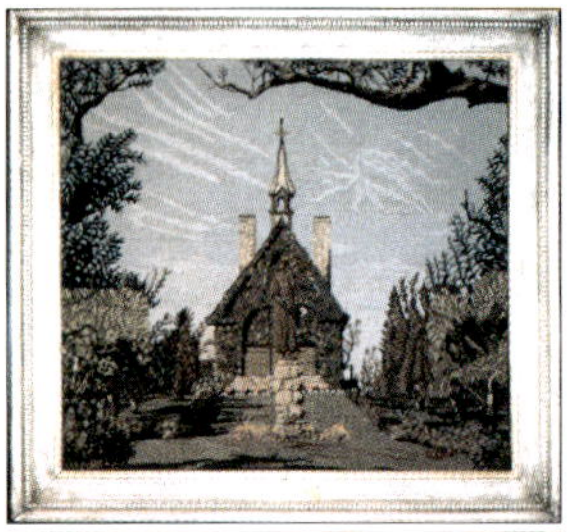

Evangeline Memorial Church
83.8 cm x 73.7 cm (33" x 29")
Made in 1955 from Paul Pix photo
Shipped Dec. 1, 1967 for Presentation to Gen. Charles DeGaulle in January 1968

L'église mémoriale de Grand-Pré
83,8 cm x 73,7 cm [33" x 29"]
Faite en 1955 à partir d'une photo Paul Pix
Expédiée le 1er décembre 1967 pour présentation au général Charles de Gaulle en janvier 1968

8.

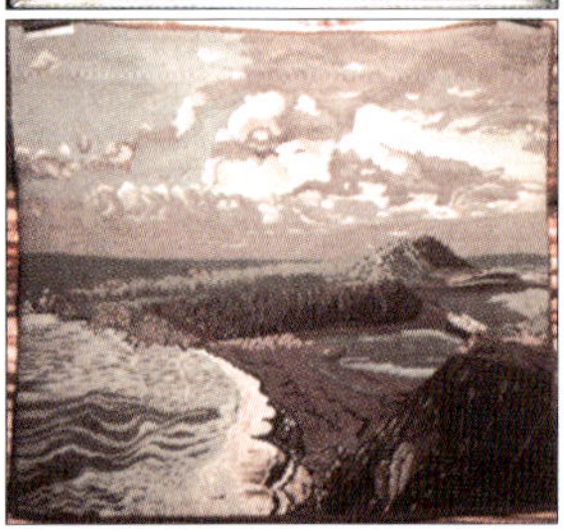

Presqu'ile – Cabot Trail
76.2 cm x 66.0 cm (30" x 26")
From Paul Pix Photo in 1955
Sold April 30, 1959

La Presqu'île, sur le Cabot Trail
76,2 cm x 66,0 cm [30" x 26"]
Faite en 1955 à partir d'une photo Paul Pix
Vendue le 30 avril 1959

9.

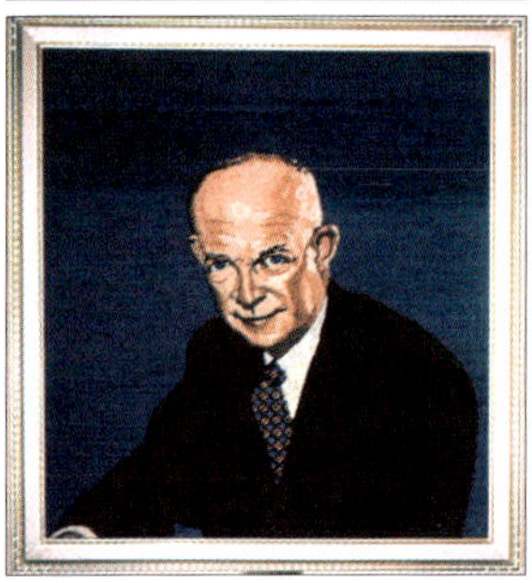

Dwight D. Eisenhower, President U.S.A.
76.2 cm x 81.3 cm (30" x 32")
Made in 1955, gold frame – bronze plate
1 km (7/11 mile) of yarn
Presented to Mr. Eisenhower through Mr. Howard Pyle at the White House, Washington, DC, Thursday, June 27, 1957.

Dwight D. Eisenhower, président des États-Unis
76,2 cm x 81,3 cm [30" x 32"]
Faite en 1955, cadre en or avec une étiquette en bronze
1 km [7/11 d'un mille] de laine
Présentée à M. Eisenhower, via M. Howard Pyle, à la Maison-Blanche, à Washington, DC, le jeudi 27 juin 1957

10.

Sabre Jet
83.8 cm x 86.4 cm (33" x 34")
Made in 1956 from Paul Pix Photo in Harelson Stable – Glendale, AZ
Sold to a lady from Boston before it was finished in 1956.

Sabre Jet (cheval de course)
83,8 cm x 86,4 cm [33" x 34"]
Faite en 1956 à partir d'une photo Paul Pix prise à l'écurie Harelson, Glendale, AZ
Vendue à une dame de Boston avant même qu'elle ne soit complétée

11.

Sabre Jet –Saguaro Lake, Ariz.
83.8 cm x 86.4 cm (33" x 34")
Made at Margaree Harbour 1956, from Paul Pix photos
Sold August 9, 1974

Sabre Jet, avec le lac Saguaro, de l'Arizona, en arrière-plan
83,8 cm x 86,4 cm [33" x 34"]
Faite au Havre de *Magré*, en 1956, à partir d'une photo Paul Pix
Vendue le 9 août 1974

12. 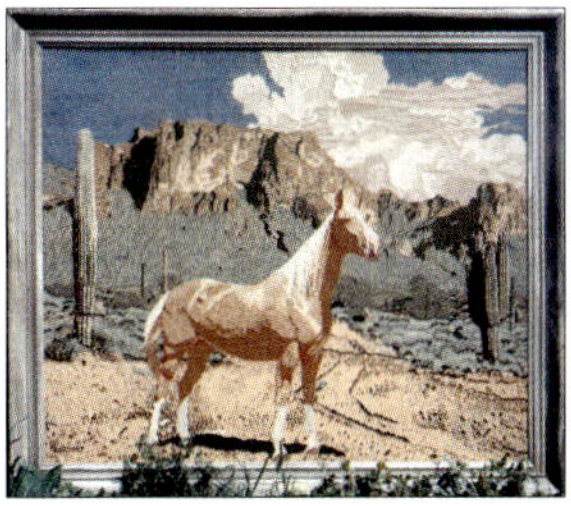

Lark's Golden Eagle at Palo-Lee Stables, Phoenix, AZ
80.0 cm x 86.4 cm (31.5" x 34")
Made in 1956 from Paul Pix Photo
Sold July 20, 1974

Lark's Golden Eagle de l'écurie Palo-Lee, Phoenix, AZ
80,0 cm x 86,4 cm [31,5" x 34"]
Faite en 1956 à partir d'une photo Paul Pix
Vendue le 20 juillet 1974

13. 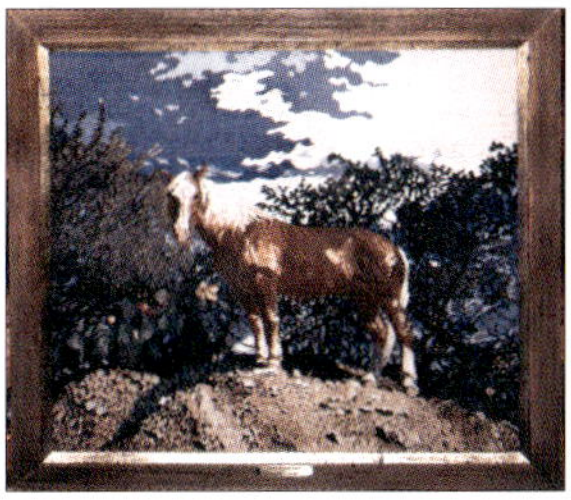

Personality – (Palomino from Harelson Stables, Phoenix, AZ)
Background Apache Leap at Superstition Mtn., Phx.
1.09 m x 1.32 m (43" x 52")
Made in 1956 From Paul Pix photos
2 months work and 2.1 km (1.33 miles) yarn
Sold August 25, 1975

Personality [jument palomino], de l'écurie Harelson, Phoenix, AZ
Apache Leap, mont Superstition, en arrière-plan
1,09 m x 1,32 m [43" x 52"]
Faite en 1956 à partir d'une photo Paul Pix
2 mois de travail et 2,1 km [1,33 mille] de laine
Vendue le 25 août 1975

14. 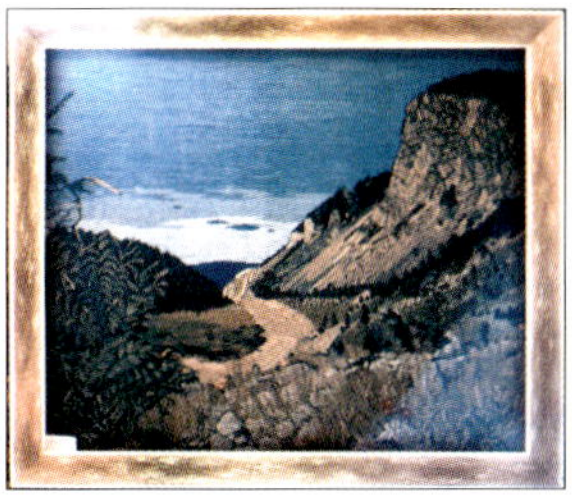

Rigwash Valley
81.3 cm x 101.6 cm (32" x 40")
Made in 1957 from Paul Pix photo
Sold September 10, 1968

La vallée de la Rigouèche
81,3 cm x 101,6 cm [32" x 40"]
Faite en 1957 à partir d'une photo Paul Pix
Vendue le 10 septembre 1968

15. 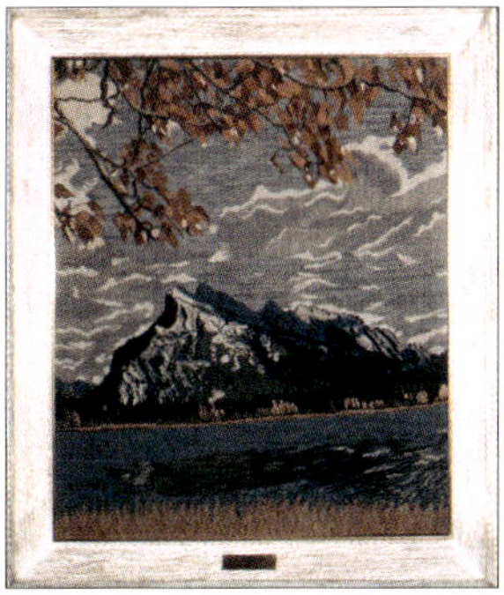

Mount Rundle (Fall colours)
76.2 cm x 81.3 cm (30" x 32")
Made in 1957 from Paul Pix photo
Sold September 18, 1973

Le mont Rundle [couleurs d'automne]
76,2 cm x 81,3 cm [30" x 32"]
Faite en 1957 à partir d'une photo Paul Pix
Vendue le 18 septembre 1973

16.

Lt. John S. Martin USAF
68.6 cm x 83.8 cm (27" x 33")
Made in 1957 from 1943 B&W photo – hand coloured by Paul Pix.
On July 16, 1958, changes were made (see details page 40).
Mailed in 1958 to Lt. Martin in Vancouver

Le lieutenant John S. Martin, forces aériennes des États-Unis
68,6 cm x 83,8 cm [27" x 33"]
Faite en 1957 à partir d'une photo en noir et blanc en date de 1943 et teinte à la main par Paul Pix en 1957
Le 16 juillet 1958, quelques modifications furent apportées à cette pièce [détails à la page 40]
Expédiée à M. Martin à Vancouver en 1958

17. 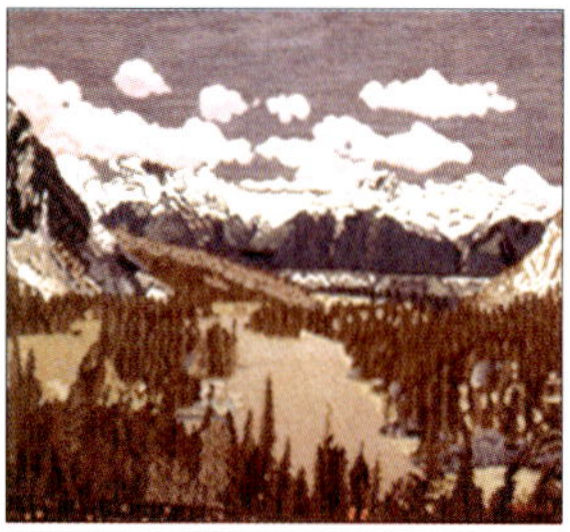

Bow Valley – Banff, Alberta
72.4 cm x 81.3 cm (28.5" x 32")
From Paul Pix photo, 1951
32 colours
Hooking begun July 9, 1957, finished July 20, 1957
Given to Ken's daughter Margaret and later discovered destroyed.

La vallée de la Bow - Banff, Alberta
72,4 cm x 81,3 cm [28,5" x 32"]
À partir d'une photo Paul Pix en date de 1951
32 couleurs
Commencée le 9 juillet et terminée le 20 juillet, en 1957
Donnée à Margaret, la fille de Ken
On a découvert plus tard que cette piéce avait été détruite.

18. 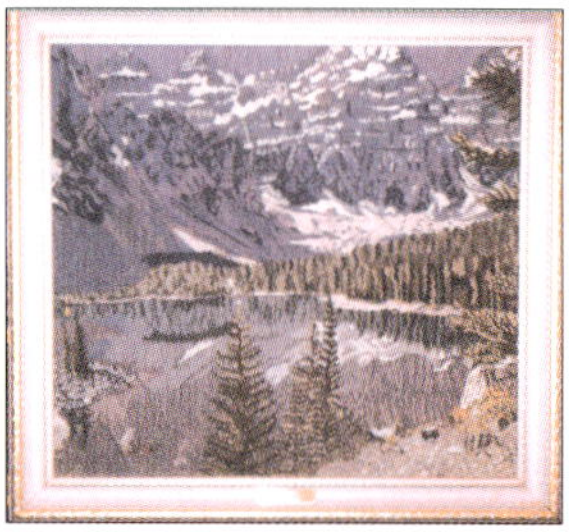

Moraine Lake – Alberta
83.8 cm x 72.4 cm (33" x 28.5")
From Paul Pix photo 1951
Wool dyed July 22, 1957 - 52 colours
Hooking begun July 23, finished August 8, 1957
Given to daughter Margaret and later discovered destroyed.

Le lac Moraine, en Alberta
83,8 cm x 72,4 cm [33" x 28,5"]
À partir d'une photo Paul Pix en date de 1951
Laine teinte le 22 juillet 1957 - 52 couleurs
Commencée le 23 juillet et terminée le 8 août, en 1957
Donnée à Margaret, la fille de Ken
On a découvert plus tard que cette piéce avait été détruite.

19. 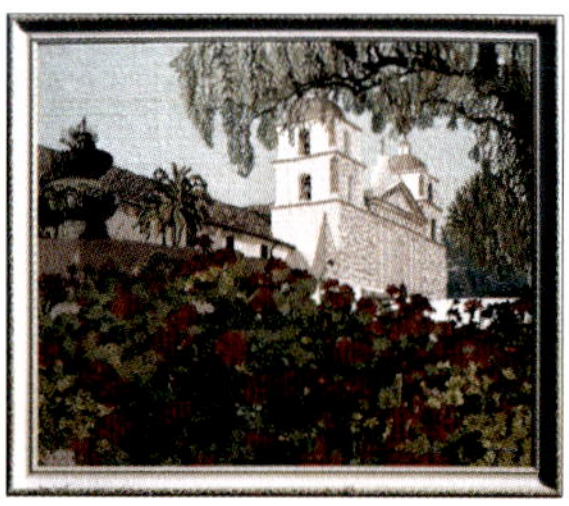

Santa Barbara Mission – California
1.3 m x 1.1 m (51" x 43")
Sketched in October 1956, from Paul Pix photo
2.1 km (1.33 miles) of yarn, dyed August 9, 1957 - 49 colours
Hooking begun August 10, finished September 30, 1957, (with an interruption of 5 days to make tapestry no. 20)
Framed by Lévi LeBlanc
Sold June 10, 1976

La mission de Santa Barbara, en Californie
1,3 m x 1,1 m [51" x 43"]
Dessinée en octobre 1956 à partir d'une photo Paul Pix
1 1/3 mille [2,1 km] de laine teinte le 9 août 1957 - 49 couleurs
Commencée le 10 août et terminée le 30 septembre, en 1957 [avec une interruption de cinq jours pour la confection de la pièce no 20]
Encadrée par Lévi LeBlanc
Vendue le 10 juin 1976

20. 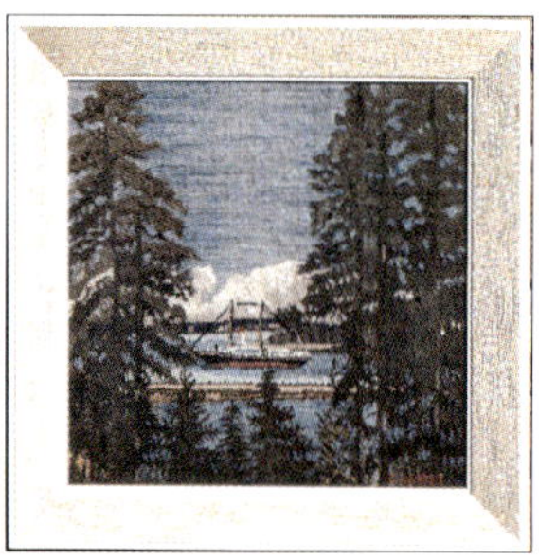

Baddeck Light from Bell Museum grounds
45.7 cm x 48.3 cm (18" x 19")
From Paul Pix photo
Dyed August 21, 1957 – 4 days of hooking
Made for Premier Robert Stanfield and presented to him in his Halifax office Wednesday, September 4, 1957.

Le phare de Baddeck, vu des terrains du musée Alexander-Graham-Bell
45,7 cm x 48,3 cm [18" x 19"]
À partir de photos Paul Pix
Dessin et teinture de la laine le 21 août 1957
Confectionnée en seulement quatre jours
Présentée au premier ministre Robert Stanfield, dans son bureau à Halifax, le mercredi 4 septembre 1957

21. 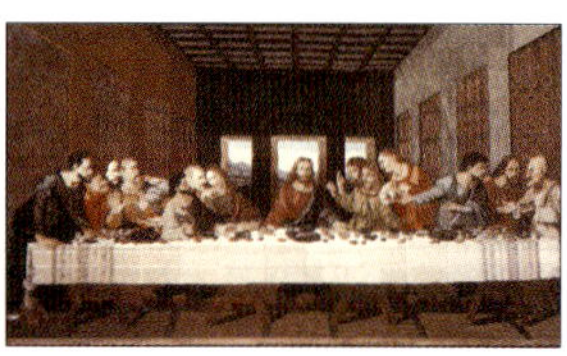

The Last Supper (See pages 39-40 for description)

La Cène [détails aux pages 39-40]

22.

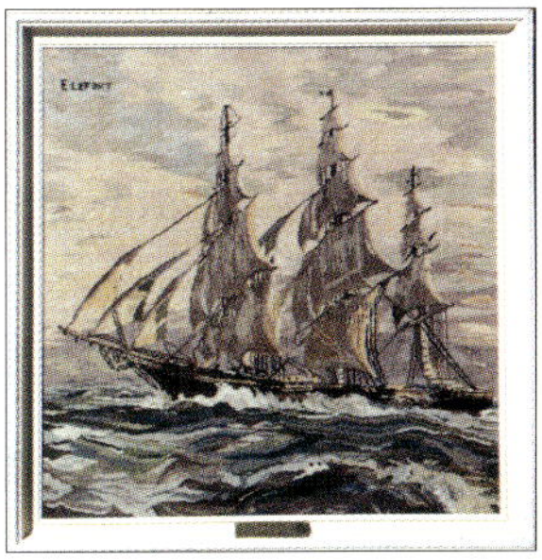

Sailing Ship Fairbreeze (3 masts – pink sunset)
64.8 cm x 67.3 cm (25.5" x 26.5")
Made in Winter 1957-58 from print
0.7 km (11/26 mile) of yarn
Sold August 20, 1959

Le navire Fairbreeze [goélette à trois mâts, devant un coucher de soleil rosâtre]
64,8 cm x 67,3 cm [25,5" x 26,5"]
Faite durant l'hiver 1957-58, à partir d'une reproduction d'une peinture
0,7 km [11/26 d'un mille] de laine
Vendue le 20 août 1959

23.

Before the Wind
58.4 cm x 78.7 cm (23" x 31")
Winter of 1957-58 from a print
0.8 km (10/21 mile) of yarn, blues dominating
Sold July 19, 1958, crated by Lévi LeBlanc

Le navire Before the Wind
58,4 cm x 78,7 cm [23" x 31"]
Faite durant l'hiver 1957-58 à partir d'une reproduction d'une peinture,
0,8 km [10/21 d'un mille] de laine, avec les teintes bleues prédominantes
Vendue le 19 juillet 1958, encaissée par Lévi LeBlanc

24.

Down to the Sea (3 masts)
66.7 cm x 52.1 cm (26.25" x 20.5")
Made winter of 1957-58
0.7 km (8/19 mile) of yarn
Sold June 21, 1959

Le navire Down to the Sea (goélette à trois mâts)
66,7 cm x 52,1 cm [26,25" x 20,5"]
Faite durant l'hiver 1957-58
0,7 km [8/19 d'un mille] de laine
Vendue le 21 juin 1959

25.

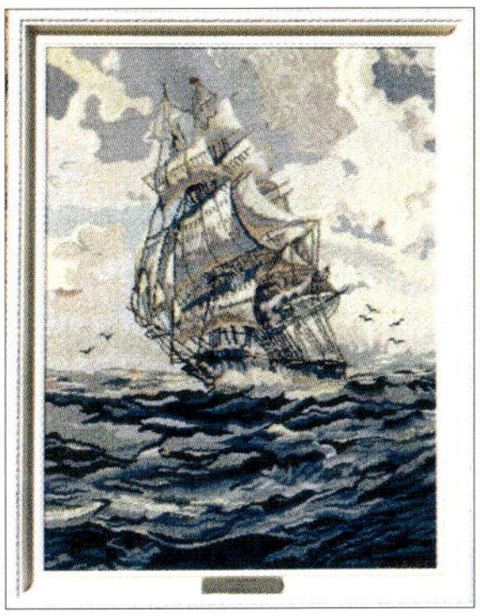

Fair Weather (pink sunset)
52.1 cm x 67.9 cm (20.5" x 26.75")
Made during Winter of 1957-58, from a print
0.6 km (7/19 mile) of yarn
Sold February 4, 1959

Le navire Fair Weather (goélette à trois mâts)
Pièce verticale de 52,1 cm x 67,9 cm [20,5" x 26,75"]
Faite durant l'hiver 1957-58, à partir d'une reproduction d'une peinture
0,6 km [7/19 d'un mille] de laine
Vendue le 4 février 1959

26.

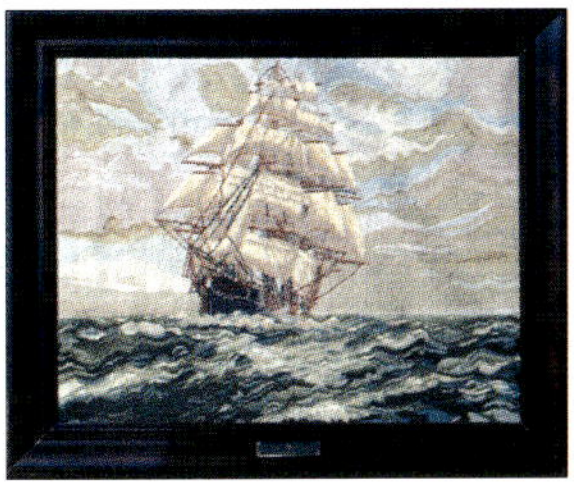

Long Voyage (Sailing Ship)
58.4 cm x 76.2 cm (23" x 30")
Made Winter of 1957-58, from a print
0.7 km (4/9 mile) of yarn
Sold September 28, 1975

Le navire [Long Voyage]
58,4 cm x 76,2 cm [23" x 30"]
Faite durant l'hiver 1957-58, à partir d'une reproduction d'une peinture
0,7 km [4/9 d'un mille] de laine
Vendue le 28 septembre 1975

27.

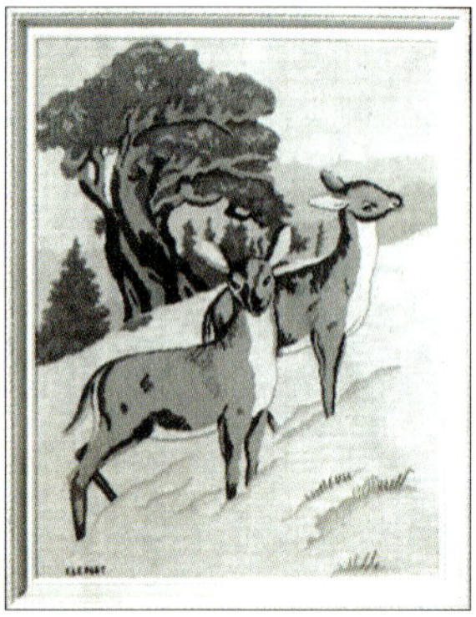

Two Deer
66.0 cm x 83.8 cm (26" x 33")
Made in April 1958 from a Christmas card
0.9 km (5/9 mile) of yarn
Reframed by Powell in September 1974
Sold July 21, 1975

Une scène d'hiver avec deux chevreuils
66,0 cm x 83,8 cm [26" x 33"]
Faite en avril 1958 à partir d'une carte de Noël
0,9 km [5/9 d'un mille] de laine
Encadrée par Powell en septembre 1974
Vendue le 21 juillet 1975

28.

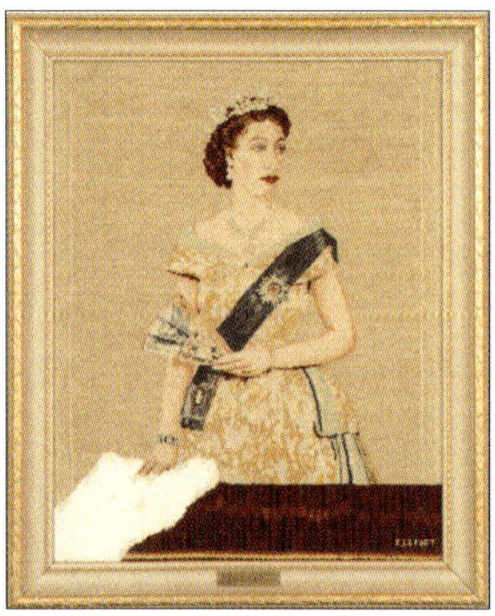

Queen Elizabeth II
63.5 cm x 78.7 cm (25" x 31")
Sketched on May 14, 1958 from print from Matthews Bros., Toronto
0.8 km [0.5 mile] of yarn - 58 Colours
Framed by Lévi LeBlanc, May 30, 1958

La reine Elizabeth II
63,5 cm x 78,7 cm [25" x 31"]
Dessinée le 14 mai 1958 à partir d'une reproduction d'une peinture de Matthews Brothers, de Toronto
0,8 km [0.5 d'un mille] de laine, 58 couleurs
Encadrée par Lévi LeBlanc le 30 mai 1958

29.

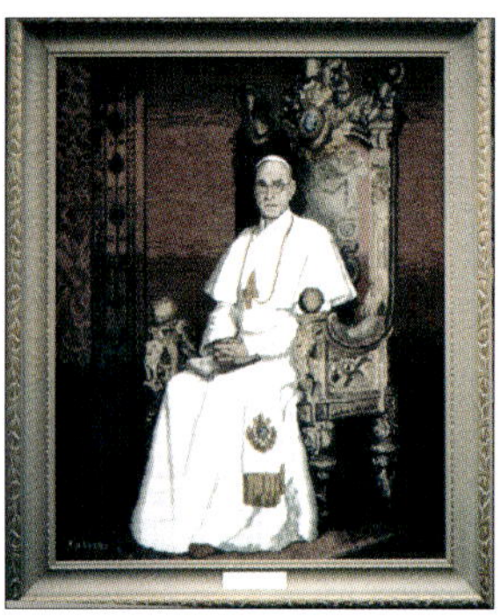

Pope Pius XII
62.9 cm x 79.4 cm (24.75" x 31.25") (see pages 36-39)
Sketched July 14, 1958, from a picture in the *Star Weekly*
Yarn dyed July 15, 1958, 55 colours
Began July 16, finished July 29, 1958
Frame made by Lévi LeBlanc

Le pape Pie XII
62,9 cm x 79,4 cm [24,75" x 31,25"]
[détails aux pages 36 et 39]
Dessinée le 14 juillet 1958 à partir d'une reproduction d'une peinture dans la revue *Star Weekly*
Laine teinte en 55 couleurs le 15 juillet 1958
Commencée le 16 juillet et terminée le 29 juillet, en 1958
Cadre doré installé par Lévi LeBlanc

30.

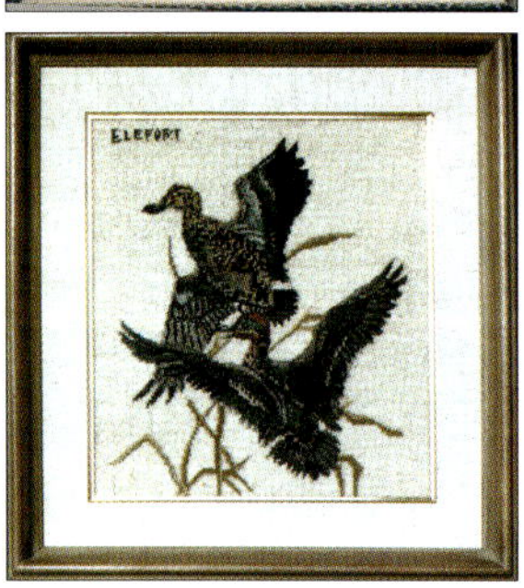

Green-Winged Teals
30.5 cm x 34.3 cm (12" x 13.5")
Drawn in Cape Breton in September, 1958, from a print by Fenwick Lansdowne
Dyed on November 27, 1958, at Laguna Beach, CA, 30 colours
Begun November 28, (in spare time), finished December 3, 1958. Framed at Laguna Beach
Sold in April, 1959

Sarcelles à ailes vertes
30,5 cm x 34,3 cm [12" x 13,5"]
Dessinée au Cap-Breton en septembre 1958 à partir d'une reproduction d'une peinture de Fenwick Lansdowne
Laine teinte en 30 couleurs le 27 novembre 1958 à Laguna Beach, en Californie
Pièce confectionnée à temps perdu entre le 28 novembre et le 3 décembre, en 1958
Encadrée à Laguna Beach
Vendue en avril 1959

31.

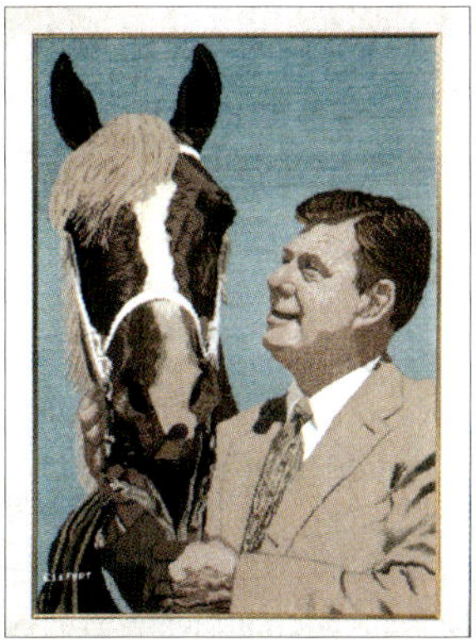

Arthur Godfrey and Goldie
55.9 cm x 78.7 cm (22" x 31")
Drawn at Laguna Beach, CA, November 29, 1958, from *Star Weekly* print
Wool dyed on December 4 - 52 colours
Finished Saturday, December 20, 1958.
Presented to Arthur Godfrey on his last *A.M. Show* in April 1959

Arthur Godfrey et son cheval, Goldie
55,9 cm x 78,7 cm [22" x 31"]
Dessinée à Laguna Beach, en Californie, le 29 novembre 1958, à partir d'une reproduction d'une peinture dans la revue *Star Weekly*
Laine teinte en 52 couleurs le 4 décembre 1958
Pièce complétée le 20 décembre 1958
Présentée à M. Godfrey à l'occasion de sa dernière émission du matin en avril 1959

32.

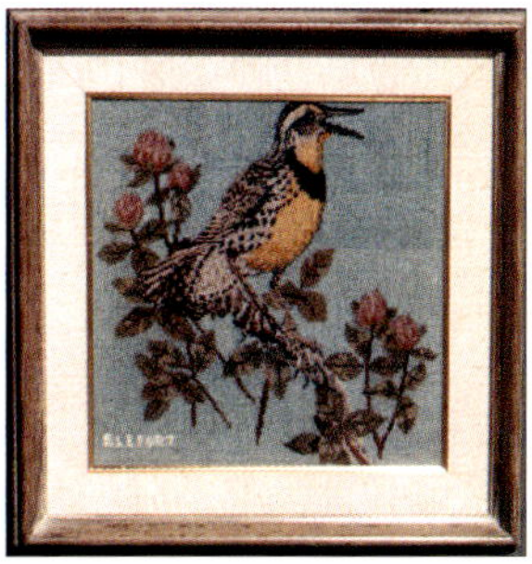

Western Meadowlark
35,6 cm x 35,6 cm (14" x 14")
Drawn in CB in September 1958, from Fenwick Lansdowne print
Dyed, using Putnam dyes, on December 22, 1958, at Laguna Beach - 30 colours
Begun December 27, 1958, finished January 1, 1959.
Given to Ken's sister

La sturnelle de l'Ouest
35,6 cm x 35,6 cm [14" x 14"]
Dessinée au Cap-Breton en septembre 1958, à partir d'une reproduction d'une peinture de Fenwick Lansdowne
Laine teinte en 30 couleurs le 22 décembre 1958, à Laguna Beach
Commencée le 27 décembre 1958 et terminée le 1er janvier 1959
Donnée à la sœur de Ken

33.

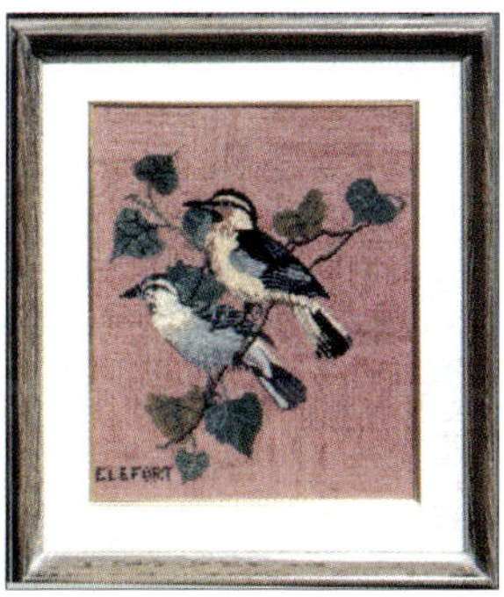

Bullock's Orioles
Drawn in CB September 1958, from Fenwick Landsdowne print
Dyed at Laguna Beach January 1959 - 26 colours
Begun January 2, finished January 6, 1959

Loriots de Bullock
Dessinée au Cap-Breton en septembre 1958, à partir d'une reproduction d'une peinture de Fenwick Lansdowne
Laine teinte en 26 couleurs en janvier 1959, à Laguna Beach
Commencée le 2 janvier et terminée le 6 janvier, en 1959

34.

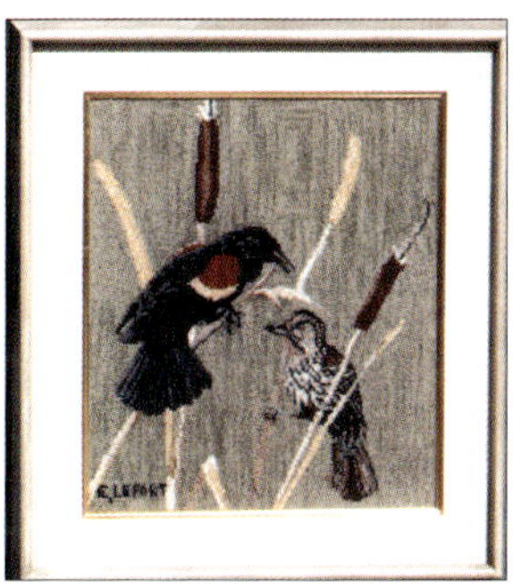

Red-Winged Blackbird
36.8 cm x 31.1 cm (14.5" x 12.25")
Drawn in CB September, 1958, from Fenwick Lansdowne Print
Dyed at Laguna Beach, January 6, 1959 - 30 colours
Begun January 6, finished January 9, 1959
Sold on June 27, 1968

Le merle à ailes rouges
36,8 cm x 31,1 cm [14,5" x 12,25"]
Dessinée au Cap-Breton en septembre 1958, à partir d'une reproduction d'une peinture de Fenwick Lansdowne
Laine teinte en 30 couleurs le 6 janvier 1959, à Laguna Beach
Commencée le 6 janvier et terminée le 9 janvier, en 1959
Vendue le 27 juin 1968

35.

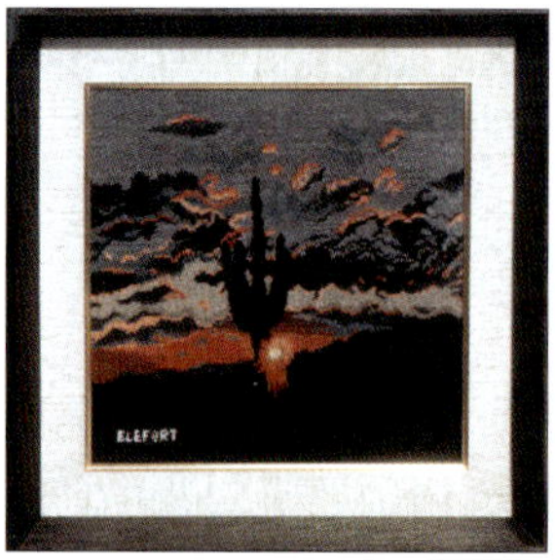

Arizona Sunset
36.2 cm x 36.2 cm (14.25" x 14.25")
Drawn in CB September, 1958, from Paul Pix photo
Dyed at Laguna Beach, January 12, 1959 - 16 colours
Begun January 12, finished January 16, 1959
Sold March 8, 1959

Un coucher de soleil en Arizona
36,2 cm x 36,2 cm [14,25" x 14,25"]
Dessinée au Cap-Breton en septembre 1958 à partir d'une photo Paul Pix
Laine teinte en 16 couleurs le 12 janvier 1959, à Laguna Beach
Commencée le 12 janvier et terminée le 16 janvier, en 1959
Vendue le 8 mars 1959

36.

MacGillivray's Warbler
Drawn in CB September 1958, from Fenwick Lansdowne print
Dyed Laguna Beach, January 19, 1959 - 23 colours
Begun January 19, finished January 21, 1959
Sold July 13, 1959

La fauvette des buissons
Dessinée au Cap-Breton en septembre 1958 à partir d'une reproduction d'une peinture de Fenwick Lansdowne
Laine teinte en 23 couleurs le 19 janvier 1959, à Laguna Beach
Commencée le 19 janvier et terminée le 21 janvier, en 1959
Vendue le 13 juillet 195

37.

California Quail
Drawn in CB September 1958, from Fenwick Lansdowne print
Dyed at Phoenix January 1959 - 28 colours
Begun January 25, finished January 28, 1959
Presented to Dr. Kermit Long, Central Methodist Church, Phoenix, AZ, in appreciation of his kindness.

La caille de Californie
Dessinée au Cap-Breton en septembre 1958 à partir d'une reproduction d'une peinture de Fenwick Lansdowne
Laine teinte en 28 couleurs en janvier 1959, à Phoenix
Commencée le 25 janvier et terminée le 28 janvier, en 1959
Présentée au Dr Kermit Long, du Central Methodist Church de Phoenix, en 1959, en guise d'appréciation de sa bienveillance

38.

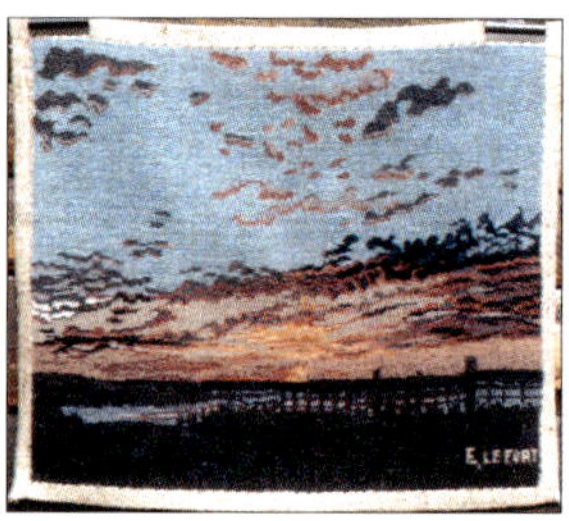

Margaree Sunset
33 cm x 33 cm (13" x 13")
Drawn in CB September, 1958, from Paul Pix photo
Dyed at Phoenix January, 1959 - 15 colours
Begun January 30, finished February 4, 1959
Sold July 31, 1960

Un coucher de soleil à Margaree [Magré]
33 cm x 33 cm [13" x 13"]
Dessinée au Cap-Breton en septembre 1958 à partir d'une photo Paul Pix
Laine teinte en 15 couleurs en janvier 1959, à Phoenix
Commencée le 30 janvier et terminée le 4 février, en 1959
Vendue le 31 juillet 1960

39.

Mt. Rundle
38,1 cm x 39,4 cm [15" x 15,5"]
Drawn in CB September, 1958, from Paul Pix photo
Dyed at Phoenix February, 1959 - 21 colours
Begun February 5, finished February 9, 1959

Le mont Rundle
38,1 cm x 39,4 cm [15" x 15,5"]
Dessinée au Cap-Breton en septembre 1958 à partir d'une photo Paul Pix
Laine teinte en 21 couleurs en février 1959, à Phoenix
Commencée le 5 février et terminée le 9 février, en 1959

40.

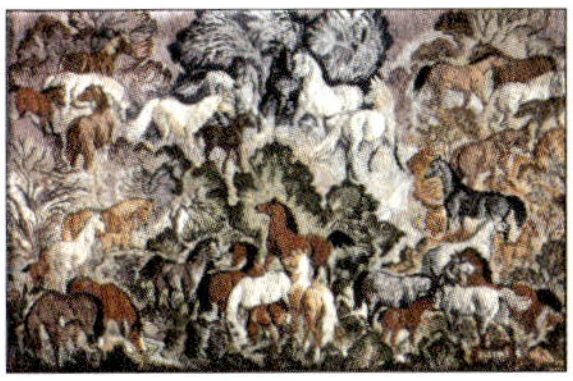

Four Seasons, Thirty-four Horses
78.7 cm x 125.7 cm (31" x 49.5")
Drawn at Phoenix February 7-8-9, 1959, from *Foster Drawing Book*
Dyed at Phoenix February 10, 1959 - 101 colours
Begun February 11, finished March 7, 1959
1.6 km (1 mile, 40 ft) of yarn - 256,000 loops

Quatre saisons (trente-quatre chevaux)
78,7 cm x 125,7 cm [31" x 49,5"]
Dessinée à Phoenix les 7, 8 et 9 février 1959, à partir d'une image dans le *Foster Book of Drawing: Horses [Le livre de dessin de Foster: les chevaux]*
Laine teinte en 101 couleurs le 10 février 1959, à Phoenix
Commencée le 11 février et terminée le 7 mars, en 1959
1,6 km [un mille et 40 pieds] de laine, 256 000 points

41.

Portrait – Deceased Father of Sonny Bartlett (Phoenix)
Drawn March 13, 1959, from B&W snapshot
Dyed March 14, 1959 - 22 colours
Begun March 14, finished March 19, 1959

Portrait du défunt père de Sonny Bartlett [*de Phoenix*]
Dessinée le 13 mars 1959 à partir d'une photo en noir et blanc
Laine teinte en 22 couleurs le 14 mars 1959
Commencée le 14 mars et terminée le 19 mars, en 1959

42.

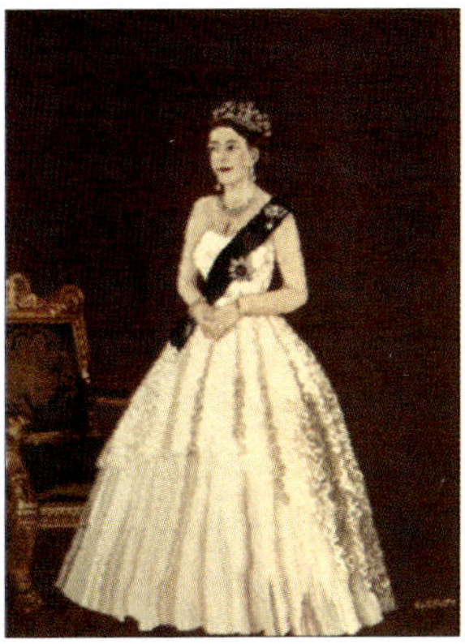

Queen Elizabeth II
68.6 cm x 85.1 cm (27" x 33.5")
Drawn from Matthews Co. Print in October, 1958
Some colours dyed in October, 1958, others in May, 1959
Few minutes hooking demonstration to IODE, Sydney, November 6, 1958
Begun May 14, at home, finished on May 30, 1959 – 50 colours
53,000 loops
Sent June 1, 1959 to Powell, Toronto, for framing
Presented in person to the Queen in Sydney July 31, 1959

La reine Elizabeth II
68,6 cm x 85,1 cm [27" x 33,5"]
Dessinée en octobre 1958 à partir d'une reproduction d'une peinture de la Compagnie Matthews
50 couleurs de laine, les unes teintes en octobre 1958 et les autres en mai 1959
Quelques minutes de travail sur cette pièce furent présentées comme démonstration de la technique et de l'art d'Élizabeth devant les members de l'Ordre impérial des filles de l'Empire, à Sydney, le 6 novembre 1958.
Commencée pour de bon à domicile le 14 mai et terminée le 30 mai, en 1959
Expédiée le 1er juin 1959 à Powell, de Toronto, pour l'encadrement
Présentée à la reine en personne, à Sydney, le 31 juillet 1959

43.

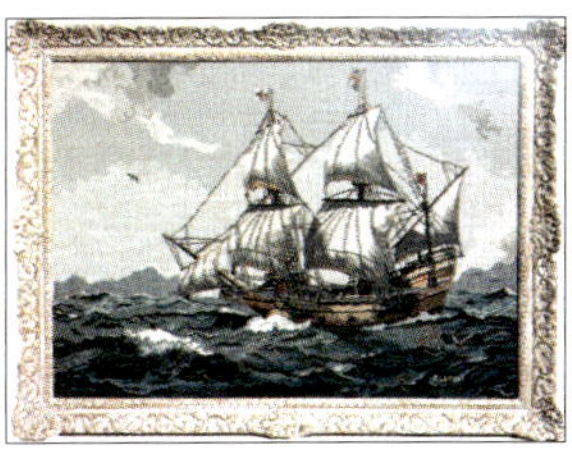

Mayflower II
67.3 cm x 94.0 cm (26.5" x 37")
Drawn October 1958, from news picture
Some colours dyed in Phoenix - 54 colours
Used for demonstration in Toronto and NY in April, 1959.
Steady hooking begun June 15, finished June 27, 1959
1.0 km [7/11 mile] of yarn, 166,000 loops
Sold July 16, 1975

Mayflower II
67,3 cm x 94,0 cm [26,5" x 37"]
Dessinée en octobre 1958 à partir d'une photo de journal
Laine teinte en 54 couleurs, dont certaines teintes à Phoenix
Utilisée pour démontrer la technique et l'art d'Élizabeth à Toronto et à New York, en avril 1959
Confection de la pièce reprise pour de bon le 15 juin et terminée le 27 juin, en 1959
1,0 km [7/11 d'un mille] de laine, 166 000 points
Vendue le 16 juillet 1975

44.

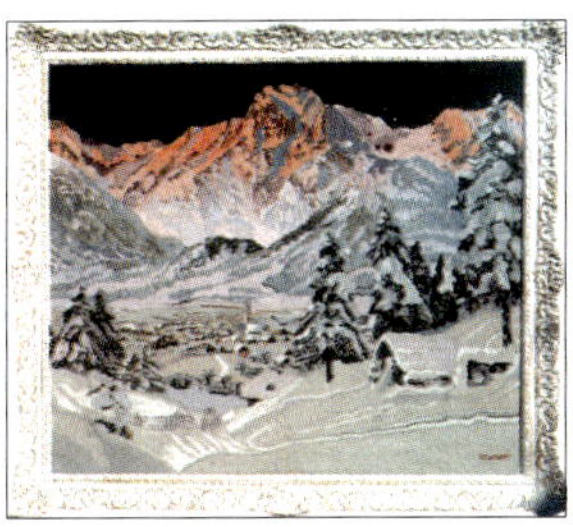

Alpine Sunset
83.8 cm x 100.3 cm (33" x 39.5")
Drawn from Matthews Co. print
Dyed at Paul Pix June 29, 1959 - 59 colours
Begun June 30, finished July 24, 1959
1.4 km (6/7 mile) of yarn, 221,000 loops
Sold August 14, 2976

Un coucher de soleil sur les Alpes
83,8 cm x 100,3 cm [33" x 39,5"]
Dessinée à partir d'une reproduction d'une peinture de la Compagnie Matthews
Laine teinte en 59 couleurs le 29 juin 1959, à la boutique Paul Pix
Commencée le 30 juin et terminée le 24 juillet, en 1959
1,4 km [6/7 d'un mille] de laine, 221 000 points
Vendue le 14 août 1976

45.

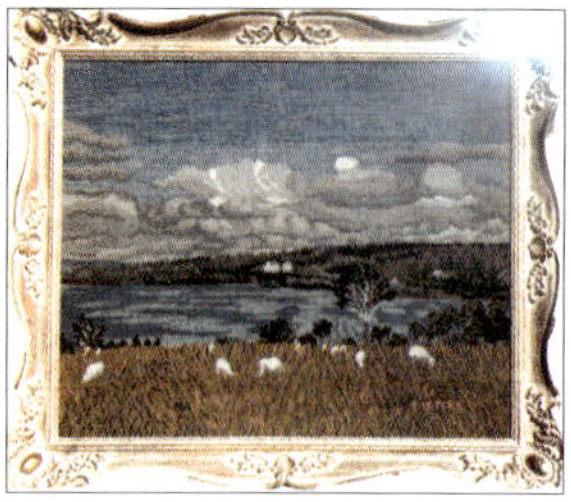

Lake Ainslee Sheep
45.7 cm x 56.5 cm (18" x 22.25")
Drawn October, 1958, from Paul Pix photo
Dyed July 23, 1959 - 23 colours
Begun July 24, finished August 3, 1959
0.4 km [1/4 mile] of yarn, 67,000 loops
Sold July 5, 1961

Moutons de Lake Ainslie
45,7 cm x 56,5 cm [18" x 22,25"]
Dessinée en octobre 1958 à partir d'une photo Paul Pix
Laine teinte en 23 couleurs le 23 juillet 1959
Commencée le 24 juillet et terminée le 3 août, en 1959
0,4 km [1/4 mille] de laine, 67 000 points
Vendue le 5 juillet 1961

46.

Cabin in Woods
55.9 cm x 72.4 cm (22" x 28.5")
Drawn October 1958, from Matthews Co. print
Dyed August 3, 1959 - 46 colours
Begun August 4, finished August 15, 1959
Sold August 24, 1965

Cabane dans les bois
55,9 cm x 72,4 cm [22" x 28,5"]
Dessinée en octobre 1958 à partir d'une reproduction d'une peinture de la Compagnie Matthews
Laine teinte en 46 couleurs le 3 août 1959
Commencée le 4 août et terminée le 15 août, en 1959
Vendue le 24 août 1965

47.

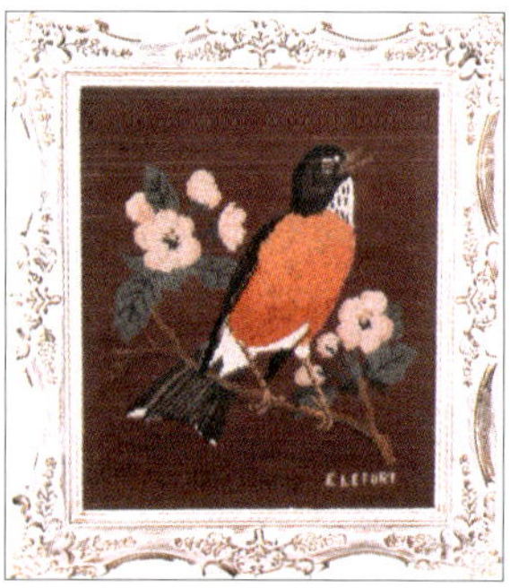

Robin
33.7 cm x 38.1 cm (13.25" x 15")
Drawn February 1959, from picture on match box found at Laguna Beach, CA
Left over yarns - 16 colours
Begun August 16, finished August 19, 1959
Sold July 20, 1965

Le merle d'Amérique
33,7 cm x 38,1 cm [13,25" x 15"]
Dessinée en février 1959 à partir d'une image sur une boîte d'allumettes trouvée à Laguna Beach, en Californie
Faite avec des restants de laine, 16 couleurs
Commencée le 16 août et terminée le 19 août, en 1959
Vendue le 20 juillet 1965

48.

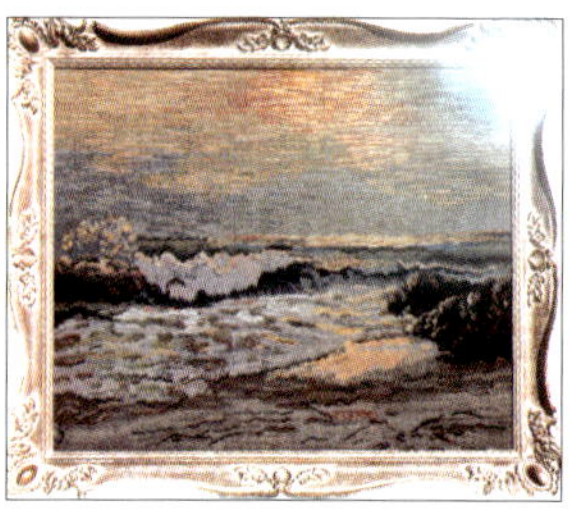

Sea and Sky
50.8 cm x 63.5 cm (20" x 25")
Drawn October, 1959, from a print
Dyed August 19, 1959 - 57 colours
Begun August 20,`finished August 29, 1959
Sold July 21, 1960

Mer et ciel
50,8 cm x 63,5 cm [20" x 25"]
Dessinée en octobre 1959 à partir d'une reproduction d'une peinture
Laine teinte en 57 couleurs le 19 août 1959
Commencée le 20 août et terminée le 29 août, en 1959
Vendue le 21 juillet 1960

49.

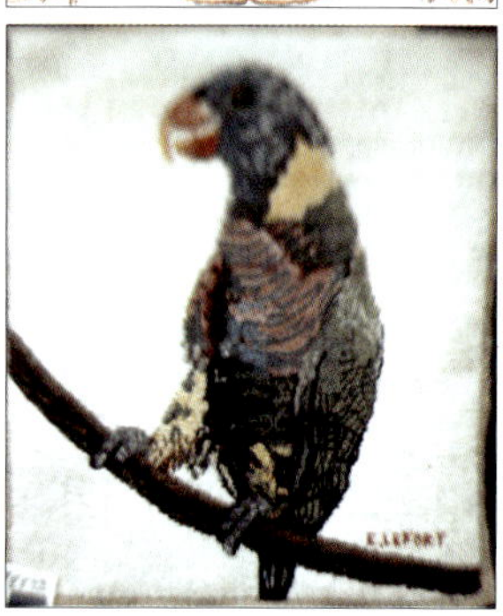

Parrot
38.1 cm x 43.2 cm (15" x 17")
Drawn August 1959, from *National Geographic* picture
Dyed August 31, 1959 - 38 colours
Begun August 31, finished SEptember 3, 1959
Sold August 6, 1966

Un perroquet
38,1 cm x 43,2 cm [15" x 17"]
Dessinée en août 1959 à partir d'une photo de *National Geographic*
Laine teinte en 38 couleurs le 31 août 1959
Commencée le 31 août et terminée le 3 septembre, en 1959
Vendue le 6 août 1966

50. 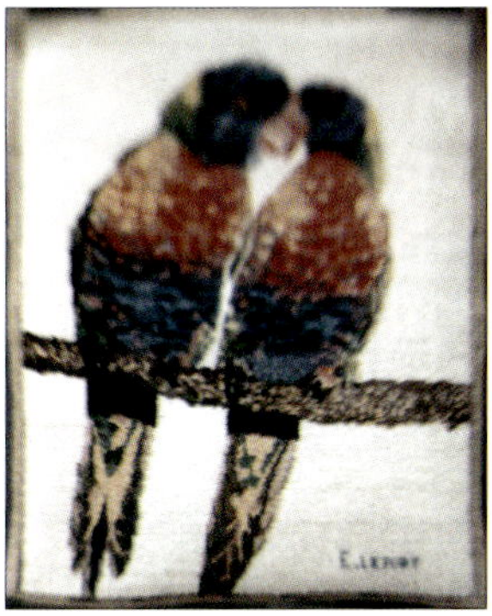

Two Parrots
38.1 cm x 49.5 cm (15" x 19.5")
Drawn August, 1959, from *National Geographic* picture
Dyed September, 3, 1959 - 41 colours
Begun September 3, finished September 12, 1959
Sold September, 1966

Deux perroquets
38,1 cm x 49,5 cm [15" x 19,5"]
Dessinée en août 1959 à partir d'une photo de *National Geographic*
Laine teinte en 41 couleurs le 3 septembre 1959
Commencée le 3 septembre et terminée le 12 septembre, en 1959
Vendue en septembre 1966

51. 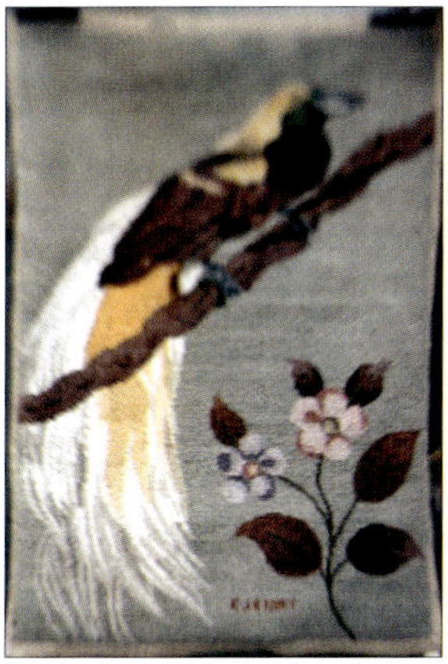

Bird of Paradise
40.6 cm x 58.4 cm (16" x 23")
Drawn August, 1959, from *National Geographic* picture
Dyed September, 1959 - 48 colours
Begun in September - 4 days
Sold August, 18, 1960

Le paradisier
40,6 cm x 58,4 cm [16" x 23"]
Dessinée en août 1959 à partir d'une photo de *National Geographic*
Laine teinte en 48 couleurs en septembre 1959
Faite en quatre jours au mois de septembre 1959
Vendue le 18 août 1960

52. 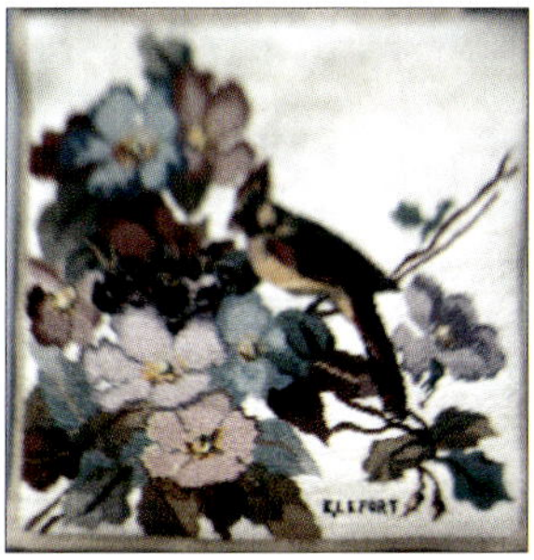

Cardinal and Nest
44.4 cm x 45.7 cm (17.5" x 18")
Drawn August, 1959, from a Print
Dyed September, 1959 - 63 colours
Begun September 23, finished September 26, 1959
Sold July 31, 1961

Un cardinal et son nid
44,4 cm x 45,7 cm [17,5" x 18"]
Dessinée en août 1959 à partir d'une reproduction d'une peinture
Laine teinte en 63 couleurs en septembre 1959
Commencée le 23 septembre et terminée le 26 septembre, en 1959
Vendue le 31 juillet 1961

53. 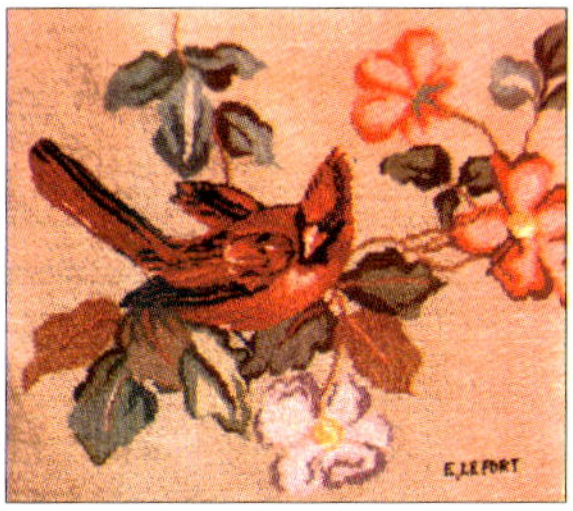

Male Cardinal
39.4 cm x 44.4 cm (15.5" x 17.5")
Drawn August, 1959, from a print
Dyed September, 1959
Hooked in 3 days to October, 3, 1959
Presented as a gift December 25, 1961, in appreciation for much publicity surrounding Elizabeth's portrait of President John F. Kennedy

Le mâle du cardinal
39,4 cm x 44,4 cm [15,5" x 17,5"]
Dessinée en août 1959 à partir d'une reproduction d'une peinture
Laine teinte en septembre 1959
Complétée en trois jours le 3 octobre 1959
Présentée le 25 décembre 1961, en guise d'appréciation pour la publicité qui avait fait connaître l'art d'Élizabeth au président John F. Kennedy

54.

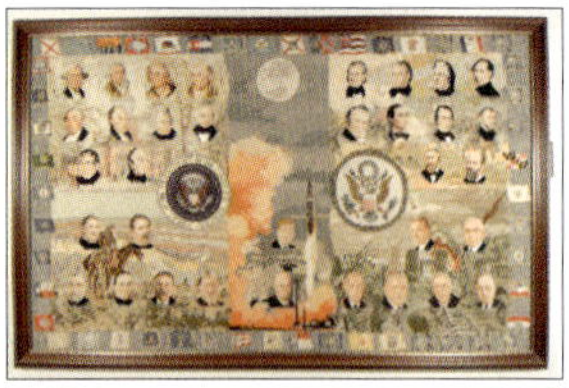

My Country 'Tis of Thee (US Presidential History)
See pages 42, 44-47

Mon pays, que je chante... [tableau de la succession des présidents américains]
[Détails aux pages 42, 44-47]

55.

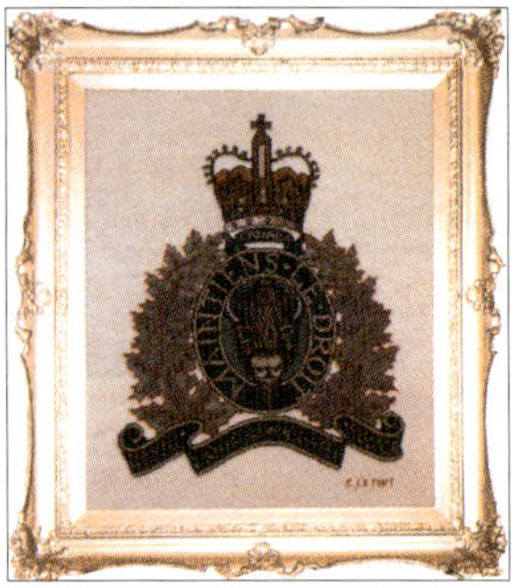

RCMP Crest
49.5 cm x 58.4 cm (19.5" x 23")
Worked on demonstration at Eaton's, Montreal, during spring tour 1960
29 colours
Sold August 29, 1970

L'écusson de la GRC
49,5 cm x 58,4 cm [19,5" x 23"]
Utilisée pour démontrer la technique et l'art des tapisseries d'Élizabeth au magasin Eaton, à Montréal, durant une tournée au printemps de 1960
29 couleurs
Vendue le 29 août 1970

56.

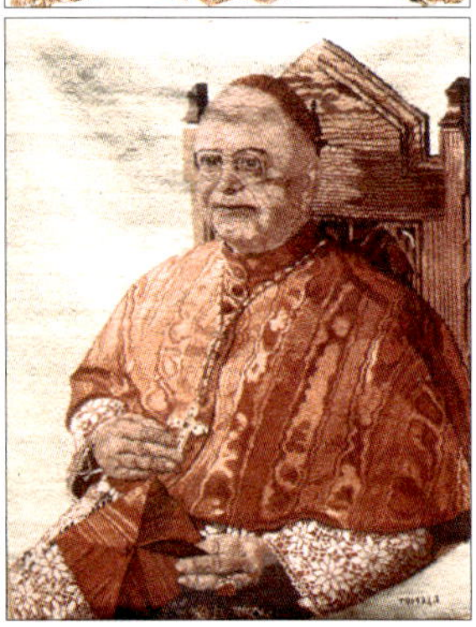

Cardinal McGuigan (Toronto)
71.1 cm x 88.9 cm (28" x 35")
From *Star Weekly* print
Worked in June, finished July 6, 1960
42 colours
Sold December, 1960

Son Éminence le cardinal McGuigan [de Toronto]
71,1 cm x 88,9 cm [28" x 35"]
À partir d'une reproduction d'une peinture dans la revue *Star Weekly*
Commencée en juin et terminée le 6 juillet, en 1960
42 couleurs
Vendue en décembre 1960

57.

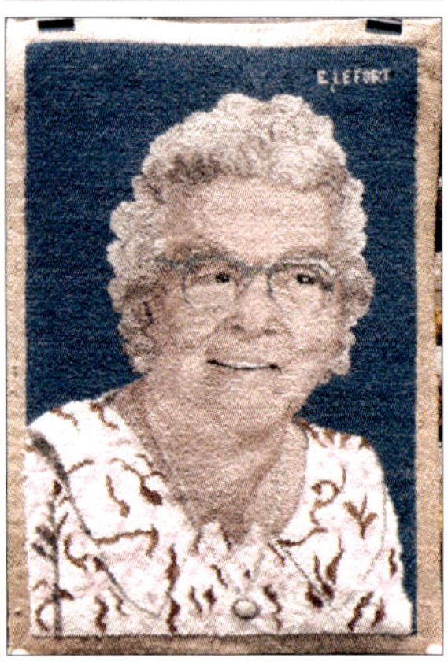

Mrs. Bartlett (Phoenix, AZ)
40.6 cm x 48.3 cm (16" x 19")
From B&W photo
Dyed July 6, 1960 - 29 colours
Begun July 7, finished July 12, 1960

Mme Bartlett [Phoenix, AZ]
40,6 cm x 48,3 cm [16" x 19"]
À partir d'une photo en noir et blanc
Laine teinte en 29 couleurs le 6 juillet 1960
Commencée le 7 juillet et terminée le 12 juillet, en 1960

58.

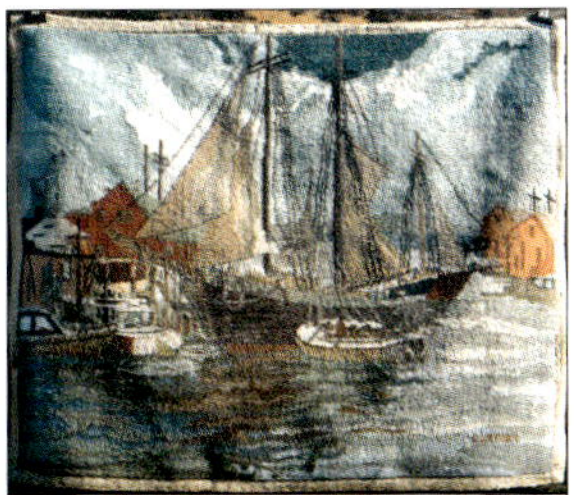

Harbour Scene
62.2 cm x 76.2 cm (24.5" x 30")
Drawn in 1958 from a print
Dyed July 13, 1960
Begun July 14, 1960, finished July 29, 1960
Sold while in process.
Shipped to Powell's for framing and forwarding

Scène d'un havre
62,2 cm x 76,2 cm [24,5" x 30"]
Dessinée en 1958 à partir d'une reproduction d'une peinture
Laine teinte le 13 juillet 1960
Commencée le 14 juillet et terminée le 29 juillet, en 1960
Vendue, avant même d'être complétée
Expédiée à Powell le 29 juillet 1960 pour l'encadrement et la livraison

59.

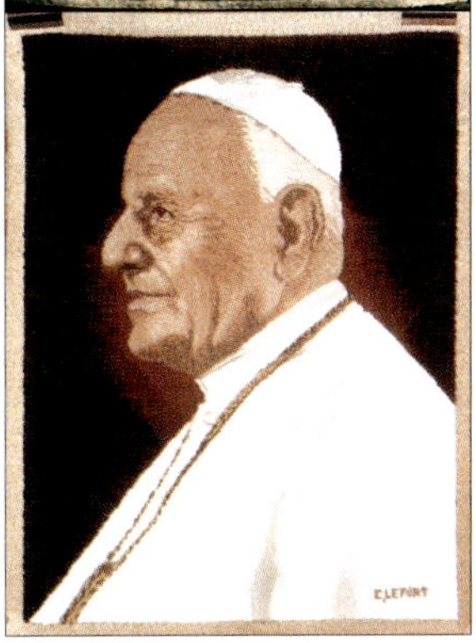

Pope John XXIII
50.8 cm x 68.6 cm (20" x 27")
Drawn from a print bought from Powell
Dyed July 28,1960 - 31 colours
Begun July 29, finished August 6, 1960
Sold to Catholic Women's League, Toronto, who presented it to Cardinal McGuigan

Le pape Jean XXIII
50,8 cm x 68,6 cm [20" x 27"]
Dessinée à partir d'une reproduction d'une peinture achetée chez Powell
Laine teinte en 31 couleurs le 28 juillet 1960
Commencée le 29 juillet et terminée le 6 août, en 1960
Vendue à la Catholic Women's League, de Toronto, pour présentation au cardinal McGuigan

60.

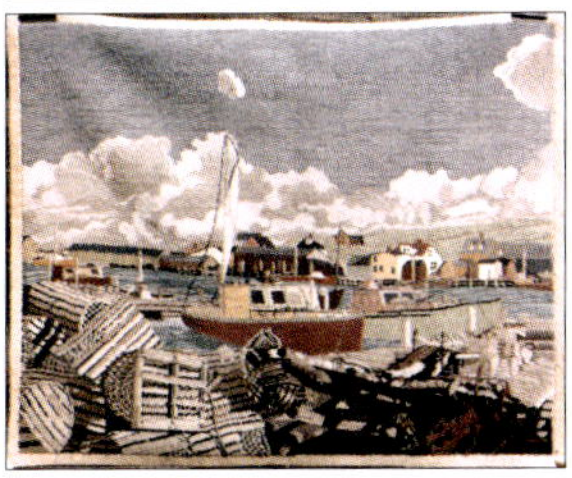

Grand Etang
Drawn August 8, 1960, from Paul Pix photo
Dyed August 8, 1960 - 52 colours
Begun August 9, finished August 24, 1960
Sold August 19, 1960

Grand Étang
Dessinée le 8 août 1960 à partir d'une photo Paul Pix
Laine teinte en 52 couleurs le 8 août 1960
Commencée le 9 août et terminée le 24 août, en 1960
Vendue le 19 août 1960

61.

Collingwood
69.2 cm x 94.6 cm (27.25" x 37.25")
Drawn August 25, 1960, from a print
Dyed August 25, 1960 - 72 colours
Begun August 25, finished September 10, 1960
Sold August 7, 1975

Collingwood
69,2 cm x 94,6 cm [27,25" x 37,25"]
Dessinée le 25 août 1960 à partir d'une reproduction d'une peinture
Laine teinte en 72 couleurs le 25 août 1960
Commencée le 25 août et terminée le 10 septembre, en 1960
Vendue le 7 août 1975

62.

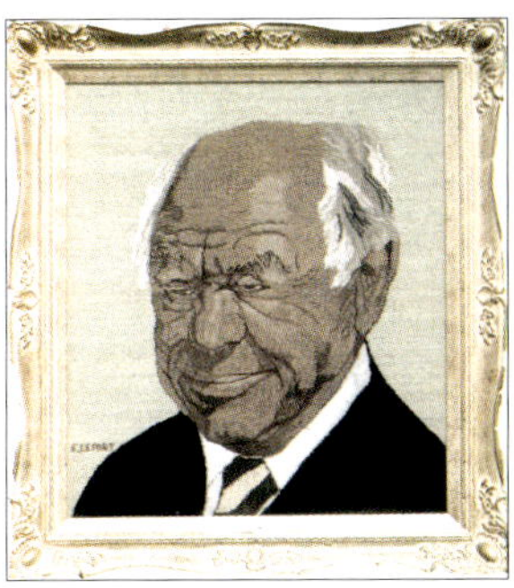

Lord Beaverbrook
54.6 cm x 59.7 cm (21.5" x 23.5")
Drawn in September 1960 from cover of *Atlantic Advocate*
Dyed in September 1960
Begun in October, finished October 22, 1960
Left with Powell in November 1960, for framing.
Presented in person at Beaverbrook Art Gallery, Fredericton, NB, September 6, 1961

Lord Beaverbrook
54,6 cm x 59,7 cm [21,5" x 23,5"]
Dessinée en septembre 1960 à partir d'une photo à la une de l'*Atlantic Advocate*
Laine teinte en septembre 1960
Faite au mois d'octobre 1960, terminée le 22 octobre
Laissée avec Powell en novembre 1960 pour l'encadrement
Présentée en personne à Lord Beaverbrook le 6 septembre 1961, à la galerie d'art Beaverbrook de Fredericton, NB

63.

Bartlett Family Group
62.2 cm x 94.0 cm (24.5" x 37")
Drawn in CB in October 1960, from various family photos
Dyed at Phoenix November 14 and 15, 1960 - 58 colours
Begun November 14, finished December 6, 1960

La famille Bartlett
62,2 cm x 94,0 cm [24,5" x 37"]
Dessinée au Cap-Breton en octobre 1960 à partir de diverses photos en couleurs fournies par la famille
Laine teinte en 58 couleurs les 14 et 15 novembre 1960, à Phoenix
Commencée le 14 novembre et terminée le 6 décembre, en 1960

64.

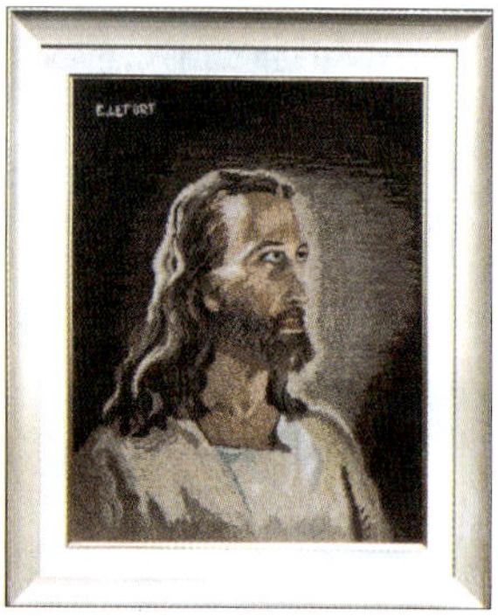

Jesus
40.6 cm x 50.8 cm (16" x 20")
Drawn at Phoenix in November 1960, from a print by Sallman provided by Powell
Dyed December 9, 1960 - 48 colours
Begun December 10, finished December 20, 1960
Sold to parish at Bloor and Martin Grove Streets, Islington, ON, and presented to parish priest on the 25th anniversary of his ordination

Jésus
40,6 cm x 50,8 cm [16" x 20"]
Dessinée à Phoenix en novembre 1960 à partir d'une reproduction d'une peinture de Sallman, obtenue chez Powell
Laine teinte en 48 couleurs le 9 décembre 1960
Commencée le 10 décembre et terminée le 20 décembre, en 1960
Vendue via Mme Flahiff à sa paroisse, rues Bloor et Martin Grove, Islington, ON, et présentée au curé à l'occasion du 25e anniversaire de son ordination

65.

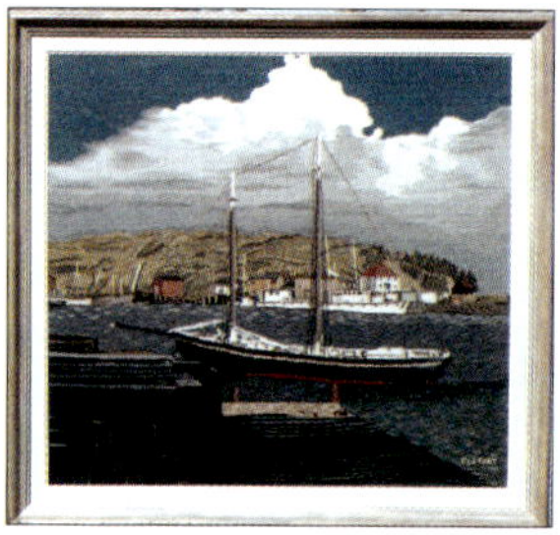

Placentia Bay
78.7 cm x 86.4 cm (31" x 34")
Drawn December 20, 1960, from picture in *Weekend Magazine*
Dyed December 20, 1960 - 46 colours
Begun December 21, 1960, finished January 11, 1961
Sold September 9, 1965

La baie de Plaisance, à Terre-Neuve
78,7 cm x 86,4 cm [31" x 34"]
Dessinée à Phoenix le 20 décembre 1960 à partir d'une photo dans la revue *Weekend Magazine*
Laine teinte en 46 couleurs le 20 décembre 1960
Commencée le 21 décembre 1960 et terminée le 11 janvier 1961
Vendue le 9 septembre 1965

66.

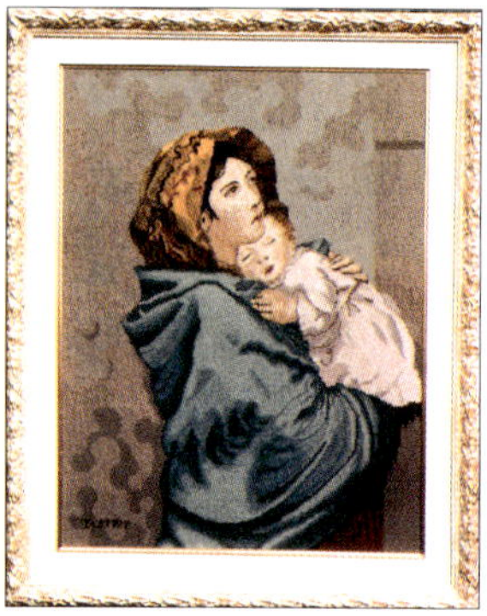

Madonna of the Streets
53.3 cm x 69.8 cm (21" x 27.5")
Drawn January 13, 1961, from a print bought in Phoenix, AZ
Dyed January 13, 1961 - 43 colours
Begun January 14, finished January 24, 1961
Sold in April 1962

La madone des rues
53,3 cm x 69,8 cm [21" x 27,5"]
Dessinée le 13 janvier 1961 à partir d'une reproduction d'une peinture achetée à Phoenix
Laine teinte en 43 couleurs le 13 janvier 1961
Commencée le 14 janvier et terminée le 24 janvier, en 1961
Vendue en avril 1962

67. 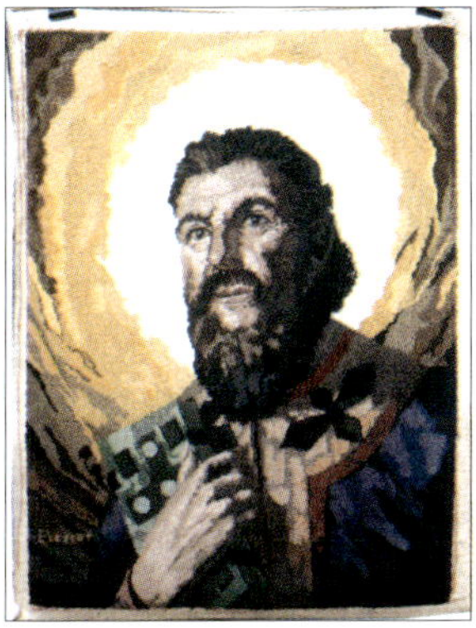

St. Basil
48.3 cm x 68.6 cm (19" x 27")
Drawn January 24, 1961, from church calendar
Dyed January 26-27, 1961 - 54 colours
Begun January 27, finished February 4, 1961
Sold in June 1961, for presentation to Archbishop of Winnipeg

Saint Basile
48,3 cm x 68,6 cm [19" x 27"]
Dessinée le 24 janvier 1961 à partir d'une image dans un calendrier religieux
Laine teinte en 54 couleurs les 26 et 27 janvier 1961
Commencée le 27 janvier et terminée le 4 février, en 1961
Vendue en juin 1961, pour l'archevêque de Winnipeg

68. 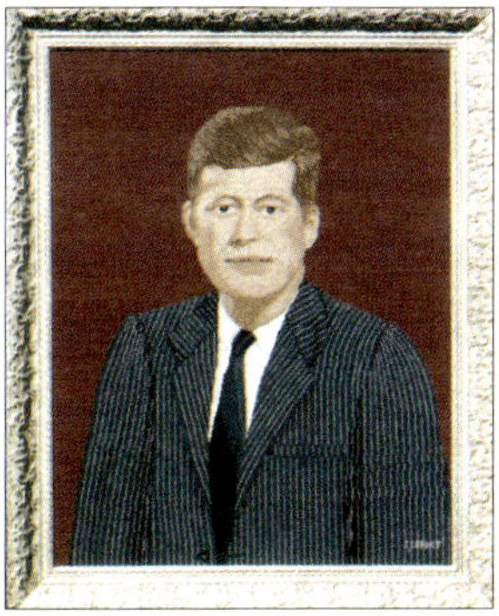

President John F. Kennedy
39.4 cm x 49.5 cm (15.5" x 19.5")
Drawn February 25, 1961, from Bachrach photo loaned by Hanny's, Phoenix, AZ, February 22, 1961
Dyed February 27, 1961 - 28 colours
Begun February 27, finished March 14, 1961
Shipped air express November 17, 1961 to Phoenix
Presented to Kennedy at Carl Hayden Dinner, February 27, 1962
(This portrait originally measured 62.2 cm x 81.3 cm [24.5" x 32"] and later reduced.)

Le président John F. Kennedy
39,4 cm x 49,5 cm [15,5" x 19,5"]
Dessinée le 25 février 1961 à partir d'une photo Bachrach empruntée à Hanny`s, de Phoenix
Laine teinte en 28 couleurs le 27 février 1961
Commencée le 27 février et terminée le 14 mars, en 1961
Expédiée par avion le 17 novembre 1961, à Phoenix
Présentée à M. Kennedy au dîner Carl Hayden le février 1962
[Cette tapisserie avait été rapetissée de ces dimensions originales de 62,2 cm x 81,3 cm (24,5" x 32").]

69. 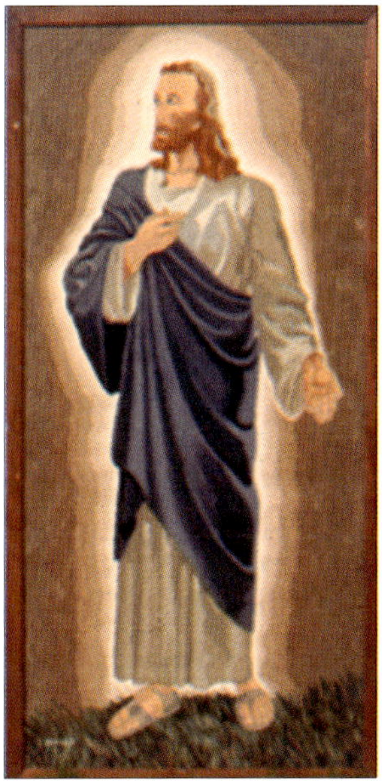

Christ Full Figure
0.93 m x 1.90 m (36.5" x 75")
Drawn in CB in October, 1960, from a print by Sallman
Dyed at Phoenix March 15, 1961 - 47 colours
Begun March 20, finished April 6, 1961
(This portrait now hangs in the chapel at Sacred Heart Community Health Centre, Chéticamp.)

Image grandeur nature du Christ
0,93 m x 1,90 m [36,5" x 75"]
Dessinée au Cap-Breton en octobre 1960 à partir d'une reproduction d'une peinture de Sallman
Laine teinte en 47 couleurs le 15 mars 1961, à Phoenix
Commencée le 20 mars et terminée le 6 avril, en 1961
[Cette pièce fait partie du décor bien pieux de la petite chapelle au centre de santé communautaire Sacré-Cœur, à Chéticamp.]

70.

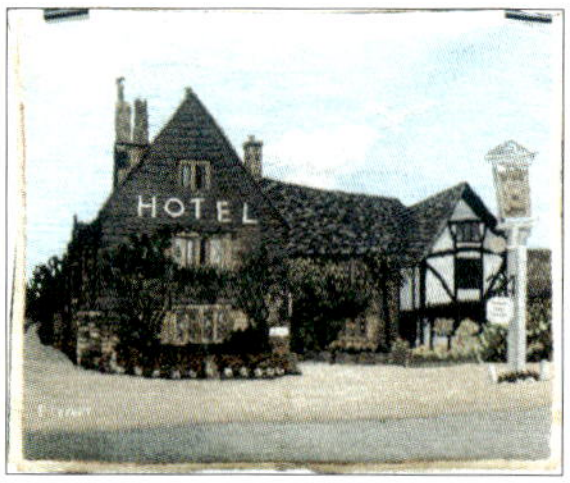

Broadway Inn (England)
72.4 cm x 58.4 cm (28.5" x 23")
Drawn June 9, 1961, in Margaree
Dyed June 10-12, 1961, in Chéticamp - 54 colours
Begun June 13, finished June 26, 1961
Changes made to sky August 14 -16, 1961
Unframed. Commissioned by customer in Cooksville, Ontario

Broadway Inn [en Angleterre]
72,4 cm x 58,4 cm [28,5" x 23"]
Dessinée le 9 juin 1961, à Margaree [*Magré*]
Laine teinte en 54 couleurs les 10, 11 et 12 juin 1961, à Chéticamp
Commencée le 13 juin et terminée le 26 juin, en 1961
Changements apportés au ciel du 14 au 16 août 1961
Non-encadrée. Commandée par un client de Cooksville, ON

71.

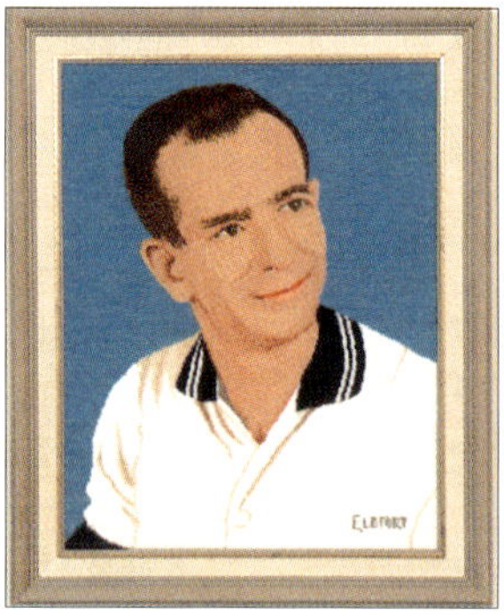

Peter Ray
20.3 cm x 25.4 cm (15.5" x 19.5")
Drawn June 26, 1961, at Phoenix, AZ
Dyed June 27, 1961 - 27 colours
Begun June 27, finished June 28, 1961
Given to Faith in April 1962

Portrait de Peter Ray
20,3 cm x 25,4 cm [15.5" x 19.5"]
Dessinée le 26 juin 1961, à Phoenix, AZ
Laine teinte en 27 couleurs le 27 juin 1961
Commencée le 27 juin et terminée le 28 juin, en 1961
Donnée à Faith en avril 1962

72.

Margaree Harbour Sunset
43.2 cm x 53.3 cm (17" x 21")
Drawn June 29, 1961, from Paul Pix photo
Dyed June 29, 1961 - 31 colours
Begun June 29, finished July 5, 1961
Sold June 8, 1969

Un coucher de soleil au Havre de Magré
43,2 cm x 53,3 cm [17" x 21"]
Dessinée le 29 juin 1961 à partir d'une photo Paul Pix
Laine teinte en 31 couleurs le 29 juin 1961
Commencée le 29 juin et terminée le 5 juillet, en 1961
Vendue le 8 juin 1969

73.

St. Basil (a second version)
48.3 cm x 68.6 cm (19" x 27")
Drawn July 3, 1961, from church calendar
Dyed July 3, 1961 - 65 colours
Begun July 5, finished July 15, 1961
Sold in December 1961

Saint Basile [2e tapisserie de ce saint]
48,3 cm x 68,6 cm [19" x 27"]
Dessinée à Margaree [*Magré*] le 3 juillet 1961 à partir d'une image dans un calendrier religieux
Laine teinte en 65 couleurs le 3 juillet 1961
Commencée le 5 juillet et terminée le 15 juillet, en 1961
Vendue en décembre 1961

74.

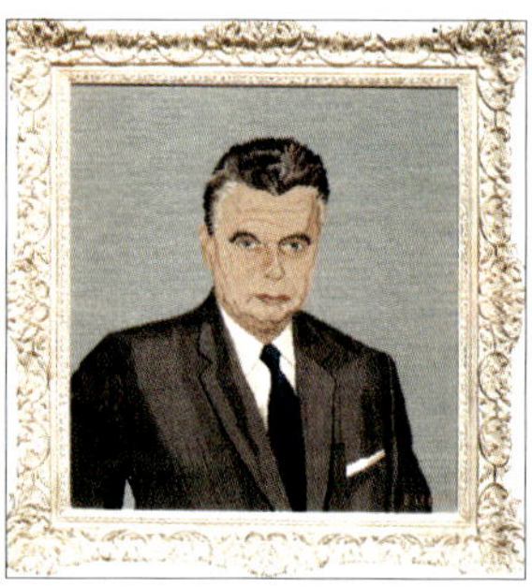

John Diefenbaker
66.0 cm x 73.7 cm (26" x 29")
Drawn July 14, 1961
Dyed July 15, 1961 - 36 colours
Begun July 17, finished July 29, 1961
Worked as demonstration for National Film Board documentary
Personal presentation during press conference at Lord Nelson Hotel, Halifax, September 25, 1965

John Diefenbaker
66,0 cm x 73,7 cm [26" x 29"]
Dessinée le 14 juillet 1961
Laine teinte en 36 couleurs le 15 juillet 1961
Commencée le 17 juillet et terminée le 29 juillet, en 1961
Confection de la tapisserie filmée en partie par l'Office national du film
Présentée en personne à une conférence de presse tenue à l'hôtel Lord Nelson, à Halifax, le 25 septembre 1965

75. 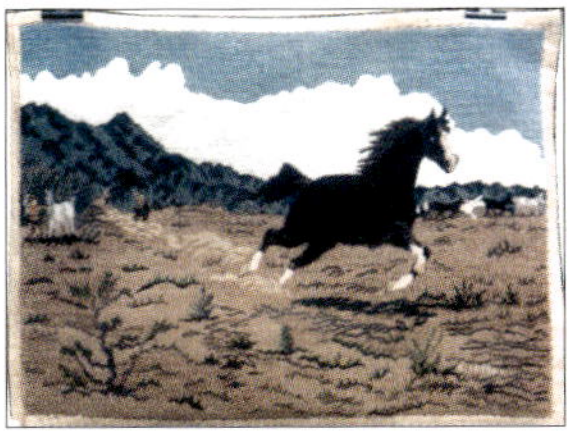

Skorage (celebrated show horse)
55.9 cm x 80.0 cm (22" x 31.5")
Drawn at Margaree from pencil sketch supplied by Mr. Tweed, Brusally Ranch, Scotsdale, AZ
Dyed July 27, 1961 - 41 colours
Begun July 31, finished August 12, 1961
Delivered November 18, 1961

Skorage [célèbre cheval d'exhibition]
55,9 cm x 80,0 cm [22" x 31.5"]
Dessinée à Margaree [*Magré*] le 27 juillet 1961 à partir d'un croquis au crayon fourni par M. Tweed, du ranch Brusally, de Scotsdale, AZ
Laine teinte en 41 couleurs le 27 juillet 1961
Commencée le 31 juillet et terminée le 12 août, en 1961
Livrée le 18 novembre 1961

76. 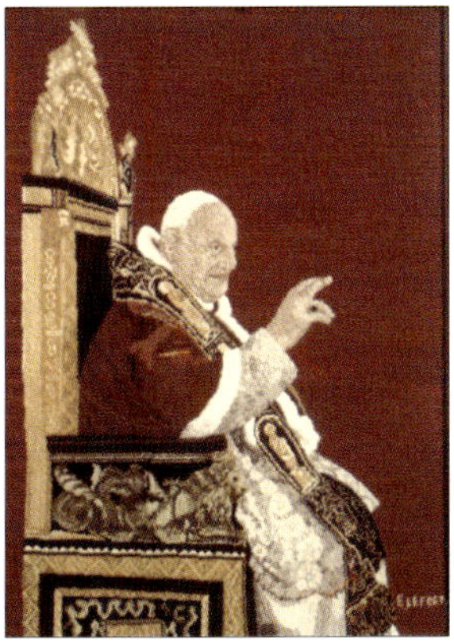

Pope John XXIII
61.0 cm x 85.1 cm (24" x 33.5")
Drawn August 10, 1961, from B&W from magazine; red robes and gold chair from color print supplied by M. S. Baggio, Apostolic delegate, Ottawa.
Dyed August 10-11, 1961 - 49 colours
Begun August 17, finished August 31, 1961
Used frame from reduced portrait of J. F. K.

Le pape Jean XXIII
61,0 cm x 85,1 cm [24" x 33,5"]
Dessinée le 10 août 1961 à partir d'une photo en noir et blanc dans une revue; vêtements rouges et trône doré à partir d'une reproduction d'une peinture en couleurs fournie par M. S. Baggio, le délégué apostolique à Ottawa
Laine teinte en 49 couleurs les 10 et 11 août 1961
Commencée le 17 août et terminée le 31 août, en 1961
Encadrée dans le cadre du portrait original de John F. Kennedy, avant que celui-ci ne soit rapetissé

77. 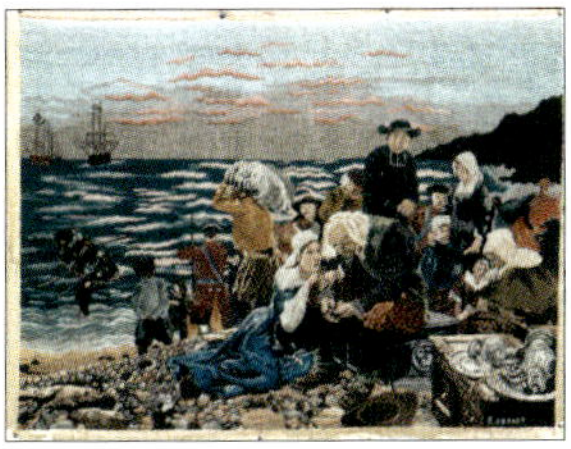

Expulsion of the Acadians
80.0 cm x 109.2 cm (31.5" x 43")
Drawn September 1, 1961, from sepia print loaned from a resident of E. Margaree.
Mostly left over colours, balance dyed September 2, 1961 - total of 111 colours
Begun September 2, finished September 23, 1961, plus home time to October 14, 1961
Sold July 16, 1969
To be shown in Saskatoon Art Gallery

La Déportation des Acadiens
80,0 cm x 109,2 cm [31.5" x 43"]
Dessinée le 1er septembre 1961, à partir d'une reproduction d'un dessin en sépia, empruntée à un résidant de East Margaree [*Magré*]
Un total de 111 couleurs de laine utilisées, la plupart teinte le 1er septembre 1961, avec quelques-unes provenant de restants de laine
Commencée le 2 septembre et terminée le 23 septembre, en 1961, avec quelques jours de travail additionnel jusqu'au 14 octobre 1961
Vendue le 16 juillet 1969
pour exposition à la Saskatoon Art Gallery

78.

Portrait of Mrs. Max Rosenshein
20.3 cm x 25.4 cm (8" x 10")
Drawn September 19, 1961
Dyed September 19, 1961 - 27 colours
Begun September 19, finished September 21, 1961
Made to order. Mailed to R. Bank, Inverness to forward on receipt of draft payment September 21, 1961

Portrait de Mme Max Rosenshein
20,3 cm x 25,4 cm [8" x 10"]
Dessinée le 19 septembre 1961
Laine teinte en 27 couleurs le 19 septembre 1961
Commencée le 19 septembre et terminée le 21 septembre, en 1961
Sur commande. Expédiée à la Banque Royale, succursale d'Inverness, le 21 septembre 1961, pour envoi sur réception du paiement final

79.

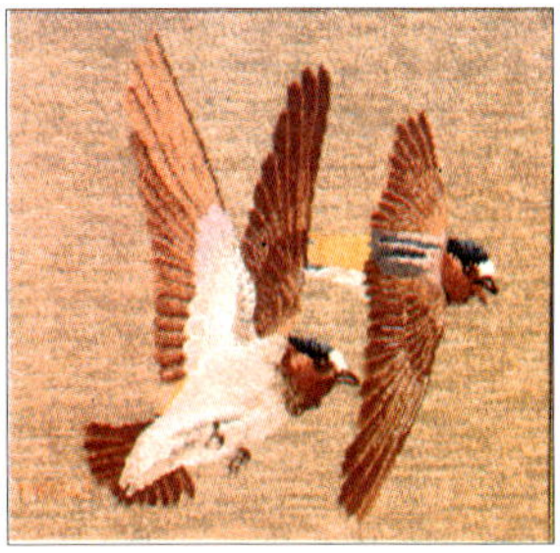

Sharp-tailed Grouse
50.8 cm x 43.2 cm (20" x 17")
Drawn in CB in October, 1961, from Fenwick Lansdowne Print
Leftover colours
Begun in Phoenix November 6, finished November 14, 1961
Sold August 19, 1966

Tétras à queue fine
50,8 cm x 43,2 cm [20" x 17"]
Dessinée au Cap-Breton en octobre 1961 à partir d'une reproduction d'une peinture de Fenwick Lansdowne
Faite avec des restants de laine entre le 6 novembre et le 14 novembre, en 1961
Vendue le 19 août 1966

80.

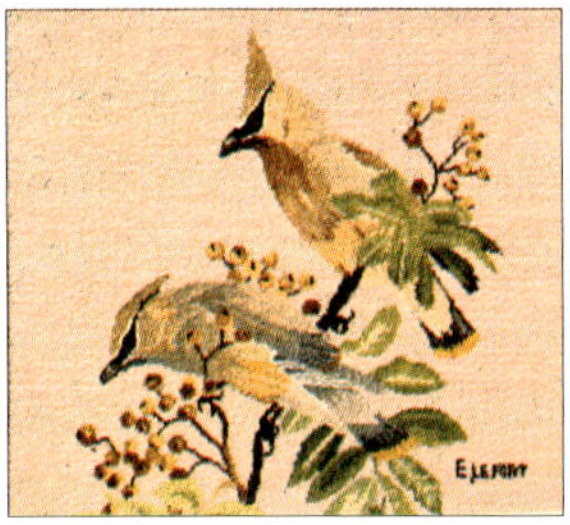

Cedar Waxwing
41.9 cm x 47.0 cm (16.5" x 18.5")
From Fenwick Lansdowne Print
31 colours
Begun in Phoenix November 15, 1961
Delay November 19 to December 11, 1961 for no. 81, finished December 13, 1961
Sold July 20, 1964

Jaseurs d'Amérique
41,9 cm x 47,0 cm [16,5" x 18,5"]
31 couleurs
À partir d'une reproduction d'une peinture de Fenwick Lansdowne
Commencée le 15 novembre et terminée le 13 décembre, en 1961, avec une interruption du 19 novembre jusqu'au 11 décembre pour la confection de la pièce no 81
Vendue le 20 juillet 1964

81.

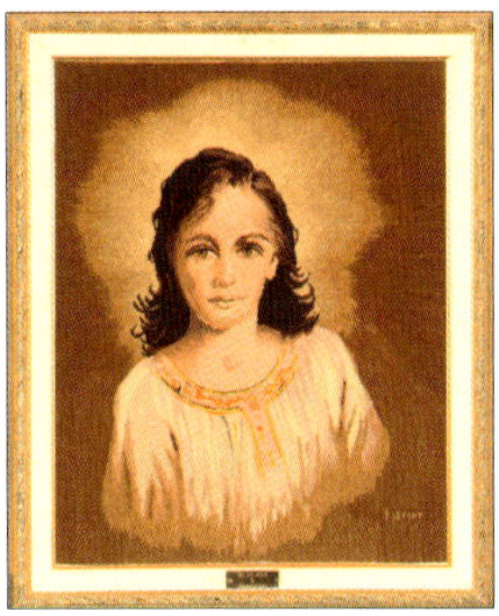

The Boy Jesus
61.6 cm x 77.5 cm (24.25" x 30.5")
Drawn November 16, 1961, from print by Florence Kroger, loaned by Mrs. P. Ray, Phoenix, AZ
Dyed November 17, 1961 - 71 colours
Begun November 21, finished December 9, 1961
Élizabeth kept this one for herself, bequeathing it to the Élizabeth LeFort Gallery at Trois Pignons, Chéticamp

Jésus Enfant
61,6 cm x 77,5 cm [24,25" x 30,5"]
Dessinée le 16 novembre 1961 à partir d'une reproduction d'une peinture de Florence Kroger, obtenue de Mme P. Ray, de Phoenix
Laine teinte en 71 couleurs le 17 novembre 1961
Commencée le 21 novembre et terminée le 9 décembre, en 1961
[Conservée par Élizabeth pour elle-même jusqu'à son décès et léguée par testament à la galerie Élizabeth-LeFort, aux Trois Pignons, à Chéticamp

82.

Cliff Swallow
43.2 cm x 46.4 cm (17" x 18.25")
From Fenwick Lawnsdowne print
Dyed December 14, 1961 - 33 colours
Begun December 14, finished December 20, 1961
Sold July 31, 1966

L'hirondelle à front blanc
43,2 cm x 46,4 cm [17" x 18,25"]
À partir d'une reproduction d'une peinture de Fenwick Lansdowne
Laine teinte en 33 couleurs le 14 décembre 1961
Commencée le 14 décembre et terminée le 20 décembre, en 1961
Vendue le 31 juillet 1966

83.

Red-shafted Flicker
42.5 cm x 48.3 cm (16.75" x 19")
From Fenwick Lawnsdowne print
48 colours using leftovers
Begun December 26, finished January 4, 1962
Sold August 30, 1964

Le pic flamboyant à queue rouge
42,5 cm x 48,3 cm [16,75" x 19"]
À partir d'une reproduction d'une peinture de Fenwick Lansdowne
48 couleurs récupérées de restants de laine
Commencée le 26 décembre 1961 et terminée le 4 janvier 1962
Vendue le 30 août 1964

84.

Clark's Nutcracker
40.6 cm x 46.4 cm (16" x 18.25")
From Fenwick Lawnsdowne print
Dyed January 5, 1962 - 22 colours
Begun January 5, finished January 10, 1962
Sold September 21, 1964

Le cassenoix d'Amérique
40,6 cm x 46,4 cm [16" x 18,25"]
À partir d'une reproduction d'une peinture de Fenwick Lansdowne
Laine teinte en 22 couleurs le 5 janvier 1962
Commencée le 5 janvier et terminée le 10 janvier, en 1962
Vendue le 21 septembre 1964

85.

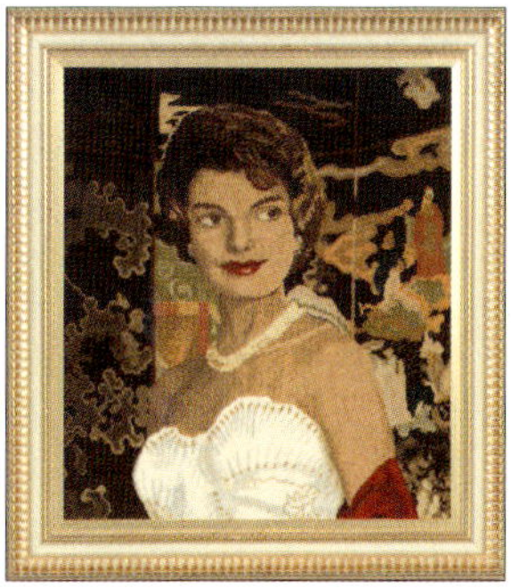

Mrs. John F. Kennedy
68.6 cm x 86.4 cm (27" x 34")
Drawn in December 1961, from Cover of *Look*, October 11, 1960
Dyed January 11, 1962 - 106 colours
Begun January 12, finished February 3, 1962
Interview and photos in *Arizona Journal* February 4, 1962
Shown KTAR Television, Phoenix, February 8, 1962
This piece was damaged by mice during the winter of 1969 and subsequently cut down and reframed to a smaller size.

Mme John F. Kennedy
68,6 cm x 86,4 cm [27" x 34"]
Dessinée en décembre 1961 à partir d'une photo sur la page couverture de la revue *Look*, édition du 11 octobre 1960
Laine teinte en 106 couleurs le 11 janvier 1962
Commencée le 12 janvier et terminée le 3 février, en 1962
Entrevue avec photos de la pièce publiée dans l'*Arizona Journal* du 4 février 1962
Présentée à la télévision, au poste KTAR de Phoenix, le 8 février 1962
Réencadrée sous un format plus petit suite à une destruction du bas de la pièce par des souris à l'hiver 1969, alors que la pièce était entreposée

86.

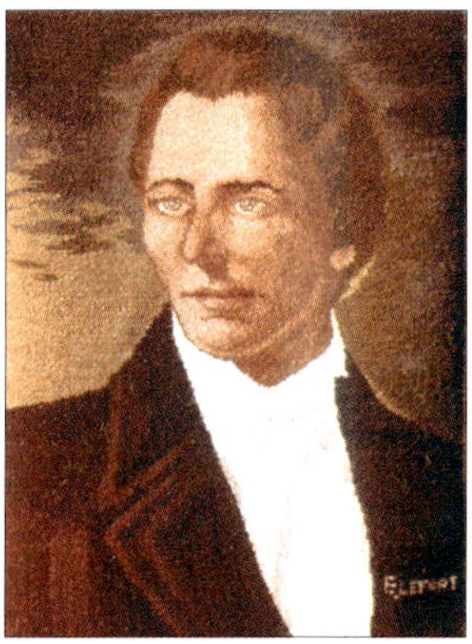

Joseph Smith (Founder Mormon Church)
38.1 cm x 53.3 cm (15" x 21")
Drawn February 6, 1962, from Church book
Dyed February 6, 1962 - 40 colours
Begun February 8, finished February 15, 1962
Sold in April 1962, to first president of church at Salt Lake City

Joseph Smith [fondateur de l'Église mormone]
38,1 cm x 53,3 cm [15" x 21"]
Dessinée le 6 février 1962 à partir d'une photo dans un livre de l'Église mormone
Laine teinte en 40 couleurs le 6 février 1962
Commencée le 8 février et terminée le 15 février, en 1962
Vendue en avril 1962 au premier président de l'Église de Jésus-Christ des saints des derniers jours, à Salt Lake City

87.

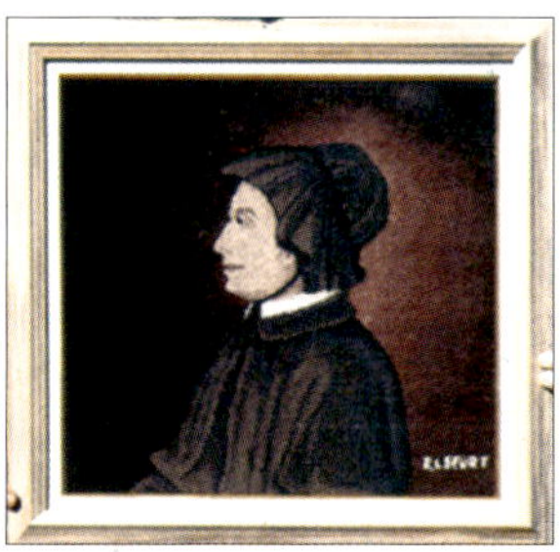

Mother Seton
40.6 cm x 40.6 cm (16" x 16")
Dyed February 13, 1962 - 32 colours
Begun February 16, finished February 22, 1962
Presented March 1, 1962, by Élizabeth to Sister Superior Mecharia, St. Theresa's convent, Phoenix, AZ, and in turn to Sisters of Charity Motherhouse at Greensburg, PA

Mère Seton
40,6 cm x 40,6 cm [16" x 16"]
Laine teinte en 32 couleurs le 13 février 1962
Commencée le 16 février et terminée le 22 février, en 1962
Présentée par Élizabeth le 1er mars 1962 à Sr Mecharia, supérieure au couvent St. Theresa, à Phoenix, pour qu'elle, à son tour, la présente à la maison mère des Sœurs de la Charité, à Greensburg, en Pennsylvanie

88.

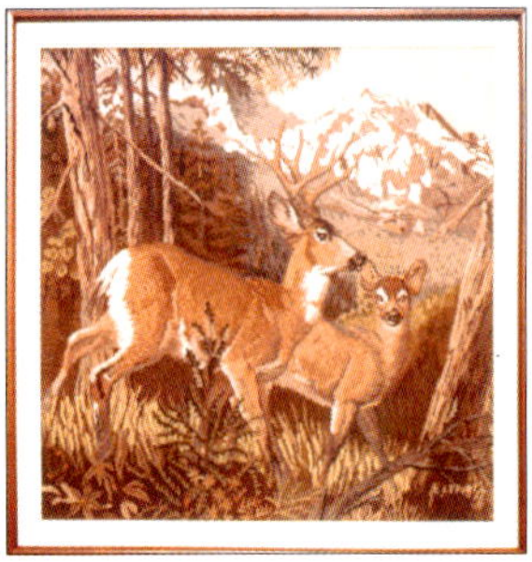

Nature's Togetherness
66.0 cm x 69.8 cm (26" x 27.5")
From a magazine photo
107 colours using leftovers
Begun February 26, finished March 19, 1962
Sold July 29, 1964

Ensemble dans la nature
66,0 cm x 69,8 cm [26" x 27,5"]
À partir d'une image dans une revue
107 couleurs, des restants de laine
Commencée le 26 février et terminée le 19 mars, en 1962
Vendue le 29 juillet 1964

89.

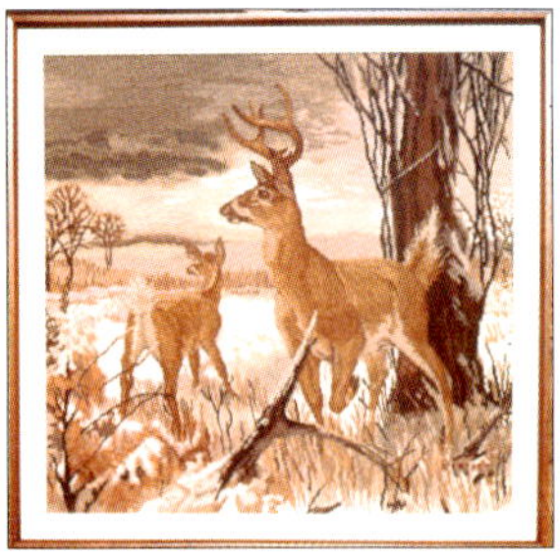

Awareness
64.8 cm x 67.3 cm (25.5" x 26.5")
From a magazine photo
Dyed March 20, 1962 - 82 colours
Begun March 21, finished April, 9, 1962
Sold August 16, 1964

Aux aguets
64,8 cm x 67,3 cm [25,5" x 26,5"]
À partir d'une image dans une revue
82 couleurs de laine, la plupart teintes le 20 mars 1962, avec quelques restants de laine
Commencée le 21 mars et terminée le 9 avril, en 1962
Vendue le 16 août 1964

90.

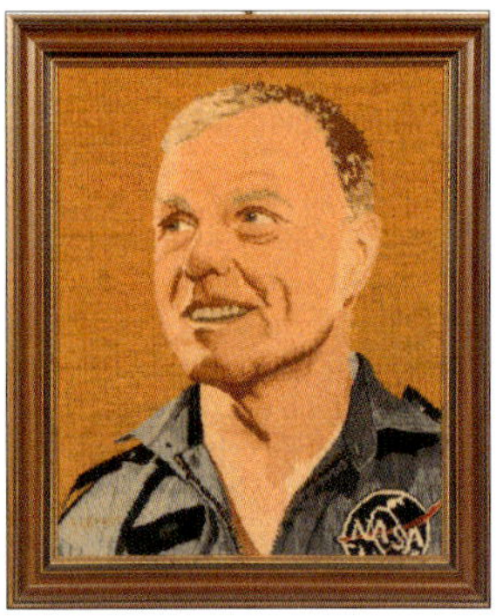

Lt. Col. John H. Glenn Jr.
44.4 cm x 54.6 cm (17.5" x 21.5")
From the cover of the *Philadelphia Inquirer*, March 18, 1962
39 colours
Begun at home May 6, finished at home May 16, 1962

Le lieutenant-colonel John H. Glenn (fils)
44,4 cm x 54,6 cm [17,5" x 21,5"]
À partir d'une photo à la page couverture du *Philadelphia Inquirer*, édition du 18 mars 1962
39 couleurs
Commencée à domicile le 6 mai et terminée à domicile le 16 mai, en 1962

91.

Our Lady of Good Counsel
40.6 cm x 55.9 cm (16" x 22")
From print from Powell
Dyed June 8, 1962 - 77 colours
Begun June 11, finished June 20, 1962
Sold June 30, 1964

Notre-Dame du Bon Conseil
40,6 cm x 55,9 cm [16" x 22"]
À partir d'une reproduction d'une peinture de chez Powell
Laine teinte en 77 couleurs le 8 juin 1962
Commencée le 11 juin et terminée le 20 juin, en 1962
Vendue le 30 juin 1964

From this point all tapestries include permanent moth-proof treatment in the dyeing process.

Cette pièce fut la première pour laquelle la laine fut traitée d'une protection permanente contre les mites durant le processus de la teinture. Dès lors, toutes les tapisseries d'Élizabeth seront ainsi traitées.

92. 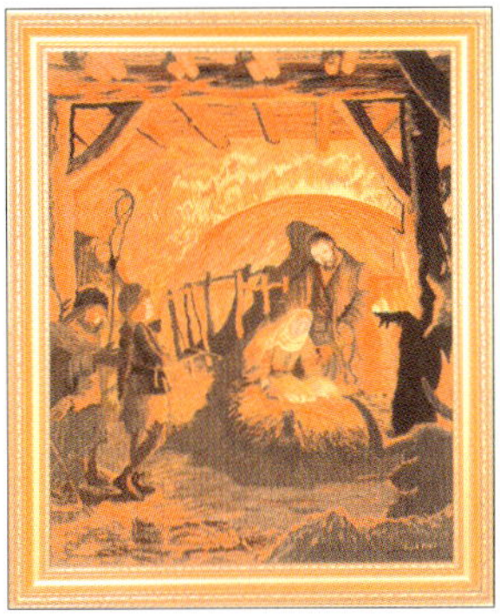

Nativity
90.2 cm x 111.8 cm (35.5" x 44")
From cover picture Mormon *New Era*
Dyed June 21,1962 - 71 colours
Begun June 21, finished August 2, 1962

La Nativité
90,2 cm x 111,8 cm [35,5" x 44"]
À partir d'une image sur la page couverture de la revue mormone *New Era*
Laine teinte en 71 couleurs le 21 juin 1962
Commencée le 22 juin et terminée le 2 août, en 1962

93-94.

Two Images of Dogs
30.5 cm x 30.5 cm (12" x 12")
From photo
Dyed August 3, 1962 - 67 colours
Begun August 3, finished August 13, 1962

Deux images de chiens, chacune
30,5 cm x 30,5 cm [12" x 12"]
À partir d'une photo de chacun des deux chiens
Laine teinte en 67 couleurs le 3 août 1962
La première pièce commencée le 3 août et la deuxième terminée le 13 août, en 1962

95. 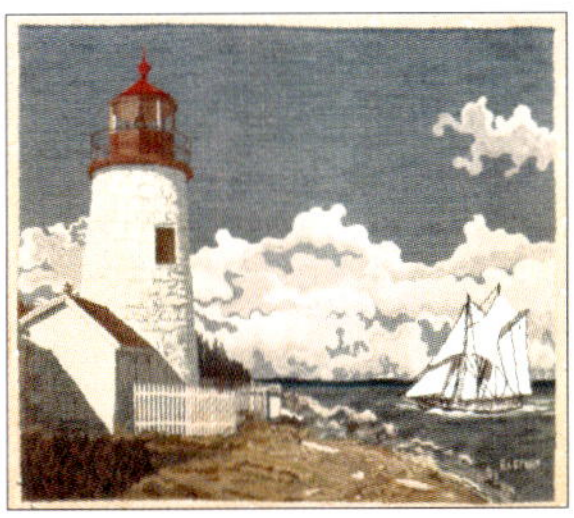

Bluenose *off the Maine Coast*
74.9 cm x 88.9 cm (29.5" x 35")
Composite image: *Bluenose* from Oland ad, lighthouse Pemaquid Pt., ME, from Kodak ad
Dyed August 14, 1962 - 89 colours
Begun August 14, finished September 5, 1962
Sold in August, 1968

Le Bluenose *au large de la côte du Maine*
74,9 cm x 88,9 cm [29,5" x 35"]
Une composition basée sur une image du *Bluenose* provenant d'une annonce publicitaire de la compagnie Oland et une scène de Pemaguid, ME, tirée d'une annonce publicitaire de la compagnie Kodak
Laine teinte en 89 couleurs le 14 août 1962
Commencée le 14 août et terminée le 5 septembre, en 1962
Vendue en août 1968

96. 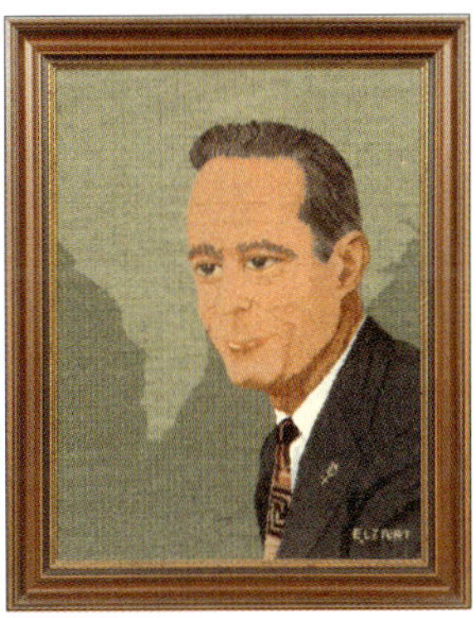

Scott Carpenter
41.9 cm x 55.9 cm (16.5" x 22")
Drawn from photo by NASA, September 6, 1962
Dyed September 6, 1962 - 31 colours
Begun September 7, finished September 12, 1962

Scott Carpenter [astronaute]
41,9 cm x 55,9 cm [16,5" x 22"]
Dessinée le 6 septembre 1962 à partir d'une photo de la *NASA*
Laine teinte en 31 couleurs le 6 septembre 1962
Commencée le 7 septembre et terminée le 12 septembre, en 1962

97. 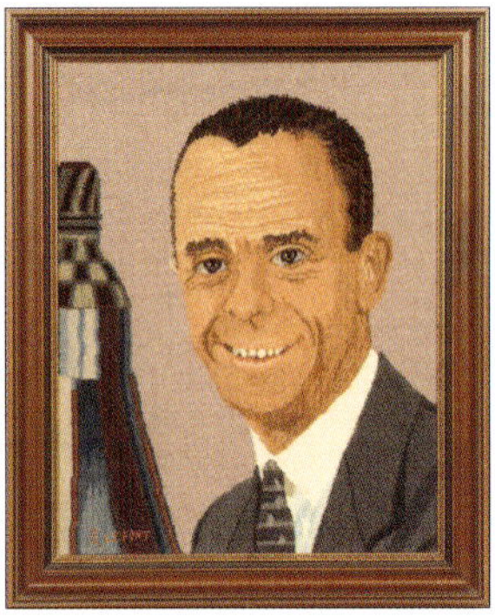

Alan B. Sheppard
43.2 cm x 54,.6 cm (17" x 21.5")
From photo by NASA
Dyed September 14, 1962 - 47 colours
Begun September 15, finished September 21, 1962

Alan B. Sheppard [astronaute]
43,2 cm x 54,6 cm [17" x 21,5"]
À partir d'une photo de la *NASA*
Laine teinte en 47 couleurs le 14 septembre 1962
Commencée le 15 septembre et terminée le 21 septembre, en 1962

98. 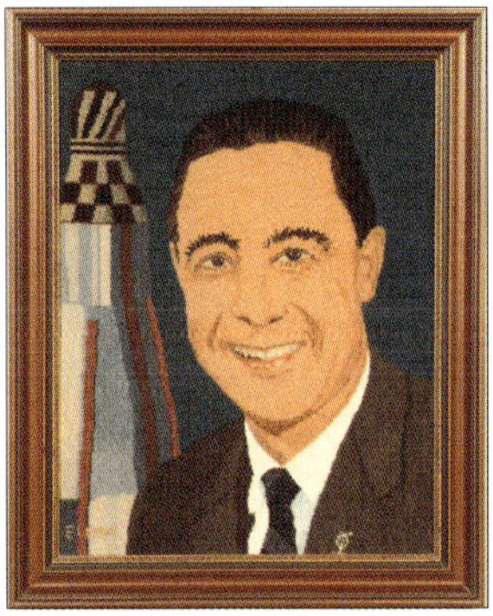

Virgil Grissom
43.2 cm x 55.9 cm (17" x 22")
From photo by NASA
Dyed October 8, 1962 - 44 colours
Begun October 9, finished November 7, 1962
Worked on demonstration on tour to Portland, Maine

Virgil Grissom [astronaute]
43,2 cm x 55,9 cm [17" x 22"]
À partir d'une photo de la *NASA*
Laine teinte en 44 couleurs le 8 octobre 1962
Commencée le 9 octobre et terminée le 7 novembre, en 1962
Utilisée pour illustrer la technique de confection des tapisseries, à Portland, Maine, lors d'une tournée de démonstration

99. 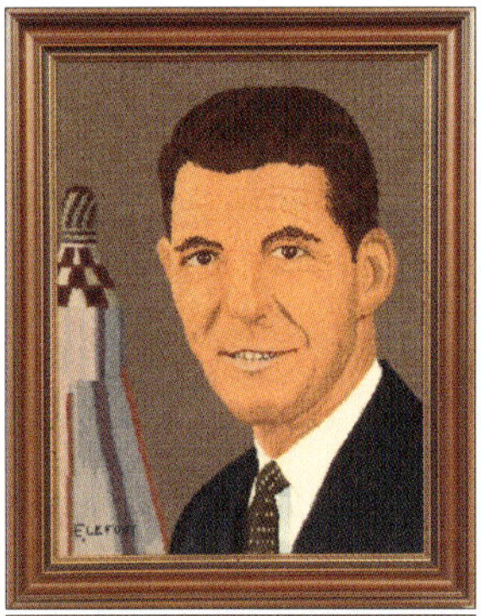

Walter Schirra
43.2 cm x 55.9 cm (17" x 22")
From photo from NASA
Dyed on December 5, 1962 - 58 colours
Begun on December 6, 1962, finished on December 15, 1962

Walter Schirra [astronaute]
43,2 cm x 55,9 cm [17" x 22"]
À partir d'une photo de la *NASA*
Laine teinte en 58 couleurs le 5 décembre 1962
Commencée le 6 décembre et terminée le 15 décembre, en 1962

100. 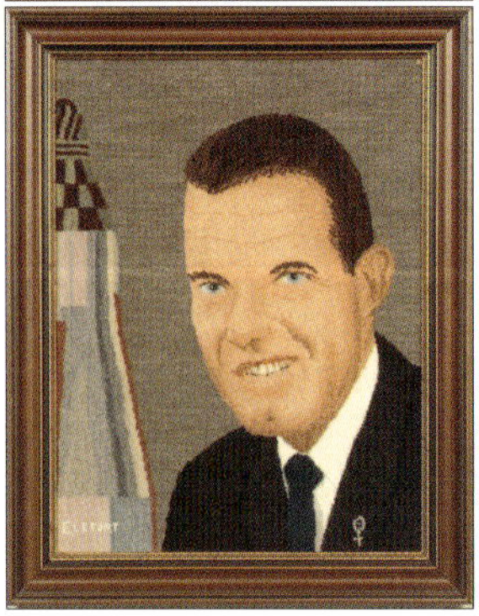

Gordon Cooper
43.2 cm x 54.6 cm (17" x 21.5")
From photo by NASA
Dyed at Phoenix December 17, 1962 - 58 colours
Begun December 17, finished December 26, 1962

Gordon Cooper [astronaute]
43,2 cm x 54,6 cm [17" x 21,5"]
À partir d'une photo de la *NASA*
Laine teinte en 58 couleurs le 17 décembre 1962
Commencée le 17 décembre et terminée le 26 décembre, en 1962

101.

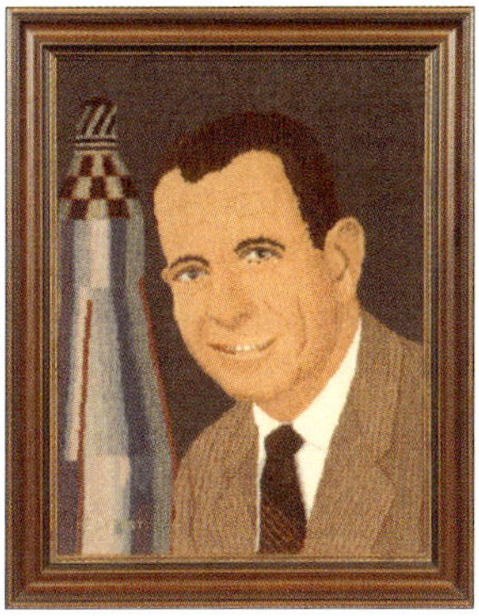

Donald Slayton
41.9 cm x 54.6 cm (16.5" x 21.5")
From photo by NASA
Dyed December 27, 1962 - 60 colours
Begun December 27, finished December 31, 1962

Donald Slayton [astronaute]
41,9 cm x 54,6 cm [16,5" x 21,5"]
À partir d'une photo de la *NASA*
Laine teinte en 60 couleurs le 27 décembre 1962
Commencée le 27 décembre et terminée le 31 décembre, en 1962

102.

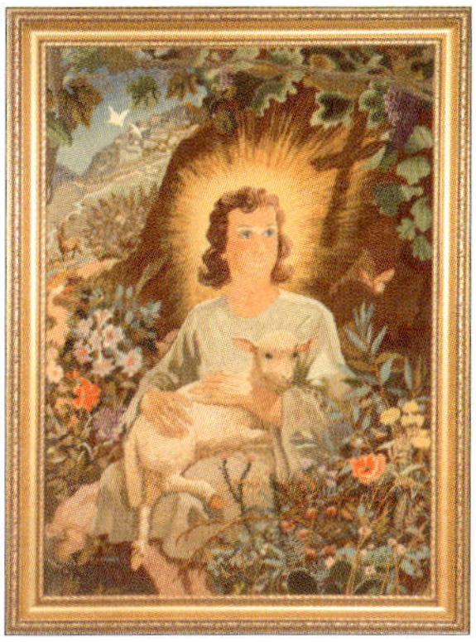

The Youth Jesus
91.4 cm x 125.7 cm (36" x 49.5")
Drawn in January, 1963, from a Sollman Print
370 colours
Begun January 10, finished March 18, 1963

Jésus adolescent
91,4 cm x 125,7 cm [36" x 49,5"]
Dessinée en janvier 1963 à partir d'une reproduction d'une peinture de Sollman
370 couleurs
Commencée le 10 janvier et terminée le 18 mars, en 1963

103.

Home Town
50.8 cm x 61.0 cm [20" x 24"]
Élizabeth LeFort original drawn March 26, 1963
Dyed on March 26, 1963 - 58 colours
Begun March 27, finished April 11, 1963
Sold July 2, 1965

Village natal
50,8 cm x 61,0 cm [20" x 24"]
Une composition originale d'Élizabeth LeFort dessinée le 26 mars 1963
Laine teinte en 58 couleurs le 26 mars 1963
Commencée le 27 mars et terminée le 11 avril, en 1963
Vendue le 2 juillet 1965

104.

Oregon Junco
43.2 cm x 48.3 cm (17" x 19")
From Fenwick Landsdowne print
Dyed May 18, 1963 - 62 colours
Begun May 18, finished June 1, 1963
Sold August 14, 1965

Le junco ardoisé de l'Oregon
43,2 cm x 48,3 cm [17" x 19"]
À partir d'une reproduction d'une peinture de Fenwick Lansdowne
Laine teinte en 62 couleurs le18 mai 1963
Commencée le 18 mai et terminée le 1er juin, en 1963
Vendue le 14 août 1965

105.

Black-headed Grosbeak
43.2 cm x 48.3 cm (17" x 19")
From Fenwick Lansdowne print
Dyed June 3, 1963 - 57 colours
Begun June 3, finished June 17, 1963
Sold August 29, 1964

Le cardinal à tête noire
43,2 cm x 48,3 cm [17" x 19"]
À partir d'une reproduction d'une peinture de Fenwick Lansdowne
Laine teinte en 57 couleurs le 3 juin 1963
Commencée le 3 juin et terminée le 17 juin, en 1963
Vendue le 29 août 1964

106.

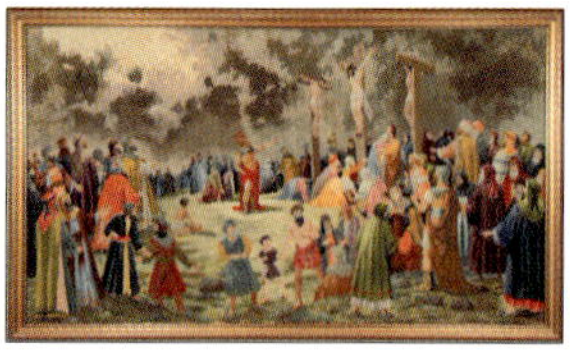

The Crucifixion
1.7 m x 3.0 m (5'6" x 10')
From Mathauser Print purchased at Powell's
Sketched on reverse of abandoned Canadian History June 11, 1963
Dyed June 12-17, 1963
Dyed for sky (Phx) February 17, 1964 – 510 colours
187 days hooking
Begun June 18, 1963, finished on July 17, 1964
-Stopped July 15-25 to do portrait Pope Pius XXIII to go to Bishop Power to Ecumenical Council – Rome
- Stopped work for season September 26, 1963
- Resumed at Phoenix November 11-19, 1963
- Then stopped for tapestries 108-109-110
- Resumed February 18, 1964.
- Stopped March 19, 1964, for Easter week exhibit "as is," at Central Methodist Church.
- Resumed March 31, 1964, to April 24, 1964. Returned to Cape Breton
- Resumed work on sky in the attic at the LeFort home in Point Cross on June 10, finished at Margaree July 17, 1964.

La Crucifixion
1,7 m x 3,0 m [5'6" x 10']
À partir d'une reproduction d'une peinture de Mathauser obtenue chez Powell
Dessinée au revers de la toile du projet abandonné de l'histoire du Canada
Teinture d'une partie de la laine entre le 12 juin et le 17 juin, en 1963
Teinture des couleurs pour le ciel le 17 février 1964 - 510 couleurs
187 jours de travail juste pour la confection de la pièce
Commmencée le 18 juin 1963 et terminée le 17 juillet 1964 avec les interruptions suivantes:
- du 15 au 25 juillet 1963, pour la confection du portrait du pape Jean XXIII, apporté à Rome par l'évêque Power à l'occasion du concile œcuménique
- du 26 septembre au 10 novembre 1963, pour la fermeture de la boutique à la fin de la saison touristique et le voyage à Phoenix
- du 20 novembre 1963 au 16 février 1964, pour la confection des pièces nos 108, 109 et 110
- du 20 au 30 mars 1964, pour l'exhibition de la pièce dans son état non-complet au *Central Methodist Church,* à l'occasion de la semaine sainte
- du 25 avril au 9 juin 1964, pour le voyage de retour de Phoenix à Point Cross. [Le ciel de la pièce fut complété dans l'attique de la demeure LeFort à Point Cross, le 10 juin 1964. Le restant de la pièce fut complété à *Magré* à partir du 28 juin 1964.]

107.

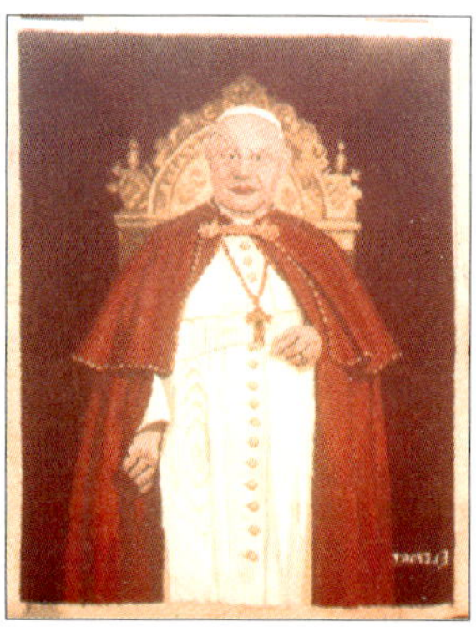

Pope John XXIII
43.2 cm x 48.3 cm (17" x 19")
Ordered by Rev. A. Briand
Drawn from print supplied by Rev. A. Briand
Dyed July 15, 1963
Begun July 17, finished July 25, 1963

Le pape Jean XXIII
43,2 cm x 48,3 cm [17" x 19"]
Commandée par Rév. A. Briand
Dessinée le 15 juillet 1963 à partir d'une reproduction d'une peinture fournie par le père Briand
Laine teinte le 15 juillet 1963
Commencée le 17 juillet et terminée le 25 juillet, en 1963

108.

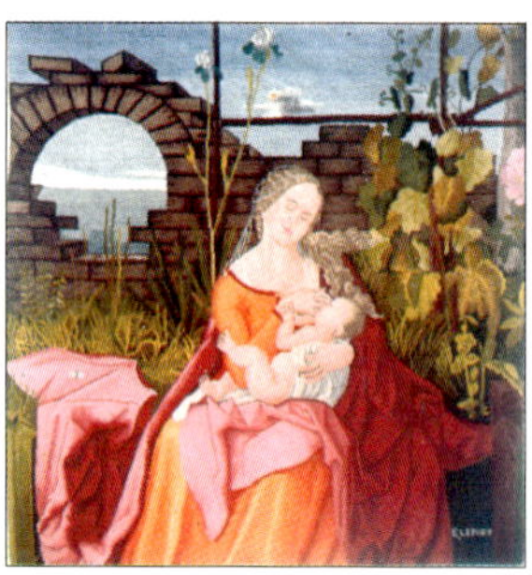

Virgin and Child
91.4 cm x 91.4 cm (36" x 36")
Drawn November 21, 1963, from print by Durer
Dyed at Phoenix November 19-20, 1963 - 110 colours
Begun November 22, finished December 24, 1963
(Élizabeth had worked for only 2 hours when news of President Kennedy's assassination flashed. Work ended for that day.)

La Vierge et l'Enfant
91,4 cm x 91,4 cm [36" x 36"]
Dessinée le 21 novembre 1963 à partir d'une reproduction d'une peinture de Durer
Laine teinte en 110 couleurs les 19 et 20 novembre 1963, à Phoenix
Commencée le 22 novembre et terminée le 24 décembre, en 1963
[Élizabeth n'avait travaillé qu'une couple d'heures sur cette pièce lorsque les medias annoncèrent l'assassinat du président Kennedy. Elle en fut tellement émue qu'elle ne reprit pas le travail ce jour-là.]

109. 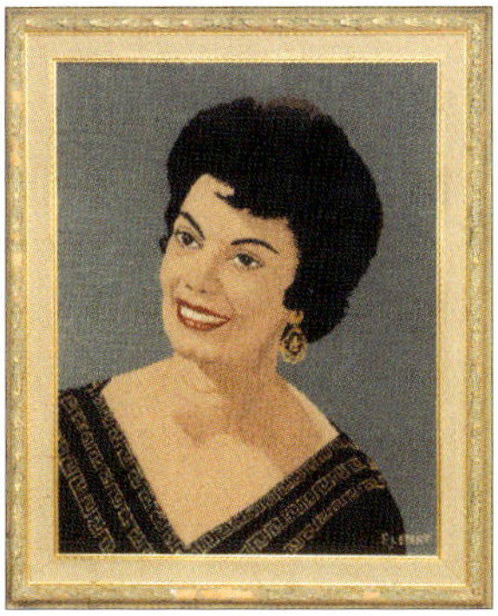

Ann Terry (television personality on CJCB-TV Sydney, NS)
48.3 cm x 59.7 cm (19" x 23.5")
Drawn and dyed December 26-27, 1963 - 49 colours
Begun December 30, 1963, finished January 9, 1964
Presented during a TV interview
Portrait now at Cape Breton University's Beaton Institute

Mlle Ann Terry MacLellan (animatrice au poste de télévision CJCB, à Sydney, N.-É.)
48,3 cm x 59,7 cm [19" x 23,5"]
Dessin et teinture de la laine en 49 couleurs les 26 et 27 décembre 1963
Commencée le 30 décembre 1963 et terminée le 9 janvier 1964
Présentée en personne à Mlle MacLellan lors d'une entrevue à la télévision
Présentement exposée au Beaton Institute de la Cape Breton University

110. 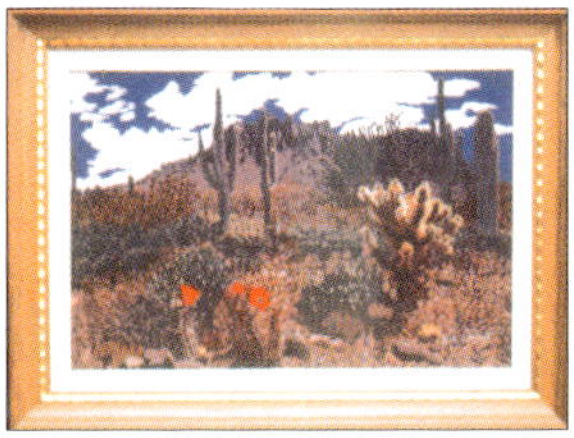

Superstition Mountain
44.4 cm x 70.5 cm (17.5" x 27.75")
Drawn January 9, 1964, from Petley card
Dyed January 11, 1964 - 96 colours
Begun January 11, finished January 29, 1964

Le mont Superstition
44,4 cm x 70,5 cm [17,5" x 27,75"]
Dessinée le 9 janvier 1964 à partir d'une image sur une carte Petley
Laine teinte en 96 couleurs le 11 janvier 1964
Commencée le 11 janvier et terminée le 29 janvier, en 1964

111. 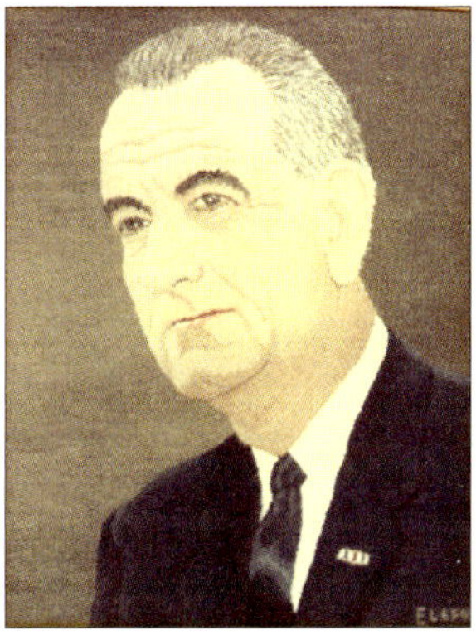

President Lyndon B. Johnson
50.8 cm x 58.4 cm (20" x 23")
Drawn January 29, 1964, from colour 20.3 cm x 25.4 cm (8" x 10") photo received from the White House January 27, 1964
Dyed January 30, 1964 - 48 colours
Begun February 1, finished February 14, 1964
Presented via John J. McNally in Rose Garden at the White House March 10, 1964
(This piece attracted a lot of media attention and Élizabeth received a lettr of appreciation from President Johnson on March 20, 1964.)

Le président Lyndon B. Johnson
50,8 cm x 58,4 cm [20" x 23"]
Dessinée le 29 janvier 1964 à partir d'une photo en couleurs de 20,3 cm x 25,4 cm [8" x 10"], reçue de la Maison-Blanche deux jours auparavant
Laine teinte en 48 couleurs le 30 janvier 1964
Commencée le 1er février et terminée le 14 février, en 1964
Présentée par l'intermédiaire de John J. McNally à la roseraie de la Maison-Blanche le 10 mars 1964
[Cette pièce attira beaucoup de publicité pour l'art d'Élizabeth et elle reçut une belle lettre d'appréciation de la part du président.]

112-113.

Mrs. Smith (two portraits)
21.6 cm x 26.7 cm (8.5" x 10.5")
Made with leftover yarn - 33 colours
Begun March 21, finished March 27, 1964

Deux portraits de *Mme Smith*
21,6 cm x 26,7 cm [8,5" x 10,5"]
Confectionnées avec des restants de laine [33 couleurs]
Commencées le 21 mars et terminées le 27 mars, en 1964

114.

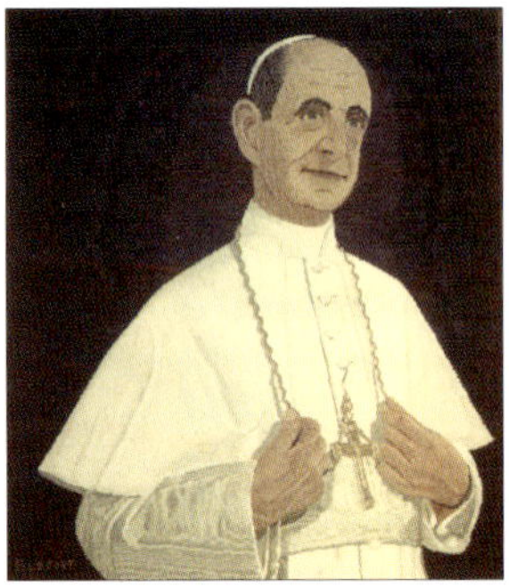

Pope Paul VI
66.0 cm x 73.7 cm (26" x 29")
Drawn July 17, 1964, from photo in *Look*
Dyed July 20-21, 1964
Begun July 21, finished August 7, 1964
Presented to Université de Moncton on occasion of their awarding of an Honorary Doctorate to Élizabeth October 25, 1975.

Le pape Paul VI
66,0 cm x 73,7 cm [26" x 29"]
Dessinée le 17 juillet 1964 à partir d'une photo dans la revue *Look*
Laine teinte les 20 et 21 juillet 1964
Commencée le 21 juillet et terminée le 7 août, en 1964
Présentée à l'Université de Moncton le 25 octobre 1975 à l'occasion de la remise à Élizabeth d'un doctorat *honoris causa*

115.

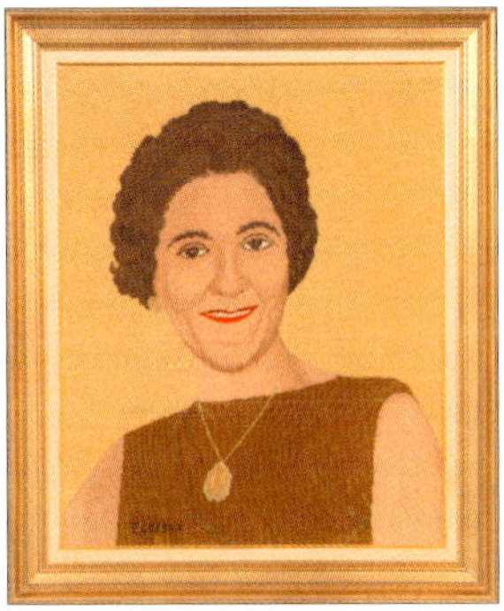

Self portrait
52.1 cm x 62.2 cm (20.5" x 24.5")
From black and white snapshot
Dyed August 8, 1964
Begun August 9, finished August 21, 1964

Autoportrait d'Élizabeth LeFort
52,1 cm x 62,2 cm [20,5" x 24,5"]
À partir d'une photo en noir et blanc
Laine teinte le 8 août 1964
Commencée le 9 août et terminée le 21 août, en 1964

116.

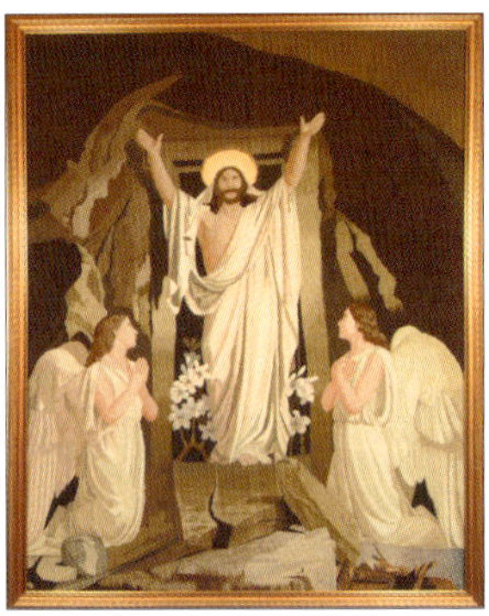

Resurrection
2.5 m x 3.0 m (96.5" x 118.5")
First sketch August 19, 1964 (dissatisfied), redrawn on the other side August 21, 1964, from small black and white photo from Powell
Dyed August 19-20, 1964
Begun August 22, 1964, finished (after many interruptions) on August 11, 1969 - 322 days of work
2 million loops - 12.8 km (8 miles) of yarn

La Résurrection
2,5 m x 3,0 m [96,5" x 118,5"]
À partir d'une petite photo en noir et blanc obtenue chez Powell
Laine teinte les 19 et 20 août 1964
Premier dessin le 19 août 1964 - non-satisfaisant
Redessinée au revers de la toile le 21 août 1964
Commencée le 22 août 1964 et terminée le 11 août 1969 après plusieurs interruptions
[Cette pièce a requis 322 jours de travail, 2 millions de points et 12,8 km (8 milles) de laine.]

117.

Child Portrait
20.3 cm x 25.4 cm (8" x 10")
From Kodacolor photo
Hooked from October 1-3, 1964

Portrait d'un enfant
20,3 cm x 25,4 cm [8" x 10"]
À partir d'une photo *Kodacolor*
Confectionnée du 1er au 3 octobre 1964

118.

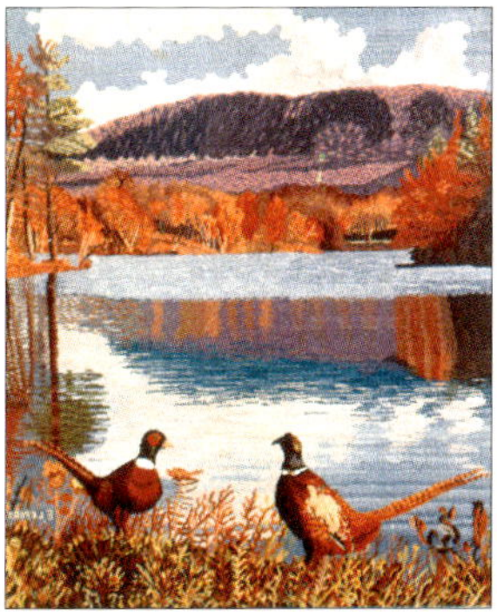

Autumn Reflections
72.4 cm x 85.1 cm (28.5" x 33.5")
From a calendar
Dyed at Phoenix October 27, 1964 - 88 colours
Begun October 27, finished December 2, 1964
Sold July 2, 1966

Réflexions d'automne
72,4 cm x 85,1 cm [28,5" x 33,5"]
À partir d'une image dans un calendrier
Laine teinte en 88 couleurs le 27 octobre 1964, à Phoenix
Commencée le 27 octobre et terminée le 2 décembre, en 1964
Vendue le 2 juillet 1966

119.

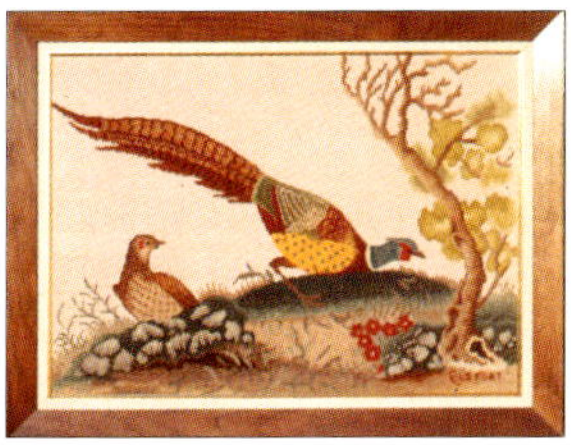

Pheasants
43.8 cm x 62.2 cm (17.25" x 24.5")
From a picture in a magazine
Made with leftover yarn - 64 colours
Begun December 3, finished December 16, 1964
Sold July 24, 1965

Des faisans
43,8 cm x 62,2 cm [17,25" x 24,5"]
À partir d'une image dans une revue
64 couleurs [des restants de laine d'autres pièces]
Commencée le 3 décembre et terminée le 16 décembre, en 1964
Vendue le 24 juillet 1965

120.

Pier Billed Grebe
48.3 cm x 57.2 cm (19" x 22.5")
From Fenwick Lansdowne print
Made with mostly leftover yarn. Some dyed December 16, 1964 - 64 colours
Begun December 16, finished December 31, 1964
Sold July 19, 1965

Le grèbe à bec bigarré
48,3 cm x 57,2 cm [19" x 22,5"]
À partir d'une reproduction d'une peinture de Fenwick Lansdowne
64 couleurs [surtout des restants de laine mais quelques-unes teintes le 16 décembre 1964]
Commencée le 16 décembre et terminée le 31 décembre, en 1964
Vendue le 19 juillet 1965

121.

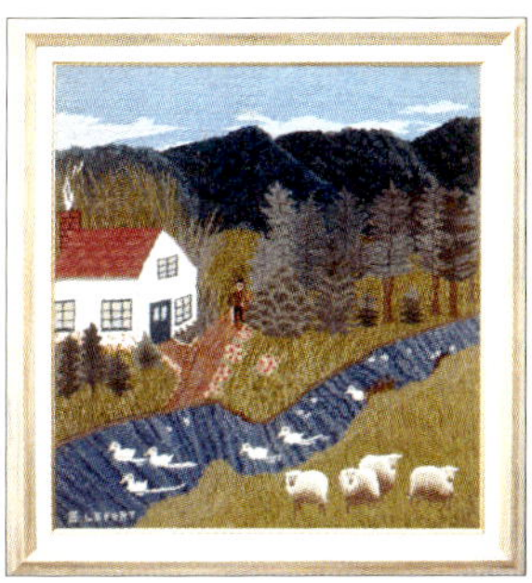

Cape Breton Home
57.2 cm x 62.2 cm (22.5" x 24.5")
Original creation
Made to fill in time, probably in 1964.
Sold September 29, 1969

Un foyer au Cap-Breton
57,2 cm x 62,2 cm [22,5" x 24,5"]
Création originale de l'artiste
Confectionnée à temps perdu probablement à l'automne de 1964
Vendue le 11 août 1969

122.

Hermit Thrush
48.3 cm x 55.9 cm [19" x 22"]
From Fenwick Lansdowne print
Made with leftover yarn - 74 colours
Begun January 4, finished January 18, 1965

La grive solitaire
48,3 cm x 55,9 cm [19" x 22"]
À partir d'une reproduction d'une peinture de Fenwick Lansdowne
74 couleurs [surtout des restants de laine d'autres pièces]
Commencée le 4 janvier et terminée le 18 janvier, en 1965

123. 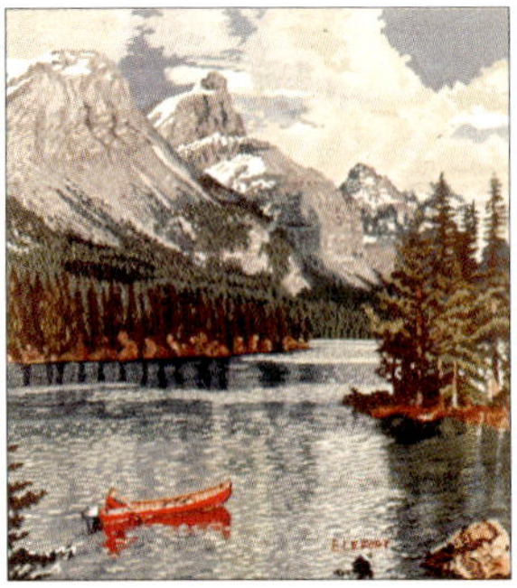

Maligne Lake
61.0 cm x 71.1 cm (24" x 28")
Drawn January 18, 1965 from picture in calendar
Dyed January 19, 1965 - 84 colours
Begun January 20, finished February 23, 1965
Sold August 10, 1965

Le lac Maligne
61,0 cm x 71,1 cm [24" x 28"]
Dessinée le 18 janvier 1965 à partir d'une image dans un calendrier
Laine teinte en 84 couleurs le 19 janvier 1965
Commencée le 20 janvier et terminée le 23 février, en 1965
Vendue le 10 août 1965

124. 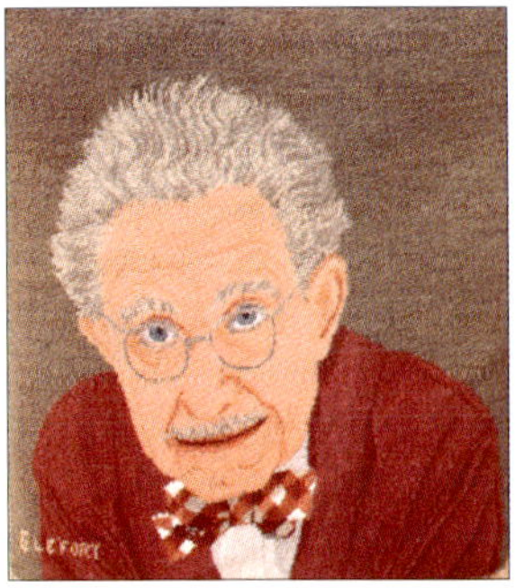

Andy Chuka
43.8 cm x 43.8 cm (17.25" x 17.25")
Drawn February 24, 1965, from black and white photo
Dyed February 24, 1965 - 38 colours
Begun February 25, finished March 4, 1965

Andy Chuka
43,8 cm x 43,8 cm [17,25" x 17,25"]
Dessinée le 24 février 1965 à partir d'une photo en noir et blanc
Laine teinte en 38 couleurs le 24 février 1965
Commencée le 25 février et terminée le 4 mars, en 1965

125. 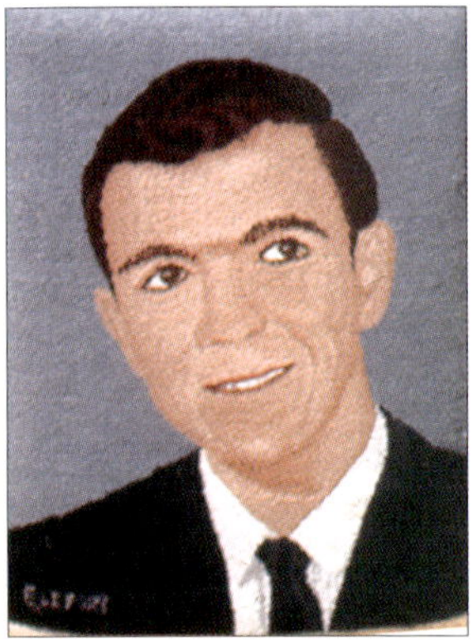

John Gabrielson
39.4 cm x 52.1 cm [15.5" x 20.5"]
Drawn March 4, 1965, from very small school picture
Dyed March 6, 1965 - 39 colours
Begun March 8, finished March 15, 1965

John Gabrielson
39,4 cm x 52,1 cm [15,5" x 20,5"]
Dessinée le 4 mars 1965 à partir d'une très petite photo d'école
Laine teinte en 39 couleurs le 6 mars 1965
Commencée le 8 mars et terminée le 15 mars, en 1965

126. 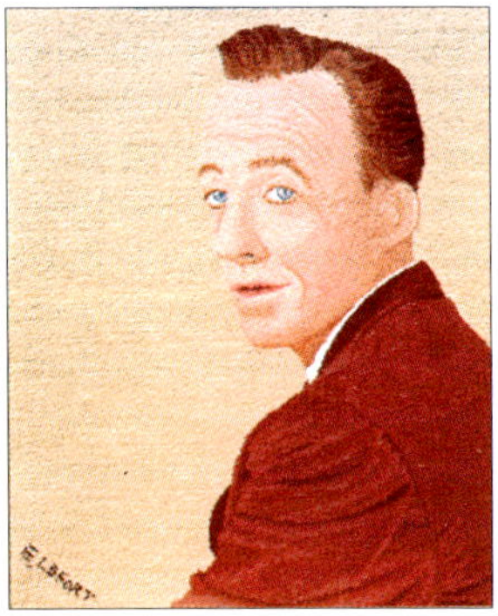

Bing Crosby
45.7 cm x 57.2 cm [18" x 22.5"]
Drawn March 13, 1965, from a colour portrait sent by Mrs. Crosby
Dyed March 15, 1965 - 47 colours
Begun March 16, finished March 25, 1965
Sent as a gift to Mr. Crosby on September 23, 1977

Bing Crosby
45,7 cm x 57,2 cm [18" x 22,5"]
Dessinée le 13 mars 1965 à partir d'une photo en couleurs fournie par Mme Crosby
Laine teinte en 47 couleurs le 15 mars 1965
Commencée le 16 mars et terminée le 25 mars, en 1965
Expédiée en cadeau à M. Crosby le 23 septembre 1977

127. *Arizona Desert*
40.6 cm x 64.8 cm (16" x 25.5")
Drawn March 30, 1965, from a Petley card
Made with leftover yarn
Begun March 31, finished April 20, 1965
Sold July 18, 1965

Le désert de l'Arizona
40,6 cm x 64,8 cm [16" x 25,5"]
Dessinée le 30 mars 1965 à partir d'une image sur une carte Petley
Confectionnée avec des restants de laine
Commencée le 31 mars et terminée le 20 avril, en 1965
Vendue le 18 juillet 1965

128.

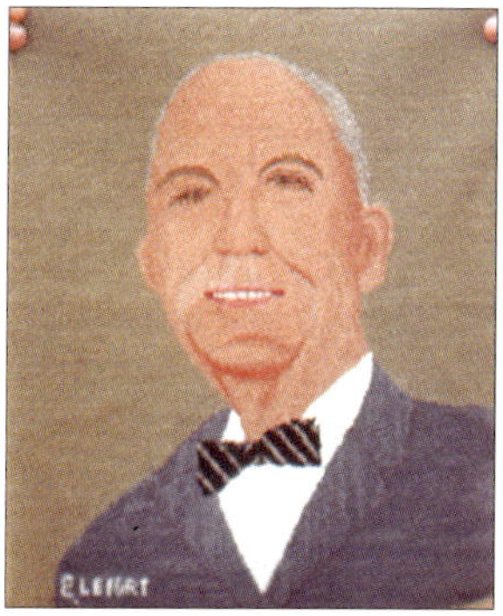

Mr. Ingraham (Vancouver)
38.1 cm x 44.1 cm (15" x 17.375")
Drawn May 31, 1965, from a very small black and white snapshot
Begun June 1, finished June 11, 1965
Mailed June 14, 1965

M. Ingraham [de Vancouver]
38,1 cm x 44,1 cm [15" x 17,375"]
Dessinée le 31 mai 1965 à partir d'une très petite photo en noir et blanc
Commencée le 1er juin et terminée le 11 juin, en 1965
Expédiée le 14 juin 1965

129.

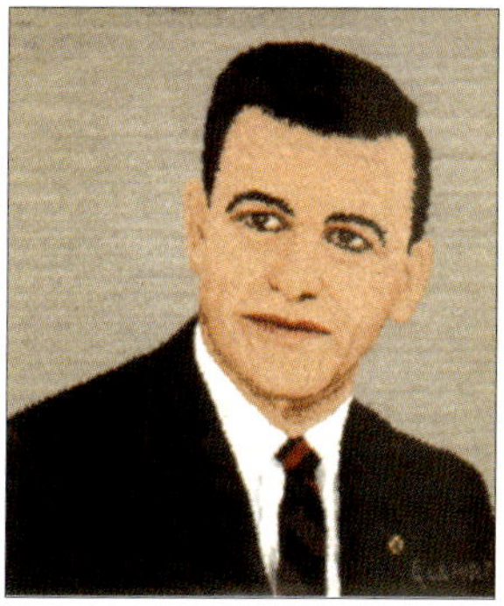

Dr. Kirkpatrick (North Sydney)
39.4 cm x 41.9 cm (15.5" x 16.5")
Commissioned by Ms. Stone of North Sydney
Drawn August 18, 1965, from black and white photo
Dyed August 18, 1965
Begun August 19, finished August 27 1965

Dr Kirkpatrick [de North Sydney]
39,4 cm x 41,9 cm [15,5" x 16,5"]
Commandée par Mlle Stone, de North Sydney
Dessinée le 18 août 1965 à partir d'une photo en noir et blanc
Laine teinte le 18 août 1965
Commencée le 19 août et terminée le 27 août, en 1965

130. *Evening Grosbeak*
50.8 cm x 58.4 cm (20" x 23")
Drawn August 27, 1965, from Fenwick Lansdowne print
Made using leftover yarn
Begun August 27, finished September 7, 1965
Sold July 16, 1966

Le gros-bec errant
50,8 cm x 58,4 cm [20" x 23"]
Dessinée le 27 août 1965 à partir d'une reproduction d'une peinture de Fenwick Lansdowne
Confectionnée avec des restants de laine
Commencée le 27 août et terminée le 7 septembre, en 1965
Vendue le 16 juillet 1966

131. *Audubon Warbler*
52.1 cm x 59.7 cm [20.5" x 23.5"]
Drawn September 6, 1965, from Fenwick Lansdowne print
Made using leftover yarn
Begun September 7, finished September 15, 1965
Purchased in July 1967 by Province of Nova Scotia and presented by them to Queen Mother

La paruline d'Audubon
52,1 cm x 59,7 cm [20,5" x 23,5"]
Dessinée le 6 septembre 1965 à partir d'une reproduction d'une peinture de Fenwick Lansdowne
Confectionnée avec des restants de laine Commencée le 7 septembre et terminée le 15 septembre, en 1965
Achetée en juillet 1967 par la province de la Nouvelle-Écosse pour présentation à la reine mère

132.

Pheasant-tailed Jacana
57.2 cm x 40.6 cm (22.5" x 16")
Drawn September 14, 1965, from Fenwick Lansdowne print
Begun September 16, finished September 23, 1965
Sold in June 1967

Le jacana à queue longue
57,2 cm x 40,6 cm [22,5" x 16"]
Dessinée le 14 septembre 1965 à partir d'une reproduction d'une peinture de Fenwick Lansdowne
Commencée le 16 septembre et terminée le 23 septembre, en 1965
Vendue en juin 1967

133.

Swainson's Thrush
48.3 cm x 53.3 cm (19" x 21")
Drawn September 22, 1965, from Fenwick Lansdowne print
Begun September 27, stopped Septebmer 28, 1965, resumed October 5, finished October 13, 1965
Sold August 25, 1971

La grive à dos olive
48,3 cm x 53,3 cm [19" x 21"]
Dessinée le 22 septembre 1965 à partir d'une reproduction d'une peinture de Fenwick Lansdowne
Commencée le 27 septembre et terminée le 13 octobre, en 1965, avec une interruption du 29 septembre au 4 octobre
Vendue le 25 août 1971

134.

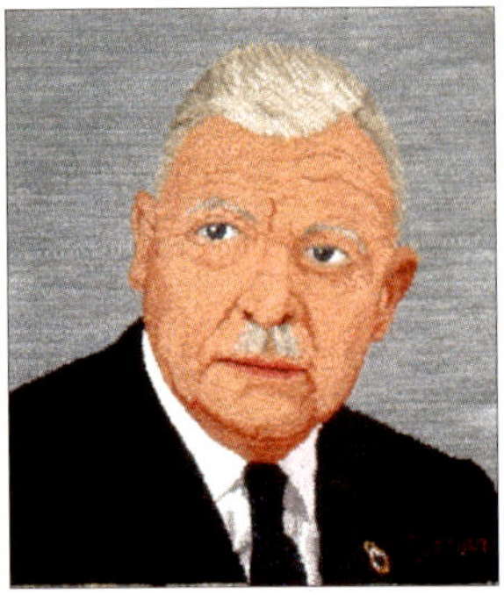

Dr. Meech (North Sydney)
38.1 cm x 44.4 cm (15" x 17.5")
Drawn September 28, 1965, from black and white photo
Dyed September 28, 1965
Begun September 29, finished October 4, 1965

Dr Meech [de North Sydney]
38,1 cm x 44,4 cm [15" x 17,5"]
Commandée par Mlle Stone, de North Sydney
Dessinée le 28 septembre 1965 à partir d'une photo en noir et blanc
Laine teinte le 28 septembre 1965
Commencée le 29 septembre et terminée le 4 octobre, en 1965

135.

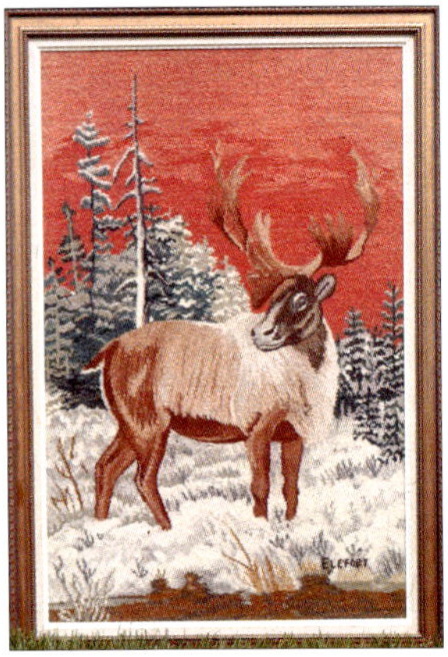

Caribou
48.9 cm x 73.7 cm (19.25" x 29")
Drawn November 2, 1965, from a stamp
Dyed November 3, 1965
Hooking begun November 3, finished November 23, 1965
Sold August 28, 1976

Un caribou
48,9 cm x 73,7 cm [19,25" x 29"]
Dessinée le 2 novembre 1965 à partir d'une image sur un timbre
Laine teinte le 3 novembre 1965
Commencée le 3 novembre et terminée le 23 novembre, en 1965
Vendue le 28 août 1976

136.

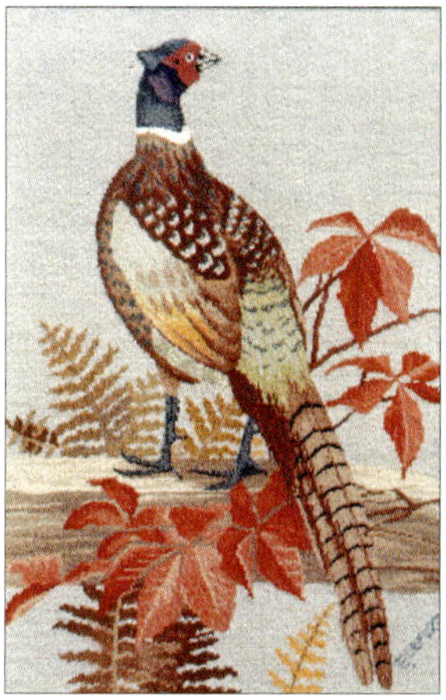

Ring-necked Pheasant
43.8 cm x 66.0 cm (17.25" x 26")
Drawn November 19, 1965, from a postage stamp
Dyed November 24, 1965
Begun November 25, finished December 7, 1965
Sold March 22, 1966

Le faisan à collier
43,8 cm x 66,0 cm [17,25" x 26"]
Dessinée le 19 novembre 1965 à partir d'une image sur un timbre
Laine teinte le 24 novembre 1965
Commencée le 25 novembre et terminée le 7 décembre, en 1965
Vendue le 22 mars 1966

137.

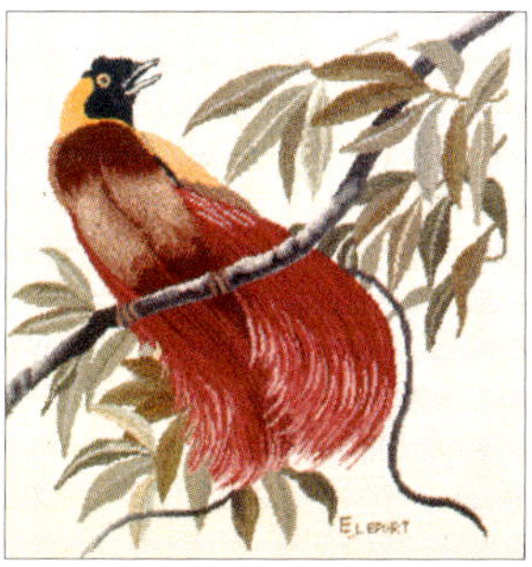

Bird of Paradise
53.3 cm x 54.6 cm (21" x 21.5")
Drawn December 3, 1965, from a postage stamp
Begun December 4, finished December 18, 1965
Sold July 13, 1966

Le paradisier
53,3 cm x 54,6 cm [21" x 21,5"]
Dessinée le 3 décembre 1965 à partir d'une image sur un timbre
Commencée le 4 décembre et terminée le 18 décembre, en 1965
Vendue le 13 juillet 1966

138.

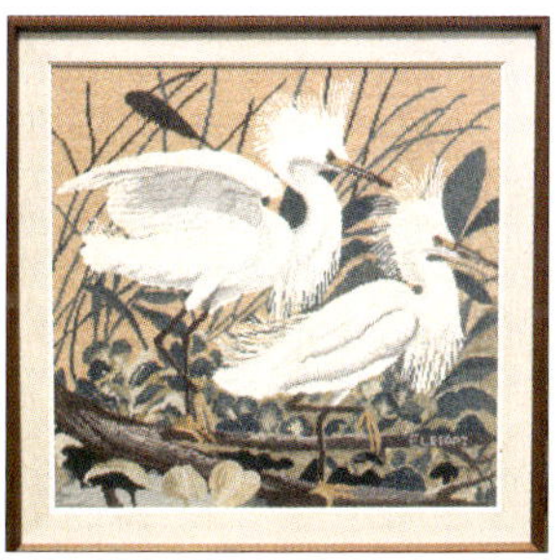

Snowy Egrets
49.5 cm x 47.0 cm (19.5" x 18.5")
Drawn December 16, 1965, from a postage stamp
Dyed December 20, 1965
Begun December 21, finished December 30, 1965
Sold March 10, 1966

Des aigrettes blanches
49,5 cm x 47,0 cm [19,5" x 18,5"]
Dessinée le 16 décembre 1965 à partir d'une image sur un timbre
Laine teinte le 20 décembre 1965
Commencée le 21 décembre et terminée le 30 décembre, en 1965
Vendue le 10 mars 1966

139.

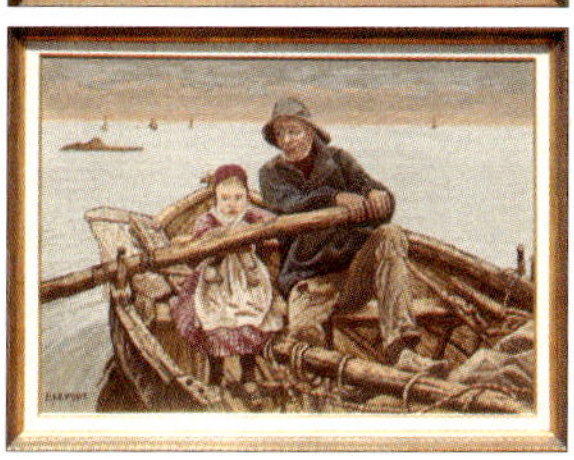

A Helping Hand
62.2 cm x 87.6 cm (24.5" x 34.5")
Drawn December 28, 1965, from a print by Renouf
Dyed January 4, 1966
Begun January 5, finished February 2, 1966

Un coup de main
62,2 cm x 87,6 cm [24,5" x 34,5"]
Dessinée le 28 décembre 1965 à partir d'une reproduction d'une peinture de Renouf
Laine teinte le 4 janvier 1966
Commencée le 5 janvier et terminée le 2 février, en 1966

140. 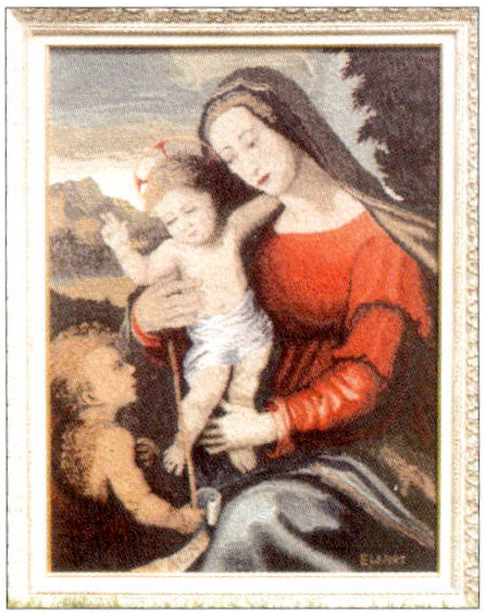

Madonna and Child (with St. John)
59.7 cm x 81.3 cm (23.5" x 32")
Drawn January 28, 1966, from a Christmas card
Dyed January 28 and February 4, 1966
Begun February 6, finished March 3, 1966
Sold August 9, 1976

La Madone et l'Enfant (avec saint Jean)
59,7 cm x 81,3 cm [23,5" x 32"]
Dessinée le 28 janvier 1966 à partir d'une image sur une carte de Noël
Laine teinte le 28 janvier et le 4 février, en 1966
Commencée le 6 février et terminée le 3 mars, en 1966
Vendue le 9 août 1976

141. 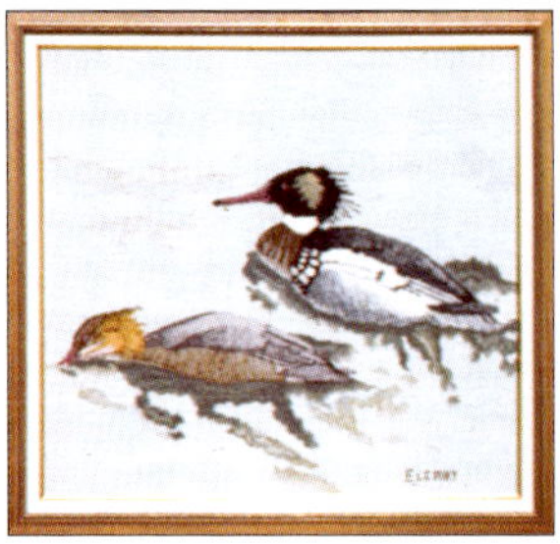

Mandarin Ducks
54.6 cm x 63.5 cm (21.5" x 25")
Drawn March 5, 1966, from a postage stamp
Made using leftover yarn
Begun March 5, finished March 21, 1966
Sold October 12, 1968

Des canards mandarins
54,6 cm x 63,5 cm [21,5" x 25"]
Dessinée le 5 mars 1966 à partir d'une image sur un timbre
Confectionnée avec des restants de laine
Commencée le 5 mars et terminée le 21 mars, en 1966
Vendue le 12 octobre 1968

142.

Madonna of the Rocks
64.8 cm x 94.0 cm (25.5" x 37")
Drawn March 23, 1966, from DaVinci
Dyed March 24, 1966
Begun March 25, finished April 21, 1966

La Vierge aux rochers
64,8 cm x 94,0 cm [25,5" x 37"]
Dessinée le 23 mars 1966 à partir d'une œuvre de de Vinci
Laine teinte le 24 mars 1966
Commencée le 25 mars et terminée le 21 avril, en 1966

143. 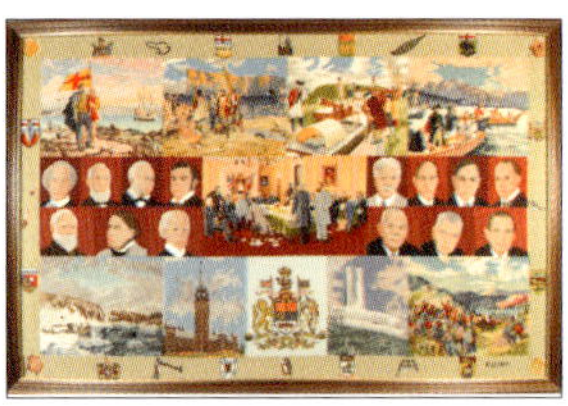

Canadian Centennial
See pages 63-67.

Le centenaire du Canada [détails aux pages 63-67]

144. 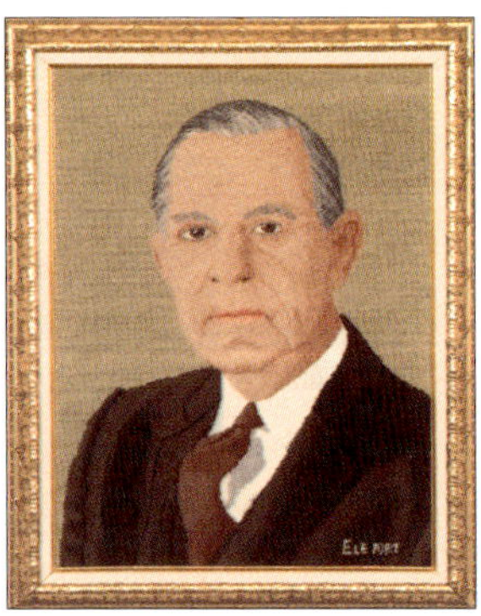

Lester B. Pearson, Prime Minister
43.2 cm x 55.9 cm (17" x 22")
Drawn February 20, 1967, from photo supplied by his office
Dyed February 20, 1967
Begun February 23, finished March 7, 1967

Lester B. Pearson, premier ministre du Canada
43,2 cm x 55,9 cm [17" x 22"]
Dessinée le 20 février 1967 à partir d'une photo obtenue de son bureau
Laine teinte le 20 février 1967
Commencée le 23 février et terminée le 7 mars, en 1967

145.

Red-breasted Merganser
52.1 cm x 59.1 cm (20.5" x 23.25")
Made using leftover yarn
Begun March 9, finished March 24, 1967
Sold August 12, 1970

Le bec-scie à poitrine rousse
52,1 cm x 59,1 cm [20,5" x 23,25"]
Confectionnée avec des restants de laine
Commencée le 9 mars et terminée le 24 mars, en 1967
Vendue le 12 août 1970

146.

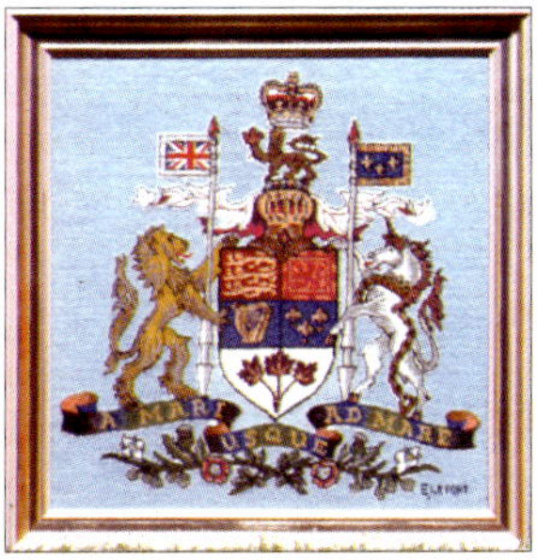

Canadian Coat-of-Arms
62.9 cm x 66.0 cm (24.75" x 26")
Drawn March 24, 1967, from a travel book
Made using leftover yarn
Begun March 27, stopped April 7, resumed April 12, finished April 17, 1967
Sold July 17, 1973

Les armoiries canadiennes
62,9 cm x 66,0 cm [24,75" x 26"]
Dessinée le 24 mars 1967 à partir d'une image dans un guide touristique
Confectionnée avec des restants de laine
Commencée le 27 mars et terminée le 17 avril, en 1967, avec une interruption du 7 au 11 avril
Vendue le 17 juillet 1973

147.

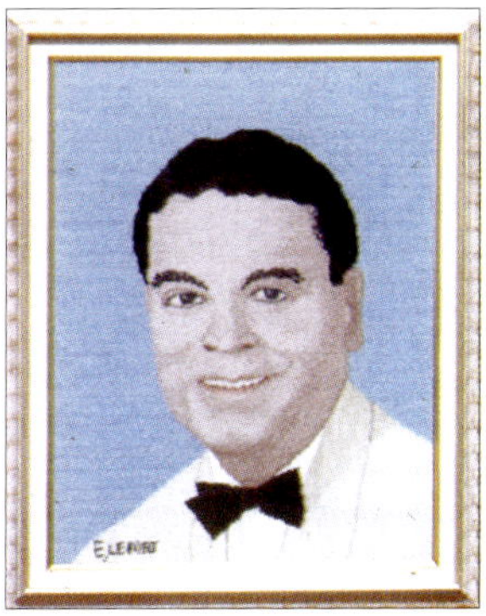

Dr. Stogdill
35.6 cm x 47.0 cm (14" x 18.5")
Drawn April 6, 1967, from picture in Orpheus Chorus program
Dyed April 6, 1967 - 26 colours
Begun April 7, finished April 11, 1967
Presented in person

Dr Stogdill
35,6 cm x 47,0 cm [14" x 18,5"]
Dessinée le 6 avril 1967 à partir d'une photo dans le programme pour l'*Orpheus Chorus*
Laine teinte en 26 couleurs le 6 avril 1967
Commencée le 7 avril et terminée le 11 avril, en 1967
Présentée en personne

148.

Equatorial Cock-of-Rock
44.4 cm x 45.1 cm (17.5" x 17.75")
Drawn from a postage stamp
Made using leftover yarn
Begun May 30, finished June 6, 1967
Sold July 24, 1974

Le coq de roche orange
44,4 cm x 45,1 cm [17,5" x 17,75"]
À partir d'une image sur un timbre
Confectionnée avec des restants de laine
Commencée le 30 mai et terminée le 6 juin, en 1967
Vendue le 24 juillet 1974

149.

Macaws
Drawn from a postage stamp
Made using leftover yarn
Begun June 6, with an interuption from June 10-28, finished July 5, 1967
Sold August 16, 1978

Des aras
À partir d'une image sur un timbre
Confectionnée surtout avec des restants de laine
Commencée le 6 juin et terminée le 5 juillet, en 1967, avec une interruption du 10 au 28 juin
Vendue le 16 août 1978

150.

Mr. Bowes (President United Mine Workers International, ordered by Glace Bay Union)
48.3 cm x 59.1 cm (19" x 23.25")
Dyed June 10, 1967
Drawn June 12, 1967
Begun June 12, finished June 20, 1967
Delivered by Briand's Taxi July 17, 1967

M. Bowes [président de la United Mine Workers International]
48,3 cm x 59,1 cm [19" x 23,25"]
Commandée par la succursale de Glace Bay
Laine teinte le 10 juin 1967
Dessinée le 12 juin 1967 à partir d'une photo en noir et blanc fournie par la succursale de Glace Bay
Commencée le 12 juin et terminée le 20 juin, en 1967
Expédiée via Briand's Taxi le 17 juillet 1967

151.

Mr. Owens (Secretary-treasurer United Mine Workers International, ordered by Glace Bay Union)
48.3 cm x 59.1 cm (19" x 23.25")
Drawn June 16, 1967, from same original as #150
Dyed June 10, 1967
Begun June 20, finished June 28, 1967
Delivered by Briand's Taxi July 17, 1967

M. Owens [secrétaire-trésorier de la United Mine Workers International]
48,3 cm x 59,1 cm [19" x 23,25"]
Commandée par la succursale de Glace Bay
Laine teinte le 10 juin 1967
Dessinée le 16 juin 1967 à partir d'une photo fournie par la succursale de Glace Bay
Commencée le 20 juin et terminée le 28 juin, en 1967
Expédiée via Briand's Taxi le 17 juillet 1967

152.

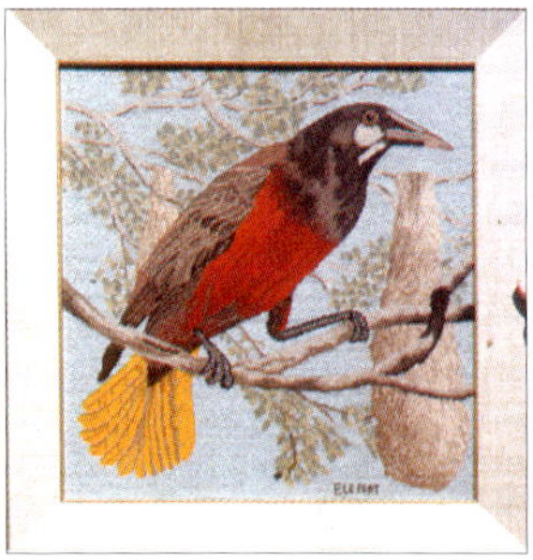

Wagler's Oropendola
52.1 cm x 54.6 cm (20.5" x 21.5")
Drawn July 4, 1967, from a postage stamp
Made using leftover yarn
Begun July 5, finished July 18, 1967
Sold September 22, 1978

Le cassique à tête brune
52,1 cm x 54,6 cm [20,5" x 21,5"]
Dessinée le 4 juillet 1967 à partir d'une image sur un timbre
Confectionnée avec des restants de laine
Commencée le 5 juillet et terminée le 18 juillet, en 1967
Vendue le 22 septembre 1978

153.

Mr. Geo J. Titler (Vice President United Mine Workers International, ordered by Glace Bay Union)
47.6 cm x 55.9 cm (18.75" x 22")
Drawn July 21, 1967, from black and white photo
Dyed July 21, 1967
Begun July 22, finished July 28, 1967
Picked up by Mr. Bill Marsh on July 29, 1967

M. George J. Titler [vice-président de la United Mine Workers International]
47,6 cm x 55,9 cm [18,75" x 22"]
Commandée par la succursale de Glace Bay
Dessinée le 21 juillet 1967 à partir d'une photo en noir et blanc fournie par la succursale de Glace Bay
Laine teinte le 21 juillet 1967
Commencée le 22 juillet et terminée le 28 juillet, en 1967
Ramassée le 29 juillet 1967 par M. Bill Marsh

154.

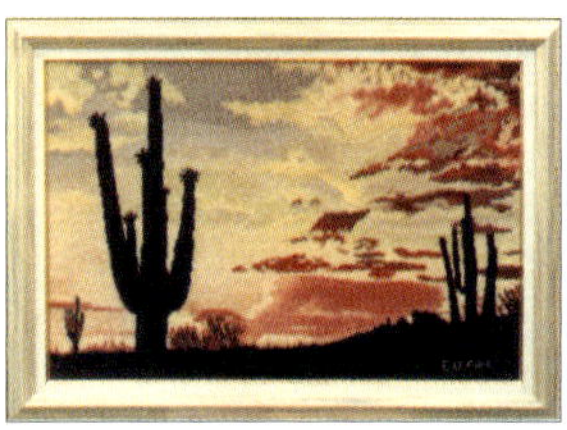

Arizona Sunset
67.3 cm x 43.2 cm (26.5" x 17")
From Petley card
Dyed November 13, 1967
Begun November 14, finished November 29, 1967
Delivered April 28, 1968

Un coucher de soleil en Arizona
67,3 cm x 43,2 cm [26,5" x 17"]
À partir d'une carte Petley
Laine teinte le 13 novembre 1967
Commencée le 14 novembre et terminée le 29 novembre, en 1967
Livrée le 28 avril 1968

155.

Arizona Sunset (duplicate)
Dyed November 30, 1967
Begun November 30, finished December 14, 1967
Sold January 27, 1968

Tapisserie semblable au no 154
Laine teinte le 30 novembre 1967
Commencée le 30 novembre et terminée le 14 décembre, en 1967
Vendue le 27 janvier 1968

156.

Lake O'Law
72.4 cm x 70.5 cm (28.5" x 27.75")
Drawn December 14, 1967, from Paul Pix photo
Begun December 16, 1967, finished February 15, 1968
Delayed for Dean Martin portrait (#157) from January 13-27, 1968
Sold September 7, 1974

Le lac O'Law
72,4 cm x 70,5 cm [28,5" x 27,75"]
Dessinée le 14 décembre 1967 à partir d'une photo Paul Pix
Commencée le 16 décembre 1967 et terminée le 15 février 1968, avec une interruption du 13 au 27 janvier pour la confection de la pièce no 157
Vendue le 7 septembre 1974

157. 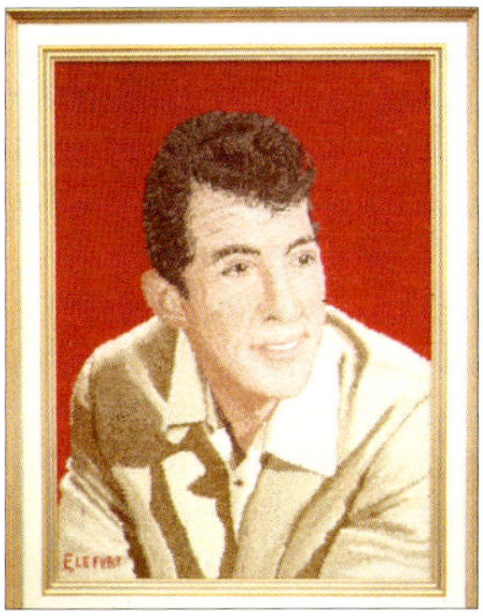

Dean Martin
41.3 cm x 54.0 cm (16.25" x 21.25")
From a portrait supplied by KTAR-TV Phoenix
Begun January 15, finished January 26, 1968
Presented to Mr. Martin in April 1968 by an NBC representative

Dean Martin
41,3 cm x 54,0 cm [16,25" x 21,25"]
À partir d'un portrait fourni par le poste de télévision KTAR, de Phoenix
Commencée le 15 janvier et terminée le 26 janvier, en 1968
Présentée à M. Martin, à Hollywood, en avril 1968, par un représentant du réseau NBC

158. 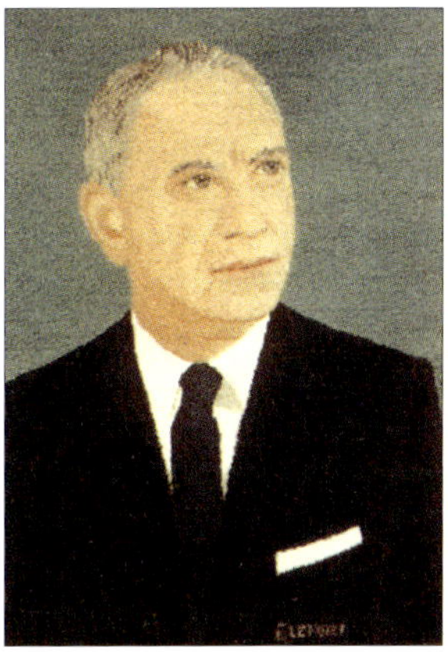

Mr. Cohen (Sydney, NS)
44.4 cm x 59.7 cm (17.5" x 23.5")
Drawn February 20, 1968, from (poor) photo supplied by Mrs. Cohen for UMW
Dyed February 21, 1968
Begun February 22, finished March 4, 1968

M. Cohen [Sydney, NS]
44,4 cm x 59,7 cm [17,5" x 23,5"]
Dessinée le 20 février 1968 à partir d'une photo fournie par Mme Cohen pour la United Mine Workers
Laine teinte le 21 février 1968
Commencée le 22 février et terminée le 4 mars, en 1968

159.

Calm Sea
48.3 cm x 68.6 cm (19" x 27")
Drawn March 6, 1968, from Christmas card
Made using leftover yarn
Begun March 9, finished April 11, 1968
Sold September 12, 1969

Une mer calme
48,3 cm x 68,6 cm [19" x 27"]
Dessinée le 6 mars 1968 à partir d'une image sur une carte de Noël
Confectionnée sutout avec des restants de laine
Commencée le 9 mars et terminée le 11 avril, en 1968
Vendue le 12 septembre 1969

160. 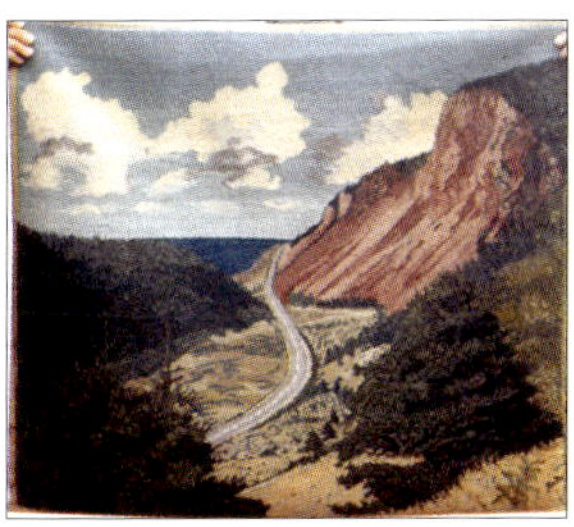

Rigwash Valley (high elevation)
80.6 cm x 66.7 cm (31.75" x 26.25")
Drawn August 1, 1968, from Paul Pix photo
Dyed August 3, 1968
Begun August 5, finished August 24, 1968

La vallée de la Rigouèche [vue d'une haute élévation]
80,6 cm x 66,7 cm [31,75" x 26,25"]
Dessinée le 1er août 1968 à partir d'une photo Paul Pix
Laine teinte le 3 août 1968
Commencée le 5 août et terminée le 24 août, en 1968

161.

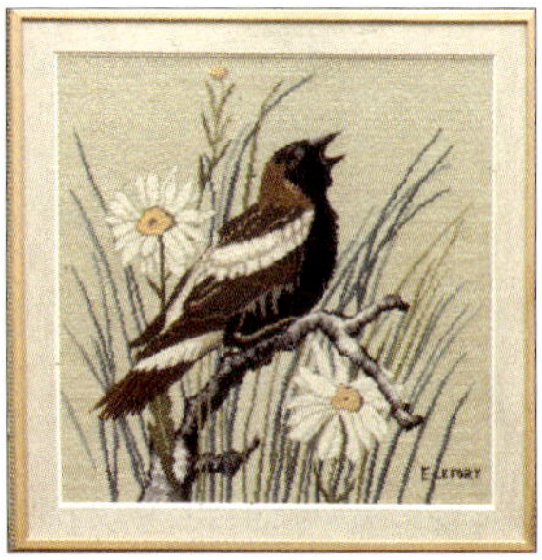

Loggerhead Shrike
49.5 cm x 50.8 cm (19.5" x 20")
Drawn September 18, 1968, from a postage stamp
Made using leftover yarn
Begun September 20, finished October 4, 1968
Sold September 7, 1970

La pie-grièche migratrice
49,5 cm x 50,8 cm [19,5" x 20"]
Dessinée le 18 septembre 1968 à partir d'une image sur un timbre
Confectionnée avec des restants de laine
Commencée le 20 septembre et terminée le 4 octobre, en 1968
Vendue le 7 septembre 1970

162.

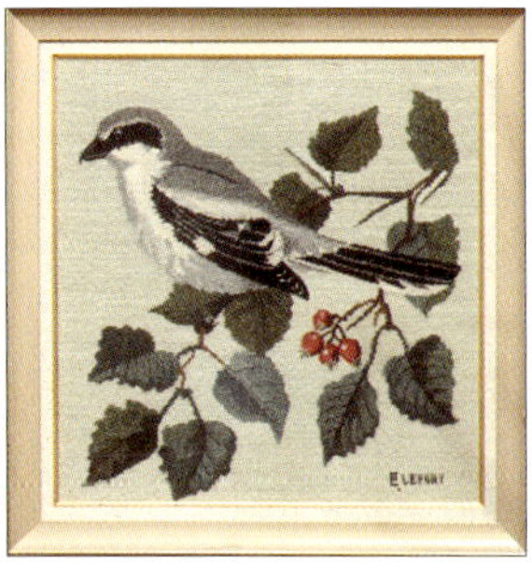

Bobolink
49.5 cm x 48.3 cm (19.5" x 19")
Drawn from a postage stamp
Begun October 5, finished October 18, 1968
Sold June 30, 1973

Le goglu commun
49,5 cm x 48,3 cm [19,5" x 19"]
À partir d'une image sur un timbre
Commencée le 5 octobre et terminée le 18 octobre, en 1968
Vendue le 30 juin 1973

163.

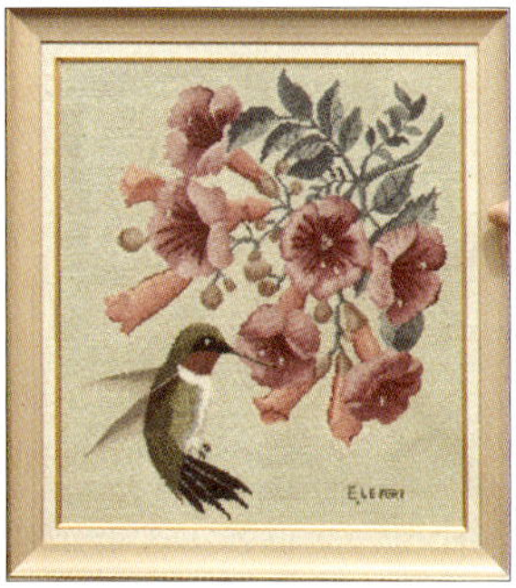

Ruby Throated Hummingbird
45.7 cm x 50.8 cm (18" x 20")
Drawn from a postage stamp
Begun November 11, finished November 21, 1968
Sold July 17, 1969

Le colibri à gorge rubi
45,7 cm x 50,8 cm [18" x 20"]
À partir d'une image sur un timbre
Commencée le 11 novembre et terminée le 21 novembre, en 1968
Vendue le 17 juillet 1969

164.

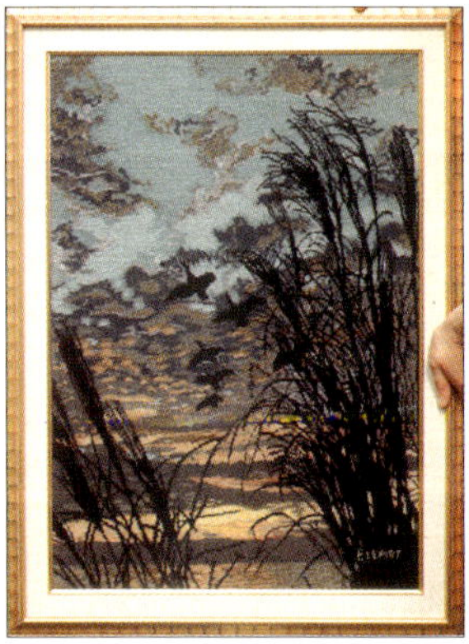

Changing Seasons
52.1 cm x 71.8 cm (20.5" x 28.25")
Drawn from a Christmas card
Dyed November 25, 1968
Begun November 26, finished December 19, 1968
Sold July 15, 1968

L'arrivée d'une nouvelle saison
52,1 cm x 71,8 cm [20,5" x 28,25"]
À partir d'une image sur une carte de Noël
Laine teinte le 25 novembre 1968
Commencée le 26 novembre et terminée le décembre, en 1968
Vendue le 15 juillet 1968

165. 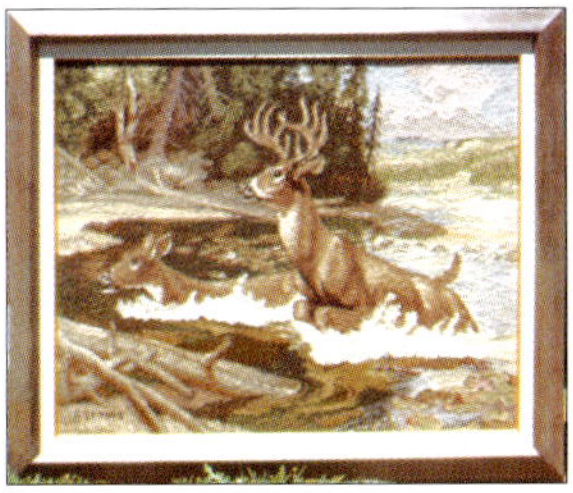

Freedom
57.2 cm x 71.1 cm (22.5" x 28")
Drawn from a B. Doyle calendar
Begun December 26, 1968, finished January 28, 1969
Sold in April, 1969

Libres dans la nature
57,2 cm x 71,1 cm [22,5" x 28"]
À partir d'une image dans un calendrier B. Doyle
Commencée le 26 décembre 1968 et terminée le 28 janvier 1969
Vendue en avril 1969

166. 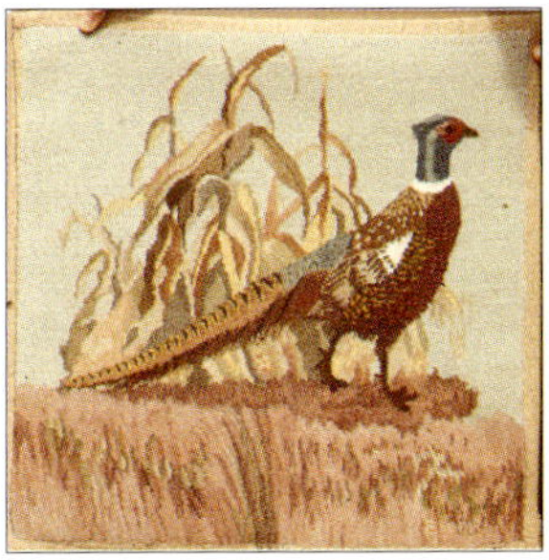

Ring-necked Pheasant
50.8 cm x 52.1 cm (20" x 20.5")
Drawn January 28, 1969, from a postage stamp
Begun January 30, finished February 12, 1969

Un faisan à collier dans un champ de maïs
50,8 cm x 52,1 cm [20" x 20,5"]
Dessinée le 28 janvier 1969 à partir d'une image sur un timbre
Commencée le 30 janvier et terminée le 12 février, en 1969

167. 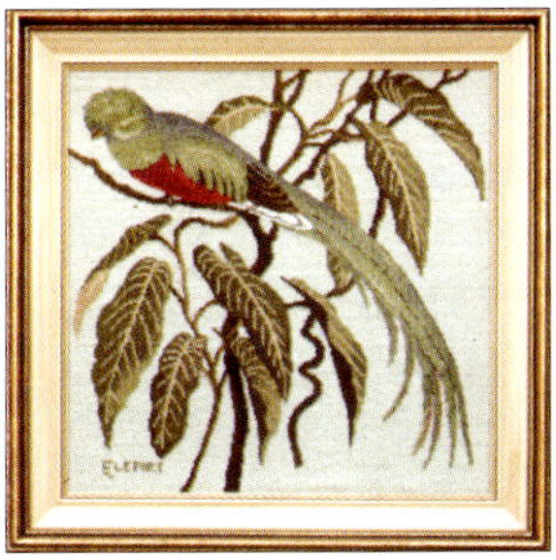

Quetzal
52.1 cm x 52.1 cm (20.5" x 20.5")
Drawn from a postage stamp
Begun February 13, finished February 24, 1969
Sold August 25, 1975

Le quetzal
52,1 cm x 52,1 cm [20,5" x 20,5"]
À partir d'une image sur un timbre
Commencée le 13 février et terminée le 24 février, en 1969
Vendue le 25 août 1975

168. 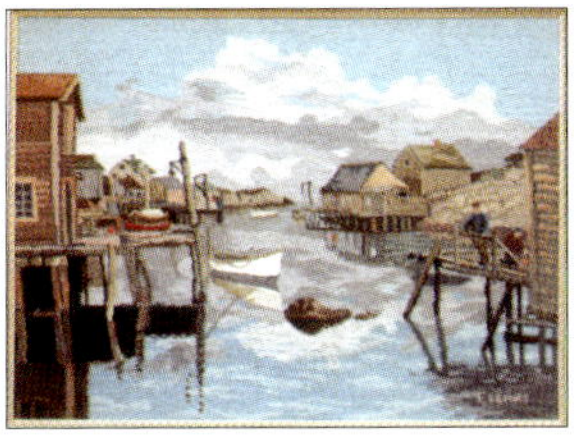

Peggy's Cove
73.7 cm x 53.3 cm (29" x 21")
Drawn from a Christmas card
Begun February 25, finished March 22, 1969
Sold July 10, 1969

Peggy's Cove
73,7 cm x 53,3 cm [29" x 21"]
À partir d'une image sur une carte de Noël
Commencée le 25 février et terminée le 22 mars, en 1969
Vendue le 10 juillet 1969

169.

Trust
58.4 cm x 76.2 cm (23" x 30")
Background drawn from Rolls Royce picture, deer from a photo by Mrs. Pasley, foreground invented
Begun March 25, finished May 30, 1969
Sold July 14, 1969

La confiance
58,4 cm x 76,2 cm [23" x 30"]
À partir d'une photo d'un chevreuil, de Mme Pasley, sur un arrière-plan inspiré d'une photo Rolls Royce
Commencée le 25 mars et terminée le 30 mai, en 1969
Vendue le 14 juillet 1969

170.

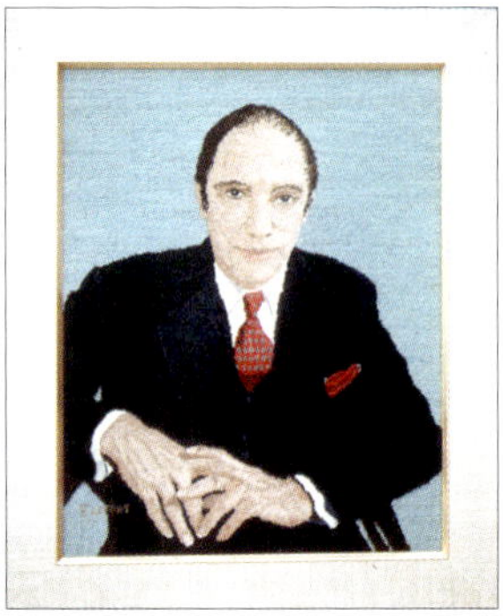

Prime Minister Pierre Elliott Trudeau
49.5 cm x 61.0 cm (19.5" x 24")
From a photo supplied by his office
Dyed July 1, 1969
Begun July 2, finished July 14, 1969
Personal presentation to Mr. Trudeau at the Hotel Nova Scotian, Halifax, August 16, 1969

Pierre Elliott Trudeau, premier ministre du Canada
49,5 cm x 61,0 cm [19,5" x 24"]
À partir d'une photo fournie par son bureau
Laine teinte le 1er juillet 1969
Commencée le 2 juillet et terminée le 14 juillet, en 1969
Présentée à M. Trudeau en personne, le samedi 16 août 1969, à l'hôtel Nova Scotian à Halifax

171.

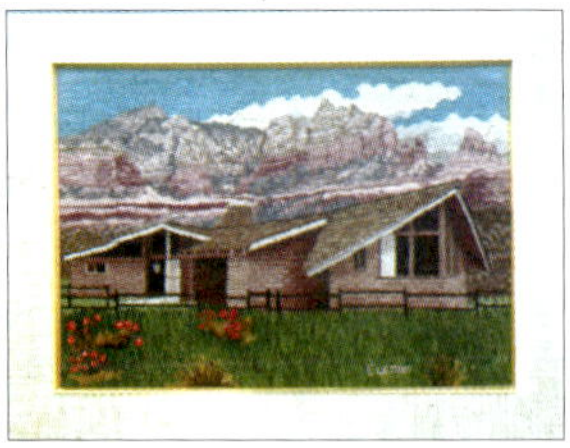

Jensen Home – Sedona
Made to order from small snapshot
Dyed August 15, 1969
Begun August 18, finished September 4, 1969

La demeure des Jensen, à Sedona, en Arizona
Confectionnée sur commande à partir d'une petite photo
Laine teinte le 15 août 1969
Commencée le 18 août et terminée le 4 septembre, en 1969

172.

Fishing Harbour
58.4 cm x 73.7 cm (23" x 29")
Drawn September 4, 1969, from print by Murray
Made using leftover yarn
Begun September 5, finished September 27, 1969

Un havre de pêche
58,4 cm x 73,7 cm [23" x 29"]
Dessinée le 4 septembre 1969 à partir de la moitié d'une reproduction d'une peinture de Murray
Confectionnée surtout avec des restants de laine
Commencée le 5 septembre et terminée le 27 septembre, en 1969

173.

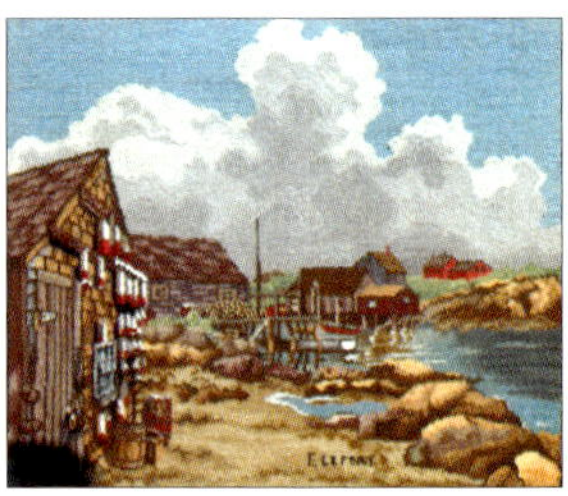

Fishing Harbour
49.5 cm x 59.7 cm (19.5" x 23.5")
From second half of Murray print (#172)
Made using leftover yarn
Begun October 1, finished November 10, 1969
Sold August 18, 1973

Deuxième scène d'un havre de pêche
49,5 cm x 59,7 cm [19,5" x 23,5"]
Inspirée de l'autre moitié de la peinture de Murray [voir no 172]
Confectionnée avec des restants de laine
Commencée le 1er octobre et terminée le 10 novembre, en 1969
Vendue le 18 août 1973

174.

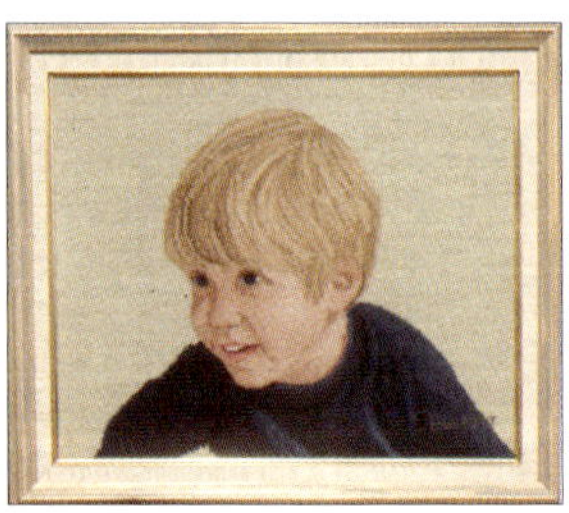

McLellan Boy
44.4 cm x 33.0 cm (17.5" x 13")
Drawn November 13, 1969, from photo supplied by family
Begun November 15, finished November 22, 1969

Le garçonnet McLellan
44,4 cm x 33,0 cm [17,5" x 13"]
Dessinée le 13 novembre 1969 à partir d'une photo fournie par les parents
Commencée le 15 novembre et terminée le 22 novembre, en 1969

175. 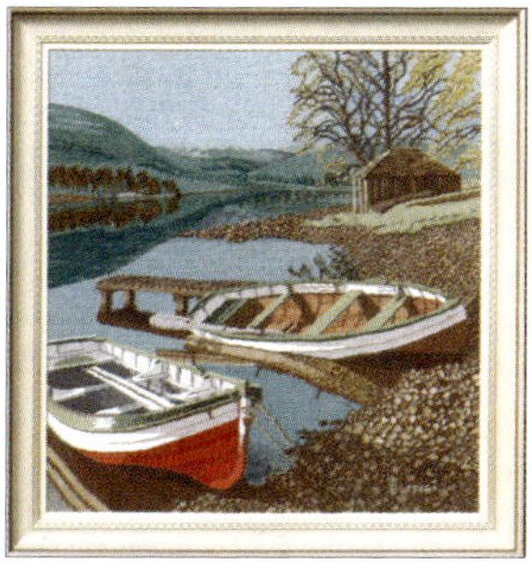

St. Mary's Loch
68.6 cm x 66.0 cm (27" x 26")
Drawn November 4, 1969, from Scottish Booklet
Begun November 27, 1969, finished January 7, 1970
Sold September 2, 1970

St. Mary's Loch, Selkirkshire
68,6 cm x 66,0 cm [27" x 26"]
Dessinée le 4 novembre 1969 à partir d'une image dans un livret écossais
Commencée le 27 novembre 1969 et terminée le 7 janvier 1970
Vendue le 2 septembre 1970

176. 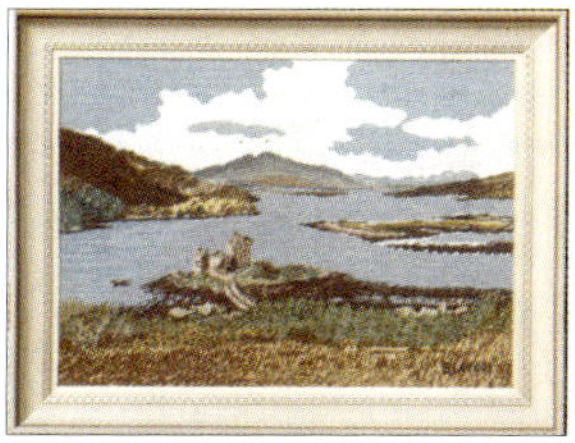

Liatach – Loch Clair
64.8 cm x 68.6 cm (25.5" x 27")
From Scottish Book *Land of the Heather*
Begun January 8, finished February 9, 1970
Sold August 23, 1970

Liatach - Loch Clair
64,8 cm x 68,6 cm [25,5" x 27"]
À partir d'une image dans le livre écossais *Land of the Heather*
Commencée le 8 janvier et terminée le 9 février, en 1970
Vendue le 23 août 1970

177. 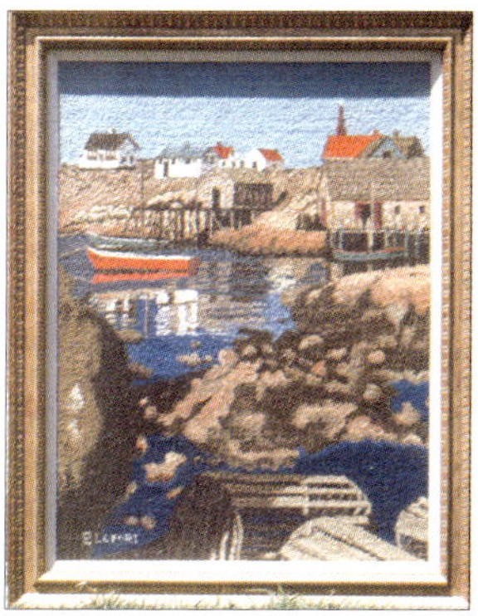

Peggy's Cove
45.7 cm x 61.0 cm (18" x 24")
Drawn February 4, 1970, Paul Pix photo
Begun February 10, 1970, interrupted due to illness, finished March 13, 1970
Sold January 10, 1973 to National Museum of Man, Ottawa, Ontario
Shipped by bus January 15, 1973

Peggy's Cove
45,7 cm x 61,0 cm [18" x 24"]
Dessinée le 4 février 1970 à partir d'une photo Paul Pix
Commencée le 10 février et terminée, avec un peu de retard à cause de maladie, le 13 mars, en 1970
Vendue le 10 janvier 1973 au Musée national de l'Homme, à Ottawa, ON. [Expédiée par autobus le 15 janvier 1973]

178.

Eilean Donan Castle
62.2 cm x 44.4 cm (24.5" x 17.5")
Drawn March 16, 1970, from a calendar bought in Edinburgh
Begun March 18, finished April 7, 1970
Sold August 19, 1971

Le château Eilean Donan
62,2 cm x 44,4 cm [24,5" x 17,5"]
Dessinée le 16 mars 1970 à partir d'une image dans un calendrier écossais acheté à Edinburgh
Commencée le 18 mars et terminée le 7 avril, en 1970
Vendue le 19 août 1971

179. 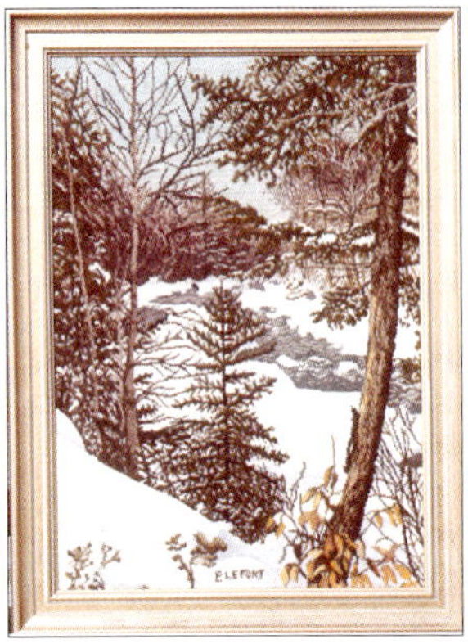

Winter Wonderland
50.8 cm x 71.8 cm (20" x 28.25")
Drawn April 15, 1970, from greeting card
Made using leftover yarn
Begun April 16, stopped from April 22 - June 8 for a trip home to Margaree Harbour. Resumed June 9, finished June 30, 1970
Sold July 28, 1971

Pays des merveilles d'hiver
50,8 cm x 71,8 cm [20" x 28,25"]
Dessinée le 15 avril 1970 à partir d'une image sur une carte de vœux
Confectionnée surtout avec des restants de laine
Commencée le 16 avril et terminée le 30 juin, en 1970, avec une interruption du 22 avril au 8 juin pour le voyage retour au Havre de *Magré*
Vendue le 28 juillet 1971

180. 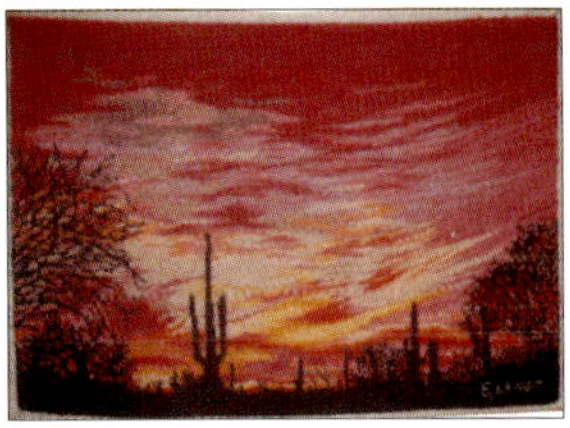

Arizona Sunset
42.5 cm x 60.3 cm (16.75" x 23.75")
From Petley card
Begun July 1, finished July 11, 1970
Given as a gift on November 13, 1970

Un coucher de soleil en Arizona
42,5 cm x 60,3 cm [16,75" x 23,75"]
À partir d'une image sur une carte Petley
Commencée le 1er juillet et terminée le 11 juillet, en 1970
Donnée en cadeau le 13 novembre 1970

181. 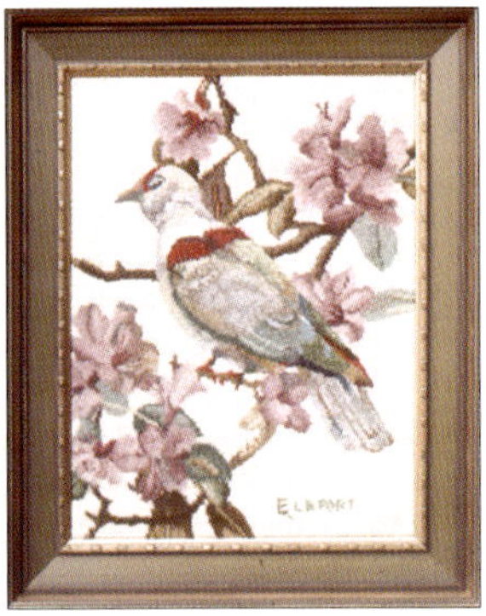

Fruit Dove
33.0 cm x 43.2 cm (13" x 17")
From a Print
Begun July 13, finished July 20, 1970
Sold September 19, 1973

Le ptilope
33,0 cm x 43,2 cm [13" x 17"]
À partir d'une reproduction d'une peinture
Commencée le 13 juillet et terminée le 20 juillet, en 1970
Vendue le 19 septembre 1973

182. 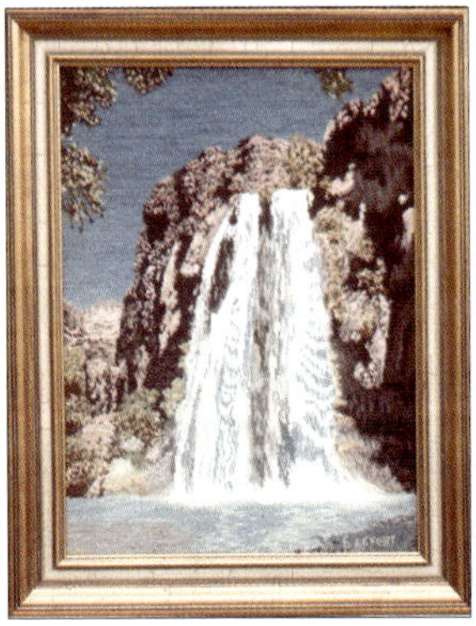

Havasu Falls
46.4 cm x 63.5 cm (18.25" x 25")
From a print in a *Foster Art Book*
Begun July 21, finished August 7, 1970
Sold in June, 1972

Les chutes d'Havasu
46,4 cm x 63,5 cm [18,25" x 25"]
À partir d'une reproduction d'une peinture dans le *Foster Art Book*
Commencée le 21 juillet et terminée le 7 août, en 1970
Vendue en juin 1972

183. *Happy Family*
45.7 cm x 50.8 cm (18" x 20")
From a print
Begun August 7, finished August 20, 1970
Sold July 20, 1971

Une heureuse famille d'oiseaux
45,7 cm x 50,8 cm [18" x 20"]
À partir d'une reproduction d'une peinture
Commencée le 7 août et terminée le 20 août, en 1970
Vendue le 20 juillet 1971

184. *Oxen Harvest*
50.8 cm x 63.5 cm (20" x 25")
From a print in a Nova Scotia book
Begun August 20, finished September 7, 1970
Sold August 27, 1971

Des bœufs à l'œuvre lors de la récolte
50,8 cm x 63,5 cm [20" x 25"]
À partir d'une image dans un livre néo-écossais
Commencée le 20 août et terminée le 7 septembre, en 1970
Vendue le 27 août 1971

185. *Head of Christ*
38.7 cm x 51.4 cm (15.25" x 20.25")
From a print
Begun September 8, finished September 25, 1970

Le buste du Christ
38,7 cm x 51,4 cm [15,25" x 20,25"]
À partir d'une reproduction d'une peinture
Commencée le 8 septembre et terminée le 25 septembre, en 1970

186. *MacDonald Clan Crest*
From 2.5 cm (1 in) square sample
Begun October 6, finished October 12, 1970

Armoiries du clan Ranald de la famille MacDonald
À partir d'un échantillon d'un pouce carré [2,54 cm x 2,54 cm]
Commencée le 6 octobre et terminée le 12 octobre, en 1970

187.

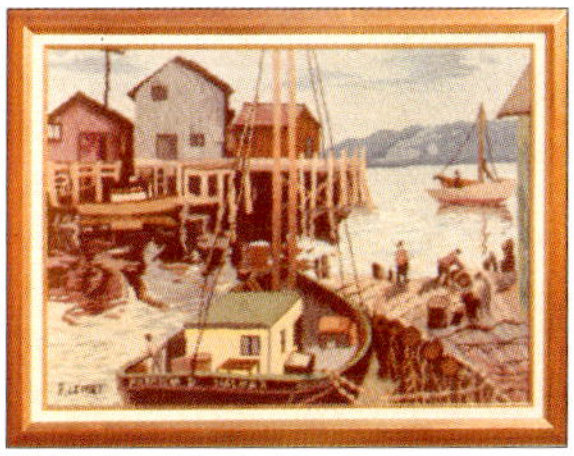

Patricia, *Halifax*
68.6 cm x 50.8 cm (27" x 20")
From a greeting card
Begun November 9, finished December 3, 1970
Sold January 10, 1973, to the National Museum of Man, Ottawa

Une scène d'un havre de pêche avec le bateau Patricia, *Halifax*
68,6 cm x 50,8 cm [27" x 20"]
À partir d'une image sur une carte de vœux
Commencée le 9 novembre et terminée le 3 décembre, en 1970
Vendue le 10 janvier 1973 au Musée national de l'Homme, à Ottawa, ON

188.

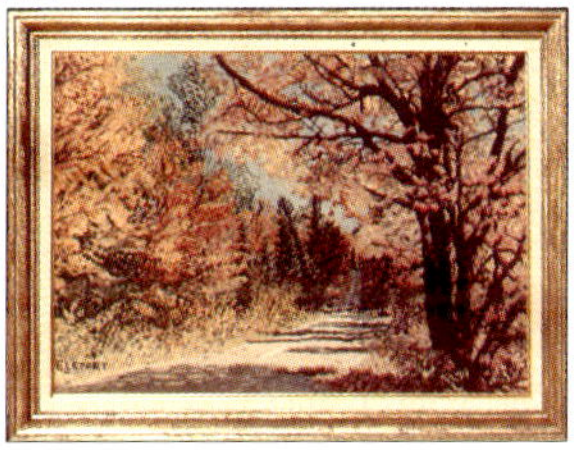

Michigan Fall Scene
45.7 cm x 66.0 cm (18" x 26")
Begun December 7, 1970, finished January 22, 1971

Une scène d'automne au Michigan
45,7 cm x 66,0 cm [18" x 26"]
Commencée le 7 décembre 1970 et terminée le 22 janvier 1971

189. *Mt. Assiniboine*
59.1 cm x 52.1 cm (23.25" x 20.5")
From Harmon photo
Begun January 26, finished February 25, 1971
Sold July 9, 1971

Le mont Assiniboine
59,1 cm x 52,1 cm [23,25" x 20,5"]
À partir d'une photo Harmon
Commencée le 26 janvier et terminée le 25 février, en 1971
Vendue le 9 juillet 1971

190.

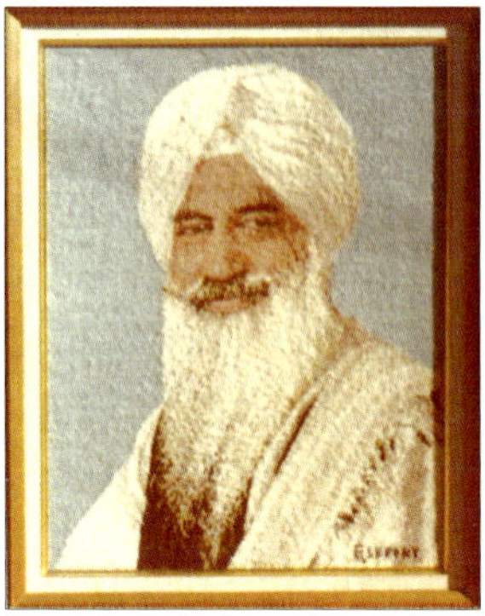

Maharaj Charan Sing Ji
44.4 cm x 57.8 cm (17.5" x 22.75")
Begun March 1, finished March 18, 1971
Made for Ken Hansford

Portrait du maharajah Charan Singh Ji
44,4 cm x 57,8 cm [17,5" x 22,75"]
Commencée le 1er mars et terminée le 18 mars, en 1971
Confectionnée tout spécialement pour Ken Hansford

191.

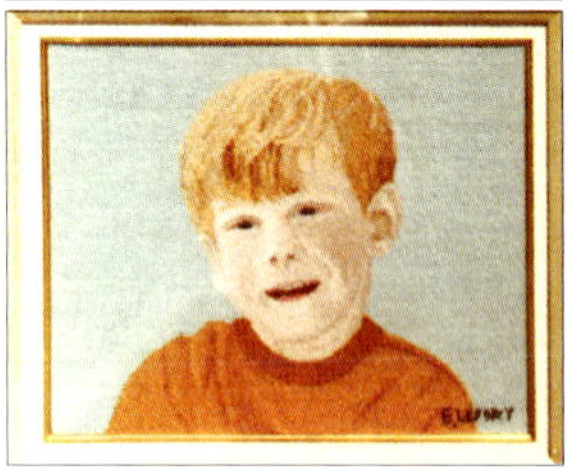

Portrait of McLellan Boy
44.4 cm x 36.8 cm (17.5" x 14.5")
Begun March 29, finished April 6, 1971
Ordered by the family

Portrait du garçonnet McLellan
44,4 cm x 36,8 cm [17,5" x 14,5"]
Commencée le 29 mars et terminée le 6 avril, en 1971
Commandée par la famille

192.

Smaller version of # 190 for Mrs. Hamren
30.5 cm x 40.6 cm (12" x 16")
Begun April 9, finished April 16, 1971

Une reproduction aux dimensions réduites de la pièce no 190
30,5 cm x 40,6 cm [12" x 16"]
Commencée le 9 avril et terminée le 16 avril, en 1971

193.

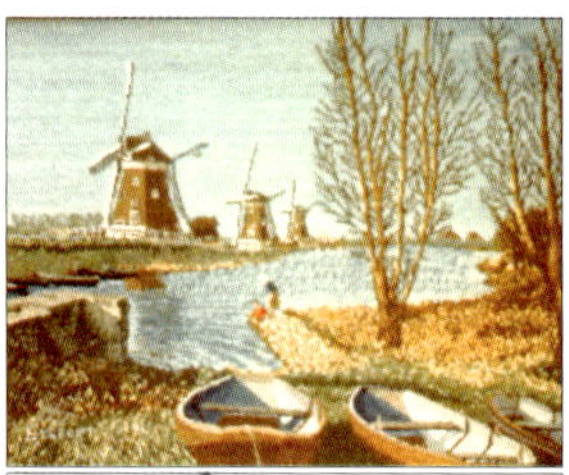

Dutch Scene
59.7 cm x 48.3 cm (23.5" x 19")
From calendar picture
Begun May 14, finished June 23, 1971
Sold July 17, 1973

Une scène hollandaise
59,7 cm x 48,3 cm [23,5" x 19"]
À partir d'une image dans un calendrier
Commencée le 14 mai et terminée le 23 juin, en 1971
Vendue le 17 juillet 1973

194.

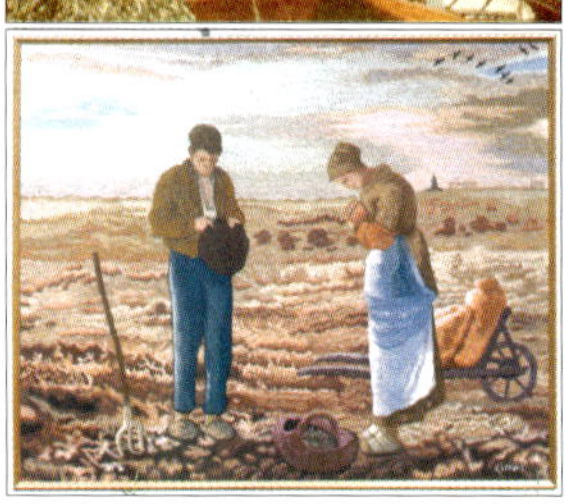

Angelus
99.1 cm x 123.2 cm (39" x 48.5")
From a work by Millet
Begun June 29, finished September 17, 1971
Sold June 26, 1976

L'Angélus
99,1 cm x 123,2 cm [39" x 48,5"]
À partir de l'œuvre de Millet
Commencée le 29 juin et terminée le 17 septembre, en 1971
Vendue le 26 juin 1976

195.

Colette Wedding
62.2 cm x 80.0 cm (24.5" x 31.5")
Begun September 25, finished October 25, 1971
Made for Mr. and Mrs. Colette, Glace Bay

Portrait de noces des Colette
62,2 cm x 80,0 cm [24,5" x 31,5"]
Commencée le 25 septembre et terminée le 25 octobre, en 1971
Commandée par M. et Mme Colette, de Glace Bay

196. 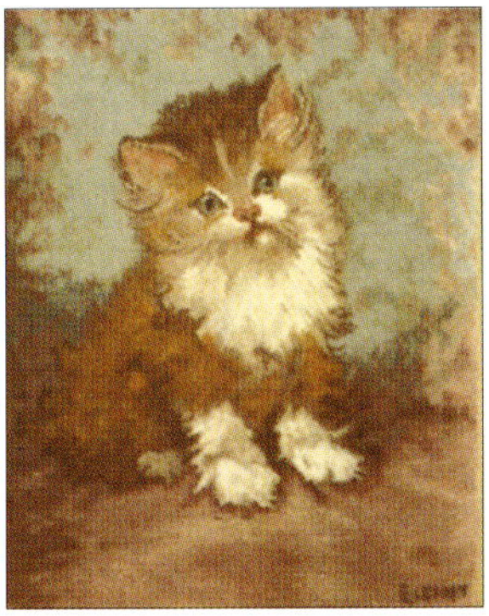

Kitten
44.4 cm x 57.8 cm (17.5" x 22.75")
Drawn in Margaree
Begun November 16, finished December 7, 1971
Sold February 14, 1972

Un petit chat
44,4 cm x 57,8 cm [17,5" x 22,75"]
Dessinée à Margaree/*Magré*
Commencée le 16 novembre et terminée le 7 décembre, en 1971
Vendue le 14 février 1972

197. 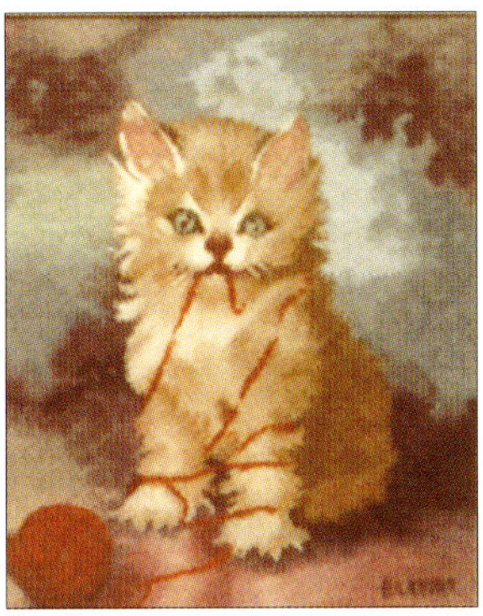

Kitten (red yarn)
44.4 cm x 57.8 cm (17.5" x 22.75")
Drawn in Margaree
Begun December 18, 1971, finished January 4, 1972
Sold February 14, 1972

Un chaton jouant avec un peloton de laine rouge
44,4 cm x 57,8 cm [17,5" x 22,75"]
Dessinée à Margaree/*Magré*
Commencée le 18 décembre 1971 et terminée le 4 janvier 1972
Vendue le 14 février 1972

198. 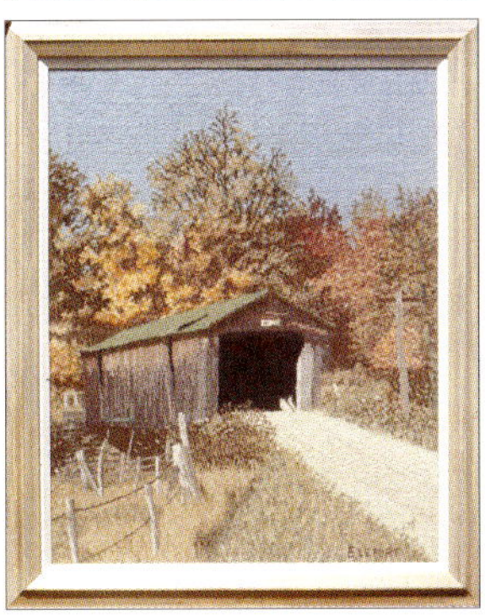

Covered Bridge
54.6 cm x 71.1 cm (21.5" x 28")
Drawn in Margaree
From a print
Begun January 6, finished February 1, 1972
Sold July 8, 1974

Un pont couvert
54,6 cm x 71,1 cm [21,5" x 28"]
Dessinée à Margaree/*Magré*
À partir d'une reproduction d'une peinture
Commencée le 6 janvier et terminée le 1er février, en 1972
Vendue le 8 juillet 1974

199. 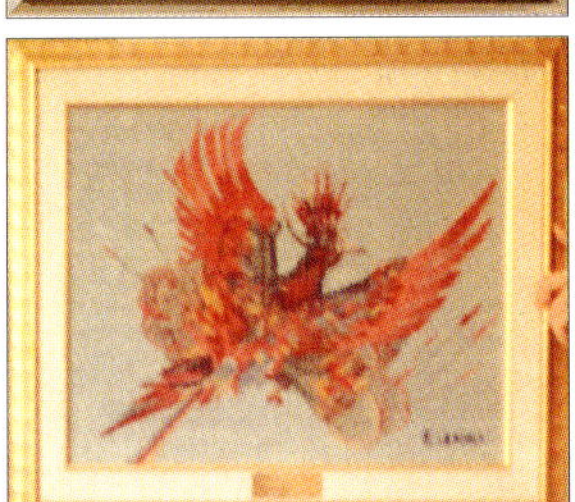

Phoenix
47.6 cm x 35.6 cm (18.75" x 14")
From Petley greeting card
Begun February 2, 1972, finished February 8, 1972

Le phénix, figure héraldique imaginaire
47,6 cm x 35,6 cm [18,75" x 14"]
À partir d'une image sur une carte Petley
Commencée le 2 février et terminée le 8 février, en 1972

200. 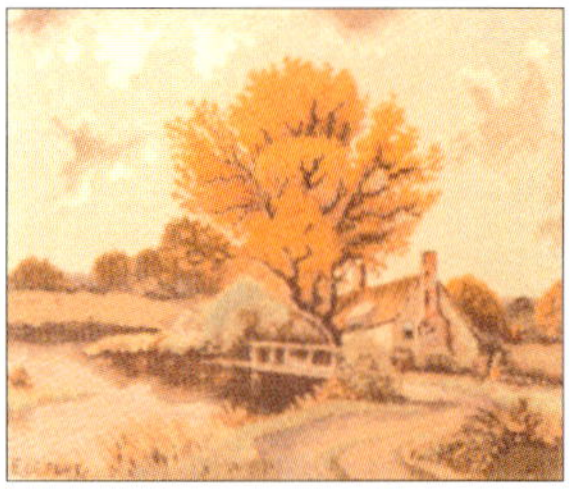

Home
48.3 cm x 58.4 cm (19" x 23")
From a print
Begun February 24, finished March 15, 1972
Sold August 25, 1972

Maison paternelle
48,3 cm x 58,4 cm [19" x 23"]
À partir d'une reproduction d'une peinture
Commencée le 24 février et terminée le 15 mars, en 1972
Vendue le 25 août 1972

201. 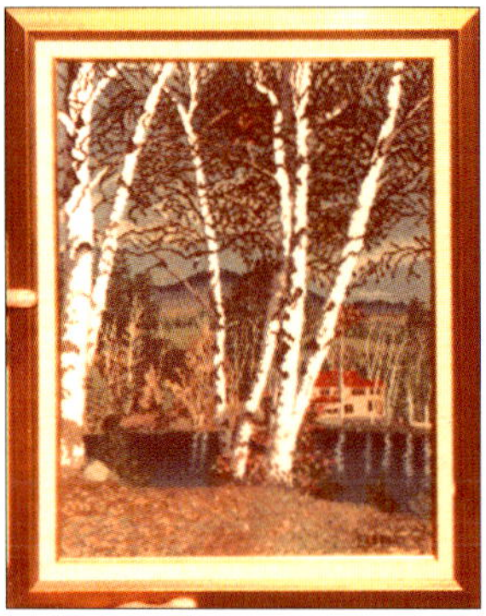

Summer Home
45.7 cm x 59.7 cm (18" x 23.5")
From a print
Begun March 18, finished April 4, 1972
Sold in May, 1972

Chalet d'été
45,7 cm x 59,7 cm [18" x 23,5"]
À partir d'une reproduction d'une peinture
Commencée le 18 mars et terminée le 4 avril, en 1972
Vendue en mai 1972

202. 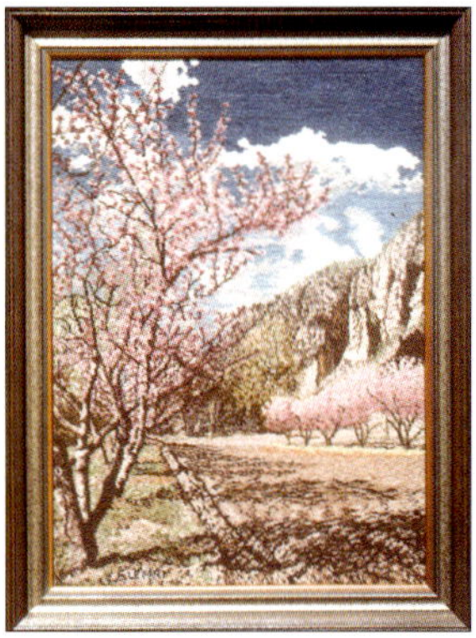

Spring in Arizona
52.1 cm x 71.1 cm (20.5" x 28")
From the book *Arizona Highways*
Begun June 19, finished July 14, 1972
Sold July 10, 1975

Une scène de printemps en Arizona
52,1 cm x 71,1 cm [20,5" x 28"]
À partir d'une image dans la revue *Arizona Highways*
Commencée le 19 juin et terminée le 14 juillet, en 1972
Vendue le 10 juillet 1975

203-206.

Four small originals
15.9 cm x 15.9 cm (6.25" x 6.25")
1 sailboat and dory
3 houses etc.

Quatre pièces de composition originale de l'artiste
15,9 cm x 15,9 cm [6,25" x 6,25"]
Une présentant une goélette avec un doris
Trois présentant des maisons, etc.

207. 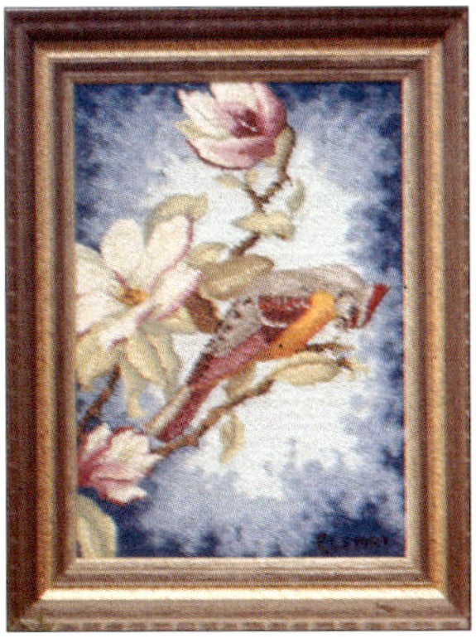

Female Cardinal
33.0 cm x 44.4 cm (13" x 17,5")
From a print
Begun July 20, finished July 26, 1972
Sold July 8, 1974

La femelle du cardinal
33,0 cm x 44,4 cm [13" x 17,5"]
À partir d'une reproduction d'une peinture
Commencée le 20 juillet et terminée le 26 juillet, en 1972
Vendue le 8 juillet 1974

208-211.

Four small originals
15.9 cm x 15.9 cm (6.25" x 6.25")
House and landscape

Quatre pièces de composition originale de l'artiste
15,9 cm x 15,9 cm [6,25" x 6,25"]
Mini-paysages agencés autour d'une maison

212. 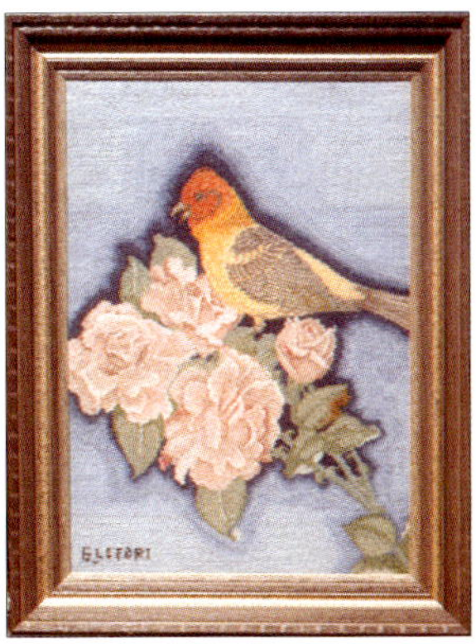

Tanager
38.7 cm x 54.6 cm (15.25" x 21.5")
From a print
Begun July 29, finished August 5, 1972

Le tangara
38,7 cm x 54,6 cm [15,25" x 21,5"]
À partir d'une reproduction d'une peinture
Commencée le 29 juillet et terminée le 5 août, en 1972

213. 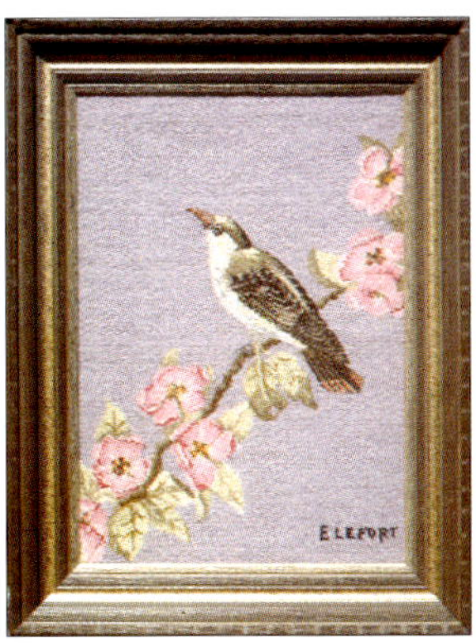

Sparrow
33.0 cm x 45.7 cm (13" x 18")
From a print
Begun August 7, finished August 11, 1972
A gift to the Kieslings in November 1974 for many kindnesses

Le moineau
33,0 cm x 45,7 cm [13" x 18"]
À partir d'une reproduction d'une peinture
Commencée le 7 août et terminée le 11 août, en 1972
Donnée en cadeau en novembre 1974 aux Kiesling, en guise d'appréciation pour leurs nombreuses manifestations de gentillesse

214-217.

Four small originals (ships)
15.9 cm x 15.9 cm (6.25" x 6.25")
August 12-16, 1972

Quatre pièces de composition originale de l'artiste (scènes avec un voilier)
15,9 cm x 15,9 cm [6,25" x 6,25"]
Commencées le 12 août et terminées le 16 août, en 1972

218.

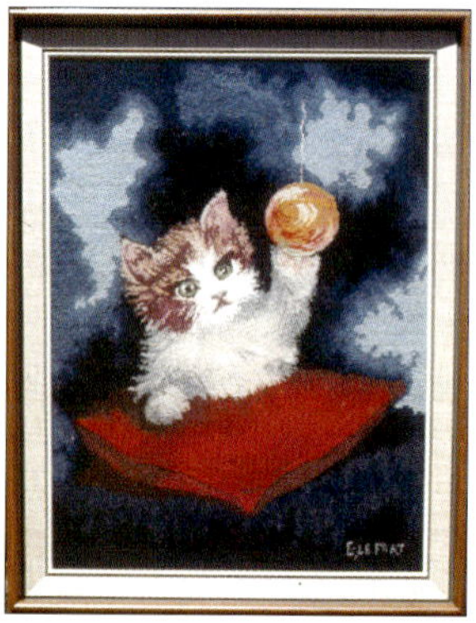

Kitten on Red Cushion
43.2 cm x 57.2 cm (17" x 22.5")
Begun August 17, finished August 28, 1972
Sold August 15, 1974

Un chaton sur un coussin rouge
43,2 cm x 57,2 cm [17" x 22,5"]
Commencée le 17 août et terminée le 28 août, en 1972
Vendue le 15 août 1974

219.

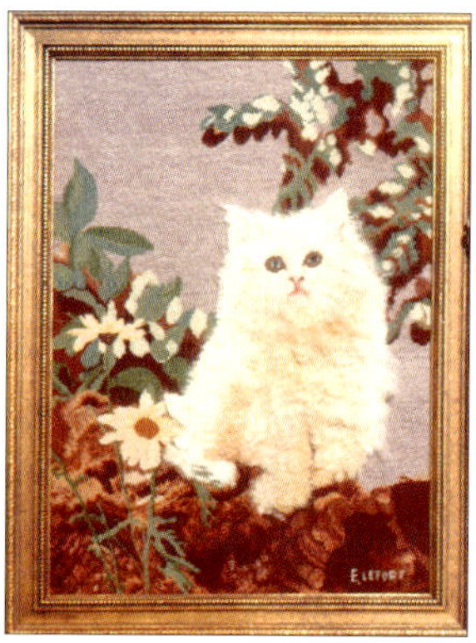

Kitten with Daisies
48.9 cm x 68.6 cm (19.25" x 27")
Kitten done in mohair
Begun August 29, finished September 19, 1972
Sold August 21, 1975

Un chaton avec des marguerites en arrière-plan
48,9 cm x 68,6 cm [19,25" x 27"]
Le chaton en laine mohair
Commencée le 29 août et terminée le 19 septembre, en 1972
Vendue le 21 août 1975

220.

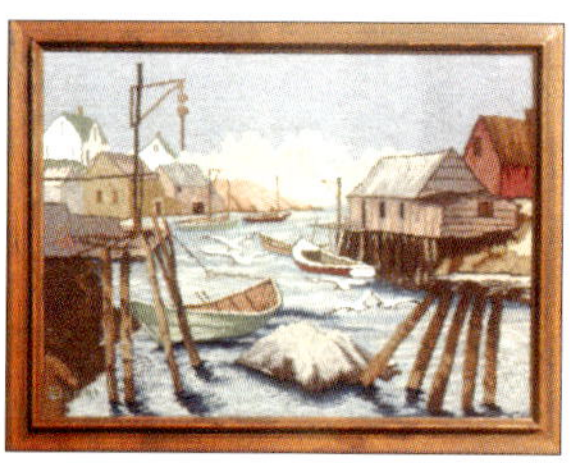

Harbour Scene at Peggy's Cove
67.3 cm x 49.5 cm (26.5" x 19.5")
From a "hasty note" card
Begun November 14, finished December 9, 1972
Sold May 1, 1973 to the National Museum of Man, Ottawa

Scène du havre de Peggy's Cove
67,3 cm x 49,5 cm [26,5" x 19,5"]
À partir d'une image sur une carte «hasty note»
Commencée le 14 novembre et terminée le 9 décembre, en 1972
Vendue le 1er mai 1973 au Musée national de l'Homme, à Ottawa, ON

221.

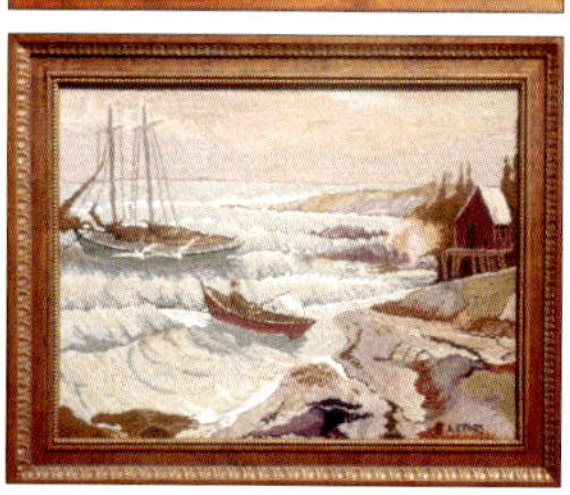

South Shore Breeze
50.8 cm x 68.6 cm (20" x 27")
From a "hasty note" card
Begun December 14, 1972, finished January 16, 1973
Sold May 1, 1973 to the Nationals Museum of Man, Ottawa

Une brise sur la rive sud
50,8 cm x 68,6 cm [20" x 27"]
À partir d'une image sur une carte «hasty note»
Commencée le 14 décembre 1972 et terminée le 16 janvier 1973
Vendue le 1er mai 1973 au Musée national de l'Homme, à Ottawa, ON

222. 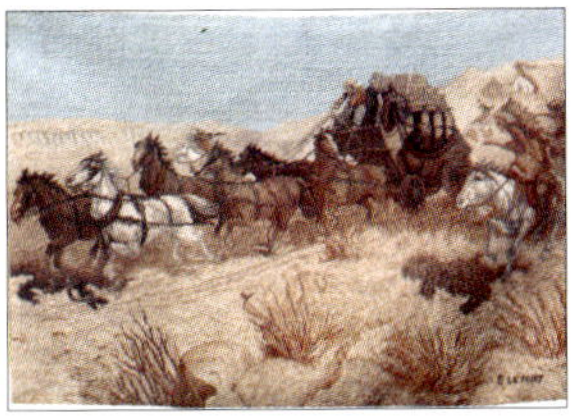

Effort for Survival
55.9 cm x 87.6 cm (22" x 34.5")
Drawn January 18, 1973, from a print by BerningHaus loaned by Faber's, Phoenix
Dyed January 18, 1973
Begun January 19, finished March 1, 1973
Sold July 30, 1973

À la course pour la survie
55,9 cm x 87,6 cm [22" x 34,5"]
Dessinée le 18 janvier 1973 à partir d'une reproduction d'une peinture de Berninghaus empruntée à Faber's, de Phoenix
Laine teinte le 18 janvier 1973
Commencée le 19 janvier et terminée le 1er mars, en 1973
Vendue le 30 juillet 1973

223. 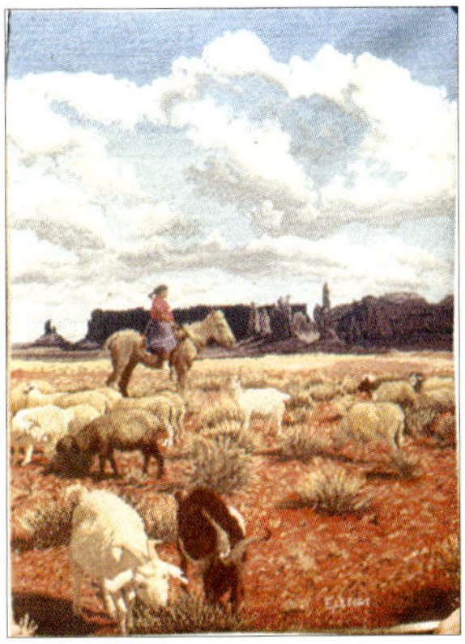

Navajo Shepherd
63.5 cm x 85.1 cm (25" x 33.5")
Drawn March 7, 1973, from the book *Arizona Highways*
Dyed March 13, 1973
Begun March 16, finished July 26, 1973. Interupted by a trip to Margaree Harbour April 13 - July 10.
Sold August 11, 1974

Un berger Navajo
63,5 cm x 85,1 cm [25" x 33,5"]
Dessinée le 7 mars 1973 à partir d'une image dans la revue *Arizona Highways*
Laine teinte le 13 mars 1973
Commencée le 16 mars et terminée le 26 juillet, en 1973, avec une interruption du 13 avril au 16 juillet pour le voyage retour au Havre de *Magré*
Vendue le 11 août 1974

224. 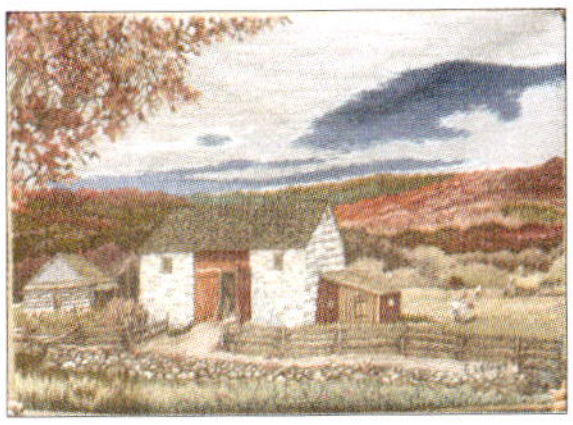

Margaree Farm Home
62.2 cm x 93.3 cm (24.5" x 36.75")
Drawn from a lithograph June 1, 1973
Begun June 9, finished July 16, 1973

Maison de fermier à Magré
62,2 cm x 93,3 cm [24,5" x 36,75"]
Dessinée le 1er juin 1973 à partir d'une lithographie
Commencée le 9 juin et terminée le 16 juillet, en 1973

225.

Fishing Village
53.3 cm x 76.2 cm (21" x 30")
Drawn from a "hasty note" card, July 20, 1973
Begun July 27, finished August 13, 1973
Sold before it was finished on August 2, 1973

Village de pêche
53,3 cm x 76,2 cm [21" x 30"]
Dessinée le 20 juillet 1973 à partir d'une image sur une carte «hasty note»
Commencée le 27 juillet et terminée le 13 août, en 1973
Vendue le 2 août 1973, avant même que la pièce ne soit complétée

226. 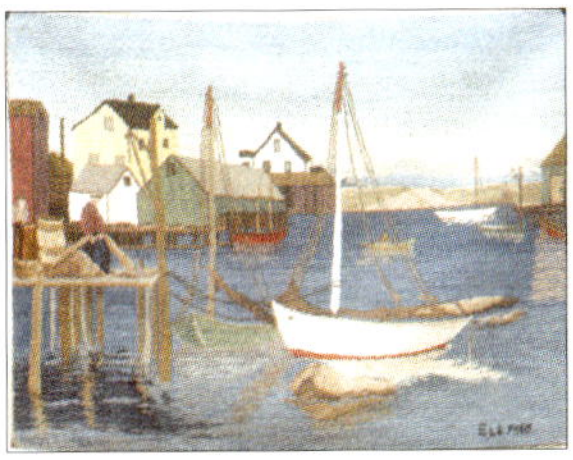

Peggy's Cove Morning
58.4 cm x 76.2 cm (23" x 30")
Drawn from a "hasty note" card August 12, 1973
Begun August 14, finished August 30, 1973
Sold August 13, 1973, before it was even started

Un matin à Peggy's Cove
58,4 cm x 76,2 cm [23" x 30"]
Dessinée le 12 août 1973 à partir d'une image sur une carte «hasty note»
Commencée le 14 août et terminée le 30 août, en 1973
Vendue le 13 août 1973, avant même que la confection de la pièce ne soit débutée

227. 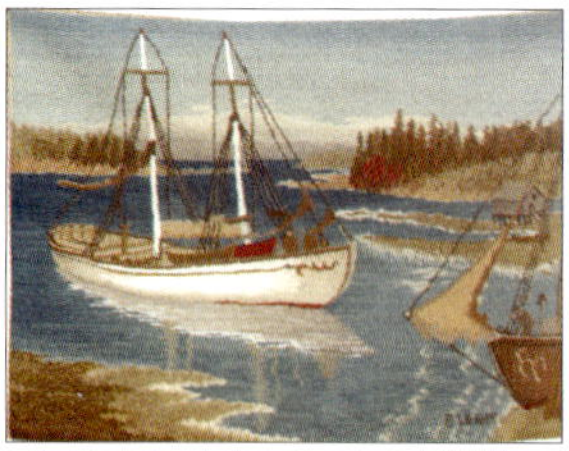

Schooner Haven
53.3 cm x 71.1 cm (21" x 28")
Drawn from a "hasty note" card
August 29, 1973
Begun August 31, finished September 17, 1973
Sold September 14, 1974

La goélette Haven
53,3 cm x 71,1 cm [21" x 28"]
Dessinée le 29 août 1973 à partir d'une image sur une carte «hasty note»
Commencée le 31 août et terminée le 17 septembre, en 1973
Vendue le 14 septembre 1974

228. 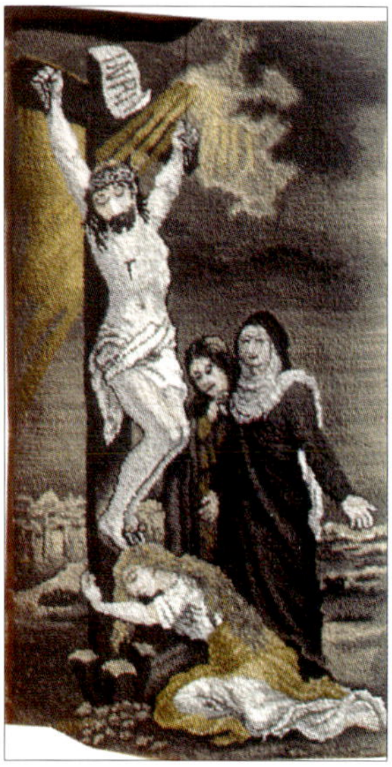

Three Mary' at Cross
30.5 cm x 61.0 cm (12" x 24")
From a picture provided by Fr. Briand
Begun October 4, finished October 17, 1973
Given as a gift in 1974

Les trois Marie à la Croix
30,5 cm x 61.0 cm [12" x 24"]
À partir d'une image fournie par le père Briand
Commencée le 4 octobre et terminée le 17 octobre, en 1973
Commandée par le père Amable Briand
Donnée en cadeau, en 1974

229. 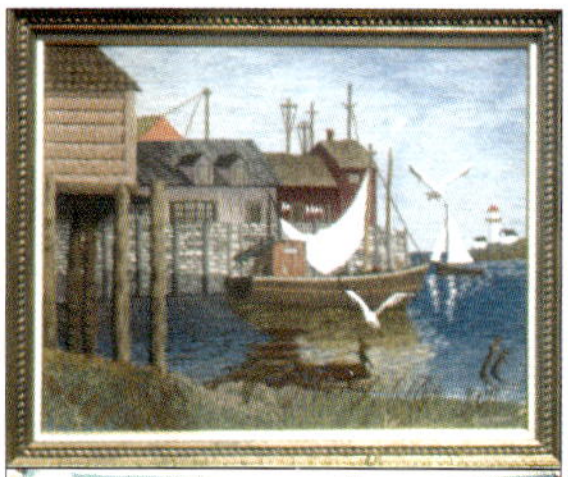

Harbour Light
83.8 cm x 67.9 cm (33" x 26.75")
From a greeting card
Begun November 14, finished December 19, 1973
Sold April 24, 1974

Un phare
83,8 cm x 67,9 cm [33" x 26,75"]
À partir d'une image sur une carte de vœux
Commencée le 14 novembre et terminée le 19 décembre, en 1973
Vendue le 24 avril 1974

230. 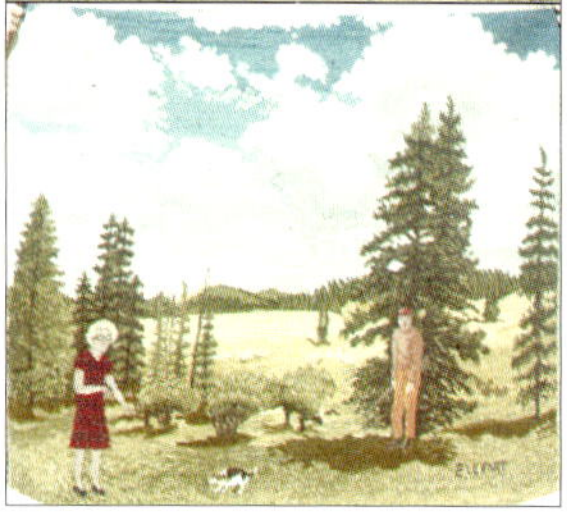

Hunting Scene
61.0 cm x 76.2 cm (24" x 30")
Scene from *Arizona Highways*, dog and people from separate photos
Begun December 20, 1973, finished January 19, 1974
Shipped January 21, 1974, to client who placed the order

Une scène de chasse
61,0 cm x 76,2 cm [24" x 30"]
À partir d'une scène dans la revue *Arizona Highways*, avec les images du chien et des personnes provenant de photos à part
Commencée le 20 décembre 1973 et terminée le 19 janvier 1974
Expédiée le 21 janvier 1974 à la cliente qui en avait fait la commande

231.

Winter Wonderland
61.0 cm x 71.1 cm (24" x 28")
Drawn from the cover of a tin box on January 28, 1974
Begun January 28, finished February 26, 1974
Sold July 8, 1974

Pays des merveilles d'hiver
61,0 cm x 71,1 cm [24" x 28"]
Dessinée le 28 janvier 1974 à partir d'une image sur le couvercle d'une boîte en fer-blanc
Commencée le 28 janvier et terminée le 26 février, en 1974
Vendue le 8 juillet 1974

232.

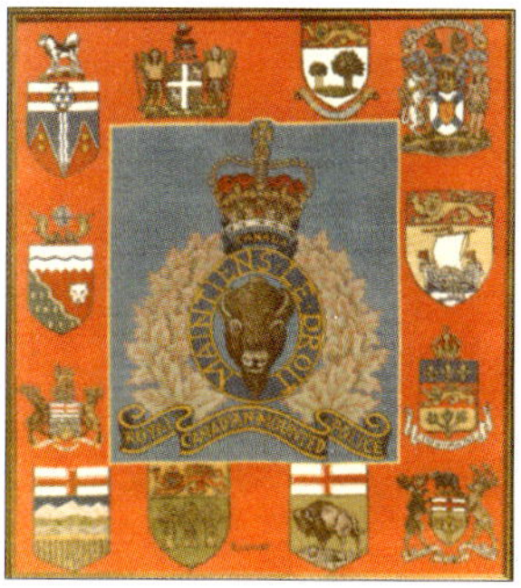

RCMP Memorial
88.9 cm x 100.3 cm (35" x 39.5")
Drawn March 1, 1974 from materials provided by Ass't Commissioner H. P. Tadeson
Dyed March 1, 1974
Begun March 2, finished March 30, 1974
Worked long days and through a week of illness.
Presented at Regina, May 3, 1974 in honour of RCMP Centennial. Most gracious.

Le mémorial de la GRC
88,9 cm x 100,3 cm [35" x 39,5"]
Dessinée le 1er mars 1974 à partir de matériaux fournis par le commissaire adjoint Tadeson
Laine teinte le 1er mars 1974
Commencée le 2 mars et terminée le 30 mars, en 1974
[Élizabeth œuvra plusieurs longues journées à la confection de cette pièce, y compris une semaine entière pendant laquelle elle souffrait d'une vilaine grippe.]
Présentée à Regina le 3 mai 1974 à l'occasion du centenaire de la GRC, et acceptée avec beaucoup de gracieuseté

233.

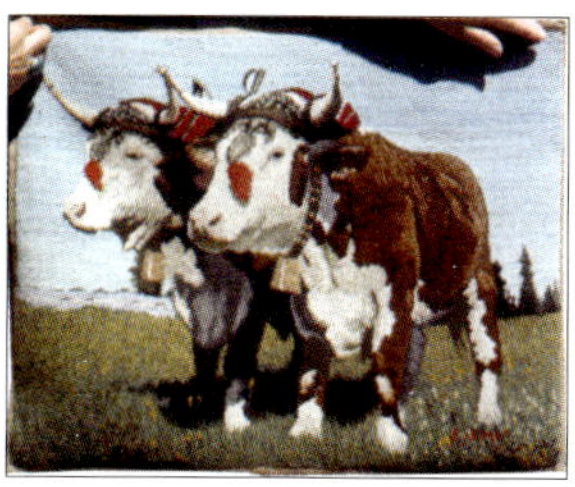

Patience
49.5 cm x 68.6 cm (19.5" x 27")
From a Nova Scotia publicity book
Begun May 27, finished July 10, 1974
Sold September 8, 1974

La patience
49,5 cm x 68,6 cm [19,5" x 27"]
À partir d'une image dans un livre faisant la promotion de la Nouvelle-Écosse
Commencée le 27 mai et terminée le 10 juillet, en 1974
Vendue le 8 septembre 1974

234.

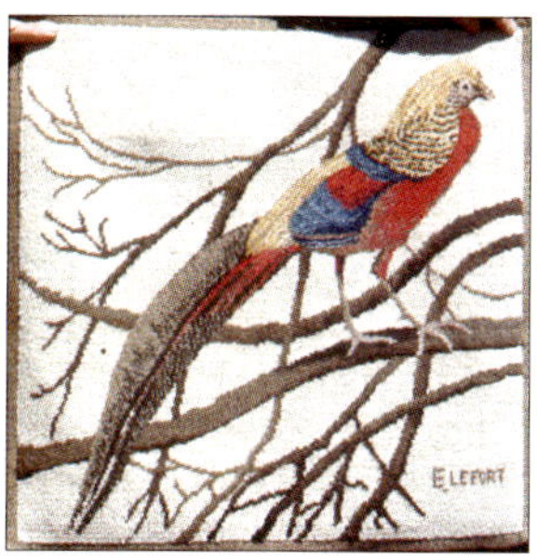

Golden Pheasant in Winter
45.7 cm x 48.3 cm [18" x 19"]
From a postage stamp
Begun July 10, finished July 20, 1974
Given as a gift in October, 1975

Un faisan doré dans une scène d'hiver
45,7 cm x 48,3 cm [18" x 19"]
À partir d'une image sur un timbre
Commencée le 10 juillet et terminée le 20 juillet, en 1974
Donnée en octobre 1975

235.

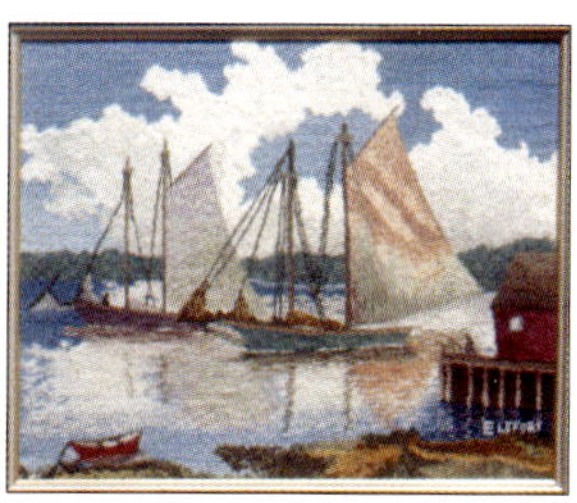

Ready for Sea
From a "hasty note" card
Tried Sears burlap for this piece
Begun July 22, finished August 8, 1974
Sold August 3, 1975

Prêt pour le demurrage
51,4 cm x 63,5 cm [20,25" x 25"]
À partir d'une image sur une carte «hasty note»
Pour cette pièce, l'on fit l'essai du jute de Sears.
Commencée le 22 juillet et terminée le 8 août, en 1974
Vendue le 3 août 1975

236.

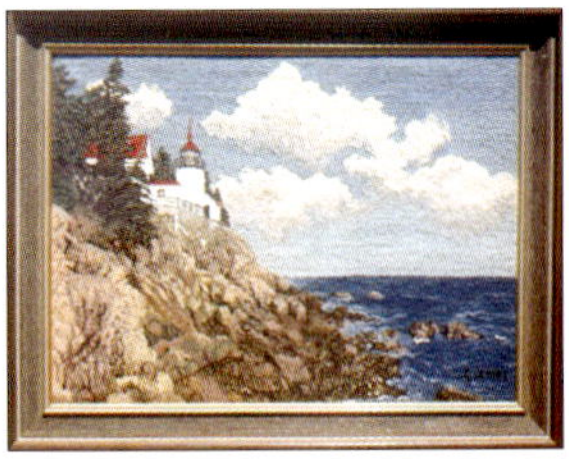

Bass Harbor Light
50.8 cm x 71.1 cm (20" x 28")
From a calendar image
Begun August 9, finished September 7, 1974
Sold June 28, 1975

Le phare de Bass Harbour
50,8 cm x 71,1 cm [20" x 28"]
À partir d'une image dans un calendrier
Commencée le 9 août et terminée le
7 septembre, en 1974
Vendue le 28 juin 1975

237.

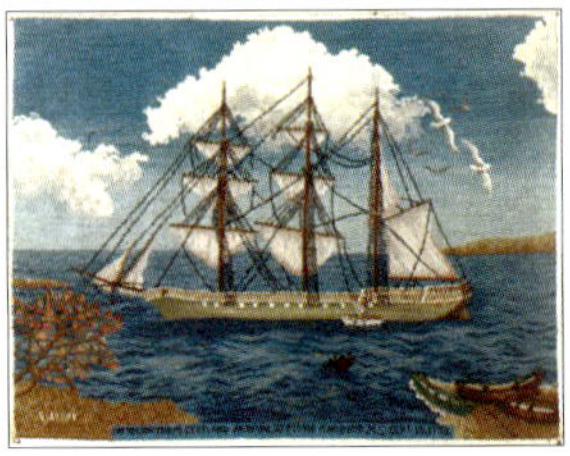

Landing of the Hector
71.1 cm x 95.9 cm (28" x 37.75")
Based on an ink sketch and the imagination of the author (water, sky, clouds, dory, etc.)
Begun September 9, finished October 15, 1974

Le débarquement du Hector
71,1 cm x 95,9 cm [28" x 37,75"]
Basée sur un croquis à l'encre avec des ajouts de l'imaginaires de l'artiste (l'eau, le ciel, les nuages, les doris, etc.)
Commencée le 9 septembre et terminée le
15 octobre, en 1974

238.

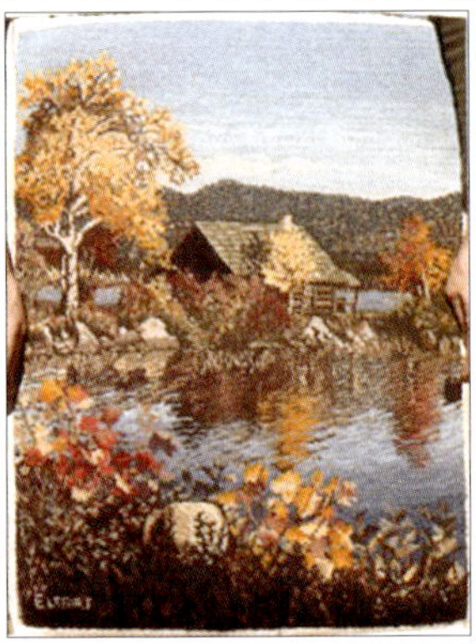

Tranquility
50.8 cm x 66.0 cm (20" x 26")
From an image in *Modern Maturity* magazine
Begun November 19, finished December 14, 1974
Sold April 25, 1975

La tranquillité
50,8 cm x 66,0 cm [20" x 26"]
À partir d'une image dans la revue *Modern Maturity*
Commencée le 19 novembre et terminée le
14 décembre, en 1974
Vendue le 25 avril 1975

239.

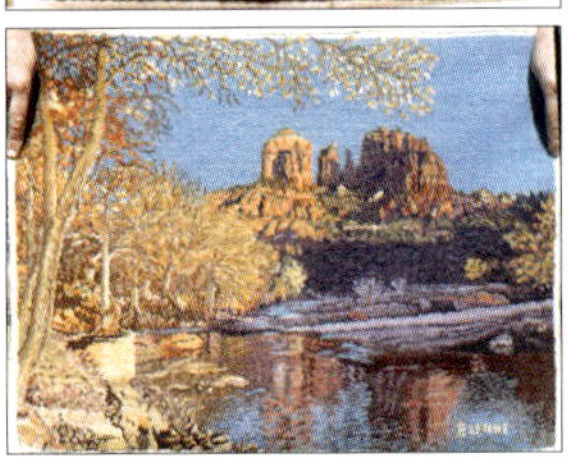

Red Rock Majesty
49.5 cm x 68.6 cm (19.5" x 27")
Drawn in Margaree, October 1974 from picture on an envelope
Dyed December 17, 1974 in Phoenix
Begun December 17, 1974, finished
January 13, 1975
Sold October 2, 1975

Les majestueux rochers rouges de l'Arizona
49,5 cm x 68,6 cm [19,5" x 27"]
Dessinée à *Magré* en octobre 1974 à partir d'une image sur une enveloppe
Laine teinte à Phoenix le 17 décembre 1974
Commencée le 17 décembre 1974 et terminée le
13 janvier 1975
Vendue le 2 octobre 1975

240. 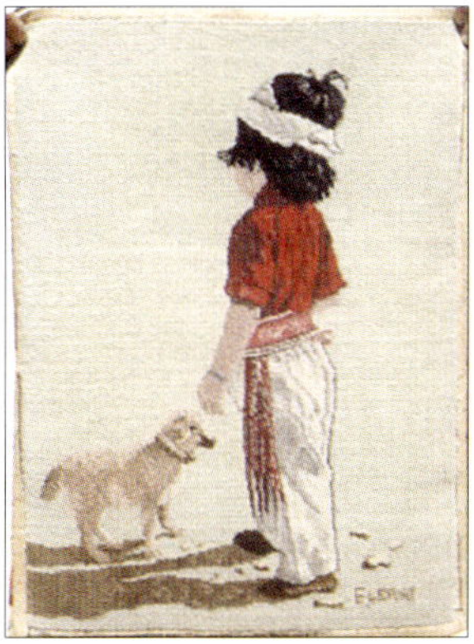

Pals
40.6 cm x 54.6 cm (16" x 21.5")
Scene from *Arizona Highways*
Begun January 16, finished January 24, 1975
Sold July 10, 1975

Des copains
40,6 cm x 54,6 cm [16" x 21,5"]
À partir d'une image dans la revue *Arizona Highways*
Commencée le 16 janvier et terminée le 24 janvier, en 1975
Vendue le 10 juillet 1975

241. 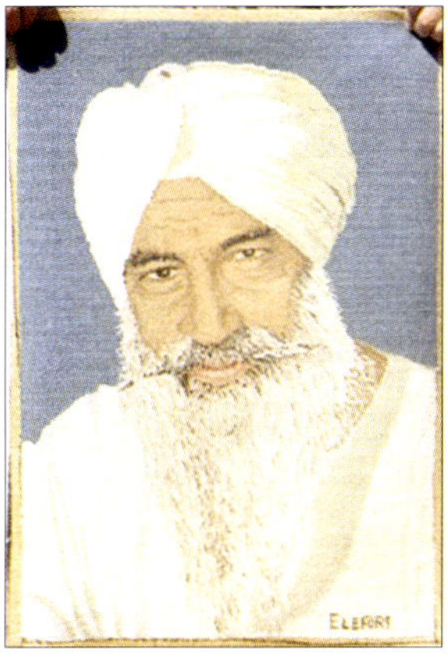

Maharaj Charan Singh
42.5 cm x 64.1 cm (16.75" x 25.25")
From a photo supplied by John Leeming
Drawn in January, 1975
Begun January 27, finished February 7, 1975
Given as a gift to John Leeming

Le maharajah Charan Singh
42,5 cm x 64,1 cm [16,75" x 25,25"]
À partir d'une photo fournie par John Leeming
Dessinée en janvier 1975
Commencée le 27 janvier et terminée le 7 février, en 1975
Donnée en cadeau à M. Leeming

242. 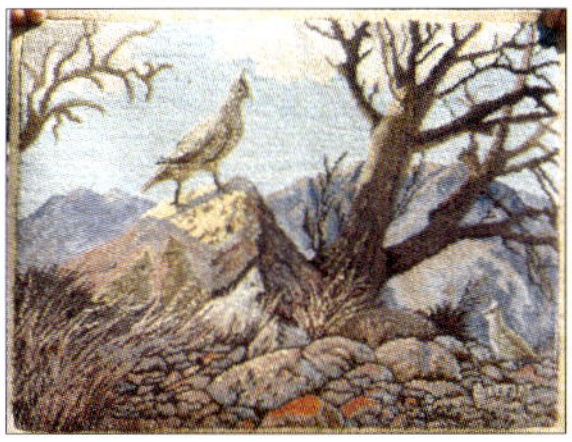

Scaled Quail
42.5 cm x 58.4 cm (16.75" x 23")
From a picture in *Arizona Wildlife Views*
Drawn in January, 1975
Begun February 11, finished February 25, 1975
Sold July 31, 1975

Le colin écaillé
42,5 cm x 58,4 cm [16,75" x 23"]
Dessinée en janvier 1975 à partir d'une image dans la revue *Arizona Wildlife Views*
Commencée le 11 février et terminée le 25 février, en 1975
Vendue le 31 juillet 1975

243. 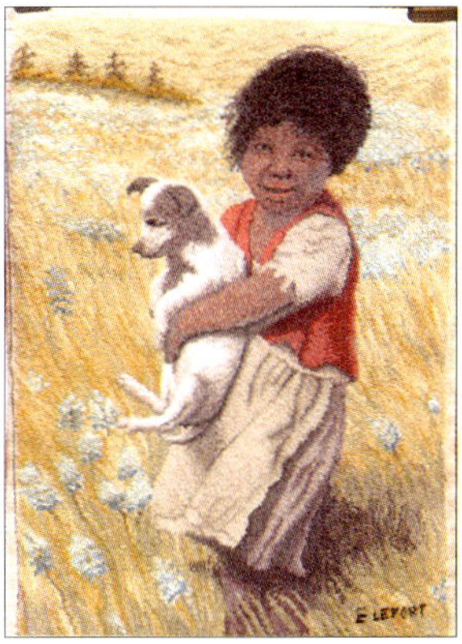

Companionship
40.0 cm x 55.9 cm (15.75" x 22")
Scene from *Arizona Highways*
Drawn February 26, 1975
Begun February 27, finished March 13, 1975

La compagnie
40,0 cm x 55,9 cm [15,75" x 22"]
Dessinée le 26 février 1975 à partir d'une image dans la revue *Arizona Highways*
Commencée le 27 février et terminée le 13 mars, en 1975
Vendue le 9 août 1975

244.

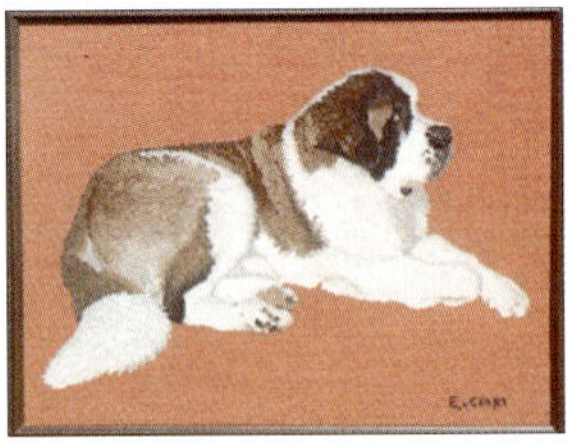

St. Bernard
49.5 cm x 65.4 cm (19.5" x 25.75")
Drawn March 14, 1975, from a photo supplied by Ken Hansford Jr.
Begun March 17, finished March 29, 1975
Given as a gift to Ken Hansford Jr.

Un chien St-Bernard
49,5 cm x 65,4 cm [19,5" x 25,75"]
Dessinée le 14 mars 1975 à partir d'une photo fournie par Ken Hansford (fils)
Commencée le 17 mars et terminée le 29 mars, en 1975
Donnée en cadeau à Ken Hansford (fils)

245.

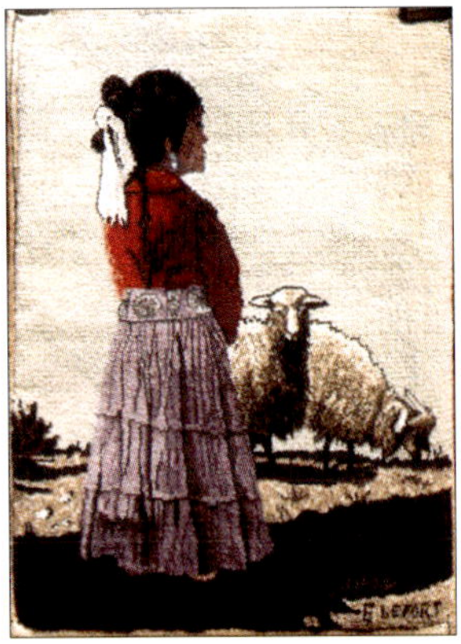

The Shepherd
40.6 cm x 52.7 cm (16" x 20.75")
Drawn April 2, 1975, from a scene in *Arizona Highways* (December 1974)
Begun April 3, finished April 9, 1975
Sold July 10, 1975

Une bergère
40,6 cm x 52,7 cm [16" x 20,75"]
Dessinée le 2 avril 1975 à partir d'une image parue dans la revue *Arizona Highways* en décembre 1974
Commencée le 3 avril et terminée le 9 avril, en 1975
Vendue le 10 juillet 1975

246.

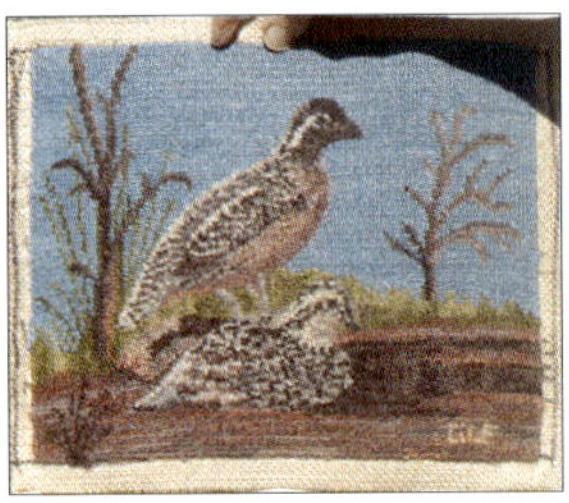

Quail
24.8 cm x 21.6 cm (9.75" x 8.5")
From a scene in *Arizona Highways*
Made using leftover yarn
Begun April 11, finished April 12, 1975
Given as a gift

Une caille
24,8 cm x 21,6 cm [9,75" x 8,5"]
À partir d'une image dans la revue *Arizona Highways*
Confectionnée avec des restants de laine
Commencée le 11 avril et terminée le 12 avril, en 1975
Donnée en cadeau

247.

Quail (reproduction of #246)
25.4 cm x 21.6 cm (10" x 8.5")
Made using leftover yarn
Begun April 12, finished April 15, 1975
Given as a gift

Une reproduction de la pièce no 246
25,4 cm x 21,6 cm [10" x 8,5"]
Confectionnée avec des restants de laine
Commencée le 12 avril et terminée le 15 avril, en 1975
Donnée en cadeau

248.

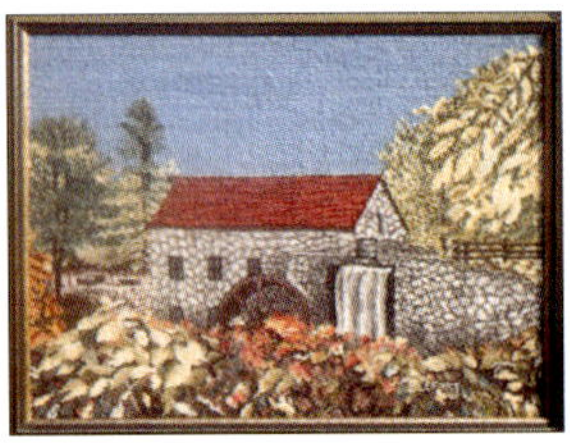

The Old Mill
45.7 cm x 62.2 cm (18" x 24.5")
From a calendar picture
Made using leftover yarn
Begun May 19, finished June 11, 1975
Sold August 25, 1975

Le vieux Moulin
45,7 cm x 62,2 cm [18" x 24,5"]
À partir d'une image dans un calendrier
Confectionnée avec des restants de laine
Commencée le 19 mai et terminée le 11 juin, en 1975
Vendue le 25 août 1975

249.

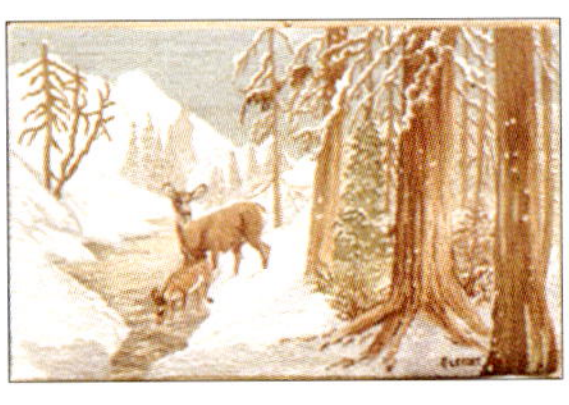

Early Spring
50.2 cm x 83.2 cm [19.75" x 32.75"]
Sketched June 12, 1975, from two calendar pictures
Made using leftover yarn
Begun June 14, finished July 14, 1975
Sold July 10, 1975, before it was finished

Tôt au printemps
50,2 cm x 83,2 cm [19,75" x 32,75"]
Dessinée le 12 juin 1975 à partir de deux images tirées de calendrier
Confectionnée avec des restants de laine Commencée le 14 juin et terminée le 14 juillet, en 1975
Vendue le 10 juillet 1975, avant même que la pièce ne soit complétée

250. 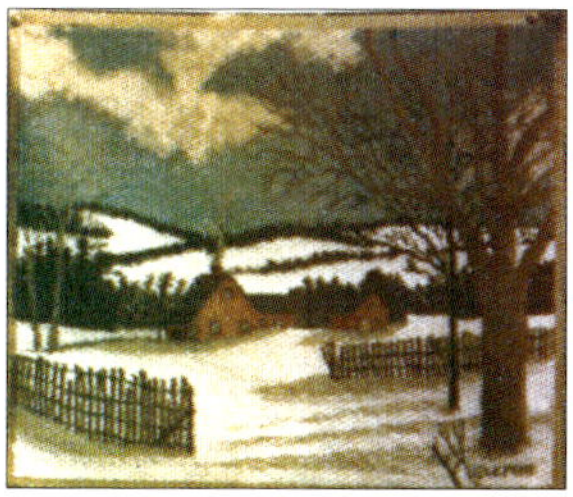

Winter Home
45.7 cm x 55.9 cm (18" x 22")
Sketched July 14, 1975, from picture in a cloth calendar
Begun July 15, finished July 29, 1975
Sold July 21, 1975, before it was finished

Une scène d'hiver
45,7 cm x 55,9 cm [18" x 22"]
Dessinée le 14 juillet 1975 à partir d'une image sur un calendrier en tissu
Commencée le 15 juillet et terminée le 29 juillet, en 1975
Vendue le 21 juillet 1975, avant même que la pièce ne soit complétée

251. 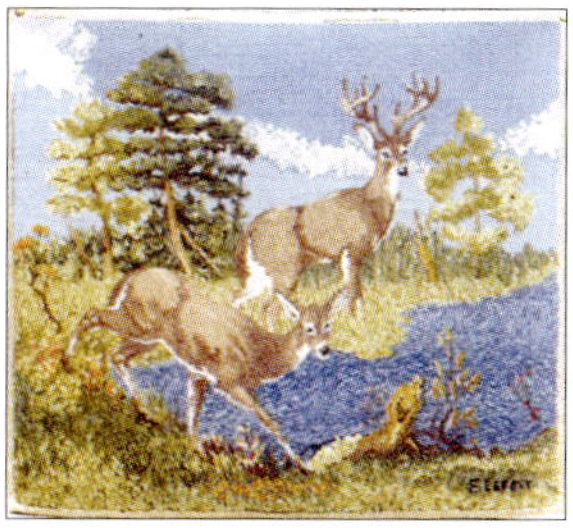

Beauty In the Woods
61.0 cm x 52.1 cm (24" x 20.5")
Sketched July 28, 1975, from a calendar picture
Begun July 29, finished September 12, with an interruption from August 8 to September 2,, 1975
Sold August 25, 1975, before it was finished

La beauté en forêt
61,0 cm x 52,1 cm [24" x 20,5"]
Dessinée le 28 juillet 1975 à partir d'une image dans un calendrier
Commencée le 29 juillet et terminée le 12 septembre, en 1975, avec une interruption du 8 août au 2 septembre
Vendue le 25 août 1975, avant même que la pièce ne soit complétée

252. 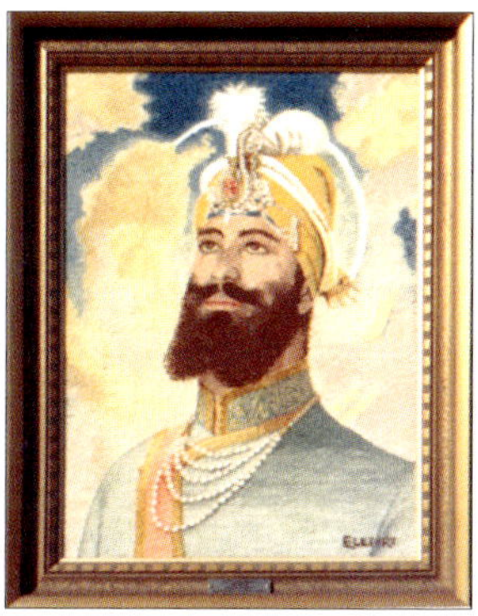

Guru Gobind Singh
43.8 cm x 61.0 cm (17.25" x 24")
Sketched August 6, 1975, from a portrait supplied by Dr. Virick, Sydney
Dyed August 7, 1975
Begun August 9, finished September 1, 1975
Delivered November 3, 1975

Le gourou Gobind Singh
43,8 cm x 61,0 cm [17,25" x 24"]
Commandée par le Dr Virick, de Sydney
Dessinée le 6 août 1975 à partir d'une photo fournie par le Dr Virick
Laine teinte le 7 août 1975
Commencée le 9 août et terminée le 1er septembre, en 1975
Livrée le 3 novembre 1975

253. 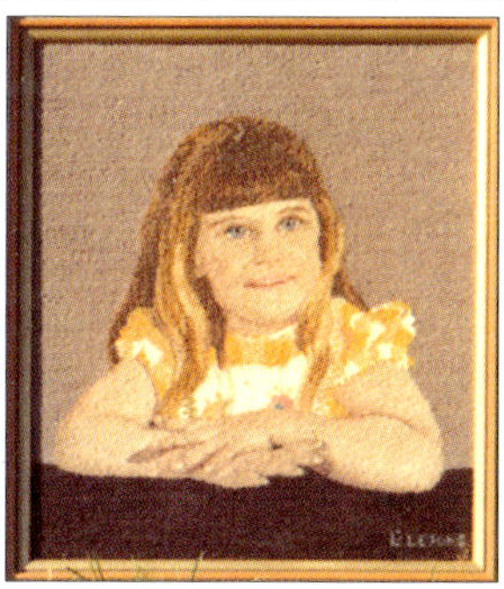

McLellan Girl
38.1 cm x 45.7 cm (15" x 18")
Sketched September 12, 1975, from a photo provided by the parents
Dyed September 12, 1975
Begun September 13, finished September 24, 1975

La fillette McLellan
38,1 cm x 45,7 cm [15" x 18"]
Dessinée le 12 septembre 1975 à partir d'une photo fournie par les parents
Laine teinte le 12 septembre 1975
Commencée le 13 septembre et terminée le 24 septembre, en 1975

254. 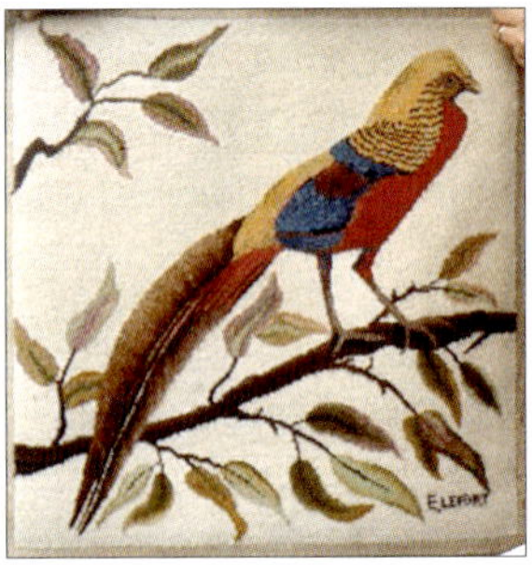

Golden Pheasant in Summer
48.3 cm x 48.3 cm (19" x 19")
From a book of bird stamps
Begun September 25, finished October 4, 1975
Pre-ordered on September 15 and shipped by Powell on October 31, 1975

Un faisan doré dans une scène d'été
48,3 cm x 48,3 cm [19" x 19"]
À partir d'une image sur un timbre
Commandée à l'avance le 15 septembre et expediée par Powell le 31 octobre, en 1975
Commencée le 25 septembre et terminée le 4 octobre, en 1975

255. 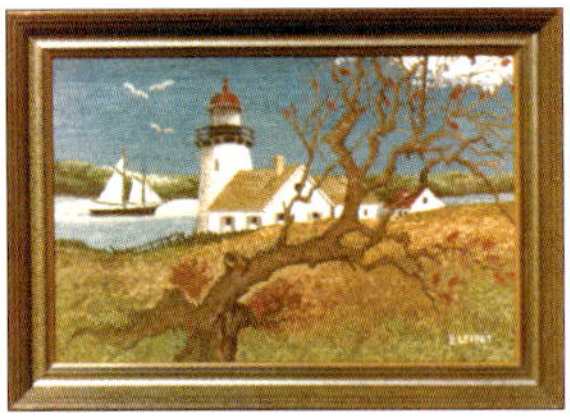

Light for all Seasons
43.2 cm x 67.3 cm (17" x 26.5")
From a greeting card
Begun October 9, finished November 20, 1975, with an interruption November 7-18.
Sold June 26, 1976

Un phare pour toutes saisons
43,2 cm x 67,3 cm [17" x 26,5"]
À partir d'une image sur une carte de vœux
Commencée le 9 octobre et terminée le 20 novembre, en 1975, avec une interruption du 7 au 18 novembre
Vendue le 26 juin 1976

256. 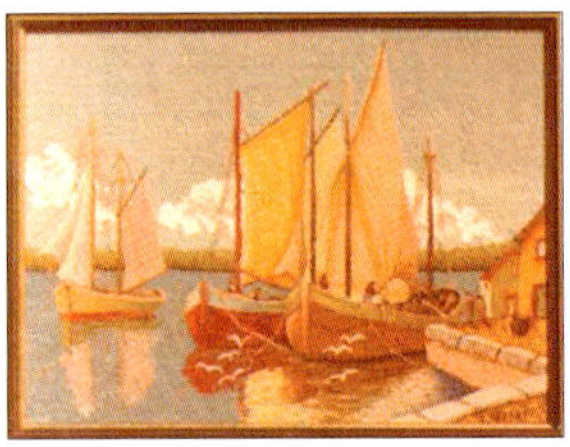

Home with the Catch
53.3 cm x 68.6 cm (21" x 27")
From a print by William Ward Jr.
Begun November 22, finished December 13, 1975

De retour de la pêche
53,3 cm x 68,6 cm [21" x 27"]
À partir d'une reproduction d'une peinture de William Ward, Jr.
Commencée le 22 novembre et terminée le 13 décembre, en 1975

257. 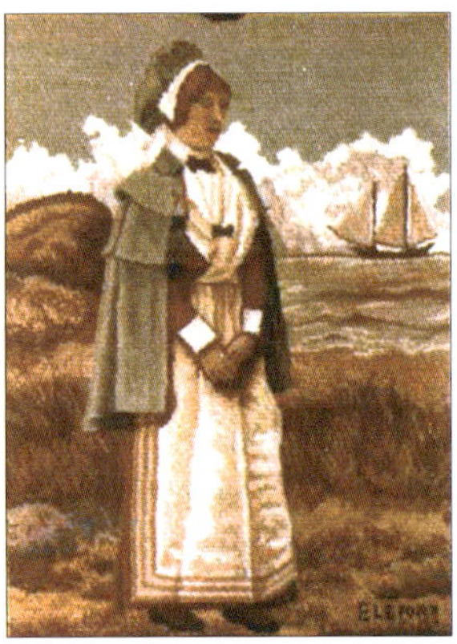

Evangeline (The Parting)
34.3 cm x 47.0 cm (13.5" x 18.5")
From a postcard
Begun December 16, finished December 26, 1975

Évangéline - la separation
34,3 cm x 47,0 cm [13,5" x 18,5"]
À partir d'une image sur une carte postale
Commencée le 16 décembre et terminée le 26 décembre, en 1975

258. 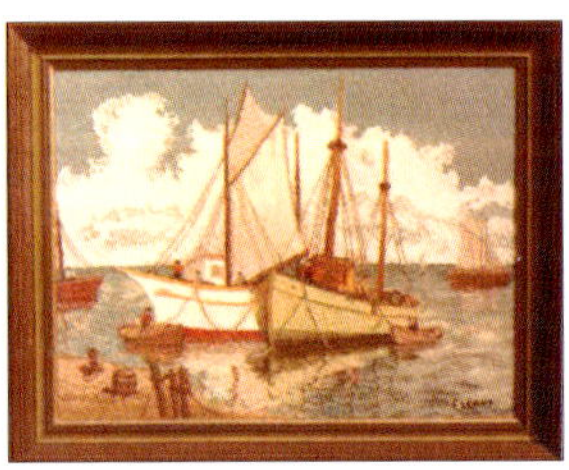

Preparing for the Sea
53.3 cm x 68.6 cm (21" x 27")
From a print
Begun December 29, 1975, finished January 16, 1976
Sold July 26, 1976

L'appareillage du bateau
53,3 cm x 68,6 cm [21" x 27"]
À partir d'une reproduction d'une peinture
Commencée le 29 décembre 1975 et terminée le 16 janvier 1976
Vendue le 26 juillet 1976

259. 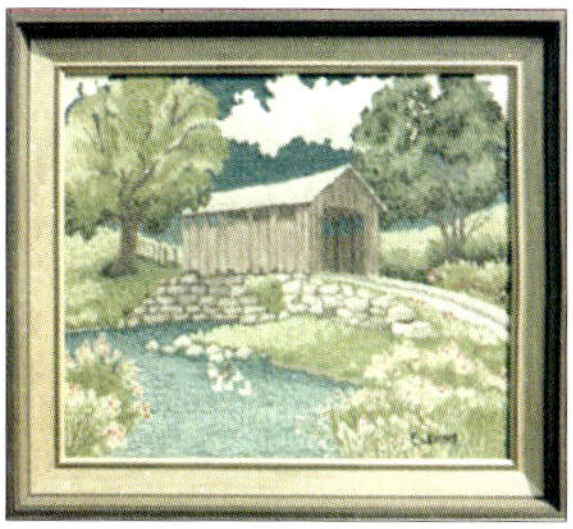

Other Days
45.7 cm x 56.5 cm (18" x 22.25")
From a greeting card
Begun January 19, finished February 2, 1976

Dans le bon vieux temps
45,7 cm x 56,5 cm [18" x 22,25"]
À partir d'une image sur une carte de vœux
Commencée le 19 janvier et terminée le 2 février, en 1976

260. 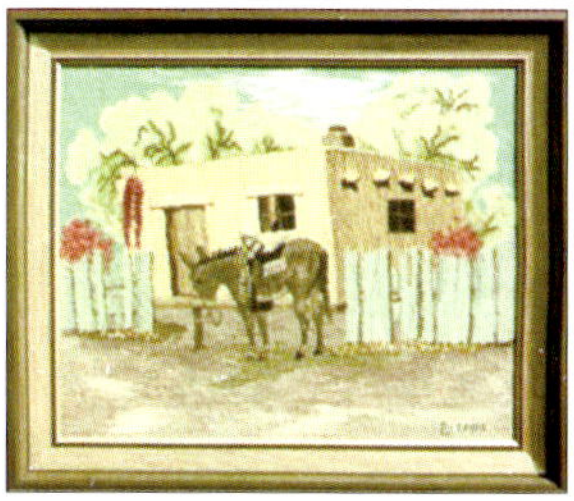

Just Waiting
50.8 cm x 63.5 cm (20" x 25")
From a greeting card
Begun February 3, finished February 18, 1976
Presented to Bill Walsh on August 23, 1977

En attente
50,8 cm x 63,5 cm [20" x 25"]
À partir d'une image sur une carte de vœux
Commencée le 3 février et terminée le 18 février, en 1976
Présentée à Bill Walsh le 23 août 1977

261. 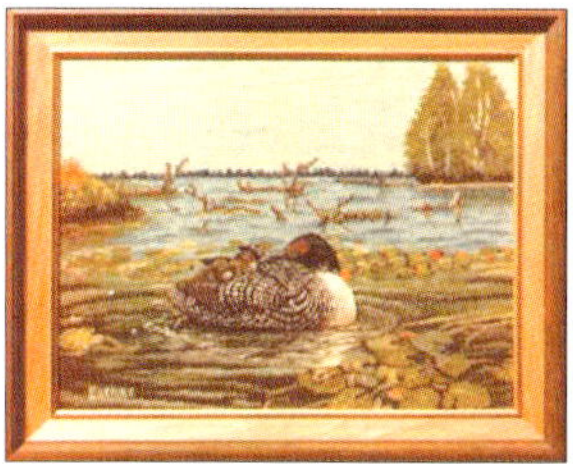

Piggy Back
50.2 cm x 63.5 cm (19.75" x 25")
From a picture in *Wild Life* magazine
Begun February 19, finished March 6, 1976
Sold July 14, 1978

Sur le dos de maman
50,2 cm x 63,5 cm [19,75" x 25"]
À partir d'une image dans la revue *Wild Life*
Commencée le 19 février et terminée le 6 mars, en 1976
Vendue le 14 juillet 1978

262. 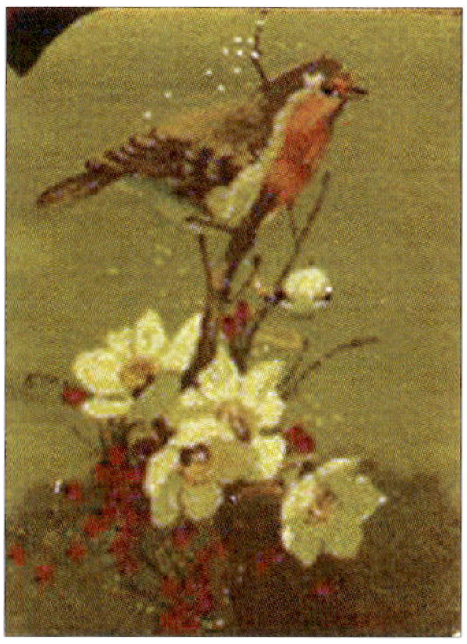

Bird in Spring
36.8 cm x 47.0 cm (14.5" x 18.5")
From a greeting card
Begun March 8, finished March 15, 1976
Sold April 19, 1976

Oiseau du printemps
36,8 cm x 47,0 cm [14,5" x 18,5"]
À partir d'une image sur une carte de vœux
Commencée le 8 mars et terminée le 15 mars, en 1976
Vendue le 19 avril 1976

263. 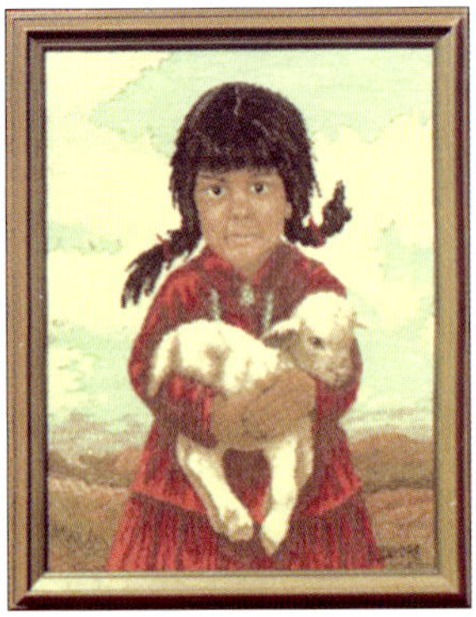

Indian Girl (Navajo Miss)
41.3 cm x 52.1 cm (16.25" x 20.5")
Begun March 17, finished March 27, 1976
Sold July 19, 1976

Une fillette navajo avec un agneau dans ses bras
41,3 cm x 52,1 cm [16,25" x 20,5"]
Commencée le 17 mars et terminée le 27 mars, en 1976
Vendue le 19 juillet 1976

264-
265. 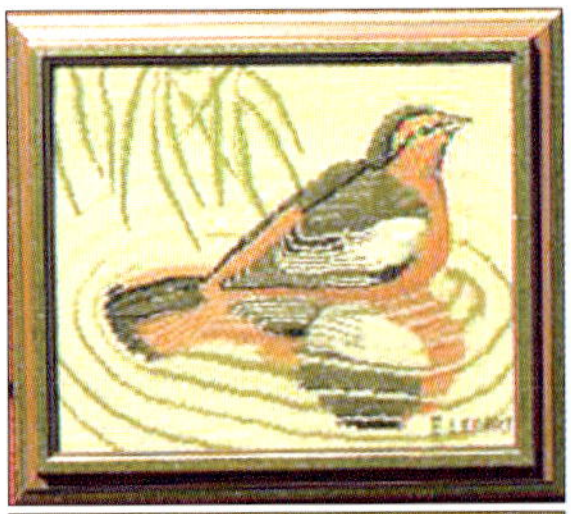

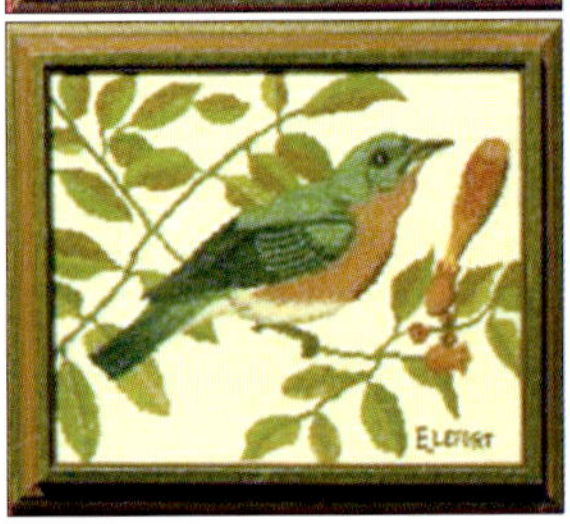

Bullock's Oreole (twin pieces)
29.2 cm x 36.8 cm (11.5" x 14.5")
From a postage stamp
Begun March 29, finished April 2, 1976
Sold July 23, 1976

Loriot de Bullock [deux pièces jumelles]
29,2 cm x 36,8 cm [11,5" x 14,5"]
À partir d'une image sur un timbre
Commencée le 29 mars et terminée le 2 avril, en 1976
Vendue le 23 juillet 1976

266. *Eastern Bluebird*
30.5 cm x 38.1 cm (12" x 15")
From a postage stamp
Begun April 3, finished April 7, 1976

Le merle bleu de l'est
30,5 cm x 38,1 cm [12" x 15"]
À partir d'une image sur un timbre
Commencée le 3 avril et terminée le 7 avril, en 1976

267. *Pioneer Farm*
53.3 cm x 58.4 cm (21" x 23")
From a picture in a magazine
Begun April 8, in Phoenix, finished May 22, 1976, in Margaree, with an interruption from April 25 - May 10 for the trip home.

Une ferme d'antan
53,3 cm x 58,4 cm [21" x 23"]
À partir d'une image dans une revue
Commencée à Phoenix le 8 avril et terminée à *Magré* le 22 mai, en 1976, avec une interruption du 25 avril au 10 mai pour le voyage retour

268. 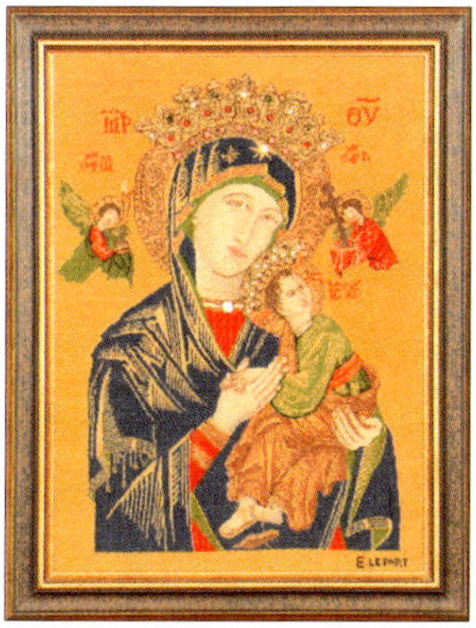

Our Lady of Perpetual Help
48.3 cm x 64.8 cm (19" x 25.5")
Commissioned by Rev. J. J. MacDonald
From a picture of an icon supplied by Rev. MacDonald
One day to sketch - two days dyeing
Begun June 3, finished June 24, 1976
Delivered September 6, 1976
Donated by Rev. MacDonald to the Élizabeth LeFort Gallery, May 21, 2008

Notre-Dame du Perpétuel Secours
48,3 cm x 64,8 cm [19" x 25,5"]
Commandée par le père J. J. MacDonald
À partir d'une image iconique fournie par le père MacDonald
Une journée de travail pour le dessin de la pièce et deux jours pour la teinture de la laine
Commencée le 3 juin et terminée le 24 juin, en 1976
Livrée le 6 septembre 1976
Donnée par le père MacDonald à la Galerie Élizabeth LeFort, le 21 mai 2008

269. 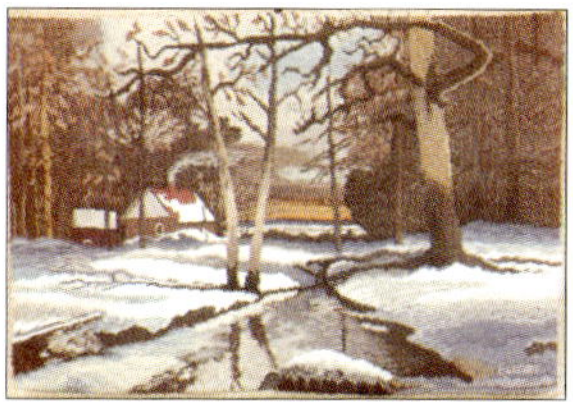

Winter
47.0 cm x 73.7 cm (18.5" x 29")
From a picture in *Donald Art Book*
Begun June 24, finished July 13, 1976
Sold October 14, 1976

Une scène d'hiver en forêt
47,0 cm x 73,7 cm [18,5" x 29"]
À partir d'une image dans le *Donald Art Book*
Commencée le 24 juin et terminée le 13 juillet, en 1976
Vendue le 14 octobre 1976

270. 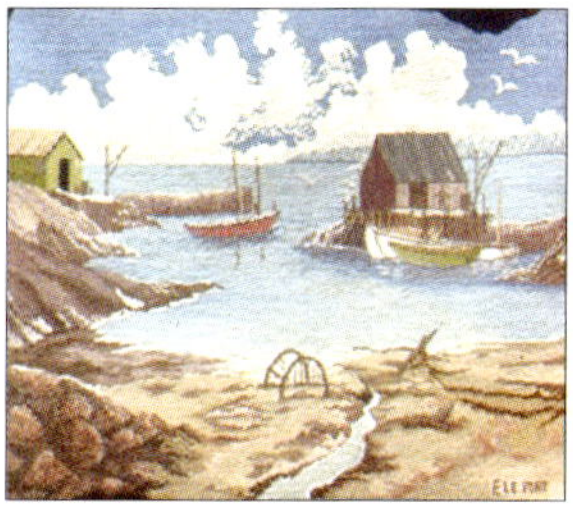

As In Bygone Days
64.8 cm x 50.8 cm (25.5" x 20")
From a greeting card
Begun July 14, finished July 29, 1976
Sold July 31, 1976

Comme autrefois
64,8 cm x 50,8 cm [25,5" x 20"]
À partir d'une image sur une carte de vœux
Commencée le 14 juillet et terminée le 29 juillet, en 1976
Vendue le 31 juillet 1976

271. 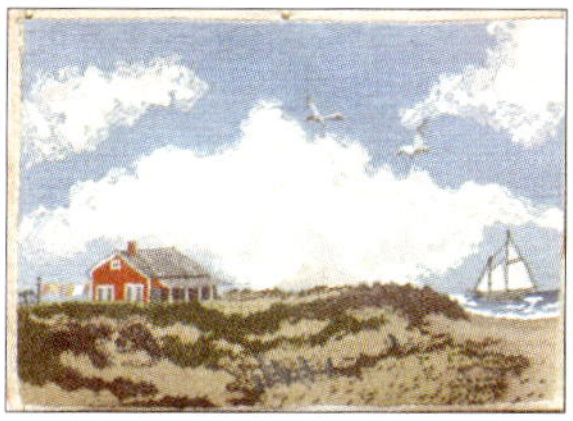

Home Beside the Sea
47.0 cm x 68.6 cm (18.5" x 27")
From a greeting card
Begun July 30, finished August 13, 1976
Sold October 14, 1976

Demeure près de la mer
47,0 cm x 68,6 cm [18,5" x 27"]
À partir d'une image sur une carte de vœux
Commencée le 30 juillet et terminée le 13 août, en 1976
Vendue le 14 octobre 1976

272. 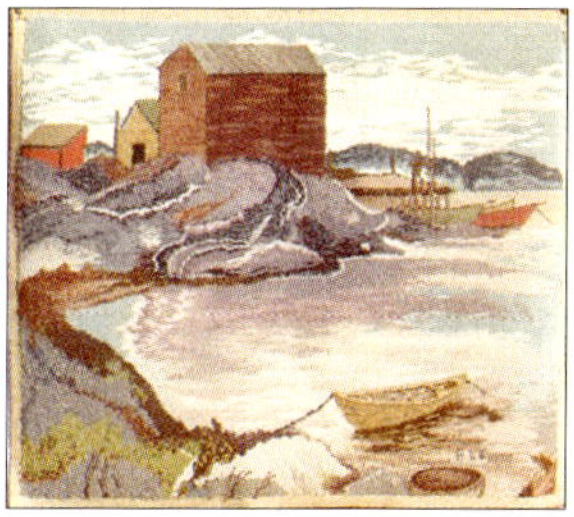

Blue Rocks Cove
48.9 cm x 59.7 cm (19.25" x 23.5")
From a greeting card
Begun August 14, finished August 28, 1976
Sold August 19, 1977

Blue Rocks Cove
48,9 cm x 59,7 cm [19,25" x 23,5"]
À partir d'une image sur une carte de vœux
Commencée le 14 août et terminée le 28 août, en 1976
Vendue le 19 août 1977

273. 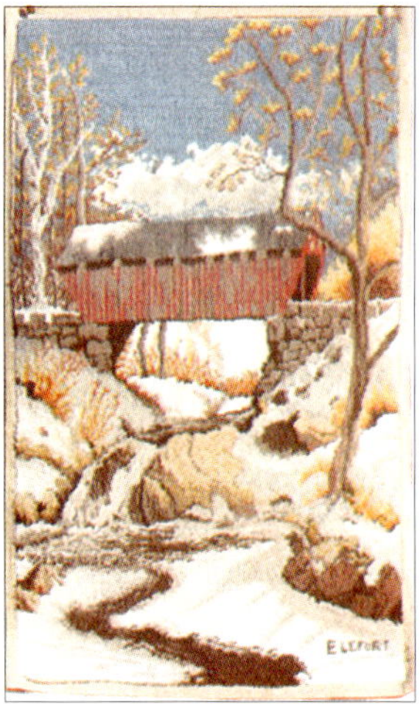

Early Winter
38.1 cm x 61.0 cm (15" x 24")
From a picture in an art book
Begun August 30, finished September 10, 1976
Given as a gift on October 28, 1976

Tôt en hiver
38,1 cm x 61,0 cm [15" x 24"]
À partir d'une image dans un livre d'art
Commencée le 30 août et terminée le 10 septembre, en 1976
Donnée en cadeau le 28 octobre 1976

274.

Summer
36.2 cm x 57.8 cm (14.25" x 22.75")
From an art book
Begun September 2, finished October 26, 1976
Sold September 23, 1977

Une scène d'été
36,2 cm x 57,8 cm [14,25" x 22,75"]
À partir d'une reproduction d'une peinture dans une livre d'art
Commencée le 2 septembre et terminée le 26 octobre, en 1976
Vendue le 23 septembre 1977

275 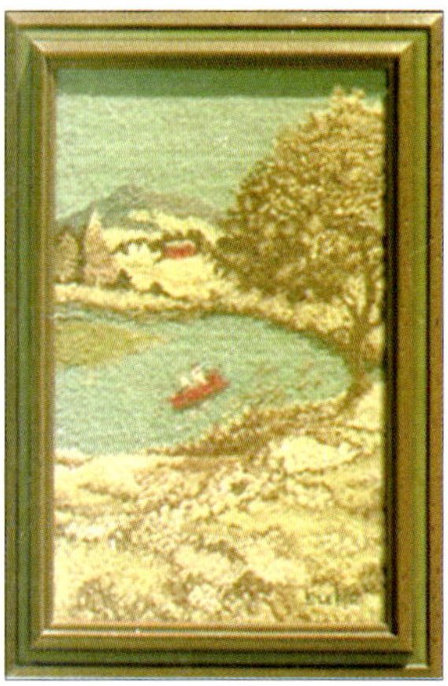

Musical Waters
40.6 cm x 63.5 cm (16" x 25")
From the *Donald Art Book*
Begun September 10, finished September 24, 1976
Given as a gift September, 1977

Des eaux musicales
40,6 cm x 63,5 cm [16" x 25"]
À partir d'une image dans le *Donald Art Book*
Commencée le 10 septembre et terminée le 24 septembre, en 1976
Donnée en cadeau en septembre 1977

276. 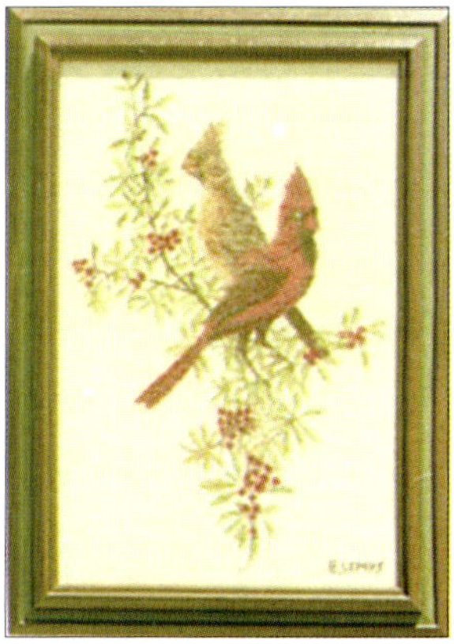

Pair of Cardinals
40.6 cm x 58.4 cm (16" x 23")
Scene from *Arizona Highways*
Begun September 25, finished November 5, 1976
Sold September 14, 1977

Une paire de cardinaux
40,6 cm x 58,4 cm [16" x 23"]
À partir d'une image dans la revue *Arizona Highways*
Commencée le 25 septembre et terminée le 5 novembre, en 1976
Vendue le 14 septembre 1977

277. 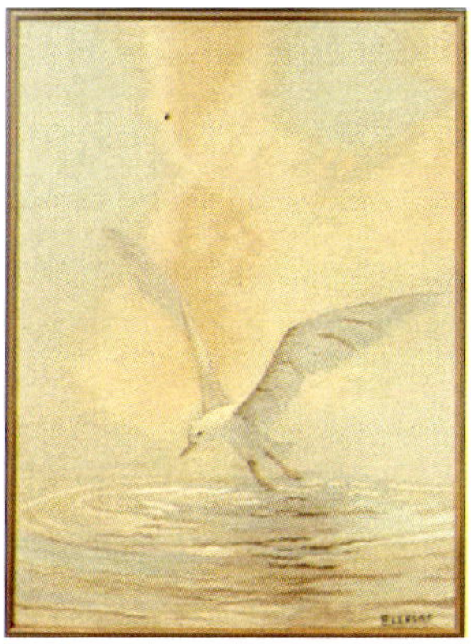

Seagull
58.4 cm x 81.3 cm (23" x 32")
From a painting by De Garthe
Begun November 30, finished December 30, 1976
Delivered July 26, 1977
This piece was extremely difficult

Un goéland
58,4 cm x 81,3 cm [23" x 32"]
À partir d'une peinture de de Garthe
Commencée le 30 novembre et terminée le 30 décembre, en 1976
Livrée le 26 juillet 1977
[Pièce extrêmement difficile]

278.

Fall Symphony
41.9 cm x 62.2 cm (16.5" x 24.5")
From the *Robert Wood Art Book*
Begun January 3, finished January 18, 1977
Delivered February 12, 1977

Une symphonie d'automne
41,9 cm x 62,2 cm [16,5" x 24,5"]
À partir d'une image dans le *Robert Wood Art Book*
Commencée le 3 janvier et terminée le 18 janvier, en 1977
Livrée le 12 février 1977

279. 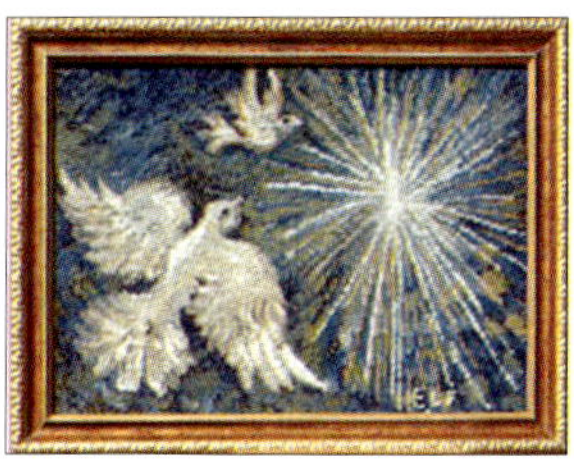

Peace
24.1 cm x 33.0 cm (9.5" x 13")
From a Christmas card
Begun January 19, finished January 22, 1977

La paix
24,1 cm x 33,0 cm [9,5" x 13"]
À partir d'une image sur une carte de Noël
Commencée le 19 janvier et terminée le 22 janvier, en 1977

280.

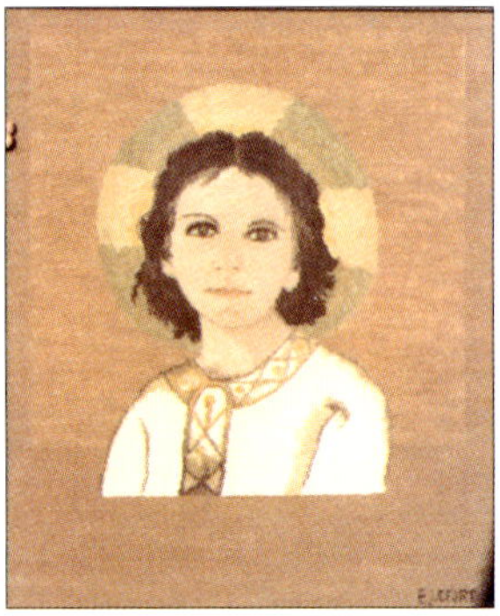

Boy Jesus at Twelve
48.3 cm x 58.4 cm (19" x 23")
Begun January 24, finished February 3, 1977

L'Enfant Jésus à 12 ans
48,3 cm x 58,4 cm [19" x 23"]
Commencée le 24 janvier et terminée le 3 février, en 1977

281.

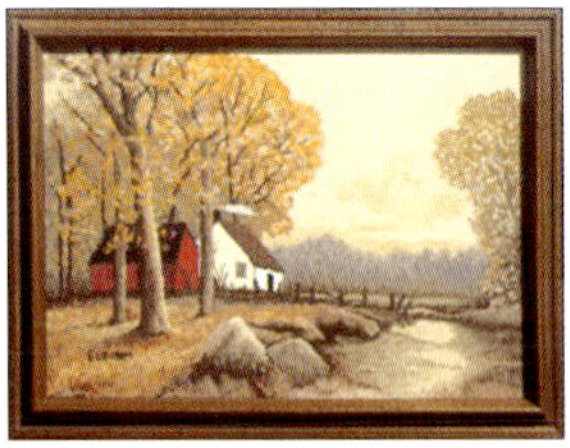

Beauty in the Trees
45.7 cm x 68.6 cm (18" x 27")
From a print
Begun February 7, finished February 22, 1977

La beauté des arbres
45,7 cm x 68,6 cm [18" x 27"]
À partir d'une reproduction d'une peinture
Commencée le 7 février et terminée le 22 février, en 1977

282.

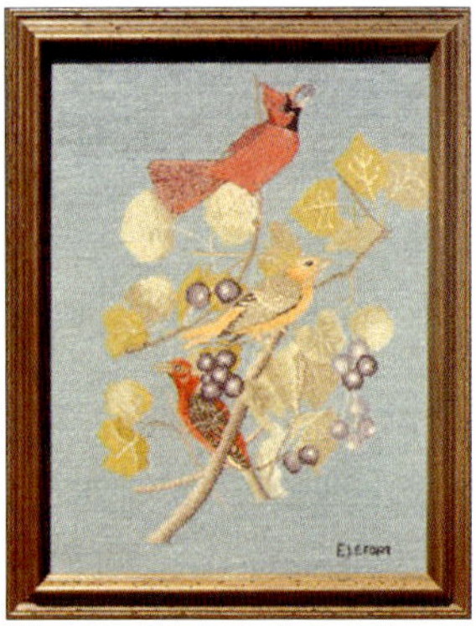

Bird Convention
43.2 cm x 55.9 cm (17" x 22")
From several prints
Begun February 25, finished March 4, 1977

Rencontre d'oiseaux
43,2 cm x 55,9 cm [17" x 22"]
Inspirée de plusieurs reproductions de peintures
Commencée le 25 février et terminée le 4 mars, en 1977

283.

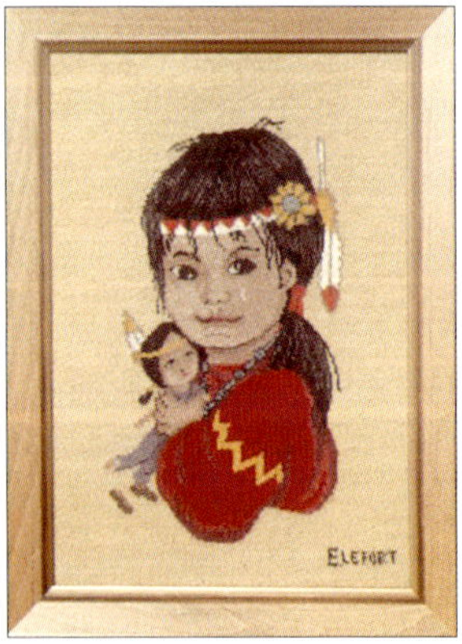

Sad Wee Miss
32.4 cm x 45.7 cm (12.75" x 18")
From school painting courtesy Mrs. V. Pasley
Begun March 4, finished March 9, 1977
Sold July 21, 1977

Chagrin de fillette
32,4 cm x 45,7 cm [12,75" x 18"]
À partir d'une peinture d'école gracieuseté de Mme V. Pasley
Commencée le 4 mars et terminée le 9 mars, en 1977
Vendue le 21 juillet 1977

284.

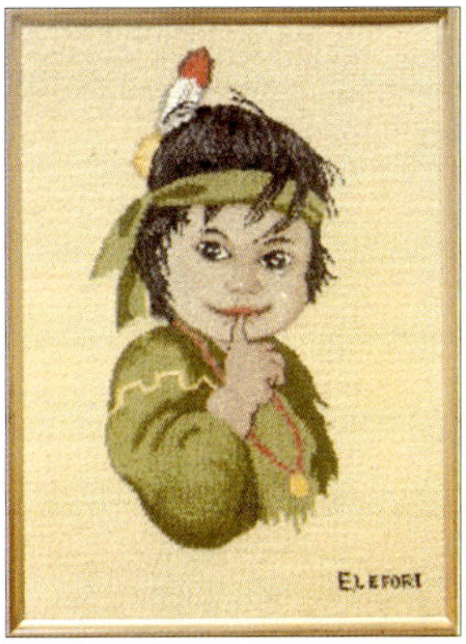

Sad Lad
33.0 cm x 45.7 cm (13" x 18")
Same source as #283
Begun March 9, finished March 14, 1977
Sold June 11, 1977

Chagrin de garçonnet
33,0 cm x 45,7 cm [13" x 18"]
Même source que la pièce no 283
Commencée le 9 mars et terminée le 14 mars, en 1977
Vendue le 11 juin 1977

285.

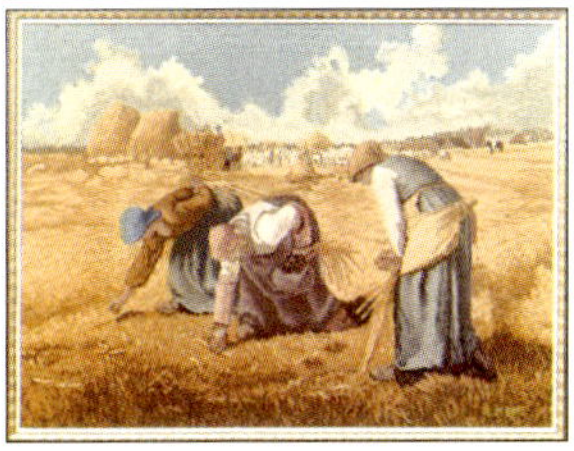

The Gleaners
85.1 cm x 63.5 cm (33.5" x 25")
From the painting by Jean-François Millet
Begun March 15, finished April 25, 1977
Sold July 8, 1977

Les glaneuses
85,1 cm x 63,5 cm [33,5" x 25"]
À partir de l'œuvre de Jean-François Millet
Commencée le 15 mars et terminée le 25 avril, en 1977
Vendue le 8 juillet 1977

286.

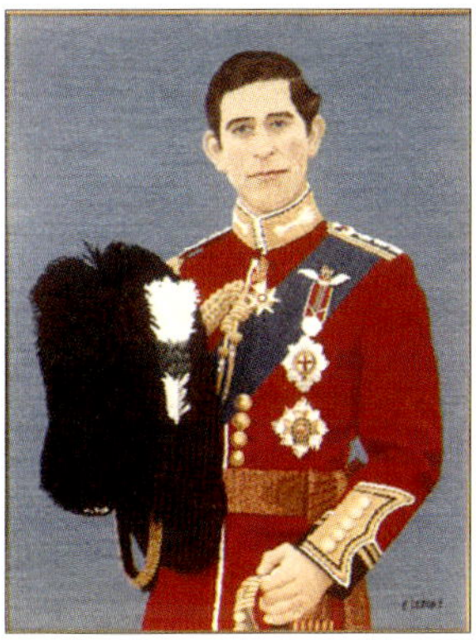

HRH The Prince of Wales
71.1 cm x 91.4 cm (28" x 36")
Sketched May 9, 1977, from a photo purchased via Canada House, London
Dyed May 12, 1977
Begun May 14, finished June 21, 1977

S. A. R. le prince de Galles
71,1 cm x 91,4 cm [28" x 36"]
Dessinée le 9 mai 1977 à partir d'une photo achetée de Londres via la Maison du Canada
Laine teinte le 12 mai 1977
Commencée le 14 mai et terminée le 21 juin, en 1977

287.

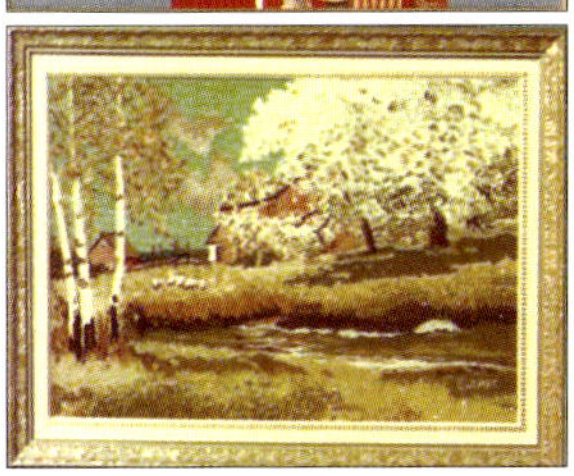

Springtime (Apple Blossom)
50.8 cm x 71.1 cm (20" x 28")
From an art book
Begun June 21, finished July 13, 1977
Sold September 22, 1977

Pommiers en fleurs
50,8 cm x 71,1 cm [20" x 28"]
À partir d'une image dans un livre d'art
Commencée le 21 juin et terminée le 13 juillet, en 1977
Vendue le 22 septembre 1977

288. 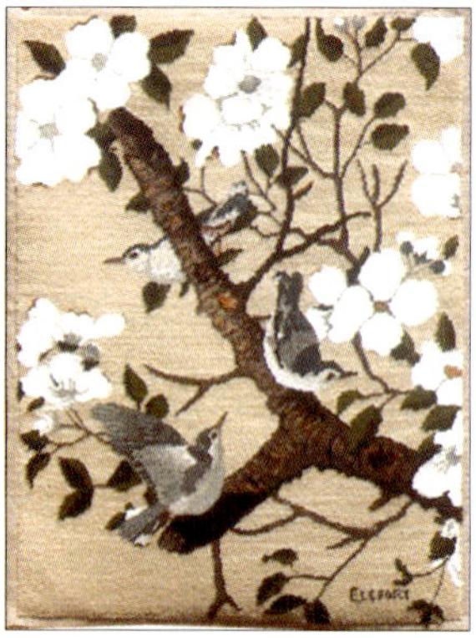

Dogwood and Friends
47.6 cm x 61.0 cm (18.75" x 24")
Begun July 13, finished July 26, 1977
Sold July 30, 1977

Trois sitelles à poitrine blanche dans un cournouiller
47,6 cm x 61,0 cm [18,75" x 24"]
Commencée le 13 juillet et terminée le 26 juillet, en 1977
Vendue le 30 juillet 1977

289. 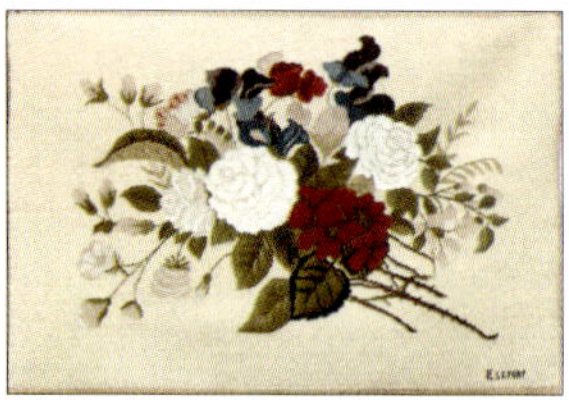

Floral Arrangement
61.0 cm x 91.4 cm (24" x 36")
From *Donald Art Book,* page 258
Begun July 27, finished August 15, 1977
Sold before it was finished and paid in two installments: July 9 and August 25, 1977

Arrangement de fleurs
61,0 cm x 91,4 cm [24" x 36"]
À partir d'une image dans le *Donald Art Book*, à la page 258
Commencée le 27 juillet et terminée le 15 août, en 1977
Vendue avant même que la pièce ne soit complétée, et payée en deux versements, le 9 juillet et le 25 août, en 1977

290. 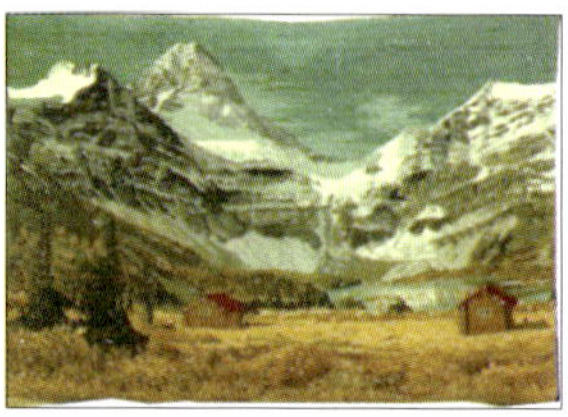

Canadian Rockies - Mt. Assiniboine
61.0 cm x 91.4 cm (24" x 36")
From a picture by F. Godfrey
Begun August 15, finished September 26, 1977
Delivered October 27, 1977

Les Rocheuses canadiennes - le mont Assiniboine
61,0 cm x 91,4 cm [24" x 36"]
À partir d'une image fournie par F. Godfrey
Commencée le 15 août et terminée le 26 septembre, en 1977
Livrée le 27 octobre 1977

291. 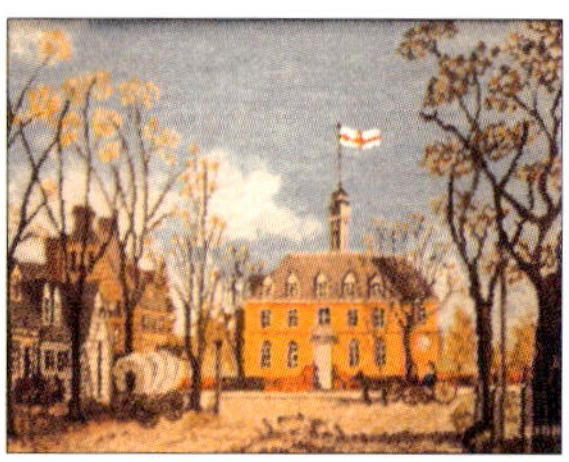

Williamsburg, VA
From an art book
Begun September 27, finished December 1, 1977.
Interrupted October 12 - November 14, because of a broken arm

Une scène de Williamsburg, VA
À partir d'une image dans un livre d'art
Commencée le 27 septembre et terminée le 1er décembre, en 1977, avec une interruption du 12 octobre au 14 novembre à cause d'une fracture au bras droit subie par l'artiste

292. 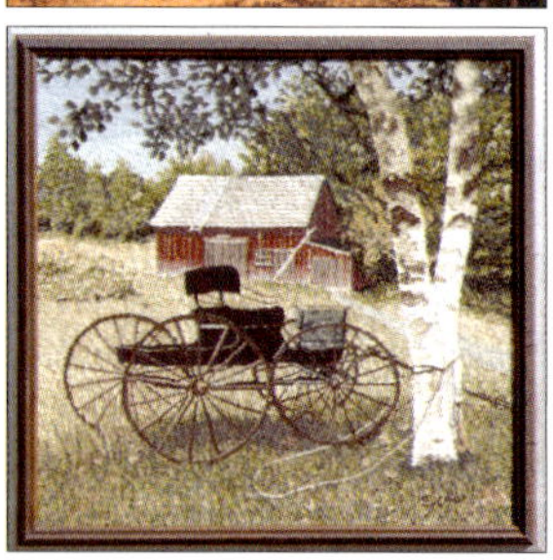

Memories
62.2 cm x 63.5 cm (24.5" x 25")
From a photograph in a newspaper
Begun December 2, finished December 27, 1977

Souvenirs du passé
62,2 cm x 63,5 cm [24,5" x 25"]
À partir d'une image dans un journal
Commencée le 2 décembre et terminée le 27 décembre, en 1977

293.

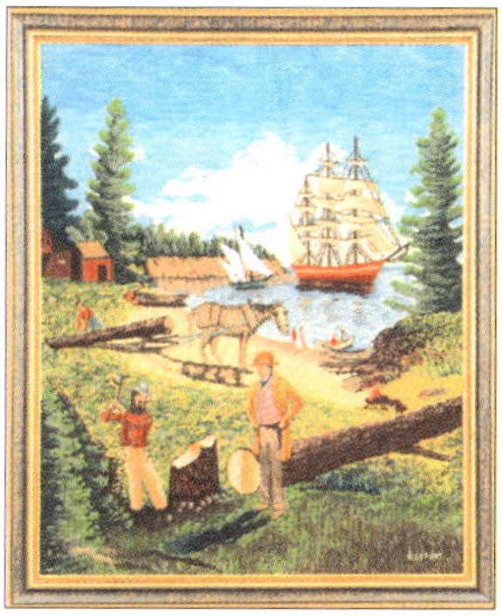

Nos Pionniers
76.2 cm x 92.7 cm (30" x 36.5")
Scene inspired in part from picture on a brochure of the Acadian Museum, Chéticamp
Begun December 28, 1977, finished February 10, 1978
Give as a gift to La Société Saint-Pierre on the opening of Les Trois Pignons, Chéticamp.

Nos pionniers
76,2 cm x 92,7 cm [30" x 36,5"]
Inspirée en partie d'une image dans un dépliant du Musée acadien de Chéticamp
Commencée le 28 décembre 1977 et terminée le 10 février 1978
Confectionnée pour présentation en cadeau à la Société Saint-Pierre, à l'occasion de l'ouverture des Trois Pignons, à Chéticamp

294.

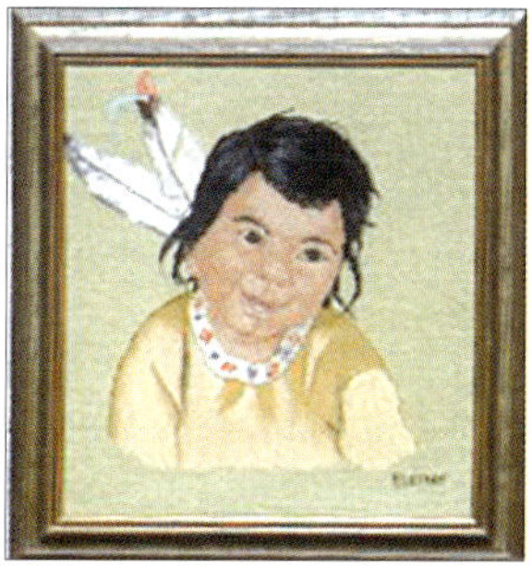

Miss Sunshine (Indian Girl)
47.0 cm x 50.8 cm (18.5" x 20")
Begun February 13, finished February 23, 1978
Sold July 12, 1978

Mademoiselle Soleil (une jeune fille navajo)
47,0 cm x 50,8 cm [18,5" x 20"]
Commencée le 13 février et terminée le 23 février, en 1978
Vendue le 12 juillet 1978

295.

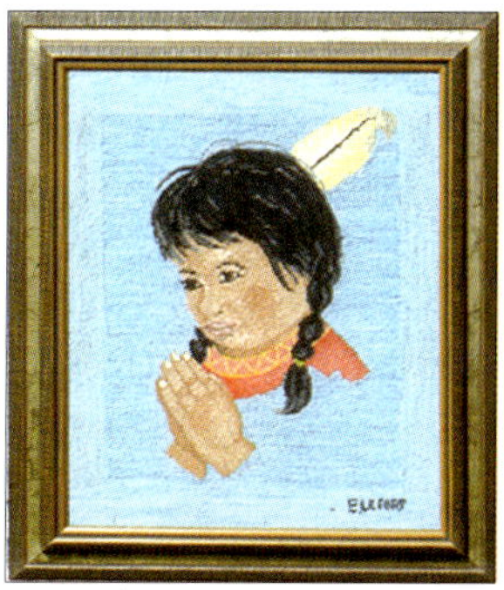

Indian Miss at Prayers
38.1 cm x 48.9 cm (15" x 19.25")
Begun February 23, finished March 3, 1978
Sold July 5, 1978

Une jeune fille navajo en prière
38,1 cm x 48,9 cm [15" x 19,25"]
Commencée le 23 février et terminée le 3 mars, en 1978
Vendue le 5 juillet 1978

296.

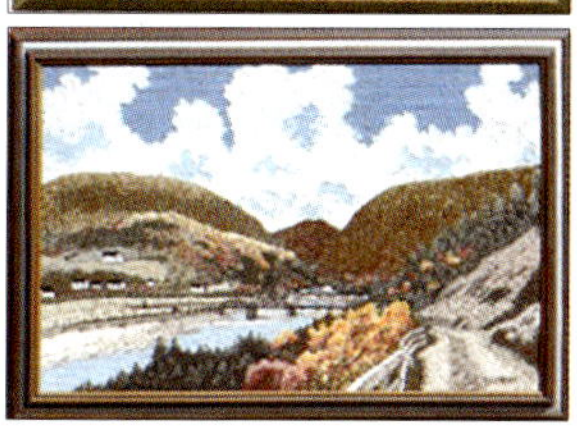

Cheticamp River Crossing in 1920s
92.7 cm x 58.4 cm (36,5" x 23")
From a photo supplied by Dr. Aucoin
91 colours
Begun March 4, finished April 7, 1978

Le vieux pont de la Rigouèche, aux années 1920
92,7 cm x 58,4 cm [36,5" x 23"]
À partir d'une photo fournie par le Dr Aucoin
91 couleurs
Commencée le 4 mars et terminée le 7 avril, en 1978

297.

The Haymaking
53.3 cm x 78.7 cm (21" x 31")
From a painting by Leon Augustin L'Hermitte in an art book
Begun April 11, finished July 18, 1978, with an interruption April 26 - July 3.
Sold before it was finished

La fenaison
53,3 cm x 78,7 cm [21" x 31"]
À partir d'une peinture de Léon Augustin L'Hermitte, présentée dans un livre d'art
Commencée le 11 avril et terminée le 18 juillet, en 1978, avec une interruption du 26 avril au 3 juillet
Vendue, alors que la pièce ne fut qu'à moitié complétée

298. 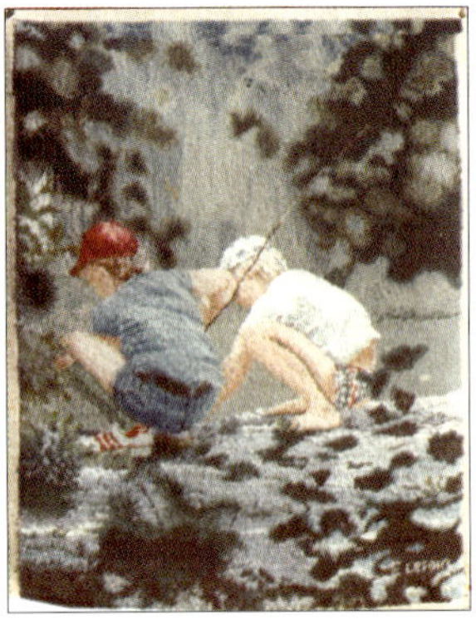

Two Boys
45.7 cm x 62.2 cm (18" x 24.5")
Begun May 8, finished May 25, 1978

Deux garçonnets à la pêche
45,7 cm x 62,2 cm [18" x 24,5"]
Commencée le 8 mai et terminée le 25 mai, en 1978

299. 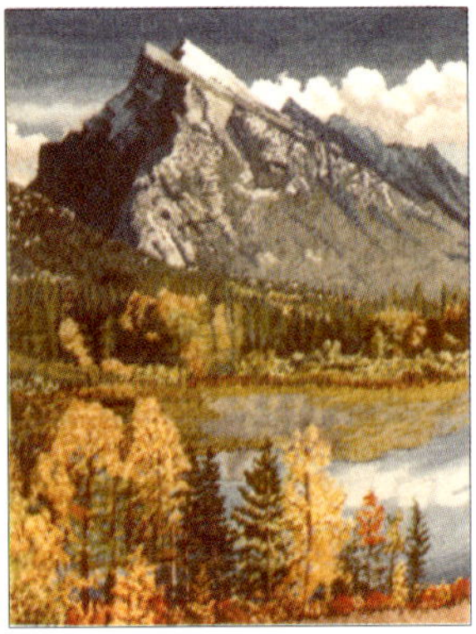

Rundle Mountain
50.2 cm x 69.2 cm (19.75" x 27.25")
From travel book
Begun May 25, finished July 3, 1978

Le mont Rundle
50,2 cm x 69,2 cm [19,75" x 27,25"]
À partir d'une image dans un guide touristique
Commencée le 25 mai et terminée le 3 juillet, en 1978

300. 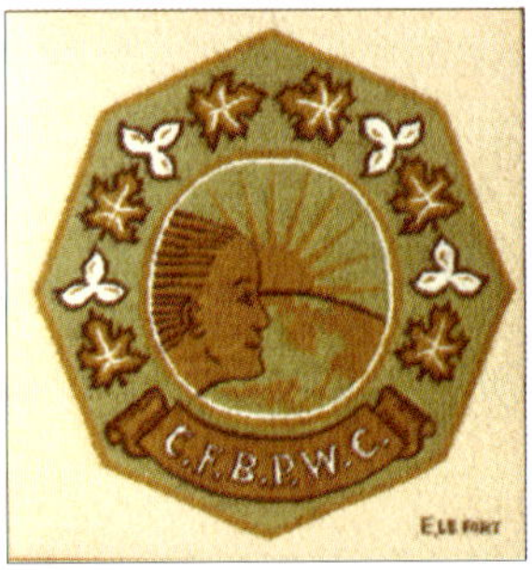

Business and Professional Women's Club Crest
45.7 cm x 46.4 cm (18" x 18.25")
Begun July 19, finished July 26, 1978
For Presentation to Sydney Club. Taken for this purpose by Mrs. DeSanctis for presentation October 14, 1978

L'écusson des Clubs de femmes d'affaires et professionnelles
45,7 cm x 46,4 cm [18" x 18,25"]
Commencée le 19 juillet et terminée le 26 juillet, en 1978
Apportée par Mme DeSanctis pour la présentation au club de Sydney le 14 octobre 1978

301. 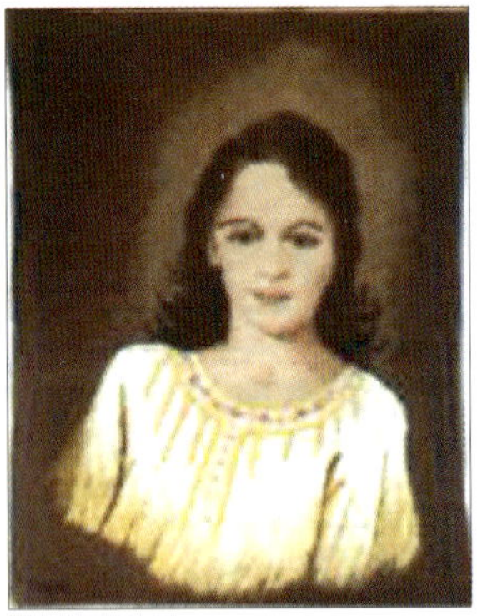

Jesus as a Boy
55.9 cm x 76.2 cm (22" x 30")
From an art book
Begun July 27, finished August 15, 1978

Jésus dans son enfance
55,9 cm x 76,2 cm [22" x 30"]
À partir d'une image dans un livre d'art
Commencée le 27 juillet et terminée le 15 août, en 1978

302. 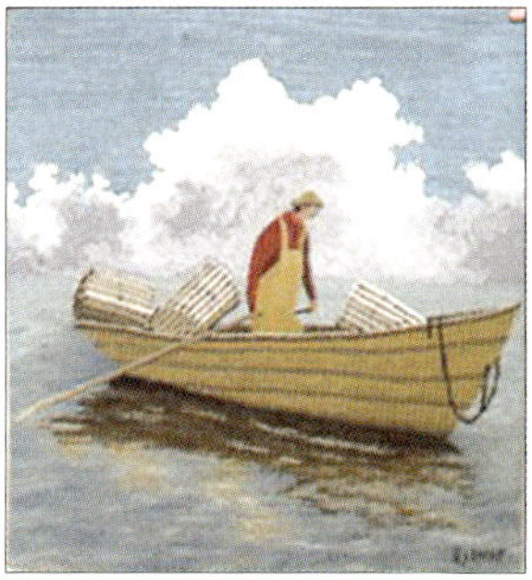

Doryman
63.5 cm x 66.0 cm (25" x 26")
From a picture in newspaper
Begun August 16, finished August 31, 1978

Un pêcheur dans un doris
63,5 cm x 66,0 cm [25" x 26"]
À partir d'une image dans un journal
Commencée le 16 août et terminée le 31 août, en 1978

303. 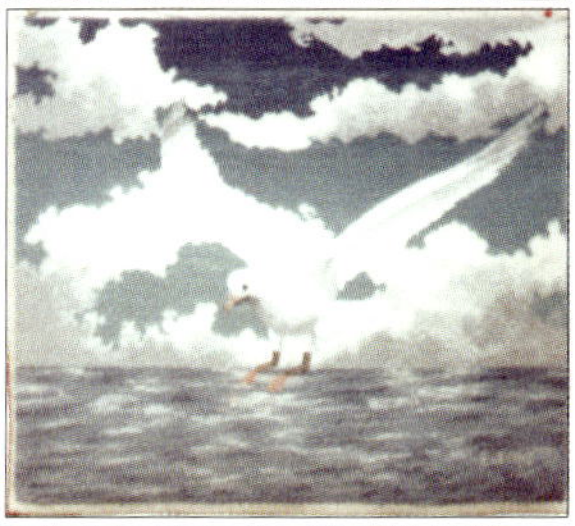

Seagull
53.3 cm x 62.9 cm (21" x 24.75")
From a greeting card
Begun September 1, finished September 13, 1978
Sold September 6, 1978, before it was finished

Un goéland
53,3 cm x 62,9 cm [21" x 24,75"]
À partir d'une image sur une carte de vœux
Commencée le 1er septembre et terminée le 13 septembre, en 1978
Vendue le 6 septembre 1978, avant même que la pièce ne soit complétée

304. 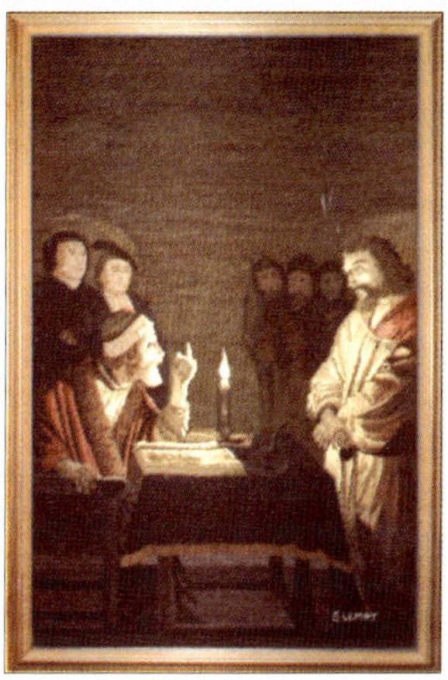

Christ Before the High Priest
86.4 cm x 54.6 cm (34" x 21.5")
Print obtained from Mrs. Morrison
Begun September 14, finished October 26, 1978

Le Christ devant le grand prêtre
86,4 cm x 54,6 cm [34" x 21,5"]
À partir d'une reproduction d'une peinture obtenue de Mme Morrison
Commencée le 14 septembre et terminée le 26 octobre, en 1978

305. 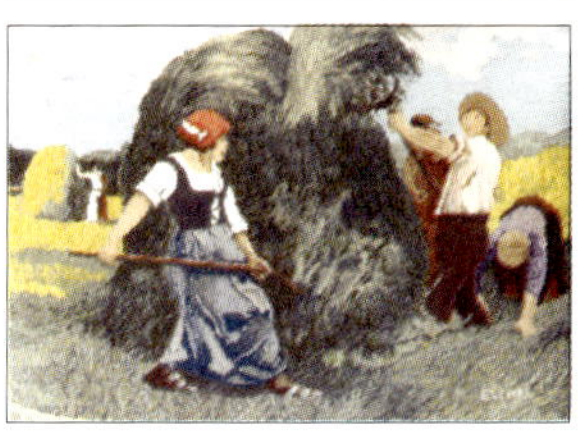

Gathering Hay
53.3 cm x 78.7 cm (21" x 31")
From an art book
Begun October 18, 1978

La récolte du fourrage
53,3 cm x 78,7 cm [21" x 31"]
À partir d'une image dans un livre d'art
Commencée le 18 octobre 1978

306. 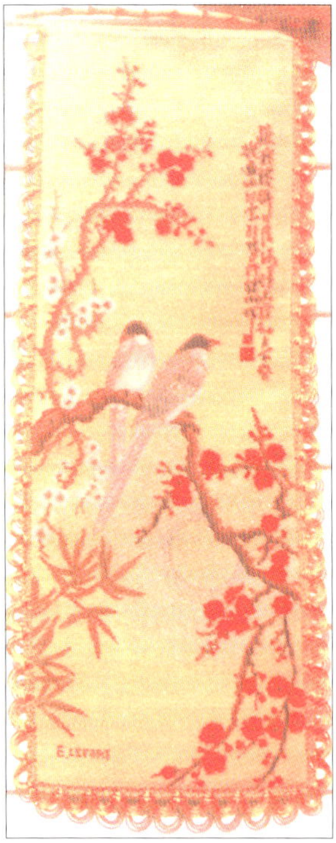

Chinese Bluebirds
34.3 cm x 99.1 cm (13.5" x 39")
From an art book
Begun December 11, 1978, finished January 13, 1979
Delivered July 29, 1979
Ordered by a Tauck Tours guide

Merles bleus de la Chine
34,3 cm x 99,1 cm [13,5" x 39"]
À partir d'une image dans un livre d'art
Commencée le 11 décembre 1978 et terminée le 13 janvier 1979
Livrée le 29 juillet 1979
Commandée par un guide de *Tauck Tours*

307.

Wood Thrush
38.1 cm x 48.3 cm (15" x 19")
Begun January 4, finished January 13, 1979

La grive des bois
38,1 cm x 48,3 cm [15" x 19"]
Commencée le 4 janvier et terminée le 13 janvier, en 1979

308. 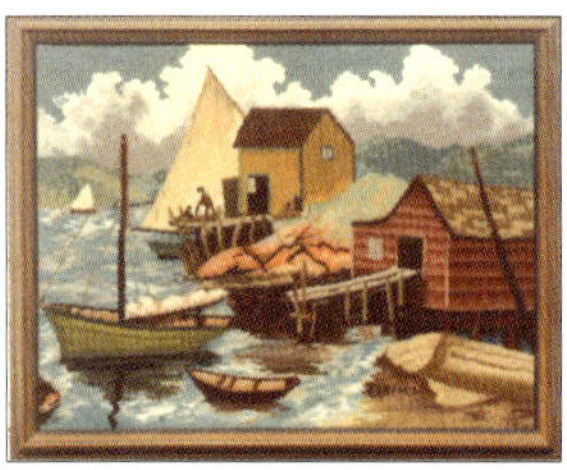

Harbour Scene
52.1 cm x 67.9 cm (20.5" x 26.75")
Begun January 15, finished February 9, 1979
Sold May 21, 1980

Une scène d'un havre
52,1 cm x 67,9 cm [20,5" x 26,75"]
Commencée le 15 janvier et terminée le 9 février, en 1979
Vendue le 21 mai 1980

309. 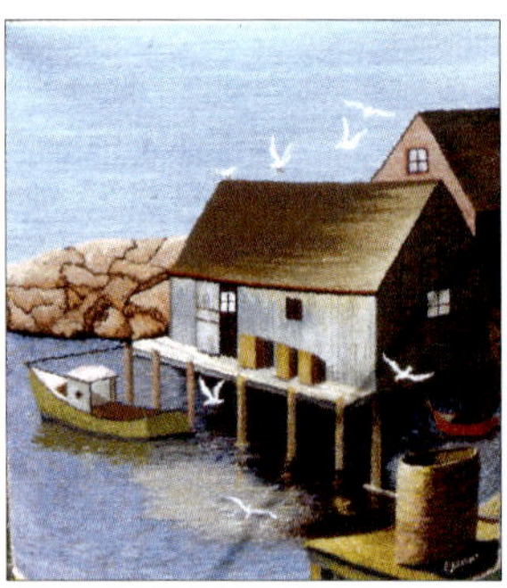

Peggy's Cove
73.7 cm x 77.5 cm (29" x 30.5")
From a picture in a newspaper
Begun February 10, finished March 10, 1979

Une scène de Peggy's Cove
73,7 cm x 77,5 cm [29" x 30,5"]
À partir d'une image dans un journal
Commencée le 10 février et terminée le 10 mars, en 1979

310.

Winter Landscape
64.8 cm x 90.2 cm (25.5" x 35.5")
From an art book
Begun March 19, finished April 24, 1979

Un paysage d'hiver
64,8 cm x 90,2 cm [25,5" x 35,5"]
À partir d'une image dans un livre d'art
Commencée le 19 mars et terminée le 24 avril, en 1979

311. 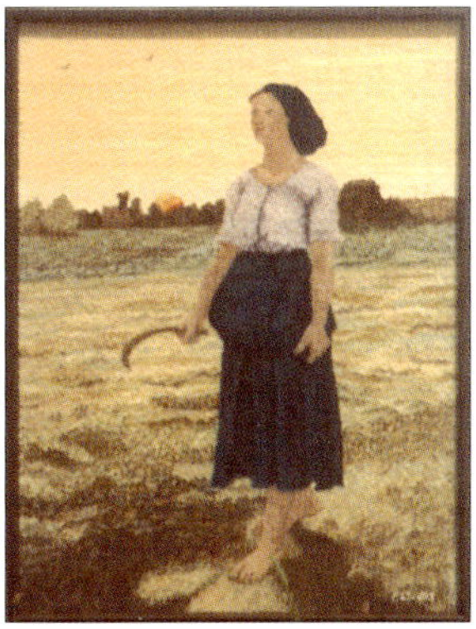

Song of the Lark (Girl with Sickle)
62.2 cm x 83.8 cm (24.5" x 33")
From an art book
Begun May 28, finished October 11, 1979.
Interrupted August 8 - September 8 to work on #312
Delivered September 26, 1980

Au chant de l'alouette (une jeune femme avec une faucille)
62,2 cm x 83,8 cm [24,5" x 33"]
À partir d'une image dans un livre d'art
Commencée le 28 mai et terminée le 11 octobre, en 1979, avec une interruption du 8 août au 8 septembre pour la confection de la pièce no 312
Livrée le 26 septembre 1980

312. 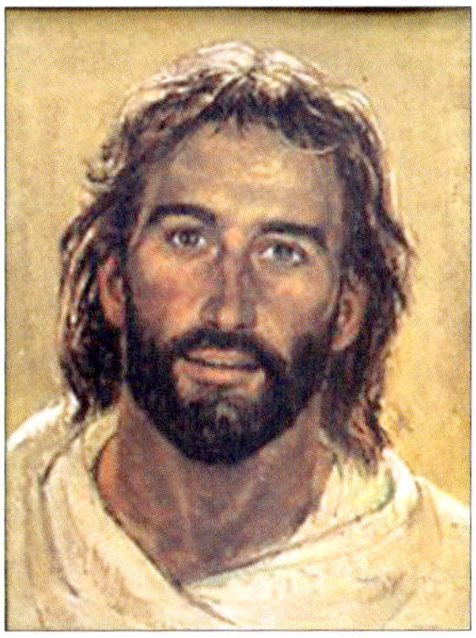

Head of Christ
From picture supplied by Fr. Bedford Doucette
Begun August 8, finished September 8, 1979

Le buste du Christ
À partir d'une image fournie par le père Doucet
Commencée le 8 août et terminée le 8 septembre, en 1979

313. 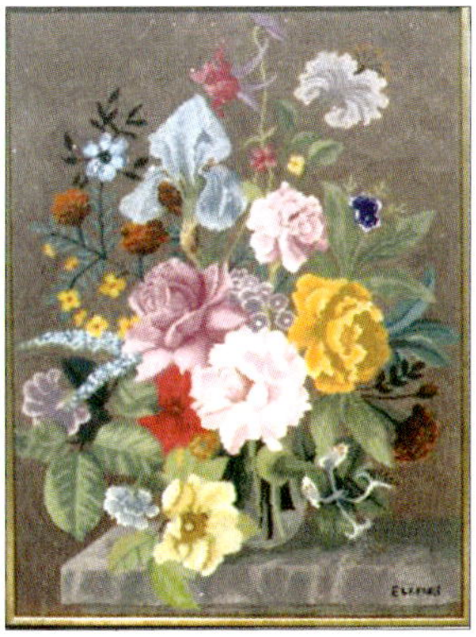

Floral Arrangement
62.2 cm x 83.8 cm (24.5" x 33")
From an art book
Begun December 12, 1979, finished February 12, 1980
Sold August 25, 1980

Arrangement de fleurs
62,2 cm x 83,8 cm [24,5" x 33"]
À partir d'une image dans un livre d'art
Commencée le 12 décembre 1979 et terminée le 12 février 1980
Vendue le 25 août 1980

314.

Jerry Foster and Helicopter
67.3 cm x 83.8 cm (26.5" x 33")
From pictures supplied by NBC
Begun May 16, finished September 17, 1980
Presented to Mr. Foster on TV (NBC), Phoenix, November 21, 1980

Jerry Foster et son hélicoptère
67,3 cm x 83,8 cm [26,5" x 33"]
À partir de photos du réseau de télévision NBC
Commencée le 16 mai et terminée le 17 septembre, en 1980
Présentée à M. Foster le 21 novembre 1980, à la télévision NBC, à Phoenix

315.

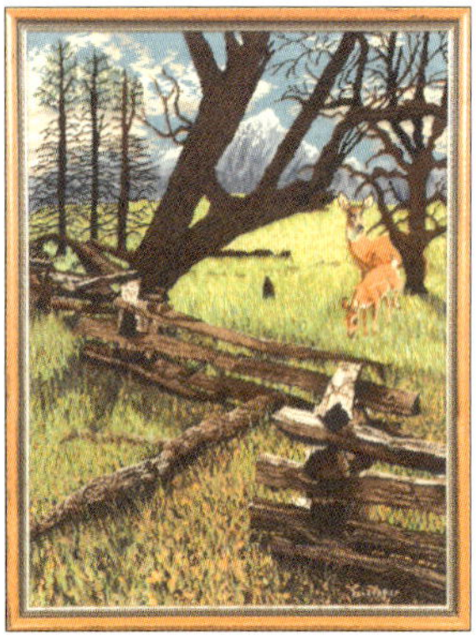

Woods with Deer
63.5 cm x 86.4 cm (25" x 34")
Begun November 15, 1980, finished March 23, 1981

Chevreuils dans les bois
63,5 cm x 86,4 cm [25" x 34"]
Commencée le 15 novembre 1980 et terminée le 23 mars 1981

316.

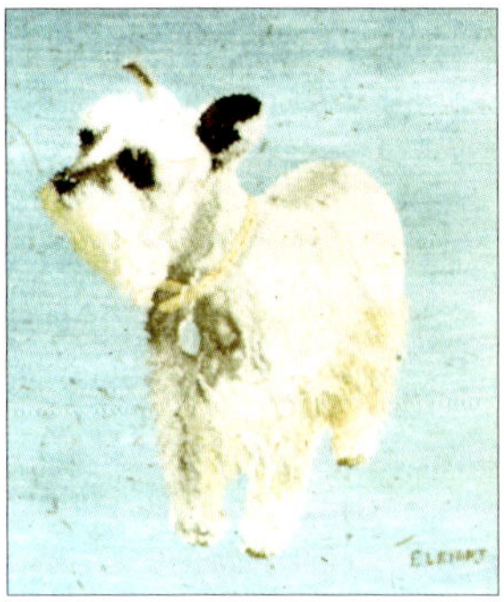

Be-Be (a small dog)
47.0 cm x 49.5 cm (18.5" x 19.5")
From a photo
Finished September 25, 1981

Be-Be (une petite chienne)
47,0 cm x 49,5 cm [18,5" x 19,5"]
À partir d'une photo
Terminée le 25 septembre 1981

317.

Master
35.6 cm x 54.6 cm (14" x 21.5")
Begun October 3, finished November 5, 1981

Maître
35,6 cm x 54,6 cm [14" x 21,5"]
Commencée le 3 octobre et terminée le 5 novembre, en 1981

318.

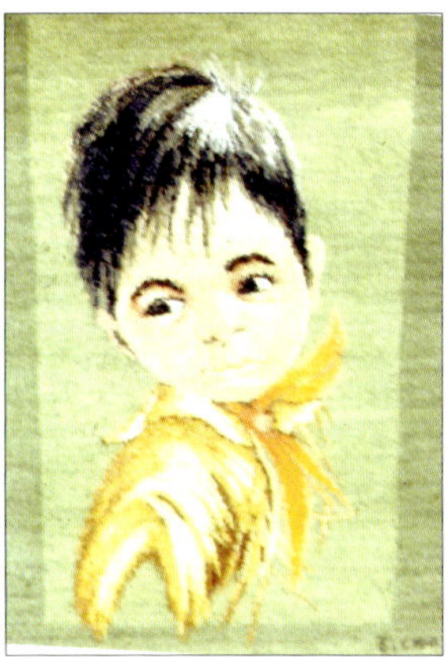

Indian Boy
39.4 cm x 57.2 cm (15.5" x 22.5")
Finished February 5, 1982, and given as a gift

Garçonnet indien
39,4 cm x 57,2 cm [15,5" x 22,5"]
Donnée en cadeau le 5 février 1982

319.

Tody
41.9 cm x 48.3 cm (16.5" x 19"])
Finished January 21, 1982

Tody
41,9 cm x 48,3 cm [16,5" x 19"]
Terminée le 21 janvier 1982

320. 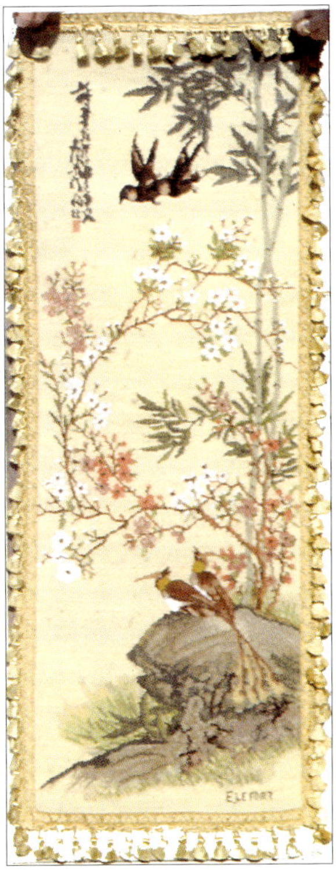

Chinese Hanging
From an art book
Begun January 30, finished May 5, 1982

Tapisserie chinoise
À partir d'une image dans un livre d'art
Commencée le 30 janvier et terminée le 5 mai, en 1982

321. 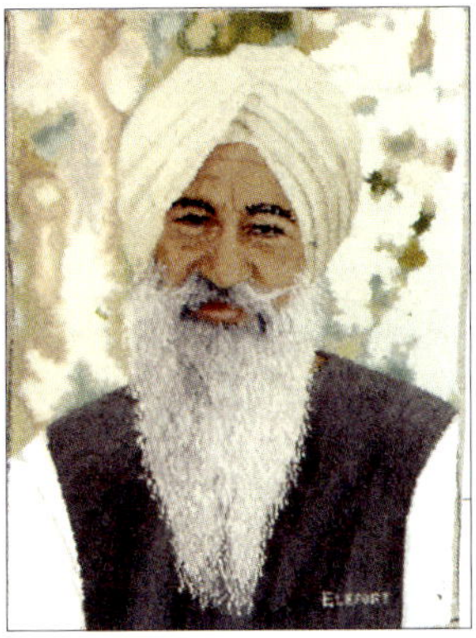

Guru Nanak
48.3 cm x 61.0 cm (19" x 24")
From a photo from Jolly
Dyed June 22, 1982
Begun in June, 1982, finished August 24, 1982

Le gourou Nanak
48,3 cm x 61,0 cm [19" x 24"]
À partir d'une photo de Jolly
Laine teinte le 22 juin 1982
Commencée au mois de juin et terminée le 24 août, en 1982

322. 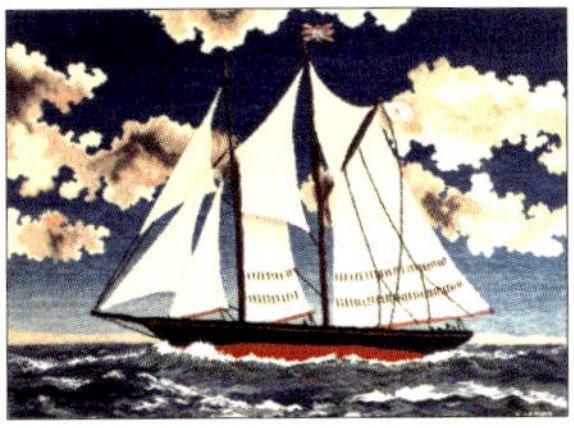

Bluenose
76.2 cm x 102.2 cm (30" x 40.5")
From a painting supplied by customer
Begun September 15, 1982, finished January 17, 1983. Interrupted November 2 - December 25, 1982

Le Bluenose
76,2 cm x 102,2 cm [30" x 40,5"]
À partir d'une peinture du client
Commencée le 15 septembre 1982 et terminée le 17 janvier 1983, avec une interruption du 2 novembre au 25 décembre, en 1982

323. 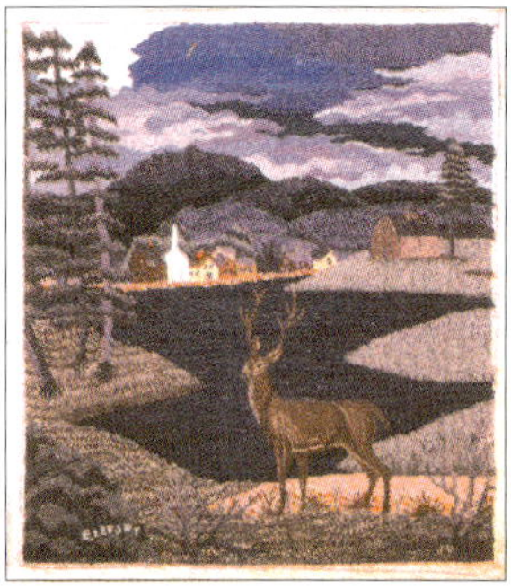

Grand Pre Memorial
47.0 cm x 48.3 cm (18.5" x 19")
From a postcard
Begun November 2, finished November 30, 1982

Le mémorial de Grand-Pré
47,0 cm x 48,3 cm [18,5" x 19"]
À partir d'une image sur une carte postale
Commencée le 2 novembre et terminée le 30 novembre, en 1982

324.

Deer Composite
58.4 cm x 66.0 cm (23" x 26")
Begun January 19, finished February 28, 1983
Given as a gift

Une scène avec des chevreuils
58,4 cm x 66,0 cm [23" x 26"]
Commencée le 19 janvier et terminée le 28 février, en 1983
Donnée en cadeau

325.

Floral Composite
Begun March 3, finished March 13, 1983
Given as a gift

Arrangement de fleurs
Commencée le 3 mars et terminée le 13 mars, en 1983
Donnée en cadeau

326. 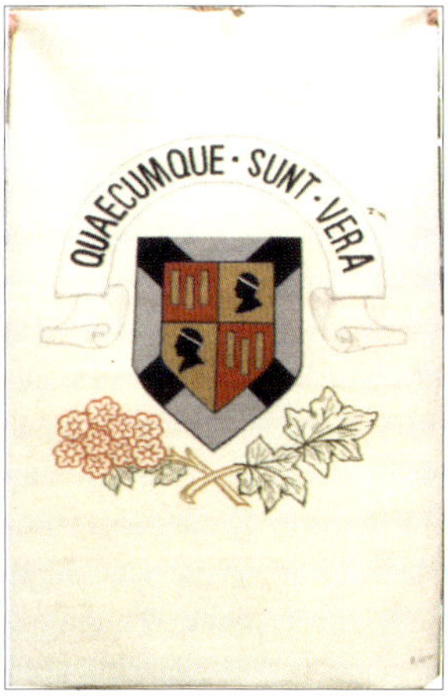

St. Francis Xavier University Crest
1.2 m x 1.8 m (4' x 6')
Begun April 1, finished July 29, 1983

L'écusson de l'Université Saint Françis Xavier
1,2 m x 1,8 m [4' x 6']
Commencée le 1er avril et terminée le 29 juillet, en 1983

327. 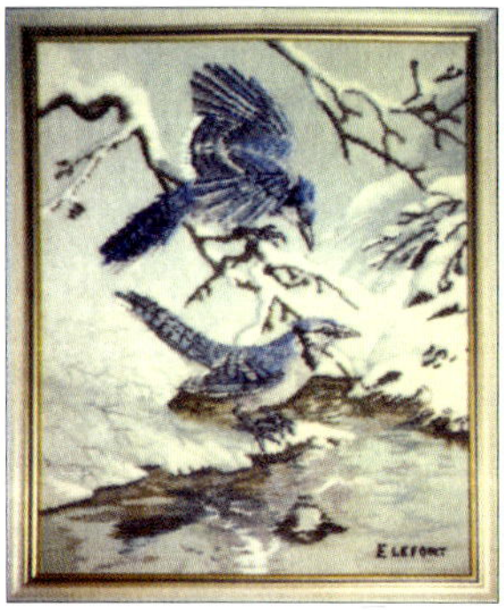

Blue Jays
From a painting by Durer
Finished in March 1984
Auctioned for St. Jude Hospital charity

Geais bleus
À partir d'une peinture de Durer
Complétée au mois de mars 1984
Vendue aux enchères au profit de l'hôpital St. Jude

328. 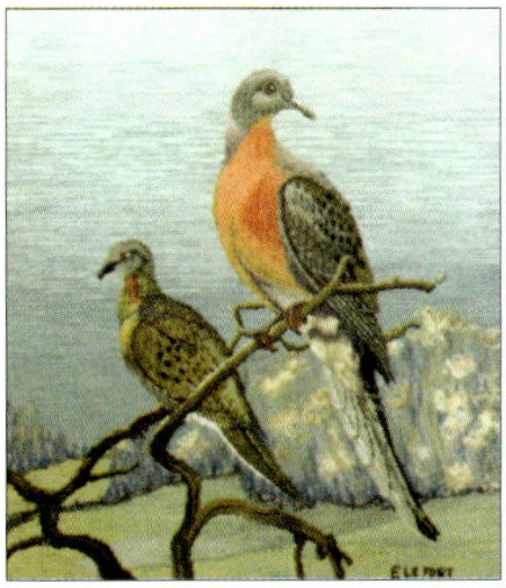

Passenger Pigeons
66.0 cm x 55.9 cm (26" x 22")
Begun in March 1983, finished in November 1984
Donated as the prize in a charity draw for Inverness Hospital

Pigeons migrateurs
66,0 cm x 55,9 cm [26" x 22"]
Commencée en mars 1983 et terminée en novembre 1984
Donnée à l'hôpital d'Inverness comme prix pour une loterie

329. 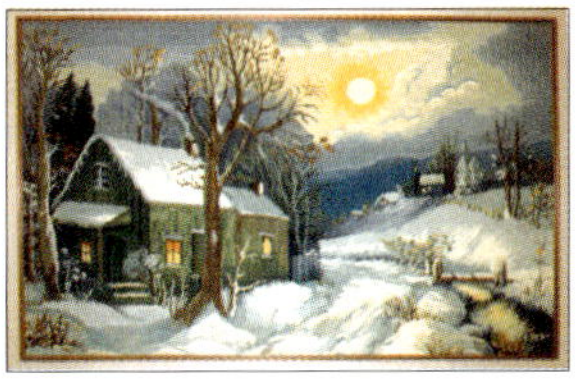

Cottage
From a photo by O'Neil
84 colours
Begun February 28, finished May 25, 1985

Un chalet
À partir d'une photo d'O'Neil
84 couleurs
Commencée le 28 février et terminée le 25 mai, en 1985

330.

Blacksmith Shop
From a sketch by Barrie Fraser
Begun April 7, 1987
For Kevin

Une forge
À partir d'un desssin de Barrie Fraser
Commencée le 7 avril 1987
Pour Kevin

331. 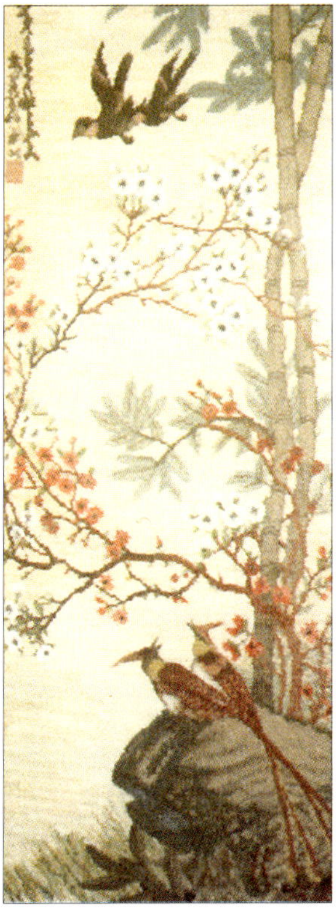

Chinese Hanging
Made for Governor General Jeanne Sauvé for presentation to her on April 29, 1987, on the occasion of Élizabeth's induction into the Order of Canada

Tapisserie chinoise
Confectionnée tout spécialement pour Madame la gouverneur générale Jeanne Sauvé.
Présentée en personne à Son Excellence le 29 avril 1987, à l'occasion de la reception d'Élizabeth LeFort dans l'Ordre du Canada